中国职业教育
改革与发展研究
(1949—2021)

Zhongguo Zhiye Jiaoyu
Gaige Yu
Fazhan Yanjiu

苏 华/主编

北京师范大学出版集团
BEIJING NORMAL UNIVERSITY PUBLISHING GROUP
北京师范大学出版社

图书在版编目(CIP)数据

中国职业教育改革与发展研究：1949—2021 / 苏华主编 . —北京：北京师范大学出版社，2022.4(2023.2 重印)
ISBN 978-7-303-27832-9

Ⅰ. ①中… Ⅱ. ①苏… Ⅲ. ①职业教育－教育改革－研究－中国－1949－2021　Ⅳ. ①G719.21

中国版本图书馆 CIP 数据核字(2022)第 056977 号

图 书 意 见 反 馈　　gaozhifk@bnupg.com　010-58805079
营 销 中 心 电 话　　010-58802755　58800035

ZHONGGUO ZHIYE JIAOYU GAIGE YU FAZHAN YANJIU
(1949—2021)
出版发行：北京师范大学出版社　www.bnup.com
　　　　　北京市西城区新街口外大街 12-3 号
　　　　　邮政编码：100088
印　　刷：北京虎彩文化传播有限公司
经　　销：全国新华书店
开　　本：787 mm×1092 mm　1/16
印　　张：34
字　　数：465 千字
版　　次：2022 年 4 月第 1 版
印　　次：2023 年 2 月第 4 次印刷
定　　价：123.80 元

策划编辑：苏丽娅　　　　　　责任编辑：梁宏宇　姚安峰
美术编辑：焦　丽　　　　　　装帧设计：焦　丽
责任校对：康　悦　　　　　　责任印制：陈　涛

前　言

中华人民共和国成立 70 多年来，我国发生了翻天覆地的变化。我国是世界上唯一拥有全部工业门类的国家，综合运输网络、信息通信体系、能源供给体系等实现重大飞越，"嫦娥五号"、"奋斗号"全海深载人潜水器、集成电路装备等一大批国之重器涌现，这些成就均离不开一代又一代技术技能型人才的贡献。

70 多年来，我国职业教育在发展路上筚路蓝缕、乘风破浪。在不同的发展时期，针对不同的发展需求，国家引导和推动职业院校立足国情、省情、校情积极探索，坚持学历教育与职业培训并重，建立规模较大的中高等职业教育体系，提升一线劳动者的文化与技能素质，为各行各业培养高素质技术技能人才。

职业教育的快速发展离不开党中央高度重视，特别是自党的十八大以来，我国开启了社会主义现代化新征程：经济转向高质量发展，社会主义市场经济体制逐步成熟，职业教育成长为一种教育新类型。2014 年，习近平总书记在对全国职业教育工作会议所做的批示中指出，"职业教育是国民教育体系和人力资源开发的重要组成部分"①。2017 年，党的十九大报告明确要"完善职业教育和培训体系，深化产教融合、校企合作"②。2019 年，国务院印发《国家职业教育改革实施方案》，强调职业教育要对接科技发展趋势和市场需求，同年，"加快发展现代职业教育"纳入政府工作任务中的宏观政策层面。2021 年，习近平总书记在全国职业教育大会上作出重要指示强调，"在全面建设社会主义现代化国家新征程中，职业教育前途广阔、大有可为。"③习近平总书记关于职业教育的一系列重要指示，对于明确中国特色职业教育的本质特征、完善职业教育和培训体系、深化产教融合与校企合作、提高职

---

① 《习近平就加快发展职业教育作出重要指示》，载《人民日报》，2014-06-24。
② 《习近平在中国共产党第十九次全国代表大会上的报告》，载《人民日报》，2017-10-28。
③ 《习近平对职业教育工作作出重要指示》，载《新华社》，2021-04-13。

业教育服务国家经济高质量发展具有重大意义。

新时代，如何进一步推动我国由职业教育大国走向职业教育强国，为实现教育现代化和中华民族伟大复兴做出更大贡献，我们需要不断总结历史经验。我们要深刻地认识到发展中的不足，因此，在新的历史起点上，我们需要加强职业教育发展的历史研究，总结和升华职业教育发展70多年的宝贵经验和教训，这对探索新时期我国职业教育模式的转变与创新，提供重要的历史借鉴和理论支撑。

笔者从事职业教育三十载，经历了我国职业教育翻天覆地的变化。站在新时代职业教育发展的起点上，笔者结合多年从事职业教育的实践经验，组织编写了《中国职业教育改革与发展研究(1949—2021)》一书。《中国职业教育改革与发展研究(1949—2021)》回顾了我国职业教育70多年的历程，集曲折过程与独特贡献于一身，在实践中不断形成宝贵的经验。在国家政策的引导和推动下，我国的职业教育坚持立德树人守初心，坚持以服务国家战略为宗旨，积极适应经济社会发展需求，体现了扎根中国大地办教育的鲜明特征。同时，《中国职业教育改革与发展研究(1949—2021)》全面展示了我国职业教育事业不断探索和不懈追求的巨大成就，系统总结了我国职业教育改革和发展的宝贵经验，深刻揭示了中国特色职业教育发展的动力、贡献和基本规律。这对我们进一步深刻领会和科学把握社会主义制度的优越性、党的领导的重要性，进一步增强民族自豪感，具有深远的意蕴。

我们相信，回顾我国职业教育改革与发展70多年的历程，梳理发展脉络，分析存在的问题并找到解决的办法，总结发展特点与经验教训，对了解我国职业教育的历史，厘清我国职业教育未来的发展路径都有裨益，为新时代建设中国特色现代职业教育体系提供启示。

2021 年 10 月 31 日

目　录

中国职业教育
改革与发展研究

第一章
职业教育发展的初期（1949—1965）

第一节　中华人民共和国成立初期的职业教育发展

这一时期，在国家教育方针和政策的引导下，职业教育根据经济建设的需要，在吸收旧教育有用成果、借鉴苏联先进经验的基础上，有计划地发展。

一、中华人民共和国成立初期职业教育发展面临的问题

中华人民共和国成立后，教育发展水平相对落后，"80％以上的成年人口都是文盲，农村中文盲的比例更大"①。我国的职业技术教育较为落后，1949年，技工学校只有3所，中等专业学校只有1171所。② 各类学校在自身发展上已经遇到了学生数量少、学校经费困难等诸多问题。为了解决国民经济恢复工作的技术人才紧缺问题，当时国家采取了专业院校培养、短期培训、职工业余教育等多种方法培养干部和技术人员，通过技工学校、艺徒学校、师徒合同、冬学夜校等多种方式提高工农文化水平。③

（一）国民经济的恢复与发展

从1949年中华人民共和国成立开始到1956年我国基本上完成对农业、手工业和资本主义工商业的社会主义改造，党领导全国各族人民进行了国民经济的恢复工作。1950—1952年，全国大部分农村基本完成了土地改革，极大地调

---

① 参见国务院扶贫办政策法规司、国务院扶贫办全国扶贫宣传教育中心组织编写：《脱贫攻坚前沿问题研究》，198页，北京，研究出版社，2019。

② 参见国务院教育工作研讨小组办公室编：《中国教育工作的若干问题》，64页，北京，人民教育出版社，1990。

③ 参见曹晔等：《当代中国中等职业教育》，2页，天津，南开大学出版社，2016。

动了农民生产的积极性，为巩固新政权、恢复和发展农业生产创造了基本条件。这从根本上改变了旧中国贫困落后的面貌。1953年，第一个五年计划实施，我国国民经济有了初步发展，逐渐走上了国家富强、民族振兴的道路。

这一时期国家坚持以恢复和发展社会生产为中心任务，为了充分发挥教育，特别是职业教育在国家政治、经济建设中的作用，党和政府对旧中国的科学文化事业和教育事业也进行了成效显著的改造，从根本上改变了旧制度，建立了社会主义的教育制度，各项教育事业在这一历史时期得到了改造和发展。

（二）发展职业教育，为经济建设服务

新中国成立之际，人才严重缺乏与工业生产发展对人才巨大需求之间的矛盾决定着我国教育改革的方向。经济建设成为全国的首要基本任务，大力恢复国民经济，为加快社会主义改造，为进行有计划的经济建设做准备，此时大力发展职业教育显得更为迫切。

1949年9月，中国人民政治协商会议第一届全体会议通过了《中国人民政治协商会议共同纲领》(以下简称"《共同纲领》")。《共同纲领》第五章"文化教育政策"规定："注重技术教育，加强劳动者的业余教育和在职干部教育，给青年知识分子和旧知识分子以革命的政治教育，以应革命工作和国家建设工作的广泛需要。"[1]同年12月召开的第一次全国教育工作会议明确将教育必须为工农服务，必须为国家的生产建设服务作为教育发展的方针。会议指出，新教育要注重发展科学教育和技术教育；并将这种教育与国家建设的需要密切地联系起来，使教育有计划地配合生产建设，真正地为国家建设服务。由于国家建设需要大量的各种各样的初级和中级技术人才，所以着重发展中等技术教育。[2] 我国的政治制度和经济制度要求职业教育为巩固无产阶

---

[1] 《中国人民政治协商会议共同纲领》，载《江西政报》，1949-10-20。

[2] 参见方晓东、李玉非、毕诚等：《中华人民共和国教育史纲》，25页，海口，海南出版社，2002。

级政权，恢复国民经济、发展生产和建设社会主义服务。因此，必须彻底改变旧社会的职业教育制度，建设中国特色的社会主义职业教育体系。

二、改造旧学校，建立新制度

《共同纲领》指出："中华人民共和国教育方法为理论与实际一致。人民政府应有计划有步骤地改革旧的教育制度、教育内容和教学法。"①这包含了对旧的职业教育进行改革。新生的中华人民共和国百废待兴，在接管旧的公立学校和私立学校、巩固和提高解放区教育的同时，政府有计划、有步骤地对旧教育进行了接管、清理整顿和改造。1949 年 12 月 23—31 日，中央人民政府根据《共同纲领》中的文化教育政策，在北京召开了第一次全国教育工作会议。会议提出，要"以老解放区新教育经验为基础"，"吸收旧教育的某些有用的经验，特别要借助苏联教育建设的先进经验"②，明确了新中国教育的三个主要来源。因此，继承发展革命根据地职业教育的优良传统，吸收旧教育的有益成果，同时学习苏联兴办职业教育的有益经验，对旧职业教育进行有计划、有步骤的改造，成为新中国成立初期职业教育的基本发展方向。

（一）继承与巩固解放区职业教育发展成果

新中国职业教育是对老解放区职业教育的继续和发展，新中国的教育和老解放区的教育在性质和指导思想上是一致的。因此，新中国职业教育的发展是以老解放区职业教育经验为基础，根据新中国成立初期国家工业化和现代化建设的需要，认真分析、总结老解放区有用的职业教育经验，对其加以现代化改造，运用到新中国职业教育的建设中。

新中国成立前，由于当时人力、物力、财力有限，不可能大量开办正规的全日制职业学校。虽然老解放区的职业学校多数办学条件简陋，学校数量

---

① 《中国人民政治协商会议共同纲领》，载《江西政报》，1949-10-20。
② 何东昌主编：《中华人民共和国重要教育文献(1949 年～1997 年)》，7～8 页，海口，海南出版社，1998。

有限，但它代表的却是一种崭新的职业教育办学模式和新型的教育思想。老解放区的职业教育具有办学形式灵活多样（通过劳动实习学校、讲习所、短训班等多种形式灵活办学），教学密切联系实际，注重针对性和实用性，课程精简实用、依靠群众办学等优势，为我国职业教育发展提供了丰富的经验，形成了优良的传统，成为推动我国职业教育事业发展的强大力量。中共中央于1949年年初提出接管城市时要"原封不动、原封原样"的方针，其目的是保护和发展生产力。根据这一方针，1949年4月25日，毛泽东、朱德签署的《中国人民解放军布告》宣布，在新解放区应"保护一切公私学校、医院、文化教育机关、体育场所，和其他一切公益事业"[①]。这样，包含职业学校在内，除在战争中遭到破坏的一些学校外，绝大部分学校基本完好地保存了下来。

（二）学习苏联职业教育经验

新中国的教育从体系上讲属于社会主义范畴，它与苏联教育在意识形态属性和发展方向上是一致的。在当时，苏联进行社会主义建设已经有30多年的历史，并且取得了巨大的成就，积累了丰富的经验，因此，苏联的职业教育自然而然地成为中国职业教育事业发展的学习对象。为了早日实现工业化，我国在职业教育方面对学习苏联的要求就显得尤为迫切。

20世纪50年代，我国学习苏联并开启工业化进程。为了快速填补人才缺口，在职业教育整体布局上，国家把重心放在培养周期短、人才实用强的中等职业教育上，大力发展中专和技校。中央和地方的工业、交通、农林、财贸等国民经济主管部门，创办了一批中等专业技术学校，培养技术干部和管理干部。劳动部门所属的企业建立技工学校，培养面向生产一线的技术工人。经过几年的建设，一批近代中国所没有的中等地质、矿业、电机电器、

---

① 《毛泽东选集》第4卷，1458页，北京，人民出版社，1991。

铁路交通等学校建立起来。① 在职业教育方面，学习苏联的主要表现有以下几点。

第一，教学上移植苏联教学模式。实行三段式教学，即先公共基础课，后技术基础课，再专业课；教学活动注重与生产实际的结合，普遍建立了校内外生产实习基地；同时翻译苏联中等职业教育教学计划、教学大纲和教材以及相关资料，借鉴苏联中等专业学校专业设置的经验来推进中等技术教育实践的开展。② 1950 年 12 月，凯洛夫《教育学》一书的中文译本由人民教育出版社出版。20 世纪 50 年代，我国出版了多种有关苏联教育的书籍，介绍苏联教育经验。通过学习苏联教学模式，我国职业学校的教学制度趋向系统化和科学化。

第二，前往苏联学习、考察与聘请苏联专家来华讲学。除教育部、高等教育部以及主要工业部门有常驻专家之外，重点中专学校也有专家驻校，他们经常做业务报告或专题指导，帮助拟定重要制度和教学计划，帮助培训师资等。1953 年上半年，教育部邀请苏联顾问顾思明为中等技术教育训练班讲课。1955 年 10 月，教育部副部长陈曾固带领中国中小学教师代表团前往苏联考察，其间重点学习了苏联综合技术教育等方面的经验。回国后，代表团与全国教育工作者分享了苏联综合技术教育经验，结合我国实际，把苏联教育工作的先进经验运用到实际工作中去。

学习苏联经验，对于快速建立职业教育制度、加速人才培养具有积极作用，但在这过程中，也出现了一些问题。例如，教学、管理过于整齐划一，专业划分过细，缺乏灵活性，不利于学生的创造性发展；忽略了我国职业教育的层次性和多样性，推行单一中专模式，仓促地取消专科教育，影响高等

---

① 参见高靓：《职业教育：锻造大国工匠 奠基中国制造》，载《云南教育（视界综合版）》，2019(10)。

② 参见许丽丽：《建国后我国中等职业教育发展研究》，硕士学位论文，东北师范大学，2009。

职业教育发展，长期不重视农村职业教育等。

1956 年 1 月，周恩来在《关于知识分子问题的报告》中指出"在学习苏联的问题上，过去也有过于急躁、生硬和机械化的缺点"[①]。1956 年 5 月 28 日，中共中央宣传部召开部分省、市宣传部部长座谈会，中共中央宣传部部长陆定一针对教育问题说："我们发现，有好些地方生搬硬套过苏联经验。比如教育工作中的五年一贯制，工农速成中学，在中国行不通"；在讲到综合技术教育问题时，他指出："我们现在实行还早"，"劳动教育是要的，学些生产知识有好处"。[②] 针对学习苏联经验中存在的问题，党不断进行纠正，努力探寻适合我国国情的职业教育发展道路。1960 年，苏联政府单方面宣布撤回全部在华苏联专家后，在教育系统的苏联专家随即一同撤离。

三、职业教育的曲折发展

新中国的职业教育，是在党和国家有关职业教育方针、政策、法规的指导下不断发展的。新中国成立初期，百废待兴，各行各业都需要培训和培养大批的工人和干部。为了加快恢复、发展国民经济的步伐，政府十分重视职业教育的发展，不断阐述职业教育于国家经济的重要性，通过一系列职业教育立法，提出职业教育发展的具体要求。尽管这些法规是以"办法""决定""指示"等形式出现的，效力层级有限，但对当时职业教育法制的初步创立具有极其重要的意义。

（一）新中国成立初期的维持发展

新中国成立初期，政府逐渐加深了对于职业教育重要性的认识，积极采取措施、政策鼓励，支持职业教育的整顿与发展，发挥其促进国家经济发展的重要作用。

---

① 周恩来：《关于知识分子问题的报告》，29 页，北京，人民出版社，1956。
② 中央教育科学研究所编：《中华人民共和国教育大事记（1949—1982）》，167 页，北京，教育科学出版社，1984。

1949 年 9 月 21—30 日，中国人民政治协商会议在北京召开，会议通过了《共同纲领》。关于职业教育，《共同纲领》规定："注重技术教育，加强劳动者的业余教育和在职干部教育，给青年知识分子和旧知识分子以革命的政治教育，以应革命工作和国家建设工作的广泛需要。"①由此可见，党和政府在新中国成立初期就认识到了职业教育与经济发展之间的密切关系，把发展职业教育放在了国家战略发展的重要位置。

1949 年 12 月，教育部在北京召开第一次全国教育工作会议，确定了全国教育工作的总方针，明确了改革旧教育的方针、步骤和发展新教育的方向。② 会议提出，要改变旧中国遗留下来的普通中学与职业教育比例严重失调，特别是技术学校数量较少的现状。为此，会议《总结报告》提出："中等学校在今后若干年内，应该着重向中等技术学校发展，以培养大批中级建设干部。"③同时，对学校采取"积极维持、逐步改造、重点补助"的方针，接办与改造各类学校。同年，新老解放区城市、工矿区职工教育迅速发展，广大职工踊跃参加政治、文化和技术学习。④

（二）20 世纪 50 年代职业教育的调整巩固

20 世纪 50 年代，随着社会主义改造基本完成，我国进入社会主义全面建设时期，人民对于经济文化迅速发展的需要同当前经济文化不能满足人民需要的状况之间的矛盾上升为国内的主要矛盾。第一个五年计划的提前完成，极大地提升了人们的信心和生产积极性，1958 年，我国发展国民经济的第二个五年计划开始执行。同年 5 月 5—23 日，中共八大二次会议在北京举行，会议制定了"鼓足干劲，力争上游，多快好省地建设社会主义"的总路

---

① 《中国人民政治协商会议共同纲领》，载《江西政报》，1949-10-20。
② 参见杨天平、黄宝春：《中国共产党教育方针 90 年发展研究》，73～74 页，重庆，重庆大学出版社，2015。
③ 朱健华、郭彬蔚、李有清主编：《中华人民共和国大事纪事本末》，51 页，长春，吉林教育出版社，1992。
④ 参见中央教育科学研究所编：《中华人民共和国教育大事记(1949—1982)》，9 页。

线。会后，我国开始了"大跃进"运动。教育领域的"大跃进"突出表现在三个方面：一是忽视教育自身的规律，片面强调教育为无产阶级政治服务；二是强调教育与生产劳动相结合，片面发展勤工俭学；三是为解决办学经费和场地问题，片面发动人民群众来办学。之后，国民经济和教育工作出现严重失误，为了改变当时的局面，我国对国民经济实行了"调整、巩固、充实、提高"的方针，教育战线也采取了相应的调整工作。①

1. 职业教育大发展带来的问题

1958 年 3 月 24 日—4 月 8 日，教育部在北京召开第四次全国教育行政会议，讨论了当时教育"大跃进"中的一些迫切需要解决的重大问题。会议认为，为实现"文化革命"，教育工作需要大力举办农业中学、工业中学和手工业中学，把高小毕业生培养成有社会主义觉悟、有文化，又有一定生产技能的劳动者；勤工俭学、半工半读是体现教育方针的一项根本措施，它应该服务于教育目的。生产劳动必须列入教学计划。勤工俭学的主要意义在政治和教育上；教育事业的"大跃进"，必须依靠党的领导，贯彻群众路线。群众路线指的是要放手发动群众办学；采取群众运动的方法作普及工作；发动人民自己教育自己；坚持自觉自愿；采取多样办法，因时、因地、因人制宜。②

1960 年暑假以后，教育事业的发展大大地超过了国民经济的承受能力。这时候，为了加强农业战线和工业战线，就需要压缩教育战线。加之从 1960 年开始我国进入三年困难时期，城市人口粮食定量的减少，学校师生的健康受到影响，各级各类学校的党政领导把工作重心放在了"抓生活"方面，教育革命的势头逐渐减弱。至此，全国性的教育革命运动实际上就结束了。③

① 参见张兆诚、曹晔：《新中国成立 70 年来我国中等职业教育发展历程与成就》，载《职教通讯》，2019(23)。

② 参见李庆刚：《"大跃进"时期"教育革命"研究》，博士学位论文，中共中央党校，2002。

③ 参见方晓东、李玉非、毕诚等：《中华人民共和国教育史纲》，140 页。

2. 职业教育的整理

早在 1958 年 11 月，毛泽东已察觉到具体工作中存在的"左"的错误，并在第一次郑州会议上进行纠正。根据这次会议的精神，中共中央书记处于 1959 年 1 月 12 日—3 月 1 日在北京召开了教育工作会议。会议认为，在 1958 年的教育革命中，共产党的领导地位在教育部门各级各类学校中建立了起来，学校师生对劳动的态度有了很大的变化，但是很多学校存在一些问题。会议提出在 1959 年，教育工作的方针主要是巩固、调整和提高，并在这个基础上有重点地发展。①

"大跃进"的影响加上三年困难时期，使得我国国民经济尤其是工农业结构严重失调，人民生活、生产受到严重影响，社会经济发展已无法支撑规模迅速扩大的中等职业教育。为了扭转这种局面，1961 年 1 月，中共八届九中全会提出"调整、巩固、充实、提高"的经济发展方针。经过三年的调整，我国国民经济到 1963 年得以恢复，这为教育的发展创造了条件。在这个背景下，教育领域从以下三个方面采取了措施。

一是教育部连续三年对中等职业教育的发展做出调整，合并职业学校，压缩学校规模。1961 年 7 月 3—15 日，全国高等学校和中等学校调整工作会议在北京召开。会议讨论了高等学校及中等专业学校有关缩短教育战线、压缩学校规模、合理调整布局和提升教学质量等问题。同年 8 月 10 日，教育部印发了《全国高等学校及中等学校调整工作会议纪要》，提出学校调整的思路（中等学校方面）：(1)继续缩短教育战线，压缩城镇中等以上学校在校生人数，采取多出少进的原则，到 1963 年高等学校在校生人数减少 22%、中等专业学校减少 48%、高级中学减少 16%、全日制初中减少 18%；(2)中等专业学校要靠近生产基地，逐步下伸，按照需要与可能进行调整；(3)为了便利农村学生上学，要逐步地、有计划地发展农村中学。② 1961 年 5 月 25 日，

① 参见李庆刚：《"大跃进"时期"教育革命"研究》，博士学位论文，中共中央党校，2002。
② 参见本刊编辑部：《新中国职业教育印记》，载《职业技术教育》，2019(30)。

中共中央批准了教育部《关于北京地区高等学校及中等专业学校调整工作的报告》。该报告提出了调整的工作方式：对北京地区的已有高等学校和中等专业学校要分别采取"定"(定发展规模)、"缩"(缩小发展规模)、"并"(与他校合并)、"迁"(全部或部分迁出北京)等不同方式进行调整。北京市教育部门的调整方式为其他地区教育部门的调整工作提供了榜样。在这一大背景下，职业技术教育大量被压缩，1960年以来先后三次精简职工，调整合并职业学校，压缩办学规模。经过三年的调整，中等专业学校、中等师范学校、农业中学和其他职业中学、技工学校，由1960年的31001所，减为5878所，减少81%；在校生由503.5万人，减为83.78万人，减少83.4%；教职工由51.38万人，减为18.19万人，减去64.6%。①

二是国家出台系列文件规范教育发展，稳定教学秩序和管理。在教育革命中，各地对教学秩序都有一定冲击，如未通过批准程序自改学制，对专业设置自行其是，盲目调整教学计划，对总课时、周学时、课程门数、劳动安排变动频繁。教材取舍也较轻率，如自编借用、临时编印，以致质量很差等。1959年5月24日，中共中央、国务院发布了《关于试验改革学制的规定》，针对各地自行进行改革情况提出：中等专业学校未经批准的都不许改变修业年限。为扭转教学时间减少、生产劳动安排过多，国家明确规定每年教学时间一般为33周至37周(七个半月至八个半月)，生产劳动时间一般为8周至13周(二个月至三个月)，假期一般为6周至7周(一个半月)；全日制工农业中等技术学校，劳动时间可以略多，但最多不应超过四个月。1961年5月，劳动部颁发了《技工学校通则》《关于技工学校学生的学习、劳动、休息时间的暂行规定》和《技工学校人员编制标准(草案)》等一系列文件，对学校规模、工种、专业设置以及学生学习、人事编制等问题，均做出明确规定，使各项工作更加规范化。为克服专业设置各行其是、种类庞杂、重复分散、数量偏多、行业不配套、离开学校培养目标和低水平设置等问题，1961年12

---

① 参见曹晔等：《当代中国中等职业教育》，6页。

中国职业教育
改革与发展研究
1949—2021

月，教育部在学校调整工作会议上提出：应根据事业分工，按中等专业人才承担职责范围，需求量大的，可单独设置，不需成批培养的中等技术人才，可采用师带徒或短训班方式解决。当时工种科专业共 200 余种，1963 年 6 月 5 日，教育部颁发了《关于制定全日制中等专业学校教学计划的规定(草案)》，全面地对培养目标、修业年限、课程设置、学时安排、劳动实习、计划审批权限做出明确规定。[1] 1963 年 6 月 15 日，中共中央、国务院发布了《关于颁发中等专业学校专业目录的通知》，删除了不适用专业，增列新专业，归并过窄专业，共分 8 种，348 个专业。

三是发展面向农村的职业教育。为缓解城市就业压力，我国开展了"上山下乡"运动，把一部分城市劳动力安排到人民公社进行职业教育，为农村培养专门的农业技术人才。[2]

经过三年调整，我国各类中等职业学校的规模都明显缩减。[3] 总体来看，经过调整后，中等专业学校、技工学校和农业中学的规模得到压缩，发展趋于稳定，中等职业教育教学秩序和管理逐渐规范，教育质量得到了提高。

(三) 20 世纪 60 年代职业教育的恢复发展

新中国成立初期，由于受苏联教育体制的影响，实施一般劳动就业训练性质的职业学校有的停办，有的合并，而且在 1951 年公布的新学制中，职业学校的地位已经被中等专业学校和技工学校取代了。到了 1958 年，中共中央、国务院在《关于教育工作的指示》中提出，普通教育要与职业教育、技术教育并举。但是实际上，在 1958 年至 1960 年的教育革命中，普通中学发展快，中等专业学校和技工学校发展较多，而作为一般劳动就业训练的职业教育却未被重视。

---

① 参见闻友信、杨金梅：《职业教育史》，71～72 页，海口，海南出版社，2000。
② 参见张兆诚、曹晔：《新中国成立 70 年来我国中等职业教育发展历程与成就》，载《职教通讯》，2019(23)。
③ 参见《中国教育年鉴》编辑部编：《中国教育年鉴(1949～1981)》，180～207 页，北京，中国大百科全书出版社，1984。

1963 年 3 月，中共中央发出《关于讨论和试行全日制中小学工作条例草案和对当前中小学教育工作几个问题的指示》，该指示中又一次提出，要实行"普通教育与职业教育、技术教育并举"的方针。该指示指出："中小学校学生除了极小部分将升入高等学校以外，一小部分将要在城市就业，绝大部分将要在农村参加生产劳动。……每年还要有计划地组织城市和农村中一部分不能升学的初、高中毕业生，给以短期的职业、技术训练，以便在农村劳动就业。"①

　　按照上述指示，1963 年 5 月 13—18 日，教育部和劳动部在北京联合召开城市职业教育座谈会，交流了当时各城市职业学校工作的经验。会议确定在中等教育事业中，要全面合理地安排普通教育和职业教育；在职业教育中，要全面合理地安排技术人才与实施一般劳动就业训练；应把职业教育作为我国学制中的一个重要组成部分，逐步地建立起完备的职业教育体系。会议要求将一部分普通中学，主要是初级中学调整为实施劳动就业的各类职业技术学校。同时，在普通中学中也要加强劳动教育和劳动训练，加强生产知识的教育。会议要求各地适当发展并办好中等专业学校，更要积极、有计划地发展各种类型的职业技术学校，为各类建设事业提供劳动后备力量，这些学校可以是全日制的，也可以是半工半读的。②

　　1963 年 7 月 10 日，中共中央宣传部发出《关于调整初级中学和加强农业工业技术教育的初步意见(草稿)》，要求各省、自治区、直辖市党委宣传部、文教部及教育、劳动厅(局)党组，加强调查研究，协同有关部门提出举办职业学校的初步措施和规划。于是，中央和地方都把发展职业教育提上了议事日程。

　　为了更好地发展职业教育，1963 年 10 月 18 日，国务院总理周恩来召集教育部等部门负责人开会，专门研究中小学教育和职业教育如何协调发展的问题。他在会议中指出，每年"如按进入小学的学生计算，只有百分之一到

----

① 何东昌主编：《中华人民共和国重要教育文献(1949 年～1997 年)》，1150～1151 页。
② 参见方晓东、李玉非、毕诚等：《中华人民共和国教育史纲》，186 页。

中国职业教育
改革与发展研究
1949—2021

百分之二升到高等学校，绝大多数都要陆续就业"，而"要解决好这些问题，光有普通中小学教育而没有职业教育是不行的，所以必须努力办好职业教育"。① 他建议，大中城市要逐年发展一批职业学校，将来小城镇也要办一些职业学校；职业院校不可能过多地依靠初中改办，还必须发动工交财贸系统的厂矿、企业单位和大农场、林场来办职业学校。国家也要直接办一些，职业学校绝大多数要面向农村。②

由于 20 世纪 60 年代中央的重视和提倡，从 1963 年起，我国各种职业学校有了一定的发展。据《全国教育统计资料》，1963 年全国有职业中学 546 所，在校学生 6.21 万人。到 1965 年，职业中学增至 7294 所，在校学生增至 126.65 万人。③ 与此同时，普通初中、高中与初级、中级职业学校的结构也渐趋合理，这是当时我国教育事业取得的一大成就。

第二节　中等职业教育发展定位

职业教育成为国民教育体系的组成部分，始于清末的"癸卯学制"，当时称之为实业教育，宗旨是振兴农工商各项实业，为富国裕民之本计，有初、中、高三级实业学堂，专业大类为农业、工业、商业及当时迫切需要发展的商船业，均与实业领域相匹配。中华民国建立后，高等实业学堂改为专门学校(专科)，专业类别除原来的四类外还有法政、医学、药学、美术、音乐、外国语等，强调以"养成专门人才为宗旨"，体系上已归入高等教育而超越实业教育范畴。实业教育遂定位于中等层次以下，这一定位一直延续到改革开放之前。④

① 中共中央文献研究室编：《周恩来年谱(1949—1976)》中卷，588 页，北京，中央文献出版社，1997。

② 参见中央教育科学研究所编：《中华人民共和国教育大事记(1949—1982)》，345～346 页。

③ 参见方晓东、李玉非、毕诚等：《中华人民共和国教育史纲》，187 页。

④ 参见俞启定：《新中国成立以来职业教育定位及规模发展演进的回顾》，载《浙江师范大学学报(社会科学版)》，2019(5)。

一、确立中等职业教育的地位

中等职业教育有序发展支撑了新中国成立初期的工业体系创建。在这一时期，国家就提出建立职业教育制度，并确立了职业教育要服务国家大规模经济建设尤其是满足重工业体系需要的发展方针。

《共同纲领》规定要"注重技术教育"，给了中等技术学校以突出地位。新中国成立以来，我国积极推进职业技术教育的发展，把发展职业技术教育作为振兴经济、增强国力的战略选择，国家核心竞争力的增强，需要拥有大量技术型人才。新中国成立后，我国按照苏联模式，对已有学校进行改造，并新建了一大批中等专业学校，逐步形成了适应我国经济建设的中等专业教育体系。[①]

1951年，政务院颁布了《关于改革学制的决定》。该决定提出，职业教育为满足国家建设需求必须扩大教育内容，中等专业学校要实施多样化的中等专业教育。这极大地促进了职业教育发展，明确了中等专业学校在国家教育体系中的地位与作用。该决定规定，实施中等专业教育的学校为中等专业学校，包括工、农、医等技术学校和师范学校。该决定作为新中国第一个规定学制系统的政策文件，首次将中等专业学校划入中等教育范畴，将职业技术教育和业余教育纳入学校教育体制内。这样，就从学制中取消了实施职业教育的公私立职业学校和设在普通中学内的职业科以及职业补习学校。按苏联中等专业教育的模式，我国确立了全新的中等专业教育制度。新中国成立初期，我国积极思考和探索中等专业教育发展建设任务、目标、师资建设及人才培养模式等内容，基本确立了职业教育改革的范式、范畴、基本理念和方法等，对职业教育类型特征产生了深刻的影响。[②]

---

① 参见黄仁贤编著：《中国教育史》，501~502页，福州，福建人民出版社，2003。
② 参见袁平凡、谌雷元：《新中国70年职业教育产教融合的历史经验与演变逻辑——对25份职业教育政策法律法规文本的分析》，载《职业技术教育》，2019(33)。

1953 年，我国中等职业教育仍然贯彻改造、整顿的方针，有计划地发展技术学校和技工学校。这一时期，我国技术学校和技工学校得到了较好发展，奠定了新中国中等职业教育的基本力量。与 1949 年相比，1957 年我国中等专业学校增加了 149 所，技工学校增加了 141 所；中等专业学校在校生增加了 54.9 万人，技工学校在校生增加了 6.39 万人。[①]

经过几年的努力，中等职业教育实现了整顿、改造、提高的目标，建立起了与社会主义制度相适应的中等职业教育制度，确立了中等职业教育在国家教育体系中的地位，为新中国中等职业教育发展奠定了良好的基础。

二、适应经济建设需要，大力发展中等专业学校教育

新中国成立后，大规模经济建设需要大量技术人员。1949 年 12 月召开的第一次全国教育工作会议就明确指出："中等学校，普通中学多、技术学校少，不能适应恢复发展经济的迫切需要。"[②]因此，"中等学校在今后若干年内，应该着重向中等技术学校发展，以培养大批中级建设干部"[③]。我国学习苏联办中等专业教育的经验，进行教育改革，创建了一大批中等专业学校。从此，中等专业学校成为我国培养中等专业人才的主要基地，中等专业学校为国家培养了大量的中级专门人才，在中等职业教育中成为骨干力量，同时还为国家各部门培养了大量的技术干部和管理干部。

（一）召开全国性的中等专业教育工作会议

1951 年 6 月 12—22 日，教育部在北京召开第一次全国中等技术教育会议，确定了新中国对中等技术学校采取整顿和积极发展的方针。会议的中心议题为：确定新中国中等技术教育的方针及学制、领导关系等问题，确定了中等技术教育采取以调整、整顿为主，有条件发展的方针。副部长曾昭抡在

[①] 参见张兆诚、曹晔：《新中国成立 70 年来我国中等职业教育发展历程与成就》，载《职教通讯》，2019(23)。

[②] 转引自刘英杰主编：《中国教育大事典》，1683 页，杭州，浙江教育出版社，1993。

[③] 中央教育科学研究所编：《中华人民共和国教育大事记(1949—1982)》，8 页。

会议上做了《积极整顿与发展中等技术教育》的报告。①

会议提出，中等技术教育的基本方针任务是根据新民主主义的教育政策，从国家建设的实际需要出发，整顿与发展中等技术学校，以理论与实际相结合的方法，培养大批具有一般文化和科学的基本知识，掌握现代技术、体格健康，全心全意为人民服务的初、中级技术人才。会议规定了中等技术学校的学制，大体上分为初级和中级，发展方向以中级为主，目前还要多办初级的。短训班应多种多样，大量兴办，以适应目前迫切需要。设校分科，要逐步走向专门化、单一化，但又要照顾现实综合性的需要。会议明确中等技术学校以改归业务部门领导为原则，教育部门与有关业务部门之间，必须贯彻统一领导、分工负责、互相帮助、密切配合的精神，共同负责，把学校办好；在中央、大行政区、省或直辖市成立中等技术教育委员会，研究处理各项重大问题。会议还根据中央人民政府副主席刘少奇的指示，讨论了妥善安置数以百万计的高小毕业生问题，一致同意采取自下而上逐级包下来，用各种办法使他们学得一技之长。②

会议修正通过了《关于整顿和发展中等技术学校的指示》《中等技术学校暂行实施办法》《关于加强领导私立技术补习教育的指示》《各级中等技术教育委员会暂行组织条例》四个文件草案。③ 会议认为，近代中国的职业教育制度是抄袭资本主义国家的教育制度，实际上是一种"双轨制"，必须给予彻底的改造；要学习苏联中等专业教育的经验，从国家建设的实际需要出发，整顿、改造并积极发展中等技术学校。④

1956 年 5 月 14—22 日，高等教育部在北京召开全国中等专业教育工作会议。主要讨论了中等专业教育十二年发展规划(草案)、领导关系和调动一

---

① 参见何东昌主编：《中华人民共和国重要教育文献(1949 年～1997 年)》，96～97 页。
② 参见中央教育科学研究所编：《中华人民共和国教育大事记(1949—1982)》，42 页。
③ 参见中央教育科学研究所编：《中华人民共和国教育大事记(1949—1982)》，42 页。
④ 参见方晓东、李玉非、毕诚等：《中华人民共和国教育史纲》，82 页。

切积极因素办好中等专业教育等问题。会议指出，为了适应国家建设的需要，中等专业教育应当在普遍发展的基础上，重点培养工业的技术干部和管理干部，同时配合农业合作化运动的迅速开展，培养农业的技术干部和管理干部。为适应第二个五年计划对中等专业干部的需要，在最近三年内，中等专业教育要加速发展；同时积极发展业余中等专业教育。要认真贯彻全面发展的教育方针，努力在三年左右的时间内基本完成教学改革。该规划(草案)提出，在十二年内各类高等专业人才与各类中等专业人才培养的比例，工业为 1：2.5—1：3，农业为 1：4—1：5。[1]

会议提出，中等专业学校的领导关系应根据"谁用干部谁办学校"的原则，按照中央事业和地方事业的划分，分别由中央业务部门或省、市人民委员会直接领导。会议认为，应该发掘潜力，争取调动一切可以调动的力量到中等专业学校任教。会议还讨论了发挥学校现有教师积极性的措施。1956 年下半年，中央冶金、电力、铁道、城市建设等十个部门，分别召开本系统中等专业学校教育行政会议，讨论七年或十二年发展规划，总结几年来的教学工作，部署今后工作。[2]

（二）整顿中等技术教育

1952 年 3 月 31 日，政务院发出的《关于整顿和发展中等技术教育的指示》，对中等技术教育各个方面做出了规定，并明确提出，各级人民政府应积极整顿和发展中等技术教育，力求解决国家建设对中级和初级技术人才的亟需。该指示指出，我们的国家正在积极地准备大规模的经济建设，培养技术人才是国家经济建设的必要条件，而大量培养和训练中等和初等技术人才尤为当务之急。为此，要求各级各类技术学校适应经济建设需要，对中等技术教育进行有计划、有步骤的整顿和发展。现阶段的整顿和发展工作，必须

---

[1] 参见中央教育科学研究所编：《中华人民共和国教育大事记(1949—1982)》，165 页。
[2] 参见中央教育科学研究所编：《中华人民共和国教育大事记(1949—1982)》，165～166 页。

由各级人民政府的教育部门和有关业务部门，以及各主要厂矿、企业和农场分工合作，共同进行。在办学方针上，必须采取革命的方法，除整顿和发展正规的技术学校教育外，还应该根据实际需要在各工矿企业和农场中以及各技术学校中，附设各种业余性质的技术补习班或训练班，务必使正规的、速成的、业余的各种技术学校或训练班得到适当的配合发展。①

当时要求各级各类中等技术学校除给予学生以专门训练外，必须实施政治教育与基本的文化科学知识教育。同时，《关于整顿和发展中等技术教育的指示》还明确规定了各级各类中等技术学校的办学方针与任务，明确中等技术学校以改归业务部门领导为原则，并逐步地与适当地实行专业化与单一化，务求学用一致，以使所培养的人才能够适应各业务部门的需要。经过调整，每所学校都有特定的专业方向和实施领域，统称为中等专业学校。②

1952 年 4 月 8 日，《人民日报》发表社论《整顿和发展中等技术教育》。1952 年 8 月 29 日，教育部发出指示，各地应加强对私立技术补习学校的领导，做好整顿、改造、登记、备案工作。对办学有成绩的，应有计划地扶助其提高与发展。学校自愿、条件具备的可发展为中等技术学校，还可采取订立合同的形式，委托私立技术补习学校代为培养某种技术人员。

1953 年 1 月 13—24 日，政务院文化教育委员会在北京召开大区文教委员会主任会议。会议提出了 1953 年文教工作的方针。会议指出，教育是文教工作的重点，教育工作的中心是要培养人才，特别是培养中、高级技术人才。为此，必须大力整顿中等技术学校，并吸收大量工人进入学校，同时要积极培养师资，为今后更好地培养干部创造条件。③

1953 年 4 月 2 日，政务院财政经济委员会、高等教育部批准了华东、西南、中南、西北四大区的工业性质中等技术学校调整方案。1953 年 4 月 4

---

① 参见中央教育科学研究所编：《中华人民共和国教育大事记(1949—1982)》，56～57 页。

② 参见俞启定：《新中国成立以来职业教育定位及规模发展演进的回顾》，载《浙江师范大学学报(社会科学版)》，2019(5)。

③ 参见中央教育科学研究所编：《中华人民共和国教育大事记(1949—1982)》，72 页。

日、6 日，高等教育部分别发布全国中等农业技术学校、中等财经学校调整整顿原则。此后，在全国范围内进行了中等专业学校调整整顿工作，私立中等技术学校改为公立的工作基本完成。

1953 年 9 月 16 日，中央人民政府委员会举行第二十七次会议，政务院文教委员会主任郭沫若所作《关于文化教育工作的报告》认为，文教工作的主要问题和困难在于："我们的主观条件(包括人力、物力和财力)与国家建设的需要(特别是培养干部的需要)和人民日益增长的文化要求不相适应，我们的主观力量还远远赶不上国家和人民的需要。报告指出当年和之后一个时期内教育工作的主要任务是：大力整顿和办好高等学校(特别是高等工业学校)和中等技术学校，有效地为国家培养经济建设人才。继续完成全国高等学校的院系调整和中等技术学校的调整，稳步地进行各类学校的教学改革。……积极设法解决小学毕业生的升学与培养成为技术工人问题……"[1]

1953 年 9 月，全国中等专业学校调整整顿工作基本完成。在这一过程中，停办了一批条件很差的学校，将大部分私立学校改为公立学校，把原来多科综合的职业学校改组为培养目标明确的单科性学校。经过调整，学校总数由原来的 794 所减为 651 所。整顿后中等专业学校的学制为：工业、农林三年，财经二年半，医药自 1954—1955 学年度起改为三年，初级技术学校、五年一贯制、专科均停止招生。[2]

1954 年 3 月 12—23 日，政务院文教委员会召开全国文教工作会议。会议指出，1954 年文教工作的方针和任务是遵循国家过渡时期总路线和第一个五年计划的基本任务，培养国家建设所需的各类人才。会议提出将整顿和发展中等专业教育作为 1954 年教育工作的主要任务，在不断提高质量前提下完成发展工作。同时，会议要求既反对冒进，也反对保守，从当时当地的实际情况出发。1954 年 11 月 5 日，《中等专业教育通讯》创刊，后改名为《中等专业教育》。

---

① 中央教育科学研究所编：《中华人民共和国教育大事记(1949—1982)》，88 页。
② 参见中央教育科学研究所编：《中华人民共和国教育大事记(1949—1982)》，89 页。

在党中央和国务院关于"普通教育与职业技术教育要两条腿走路"的方针指导下，随着经济建设形势的逐步好转，职业技术教育逐渐恢复并得到稳定的发展。

1963年10月28日，国务院批转了教育部《关于中等专业学校专业的设置和调整问题的规定》。这一规定总结了前一阶段的经验与教训，提出了统筹安排、专业配套、合理布局、稳定提高的正确原则。根据这一原则，全国中等专业学校从1960年的6225所压缩到1355所。不仅取消了那些有名无实、不能给学生以切实的职业教育的学校，而且保证了现有学校在教育和教学质量方面的稳定和提高。[1]

（三）建立中等专业教育制度

1952年8月29日，教育部颁布新中国成立以来第一部职业教育法规——《中等技术学校暂行实施办法》。《中等技术学校暂行实施办法》共七章四十三条，包括总则，设置、领导，课程、学时、成绩考查，组织、编制、会议，教师与学生，经费、设备，附则。《中等技术学校暂行实施办法》指出，中等技术学校按其程度分为技术学校(相当于高级中学程度)与初级技术学校(相当于初级中学程度)，修业年限均为二至四年。技术学校招收小学毕业生或具有同等学力者，其修业年限可延长为四年、五年或六年。中等技术学校的技术课，应设一定数量的专任教师，并由各主管业务部门自其企业或业务单位的技术人员中聘请兼任教师。[2] 同时，《中等技术学校暂行实施办法》还规定，学校的工作"以由中央、大行政区、或省(市)人民政府各有关业务部门直接领导为原则"，"中央、大行政区及省(市)人民政府教育部门对于同级业务部门所属教育行政机构的工作，应负帮助的责任"，"对中等技术学校有视导、检查及向有关业务部门提改进意见的责任"，"私立中等技术学校在学校董事会的同意和条件具备的原则下，由省(市)人民政府审核，经大行

---

① 参见吴玉琦：《中国职业教育史》，76页，长春，吉林教育出版社，1991。
② 参见中央教育科学研究所编：《中华人民共和国教育大事记(1949—1982)》，63页。

中国职业教育
改革与发展研究
1949—2021

政区人民政府(或军政委员会)批准，得改为公立的学校"。①

1954 年 11 月，高等教育部颁布了《中等专业学校章程》，奠定了我国中等专业学校教育的制度基础。

1. 领导与管理

发展中等技术教育的目的主要在于为经济建设服务，而办好中等技术教育，又需要极大的投入。为了妥善解决这些问题，新中国兴办中等技术教育，一开始就采取了极其有效的办法。

1951 年 8 月 10 日，周恩来就明确提出："各级各类学校都要由教育部包办是不行的。因此，要分别不同情况，由教育部和各业务部门分工去办，由中央和地方分工去办。根据现在的需要和将来的发展……中等专业学校由各业务部门或企业单位办理，教育部检查指导。"②

1952 年 3 月 31 日，政务院发布的《关于整顿和发展中等技术教育的指示》，对中等技术教育的领导问题做出了规定，中等技术学校由各级人民政府与各有关业务部门分工领导，并成立各级中等技术教育委员会，负责研讨和解决中等技术教育的重大问题。1952 年 8 月 29 日，教育部颁布《各级中等技术教育委员会暂行组织条例》，规定全国中等技术教育委员会由教育部会同重工业部等二十四个部、署、行、总社等有关机关代表组成，大行政区、省(市)也组织中等技术教育委员会，各级中等技术教育委员会负责研讨和解决各项有关中等技术教育的重大问题。1952 年 11 月，中央人民政府委员会第十九次会议通过决议，成立高等教育部，高等教育部成立了中等技术教育司专管职业教育工作，各级各类中等技术学校由各级人民政府教育部门与各有关业务部门分工领导，各类中等专业学校均归中央各有关业务部门主管。③

这个办学体制极大地调动了从中央到地方各个部门行业办学的积极性。

---

① 何东昌主编：《中华人民共和国重要教育文献(1949 年～1997 年)》，155 页。
② 何东昌主编：《中华人民共和国重要教育文献(1949 年～1997 年)》，107 页。
③ 参见孙琳：《新中国职业教育的发展与变革》，载《中国职业技术教育》，2008(33)。

若以 1952 年年底中等技术学校数量和 1950 年相比，工业类学校由 90 所增加到 188 所；农业类学校由 103 所增加到 160 所；林业类学校由 4 所增加到 12 所；医药类学校由 181 所增加到 320 所；财经类学校由 68 所增加到 112 所。各科类学校在校学生数，也有较大增长，工科由 28986 人增加到 111413 人，农科由 20326 人增加到 58446 人，林科由 1530 人增加到 8176 人，医药由 19946 人增加到 59407 人，财经由 19886 人增加到 52277 人。几乎所有部门和行业，都在这方面做出了极大努力，职业教育事业有了可喜的进展。①

1954 年 6 月 7—17 日，高等教育部召开全国中等专业教育行政会议。会议着重讨论了中等专业教育今后的工作方针和领导关系。会议确定，中等专业教育要大力整顿并有计划地发展，进一步明确领导关系，加强领导，努力学习苏联先进经验，积极改进教学，提高教学质量。各类中等专业学校由中央各业务部门实行集中统一领导，以克服多头、多层领导造成的无人负责的混乱现象。各工业部门应尽可能快地直接管理其所属各类中等专业学校。会议还就加强培养干部的计划性、积极推进教学改革、培养提高师资、加强学生政治思想教育工作、改进学校领导等问题进行了讨论，做出了决议，提出了建议。②

1955 年 12 月 31 日，国务院发出通知，规定今后中等专业学校的设置与停办，由高等教育部代国务院审查批准。1956 年 9 月 27 日，中共八大通过的《关于发展国民经济的第二个五年计划(一九五八年到一九六二年)的建议》第十一条提出，在第二个五年计划期间，要努力发展高等教育和中等专业教育，继续派遣高等学校毕业生和教师到国外学习我们缺乏的学科，有步骤、有计划地发展业余的高等教育和中等专业教育。同时注意发展工人技术学

① 参见闻友信、杨金梅：《职业教育史》，38 页。
② 参见中央教育科学研究所编：《中华人民共和国教育大事记(1949—1982)》，105～106 页。

中国职业教育
改革与发展研究
1949—2021

校。该建议还提出要发展民族地区的文化教育事业，大力培养少数民族的干部和科学技术人员。①

1958 年 4 月 4 日，中共中央发布的《关于高等学校和中等技术学校下放问题的意见》指出，为了切实加强党对高等学校和中等技术学校的领导，为了使这些学校培养出来的人才更加适合各地社会主义建设发展的需要，除了少数综合大学、某些专业学院和某些中等技术学校仍由教育部或者中央有关部门直接领导外，其他的高等学校和中等技术学校都可以下放(中等技术学校包括技工学校可以比高等学校多下放，地方性较大的学校可以更多地下放)，归各省、自治区、直辖市领导。根据中央规定，教育部会同有关部门将原中央领导的 229 所高等学校中的 187 所和大部分中等技术学校领导权先后下放归地方领导。②

1958 年 8 月 4 日，中共中央、国务院发布的《关于教育事业管理权力下放问题的规定》指出，为了充分发挥各省、自治区、直辖市举办教育事业的主动性和积极性，今后对教育事业的领导，必须改变过去条条为主的管理体制，根据中央集权和地方分权相结合的原则，加强地方对教育事业的领导管理。其中规定，今后教育部和中央各管理部门，应该集中主要精力研究和贯彻执行中央的教育方针和政策，综合平衡全国的教育事业发展规划，一般的中等专业学校和各级业余学校的设置和发展，无论公办或者民办，由地方自行决定。新建高等学校和中等工科技术学校，地方可自行决定或由协作区协商决定。各地方根据因地制宜、因校制宜的原则，可以对教育部和中央主管部门颁发的各级各类学校指导性教学计划、教学大纲和通用的教材教科书进行修订，也可以自编教材和教科书。过去教育部颁布的全国通用的教育规章、制度，地方可以结合当前工作发展情况，因地制宜、因事制宜地决定

---

① 参见中央教育科学研究所编：《中华人民共和国教育大事记(1949—1982)》，180 页。
② 参见中央教育科学研究所编：《中华人民共和国教育大事记(1949—1982)》，220～221 页。

存、废、修订，或者另行制定适合于地方情况的制度。[①] 教育权力下放后，实践中产生了多种办学形式，尤其是半工半读教育的兴起，对落实教育与生产劳动相结合的教育方针，满足更多人接受教育的愿望，推动教育规模的扩大起到了积极的作用。但在下放权力的同时，没有加强权力监管，任其自由发展以及人为地、不切实际地扩大教育规模是违背教育规律的，可谓欲速则不达，造成了教育质量的不升反降，应引以为戒。

2. 教师与学生

教学活动是由师生共同完成的，二者缺一不可。教师是教学活动的策划者，是学生学习的促进者。学生是教学活动的主体，教师教学的重点和目标是促进学生的发展。这一历史时期，国家对教师和学生的发展与管理也做出了一些规定。

(1)学生助学金管理

1952 年颁布的《中等技术学校暂行实施办法》指出，中等技术学校学生的待遇，应采取人民助学金制。同年，高等教育部发出《关于调整全国中等技术学校学生人民助学金的通知》，规定各级各类中等技术学校学生一律享受全部伙食供给，调干学生可以有家庭补助，三年以上产业工人按 75% 发给工资。[②]

1956 年 7 月，青年团中央在北京举办全国高等学校和中等专业学校团委书记学习会。学习会围绕改进团队政治思想工作，讨论研究了当时值得注意的问题：不少学生思想拘谨呆板，性格不够开朗，意志不够坚强，缺乏独立思考和独立工作的能力，缺乏远大理想。进而就如何理解全面发展，培养学生掌握知识等问题，进行了讨论和研究。

1963 年 8 月 2 日，国务院批转了教育部的《关于调整中等专业学校学生

---

① 参见范惠莹：《新中国成立后我国高等教育管理体制演变综述》，载《高等农业教育》，2002(1)。

② 参见吴玉琦：《中国职业教育史》，73～74 页。

人民助学金问题的报告》。该报告提出逐步改变中等技术学校学生的伙食费用全部由国家包下来的状况，将人民助学金的享受比例由原来的百分之百降低为百分之六十至八十。中等师范学校和护士、助产、艺术、体育、采煤等专业的学生仍按百分之百发给。[1]

(2)师资管理

师资是各级各类教育发展的基础性保障，职业教育发展初期的中等专业教育也注重对师资的培养。新中国成立以来，我国职业教育事业没有单独的师资培养途径，职业学校师资培养工作完全依据普通教育领域的相关政策。[2]

1952年，教育部颁布了《中等技术学校暂行实施办法》，其中明确指出中等技术学校需按照国家政策培养专任师资，并要求专任教师定期与企业交流所教授的专业课内容。1954年，教育部颁布了《技工学校暂行办法(草案)》，对教师的认知标准做出了规定，即"技术理论教师，应由相当于中等技术学校毕业以上程度的技术人员担任；技术实习教师，应选拔具有高小以上文化程度及有一般技术理论常识的优秀技工担任"。1955年5月28日，教育部、高等教育部联合发出通知，决定自当年起，中等专业学校普通课教师可到高等师范学校进修。同年颁发的《关于提高教学工作质量的决议》对教师的工作职责做出了规定："教师应该认真备课，切实做好学期授课计划和课时授课计划，以求正确地系统地授课。在教学过程中，教师必须注意理论教学与生产实习的密切结合，并采用各种方法，培养学生独立思考和将理论知识运用于实际工作的能力。"[3]

1959年，教育部召开全国技工学校工作会议。会议指出，国家要大力培

---

① 参见中央教育科学研究所编：《中华人民共和国教育大事记(1949—1982)》，341页。
② 参见刘晓、沈希：《我国职教师资培养：历史、现状与体系构建》，载《河北师范大学学报(教育科学版)》，2013(11)。
③ 转引自王坤：《新中国中等职业教育课程政策研究》，博士学位论文，西南大学，2014。

育职业教育领域的教师，提升职业教育教师的现有水平。然而，此次会议并未划分职业教育专业师资与普教师资培养的区别，职业教育领域依旧存在着师资来源不通畅、培养制度不完善以及评价体系不健全的问题。一直到 1962 年 10 月 2 日，国务院为落实职业院校教师队伍的建设，在天津、上海、沈阳、开封四地先后建立技工教育师范学校。此后很长的一段时间内，相关政策的制定与实施都由中央主导。同时，职校教师的培养制度和评审体系都参照普通教育的标准，使得职业教育师资的培养严重滞后于普通教育。我国职业教育师资培养工作经历了从依附到独立，从滞后到平衡、多元发展的过程。①

1959 年 11 月 11 日，教育部通报推广北京市、山西省和建筑工程部培养职工教师的办法。这些办法是：北京市举办工农师范学院，培养工农业余学校的高中教师，并组织师资进修；建筑工程部举办职工教育师资训练班，由各企业保送学员，学习一年，毕业后担负企业初中语文、数学的教学工作；山西省在教育学院开办训练班，为工矿企业单位代培职工业余初中教师。②

3. 课程与教材

1952 年 8 月，教育部颁布了《中等技术学校暂行实施办法》，对课程进行了分类：技术学校课程应包括普通课、技术课与实验、实习课程。同时，该规定还要求，中等技术学校的普通课授课时数占授课总时数的百分比一般应以不少于 25%、不多于 45% 为原则。总体上保障了专业技能课授课时数占多数的比例。③

1953 年 5 月，高等教育部为整顿中等技术学校制订教学计划的工作，对工业性质中等技术学校普通课和基础技术课的课程及其标准时数做出了规

①　参见陆宇正、刘晓：《建国七十年我国职教师资培养的历史演进与现实思考》，载《职教发展研究》，2019(3)。
②　参见中央教育科学研究所编：《中华人民共和国教育大事记(1949—1982)》，259 页。
③　参见王坤：《新中国中等职业教育课程政策研究》，博士学位论文，西南大学，2014。

定。自 1953 年 8 月起，高等教育部陆续颁发了中等技术学校数学等普通课和制图等基础技术课的统一教学大纲。1954 年下半年，高等教育部陆续颁发加强中等专业学校的教学工作、管理工作的条例、办法和规定，其中包括考试办法、教学实习条例、班主任须知、学校组织系统表、教学进程表等 15 种教学表格和学生成绩册，等等。

广大师生在"破除迷信、大胆革新"的思想指导下，在教学上做过各种创造与尝试，改革教育计划安排，调整课程与学时，对某些教材进行"砍、换、补"，强调配合当前斗争，加强政治内容，以生产为纲，以八字宪法为纲，到工厂基层调查自编教材，改革教学方法，强化现场教学、形象教学、电化教学，调动学生学习主动性、积极性，加强课内外结合等。1958 年下半年，"大跃进"的气氛对课程与教材频频产生冲击，简单地以阶级观点划线，在教学中草率地给历史人物和科学家贴政治标签，片面强调直接经验，轻视甚至否定科学理论和间接经验，以致严重降低教学质量。

教材是教学质量的基本保证，是提高教学水平的重要手段。在职业学校的教材建设方面，新中国成立初期主要是由学校和主管部门采用自编、翻译等办法自行设法解决的。1952 年，政务院发布的《关于整顿和发展中等技术教育的指示》规定，中等技术学校普通课和技术课教材的审编工作应由教育部及有关业务部门着手进行。教育部门应主要负责普通课教材，但应在工作中互相取得联系。[1] 1958 年，中共中央、国务院发布了《关于教育事业管理权力下放问题的规定》，提出允许各地自编教材，教育部不颁发教学用书表。全国各地纷纷采取增、删、补的办法，对通用教科书进行修改。课程教材编写权下放到地方，使得各地政府与中等职业学校可以根据具体情况与需要来编写教材，极大地激发了地方政府与学校参与课程教学改革的积极性。[2] 20

---

①　参见盛子强、曹晔、周琪：《新中国中等职业教育教材开发的政策与路径研究》，载《广东技术师范学院学报（社会科学）》，2015(3)。

②　参见王坤：《新中国中等职业教育课程政策研究》，博士学位论文，西南大学，2014。

世纪 50 年代末，由于各地创办了大量的农业中学，所以教育部和农业部于 1960 年 1 月联合发出通知，要求各地编辑农业中学使用的有关农业知识的教材。其内容包括动植物的基础知识、"农业八字宪法"、农业水利化和机械化以及畜牧兽医的一般知识。

1964 年 3 月 23 日，教育部、文化部联合发出通知，规定各类职业学校在正式教材编出以前，可以根据学校的具体培养目标暂时选用同级学校比较适用的教材，也可以另行选编试用教材①，并要求根据中央提出的"课前到手、人手一册、印刷清楚"的要求，做好教材发行供应工作，使学生都有供教学使用的课本。1964 年 4 月，教育部上报国务院的《关于举办职业学校若干问题的意见》，提出职业学校的教材，应该由教育行政部门和有关业务部门分工协作，组织力量逐步编选适用的教材。各类职业学校通用的政治课、文化课、业务课教材，由教育行政部门组织力量解决；专用的业务课教材和政治课、文化课补充教材，由主管部门负责解决。②

4. 招生与就业

1952 年 7 月 5 日，教育部发出指示，要求全国技术学校以省、市为单位统一招生。为了保证录取合格的新生，更好地照顾考生志愿，1955 年 5 月 17 日，高等教育部发出《关于 1955 年中等专业学校招生工作的通知》，要求今后中等专业学校招生工作采取学校自行单独招生的方法，其中，同一地区或同性质的中等专业学校也可以联合招生。1956 年，因生源不足，中等专业学校招生任务扩大，教育部、高等教育部联合发出通知，规定中等专业学校以市为单位统一招生。1957 年，因初中学生来源较多，教育部决定中等专业学校不再采取统一招生的办法。同年 3 月，在全国政协会议上，张奚若在《关于中小学毕业生升学、就业问题的发言》中指出，中小学毕业生不能全部升学是

---

① 参见李蔺田主编：《中国职业技术教育史》，533 页，北京，高等教育出版社，1994。
② 参见盛子强、曹晔、周琪：《新中国中等职业教育教材开发的政策与路径研究》，载《广东技术师范学院学报（社会科学）》，2015(3)。

一种正常现象，要加强对学生进行劳动光荣的教育，把劳动教育列为经常的工作。

1957年9月20日—10月9日，在中共八届三中全会上，邓小平做了《关于整风运动》的报告。他要求对于中等专业学校毕业生，应该研究适当的方法，首先分配他们到适合于他们学科的生产单位去，从事一年到几年的劳动以后，再根据他们的专长和在劳动中的表现，分配他们的工作。1957年10月25日，国务院全体会议通过了《关于高等学校和中等专业学校毕业生在见习期间的临时工资待遇的规定》，规定自1957年8月起，每个毕业生在工作初期都必须有至少一年的见习时期，在见习期内不评定正式工资，只发给临时工资。1958年4月，中共中央发布的《关于高等学校和中等技术学校下放问题的意见》指出，改变统一招生的制度。一般的中等技术学校，可以就地招生，某些带有全国性的中等专业学校，可以到外地设考区招生。各个学校招考的时间不必一致，并且允许考生投考两个以上的学校。该意见还对毕业生分配办法进行了规定：由教育部和中央有关部门直接领导的学校的毕业生，原则上由中央统一分配；划归省、区、市领导的学校的毕业生，原则上由省、区、市分配。中等技术学校的毕业生，有一部分可以分配到工厂、农村。

1959年12月21日，国务院文教办公室召集中央各业务部门负责同志开会，讨论学校、厂矿企业、科研机关发掘潜力，实行春季招生问题。当月，教育部为此发出通知：为适应形势要求，实行春秋两季始业，各级学校都可春秋两季招生。1960年春季，普通中学和农业中学扩大招生，中等专业学校和高等学校也可招收一部分新生，并要求各地调查毕业生情况，提出春季招生计划。根据各地上报教育部的计划，教育部向国务院提出了《关于各级各类学校1960年春季招生工作的请示报告》。1960年1月27日，国务院转发该报告，并指出各级各类学校既要实行秋季始业，又要实行春季始业，这是一项新的重要措施。这项措施对于迅速发展我国教育事业和加速培养技术力量，将发生积极的促进作用。该报告要求各地区、各部门加强领导，妥善解决招生中的各种问题。1960 年 2 月 12 日，教育部、文化部联合发出通知，要求各地及时供应春季始业的学生所需的课本。为解决该问题，通知提出的办法有：暂时以秋季始业的课本代用，利用存书，向学生收回旧课本，教育、出版部门协商解决印刷、发行问题等。

1963 年 3 月 14 日，教育部印发了《关于改进中等专业学校招生工作和毕业生分配工作的意见》。该意见规定，中等专业学校一般在本地区范围内招生，主要招收初中毕业生。农、林、医、师范学校除招收初中毕业生外，还可以采取公社保送和考试相结合的办法，从公社招收经过生产劳动锻炼的初中毕业生和具有同等学力的青年，为人民公社培养人才。各科学校根据需要和可能，可以内招一部分在职职工。在当时调整精简的情况下，不能分配工作的毕业生可以安置做工人，或者推荐给集体所有制单位录用。公社保送的各科毕业生由原公社安排，内招职工毕业后由有关部门分配工作或返还原单位。据此，各地在农、林、医、师范等类学校中进行了"社来社去"的试点。1964 年 3 月 26 日，《光明日报》报道，全国已有 19 个省、区的 81 所中等农业学校实行了"社来社去"的招生、分配办法。1962 年以来，这类学校先后从农村人民公社招收学生 11000 多人。[①]

1963 年 7 月 5 日，教育部下发《关于在中等专业学校中试办招收高中毕业生班的通知》，根据国务院文教办公室 7 月 1 日的批示，要求本年确定在交通部、电力部、三机部、四机部 4 个中央部门所属的 5 所学校试办，共招高中毕业生 390 名。招生人数包括在中等专业学校招生计划之内，学习年限为二年、二年半，培养目标、学生待遇及毕业后的分配使用和待遇均按中等专业学校招收初中毕业生的规定执行。1964 年 6 月 16 日，教育部发出通知，决定继续在中等专业学校试招高中毕业生，并扩大到 12 个部门所属的 17 所

---

① 参见中央教育科学研究所编：《中华人民共和国教育大事记(1949—1982)》，327～328 页。

中等专业学校。当年共试招高中毕业生 1990 人。①

1964 年 10 月 12 日，国务院转批了高等教育部的《关于中等专业学校招生和毕业生分配统筹规划问题的报告》。高等教育部根据陆定一副总理的指示，于 7 月 24 日邀请中央各部门主管中专学校的负责同志开会，解决中专毕业生大量积压，部门之间不能互通有无的问题。会上起草了《关于中等专业学校招生和毕业生分配统筹规划问题的报告》，提出了三条解决办法：加强中等专业学校招生的统筹规划；实行毕业生的余缺调剂；各部门对于使用不合理的中专毕业生首先自行调剂和妥善安排，确有困难的，由内务部协助解决。②

5. 专业设置与专业目录

1953 年，高等教育部发出《关于中等技术学校设置专业原则的通知》，进一步提出中等专业学校设置专业力求集中单一，以不超过 4 个为原则。为了满足第一个五年计划的需求，根据上述各种原则，从 1952 年到 1953 年国家对中等专业学校进行全国性的调整。以华北地区为例，调整前有中等技术学校 22 所，调整后为 31 所。其中，重工业性质的学校 20 所，轻工业性质的学校 4 所，综合性质的学校 7 所。③

1963 年 6 月 15 日，教育部颁发《中等专业学校专业目录》。《中等专业学校专业目录》共分 8 科，包括 347 个专业，其中，工科 242 个，农科 25 个，林科 11 个，医科 12 个，师范 2 个，财经 34 个，体育 1 个，艺术 20 个。④ 1963 年 10 月 28 日，国务院批转教育部《关于中等专业学校专业的设置和调整问题的规定》。该规定指出，中等专业学校在过去两年调整中统筹安排不够，有些专业过于分散重复；各类专业配套不够齐全，还有薄弱环节和缺

---

① 参见中央教育科学研究所编：《中华人民共和国教育大事记(1949—1982)》，339 页。
② 参见中央教育科学研究所编：《中华人民共和国教育大事记(1949—1982)》，368～369 页。
③ 参见吴玉琦：《中国职业教育史》，74 页。
④ 参见中央教育科学研究所编：《中华人民共和国教育大事记(1949—1982)》，338 页。

门；有些专业划分过细，名称不统一；有些学校专业数量偏多，种类庞杂，变动频繁；等等。因此，国家决定对中等专业学校专业展开调整工作。该规定还提出，中等专业学校各科各专业设置和调整的原则是：统筹安排，专业配套，合理布局，稳定提高，统一专业名称，各校设置专业以教育部颁发的《中等专业学校专业目录》为准。[①]

6. 培养目标与学制

(1)职业教育培养目标的规定

人才培养目标是教育类型与层次质的规定性的反映，它是彰显各级各类教育人才培养总体要求的行动指南。职业教育的人才培养目标决定了职业教育培养什么样的人，是职业教育的首要问题，同时也是任何时期都必须搞清楚、弄明白的根本任务和基本方向。新中国成立初期，教育建设面临扩大劳动人民受教育权以及为工业化和国防建设培养急需专门人才的双重使命。面对薄弱的国民经济基底和技术人才匮乏的局面，我国职业教育发展初期的培养目标以干部教育和工农教育为核心，重点在于为工业建设培养人才，显示出鲜明的"技术本位"特色。[②]

1949年12月召开的第一次全国教育工作会议提出要"注重技术教育"。1950年6月，周恩来总理在全国高等教育工作会议上明确提出我国的经济正处在恢复阶段，需要人"急"，需要才"专"。在向社会主义社会过渡时期，面对初、中级技术干部的重大缺口，1951年6月召开的全国中等技术教育会议正式将中等技术教育的目标定位为培养大批掌握现代技术的初、中级技术人才，"技术本位"的职业教育特色基本成型。在此过程中，"培养技术工人"的职业教育人才培养目标也得以逐步明确。

1951年10月，政务院颁布的《关于改革学制的决定》明确提出，中等技

---

① 参见中央教育科学研究所编：《中华人民共和国教育大事记(1949—1982)》，347页。

② 参见闫广芬、李文文：《新中国成立70年来职业教育人才培养目标的"中国特色"》，载《中国职业技术教育》，2019(36)。

中国职业教育
改革与发展研究
1949—2021

术学校的任务是培养工业、农业、交通等方面的初、中级技术型人才。1952年，政务院发布的《关于整顿和发展中等技术教育的指示》进一步强调："我们的国家正在积极地准备进行大规模的经济建设。培养技术人才是国家经济建设的必要条件，而大量地训练与培养中级和初级人才尤为当务之急。"[1]该指示的出台更好地落实了《关于改革学制的决定》，同时再次强调了当时我国技术技能型人才紧缺的现状，明确了中等技术学校培养人才的方向与内容，凸显我国各行各业对于技术人才的迫切需求。[2]

1952年，教育部发布《中等技术学校暂行实施办法》，其中提出了中等技术学校的宗旨与任务是以理论与实际一致的教育方法，培养具有必要文化、科学的基本知识，掌握一定的现代技术，身体健康，全心全意为人民服务的初、中级技术人才。1954年11月24日，高等教育部颁发的《中等专业学校章程》规定，中等专业学校的人才培养目标是具有马克思列宁主义基础知识、普通教育的文化水平和基础技术的知识并能掌握一定专业技能，身体健康，全心全意为社会主义建设服务的中等专业干部。

1955年，一届全国人大二次会议通过了《中华人民共和国发展国民经济的第一个五年计划》，其中提到国民经济各部门和国家机关需要补充的各类高等和中等学校毕业的专门人才共约为一百万人；为适应这五年内的需要，国家将有计划地调整、扩大和开办各类高等和中等的专业学校，充分利用企业和机关的有利条件，训练各项建设人才。五年内，中等专业教育的重点是培养工业的技术干部和管理干部，同时适应农业合作社运动的迅速开展，注意培养农业的技术干部和管理干部。

1956年9月15日，中国共产党召开第八次全国代表大会，刘少奇指出："第二个五年计划要求……中等专业学校……学生也有相应的增加……要求

---

[1] 转引自王富丽：《建国后十七年职业学校的发展与启示》，载《职教通讯》，2013(4)。

[2] 参见周东：《新中国成立70年来我国职业教育政策沿革研究》，硕士学位论文，四川师范大学，2020。

特别加强专门人才的培养和科学研究的发展，以便积极掌握世界各国的最新科学成果。"①同时，他还指出，对于职工的文化教育和技术教育，对于一部分文化程度很低的机关工作人员的文化教育，也必须继续加强。9月16日，周恩来在《关于发展国民经济的第二个五年计划的建议的报告》中指出："为国家培养各项建设人才，首先是工业技术人才和科学研究人才，是教育工作的首要任务。这几年来，我国培养建设人才的工作是有显著进展的，但是从国家建设的要求来看，我们在高等学校和中等专业学校所培养的人才，在数量上、尤其是在质量上和门类上，还难以满足需要。因此，在第二个五年计划期间，应该进一步发展高等教育和中等专业教育，并且根据'掌握重点、照顾其他'及需要和可能相结合的方针，进行全面规划。……培养建设人才还必须发展业余教育，从职工中吸收有条件深造的人员到夜校或者函授学校学习，逐渐地培养他们成为高级和中级的专门人才。学习必须真正出于本人自愿，并且要分批分期地进行；各单位要保证学习的人有必要的业余学习时间，学习的时间不要太长，学习不要过紧，以免妨碍生产和职工的健康。"②

（2）职业学校的学制

1951年10月，政务院公布的《关于改革学制的决定》指出，我国原有学制存在许多缺点，其中最重要的是工人、农民的干部学校，各种补习学校和训练班，在学校系统中没有应有地位；技术学校没有一定的制度，不能适应培养国家建设人才的要求。③ 为了确定各类学校的适当地位，改革各种不合理的年限与制度，该决定明确了技术学校的招生对象、入学条件及修业年限，正式将职业学校改称为中等专业学校，规定实施中等专业教育的学校为中等专业学校，即中学、工农速成中学、业余中学和中等专业学校。中学的修业年限为六年，分为初、高两级，修业年限各为三年，均得单独设立。中

---

① 《刘少奇选集》下卷，239页，北京，人民出版社，1985。

② 《周恩来文化文选》，551～552页，北京，中央文献出版社，1998。

③ 参见本刊编辑部：《新中国职业教育印记》，载《职业技术教育》，2019(30)。

等专业学校包括技术学校（工业、农业、交通、运输等）、师范学校（得附设速成班）、医药及其他中等专业学校（贸易、银行、合作、艺术等），还包括了工农医等技术学校和师范学校。[①]　另外，学制还规定专科学校修业年限为二年至三年，各类高等学校可附设专修科；各类技术学校可附设技术训练班或技术补习班。这样，就从学制中取消了实施职业教育的公私立职业学校和设在普通中学内的职业科以及职业补习学校，按苏联中等专业教育的模式，我国确立起全新的中等专业教育制度。[②]　教育部部长马叙伦就改革学制发表讲话。他指出，这次学制改革的重点是工农干部教育、技术教育和小学教育。10 月 3 日，《人民日报》发表社论《为什么必须改革学制?》，进一步强调改革学制之重要性。

1952 年，高等教育部、教育部为研究学制改革问题，联合邀请北京60 多位专家、学者和教师举行座谈会。大家的意见是：改革学制要慎重考虑，不宜大改。多数人主张小学、中学阶段要广泛地举办职业教育、技术教育。

1954 年 9 月，国务院发布《关于改进中等专业教育的决定》，对各类中等专业学校的修业年限规定如下：工业性质中等专业学校的学习年限为三至四年，农、林、医药及其他中等专业学校的学习年限为三年，经济及会计中等专业学校的学习年限为二年半至三年，业余中等专业学校的学习年限比同类全日制中等专业学校增加一至二年。[③]　该决定还要求各类中等专业学校，必须十分重视教学实习和生产实习，规定实习教学的时间应占理论教学时间的25％～35％。同年，高等教育部制定的《中等专业学校章程》规定，中等专业学校招收初中毕业生，学习期满通过国家考试或毕业设计答辩及格准予毕业，由国家统一分配工作，服务三年经单位准许可以投考高等学校。此外，

---

① 参见曹照洁：《新中国中等职业教育体制的嬗变与反思》，博士学位论文，西南大学，2010。

② 参见中央教育科学研究所编：《中华人民共和国教育大事记(1949—1982)》，47 页。

③ 参见孙琳：《新中国职业教育的发展与变革》，载《中国职业技术教育》，2008(33)。

还对普通课、基础技术课、专业课的设置、大纲等问题做了规定。总之，上述一些决定表明，中等专业学校的调整进一步适应了当时我国建立独立工业体系和计划发展的需要，同时，中等专业学校自身的建设也日趋正规和完善。①

（四）学校的规模发展

我国中等专业学校经过这一历史阶段的调整和发展，到 1956 年已达 1353 所，其中，技术学校占 755 所，师范学校占 598 所。当时，全国普通中学为 6715 所，中等专业学校约占中等教育的 1/6。除正规中等专业学校外，非正规中等专业学校的发展也比较迅速，到 1957 年已达 209 所，有学生 29600 人。这一历史阶段已基本奠定了我国职业教育发展的基础，职业教育形成了以中专、技校为主的中等专业教育发展方向。1950—1960 年，我国中等专业学校数量由 1086 所增长至 3706 所；在校生人数由 25.7 万人增长至 149.5 万人。②

1964 年，农业职业中学又增加到 15108 所，在校生达 112.3 万人；中专增加到 1611 所，在校生达 53.1 万人；技工学校增加到 334 所，在校生达 12.37 万人。到 1965 年，全国农业中学职业技术中学 61626 所，在校生达 443.3 万人；全国中等专业学校有 1265 所，在校生 54.7 万人；两项共计在校生 498 万人，占全国中等学校在校生总数的 35%。③ 中等教育形成了一种较合理的结构，职业技术教育呈现出发展的新高潮。

1965 年，各类中等职业学校情况如表 1-1。

---

① 参见吴玉琦：《中国职业教育史》，74～75 页。

② 参见吴玉琦：《中国职业教育史》，75 页；郭文富、马树超：《新中国成立 70 年来职业教育发展的历史阶段特征与经验》，载《教育与职业》，2019(19)。

③ 参见王杰恩、王友强主编：《现代职业技术教育：理论与实践》，44 页，济南，山东大学出版社，2007。

表 1-1   1965 年各类中等职业学校基本情况

类别	学校数(所)	学生数(万人)
中专	871	39.2
技工学校	400	18.3
农业中学	54332	316.69
职业中学和半工(农)半读学校	7294	126.69

资料来源:《中国教育统计年鉴》。

三、发展技工学校教育,培养国家急需技术工人

技工教育是以企业开办为主,以培养技术工人为目标的专门教育。新中国成立后,为应对我国国民经济的恢复与发展对大量技术工人的需求,以高效服务生产为主导的技工教育开始蓬勃兴起。国家大规模建设,需要大量的技术工人,但旧中国工业不发达,技术工人队伍十分薄弱,分布很不均衡,多数集中在沿海城市,工人队伍总体结构中多为操作工,与当时客观需要差距较大。[1]

(一)技工学校教育的起步与发展

新中国成立初期,旧社会遗留下来的失业人员急需转业培训,而我国职业教育基础薄弱,尤其是技工学校的数量极少,且基础设施陈旧,课程设置、教学内容与社会发展需求相脱节。对此,我国开始积极主动地接管、改造、发展技工教育。为了对失业人员进行职业培训,各地都举办了各种类型的短期技术训练班。随着国民经济恢复工作的完成,特别是"一五"计划的实施,各项重点工程又需要大量的技术工人。这样,原有的以训练失业人员为目的的各种技术训练班就越来越难以适应经济建设的发展。

1955 年 4 月,劳动部和工业交通运输各部联合召开了第一次全国技工学校校长会议,会议检查了技工学校当前工作中的问题,做了《关于提高教学工作质量的决议》的报告。该决议明确提出,有条件的技术训练班应逐渐发

---

[1]   参见闻友信、杨金梅:《职业教育史》,41~44 页。

展成为以培养技术工人为目的的各类技工学校，并规定了技工学校以生产实习教学为主的方针，同时提高理论课的授课质量，提高和培养师资。培养学生既有文化技术理论知识，又有实际操作技能，到生产岗位能较快地独立操作。这样，技工学校与中专一样，成为我国培养中等专业技术工人的主要阵地。①

1958 年 3 月 20—26 日，劳动部在天津召开全国技工学校会议。马文瑞部长做了《勤俭办学、勤工办学，为培养思想好、技术好、身体好的新工人而努力》的报告。

首先，他肯定了技工学校在技工培训中的重要作用。新中国成立以来，国家培训新技工基本上采取两种方式：第一，生产中培训，师傅带徒弟；第二，技工学校培训，两种方式都是需要的。过去新徒工近 90% 都是在生产中培训的，今后仍应如此。但是，师带徒也有弱点：第一，难以系统学习技术理论；第二，专业面窄；第三，操作实习的机会较少。技工学校要培训大量新技工是有困难的，但它能够避免师带徒的弱点。技工学校的学生，既能学到必要的技术理论知识，又能学会一定专业的全面操作技能。据调查，沈阳工厂中由学徒转正的工人，只会 5～9 道工序，而技工学校毕业生能掌握 29 道工序。

其次，马文瑞部长指出，技工学校必须贯彻执行勤工俭学方针，达到自给自足。第一，他重申了技术课应以生产实习教学为主的教学方针的正确性。它与德育、智育、体育全面发展的方针是不矛盾的，也为勤工俭学自给自足的方针打下了基础。第二，他指出我国技工教育过去存在着"求新求全""贪多贪大"的思想。学习苏联模式，但没有很好地与我国实际情况相结合。第三，他提出了技工学校实现自给自足的必要性和可能性。第四，会议强调，技工学校应该大力改进教学工作，培养出思想好、技术好、身体好的工人，加强思想政治工作，要纠正只管教学不管思想的教学方法，要改进和转

---

① 参见王杰恩、王友强主编：《现代职业技术教育：理论与实践》，43 页。

变领导作风，保证跃进，要使学校工作能够跃进，学校领导干部的思想作风必须跃进，这是关键。①

1959年4月6—15日，劳动部在上海召开全国技工学校工作会议，研究提高技工学校教学质量，更多更好地培训技术工人的问题。会议确定今后技工学校发展的方针是：在1958年大发展的基础上加以整顿、巩固和提高，再在这个基础上，根据国家建设的需要，积极地有计划地发展。会议根据过去几年的经验，具体研究了技工学校的学制、生产劳动和技术教育时间安排等问题。会议认为，一般的技工学校学习时间在两年到三年比较适宜，在每个学年里，生产劳动时间和技术理论教育时间，应在6∶4与7∶3之间。会议还讨论了改进教学工作、加强思想政治工作及对技工学校的领导管理等问题。②

刘亚雄副部长主持会议，听取了主管领导做的《关于技工学校工作中主要问题的意见的报告》。该报告首先论述了全国政治经济形势，总结了技工学校的发展情况、成绩以及存在的问题。报告指出，有的学校只顾生产，忽视了文化和技术理论课教育；教学改革还未很好开展；政治思想教育还需要进一步加强，一些新办学校还有若干问题需要解决。报告提出以下6个方面的要求。③

第一，整顿巩固有计划地发展技工学校。应该把技工学校这种培训方式肯定下来，使其成为我国培训新工人的重要基地。1958年新建的许多学校中，有不少是办得好的。但是，也有部分学校师资匮乏、设备不足，又过多地招收了学生；还有的为了便于招工借用学校名义，造成了劳动力的浪费，因此对新建学校必须加以整顿。技工学校一般应具备下列条件：其一，学制一年以上(非业余性的)，并有相应的教学计划；其二，有一定数量的专职教师和干部，能够组织教学；其三，有专用的教学、生产设备(指实习工厂设备

① 参见闻友信、杨金梅：《职业教育史》，66页。
② 参见中央教育科学研究所编：《中华人民共和国新中国教育大事记(1949—1982)》，243～244页。
③ 参见闻友信、杨金梅：《职业教育史》，73～75页。

和实习岗位），能够保证正常的教学；其四，有单独的财务计划和生产计划。

第二，坚决贯彻执行党的教育方针。生产实习课一般占 60%，这对于克服技校一般偏重理论教学，轻视生产实习的现象起了积极作用。1958 年，紧紧抓住生产劳动这个主要环节，使教育与生产劳动结合更加紧密，既实现了自给自足，也锻炼了学生，取得教育生产双丰收，使技校走上了发展的新阶段。但当时教育与生产劳动相结合的思想还不够明确，两者关系还未很好统一，过分强调生产必须服从教学要求，机械执行教学大纲，强调党的领导和政治思想教育不够，这就限制了学校生产能力的充分利用，也妨碍了教学质量的提高。有的学校片面强调生产，放松文化理论教育，有的为了完成生产任务，不注意学生操作技能的全面发展，让学生长期从事单一操作。这样做必然会降低培训质量，使技校在培训上的优越性不能充分发挥。技校教育学生的方法，必须是生产实习与政治文化和技术理论教学紧密结合，忽视任何一方面都会影响质量提高。

第三，进一步改进教学工作，技校培训目标必须符合教育目的。它应是培养具有社会主义觉悟，有较系统的文化与技术理论知识、较全面的专业操作技能和身体健康的熟练技术工人，达到中级技工熟练程度和"精一兼数"多面手水平。课时分配一般为 6∶4。技校组织生产实习应当做到"工厂化"，同时须保持班级活动。教师应理论与生产实习兼教，避免相互脱节，便于理论与实际结合。

第四，组织社会主义劳动竞赛和开展技术革命。

第五，加强政治思想教育和贯彻群众路线。

第六，加强对技校领导和管理。

来自各地的代表在会上介绍了勤俭办学的经验。会议最后指出今后技校的工作任务是：多快好省地培养新技术工人；在不但不妨碍，而且有利于培养人才的前提下为国家创造更多的财富；更多地创造经验，更好地总结经验；制定和编写比较成熟的规章制度和教材，争取更大更好更全面的跃进。

（二）技工教育制度的建立

20 世纪 50 年代，技工教育学习苏联模式，以教学工作为主，教学工作以实习教学为主。为维护社会稳定和推动经济发展，这一时期我国技工教育得到空前的重视和发展。随着我国技工教育发展规模的不断扩大，劳动部在"一五"期间相继出台《技工学校暂行办法(草案)》《技工学校标准章程(草案)》等文件，建立了我国技工教育的基本制度，使我国技工教育功能得到适时扩展，技工教育管理更加科学、规范，为我国技工教育高效服务生产建设提供保障，为其未来的适应性发展奠定基础。[①]

1. 领导与管理

新中国成立初期，各级政府和各级工会组织开办的技术培训班、学徒培训班是技工教育的主要办学形式，办学条件相对较好的培训班，逐渐充实发展成为技工学校。然而，面对技工院校开办的复杂状况，我国在 1953 年以前并没有将技工教育划归任何单一国家部门进行综合管理，因而技工教育的管理自发性较强，呈现出"多头分散"的局面。

为改变技工教育管理分散的状况，加速技工学校的发展建设，提高技工教育服务生产的效率，政务院于 1953 年做出由劳动部对全国技工学校进行综合管理的决定。自此，我国技工教育管理开始走向系统化和规范化，对技工学校的管理更具高效性和科学性。1954—1956 年，劳动部相继出台一系列相关文件对技工学校的领导管理、工种设置、机构设置、人员编制、经费管理等方面做出明确要求。在领导管理、工种设置方面，1954 年 4 月，中央财政经济委员会转批劳动部的《技工学校暂行办法(草案)》做了相关规定。[②]

1953 年，我国技工教育划归劳动部综合管理，由劳动部门直接指挥和管

---

① 参见闻友信、杨金梅：《职业教育史》，73～75 页。
② 参见王晓利、陈鹏：《新中国成立 70 年来技工教育的变迁理路及历史回响》，载《中国职业技术教育》，2020(3)。

理学校的制度弊端在 20 世纪 50 年代中期开始显现，主要存在地方办学的积极性不高、办学形式较为单一等问题，限制了技工教育事业的发展速度和办学质量，且不能满足人民群众日益增长的技术技能需求。于是，为切实加强党对职业教育的领导，为使技工院校培养的人才更适合社会主义建设发展需要，我国于 1958 年开始逐渐采取教育权下放的措施。

1958 年 4 月，中共中央颁布的《关于高等学校和中等技术学校下放问题的意见》，提到除了少数综合大学某些中等技术学校仍旧由中央教育部或者中央有关部门直接领导外，其他的高等学校和中等技术学校都可以下放，归各省、区、市领导。劳动部积极落实技工教育管理权下放政策，1958 年 7 月 8 日，中共中央转批劳动部党组的请示报告，将现有的 144 所技工学校下放 75 所给地方管理。劳动部党组的报告还要求有关部门进一步研究，将技工学校继续下放给地方管理。报告提出，今后技工学校须大力发展，校数只应增加，不应减少；所有技工学校都必须紧紧依靠当地党委的领导，并对学校思想政治工作的管理、招生和毕业生分配等问题提出了意见。[1]

为深化技工教育管理权下放的程度，1958 年 9 月 19 日，中共中央、国务院下发的《关于教育工作的指示》中重申这一要求，即大部分的技工学校，"已经下放给省、市、自治区管理；仍属中央各部的中等专业学校和技工学校，也应当由各部下放给各部所直接领导的厂矿、企业、农场管理"[2]。虽然这种政治运动式的政策实施后，为我国技工教育打开了多形式、多渠道办学的新局面，但同时也导致我国技工教育事业出现混乱的状况，对我国技工教育的发展带来了严重的冲击和影响。随着"两种教育制度"的施行，我国技工教育的管理权在中央部门间发生转移。1964 年 4 月，国务院颁布的《关于技工学校综合管理工作由劳动部划归教育部的通知》指出，决定将技工学校的

---

① 参见中央教育科学研究所编：《中华人民共和国教育大事记（1949—1982）》，220～227 页。

② 中共中央文献研究室编：《建国以来重要文献选编》第 11 册，429 页，北京，中国文献出版社，2011。

综合管理工作及相应经费额度由劳动部划归教育部主管和掌握，劳动部给予协助。

此后，教育部采取一系列措施不断调整对技工教育的管理，但由于对当时技工教育统筹管理的认识和经验不足，调整后的技工教育面临更复杂的发展局面，对技工教育的发展造成一定的阻碍。

2. 技工学校人才培养目标

新中国成立后，我国为满足大量失业工人的就业培训需求而广泛举办各类技术培训班，并将技工学校基本任务规定为国民经济各部门培养和输送具有一般社会文化、科学的基本知识，掌握现代的生产技术，体格健康，全心全意为祖国为人民服务的初、中级技术人才。

1953 年 5 月，中央劳动就业委员会、劳动部等部门联合召开劳动就业座谈会，提出劳动部门应根据生产发展的需要培养技术工人，不应把技工训练作为单纯安置失业人员的手段。基于此，我国技工教育的功能得以适时扩展，"服务生产"功能在制度建设中开始凸显，技工院校的技工培养层次根据实际生产的需要予以设定。1954 年，教育部颁布的《技工学校暂行办法(草案)》规定，技术学校以培养四级和五级技工为主，各产业管理部根据实际需要，培养技术等级可以适当地予以增减，但培养目标不得低于三级技工。1956 年，劳动部颁布的《技工学校标准章程(草案)》，将技工学校的培养目标修改为除培养四级和五级技工，还要求技工学校"培养出掌握一定专业的现代技术操作技能和基础技术理论知识、身体健康、全心全意为社会主义建设服务的中级技术工人"[1]。一是突出技工教育为生产建设服务的特性，二是为学生生产实践能力的获得建立制度规范。

3. 技工学校招生与就业

《技工学校暂行办法(草案)》规定，技工学校应招收具有高小毕业以上或

---

[1] 转引自王晓利、陈鹏：《新中国成立 70 年来技工教育的变迁理路及历史回响》，载《中国职业技术教育》，2020(3)。

相当于高小文化程度，身体健康、政治纯洁、16～23周岁的青年。经考试合格并填写志愿书后方可入学。

1955年以后，多数地区改招应届初中毕业生或历届同等学力者。中央各产业管理部门所属的技工学校，其招生简章与招生地区，由各产业主管部门决定，征得劳动部同意后，由招生地区劳动部门协助招考。地方国营产业部门所属的技工学校，其招生简章与招生地区，由其直属产业管理部门决定，征得所在地劳动行政部门同意后实行，但事先均须与招生地区教育部门取得联系。技工学校学生生活待遇，采取人民助学金制度。其待遇按中等技术学校规定标准支付，具体办法由各产业主管部门根据不同情况自行拟定。技工学校的毕业生，由其产业管理部门分配工作，如系其他部门委托培训者，则由委托部门分配工作。对于考试不及格的学生，按其实际程度分配工作或继续学习，由各产业主管部门自行规定，若考试合格的毕业生过多时，劳动部门应协助分配工作。技工学校的毕业生，必须服从其主管产业部门的统一分配，各产业部门可以规定毕业生的服务年限。[1]

4. 技工学校教学管理

在借鉴苏联技工教育模式的基础上，劳动部等各部委在联合召开的第一次全国工人技术学校校长会议中提出技工学校应积极贯彻实习教学方针，并且在《技工学校暂行办法(草案)》和《技工学校标准章程(草案)》中对技工学校的课程设置、教学时间安排做出明确规定，技工院校需设置政治、文化、体育、技术理论课和生产实习课等多种课程，各类课程的一般占比应是：生产实习占学习时间的50%～60%，其他课程共占40%～50%。使技工学校培养的学生在掌握文化技术知识的同时获得生产实践能力。[2] 针对技工教育教学工作存在诸多不足的现状，第一次全国技工学校校长会议做出了《关于提高

---

① 参见申家龙编著：《新中国职业教育发展历程》，67页，西安，西安地图出版社，2006。

② 参见王晓利、陈鹏：《新中国成立70年来技工教育的变迁理路及历史回响》，载《中国职业技术教育》，2020(3)。

教学工作质量的决议》。该决议提出劳动部技工培训司建立教学工作研究室，以加强对技工学校教学研究工作的指导的建议。

1955 年年底，劳动部成立了技工学校教学方法研究室，1956 年颁发了《技工学校教学方法研究组工作规划》，对技工学校教学研究组的研究任务和主要功能做出明确规定。

5. 经费问题

中华人民共和国成立初期，技工学校办学经费主要依赖于失业工人救济金。1954 年 8 月 27 日，政务院财政经济委员会试行《技工学校经费预算标准（草案）》。规定经费内容包括工资、职工福利、公务费、人民助学金等，但没有涉及经费来源。1955 年，根据第一个五年计划规定，劳动部承担起为国家培训中级技工的任务，中华人民共和国成立初期的失业工人技术训练班逐步改为技工学校后，若再从失业工人救济金中开支经费，已不敷应用，而且也不适当。同年 10 月 22 日，经国务院批准同意，从 1956 年开始将该项培养经费，改由国家预算列入教育经费开支。1956 年，《技工学校标准章程（草案）》规定，技工学校为独立的经费开支单位，应有经主管部门批准的财务计划，技工学校的经费，由学校编造预算，报请主管部门批准拨给。技工学校的房屋和一切教育设备，为国家教育事业的财产，非经主管部门征得劳动部门同意，不得移作其他用途。1956 年 11 月 3 日，财政部、劳动部联合颁发《关于工人技术学校经常费预算开支标准》，并定于 1957 年起执行。1958 年 1 月，毛泽东在《工作方法六十条（草案）》中的第四十八条指出："一切中等技术学校和技工学校，凡是可能的，一律试办工厂或农场，进行生产，做到自给自足或半自给，学生实行半工半读。在条件许可的情况下，这些学校可以多招些学生，但是不要国家增加经费。"[1]在此指示下，不少学校开办学校实习工厂并进行产品生产，与生产相结合进行教学实习。技工学校生产计划后来被列入地方或行业主管部门的生产计划内。这种方式在 20 世纪 80 年代仍

---

[1] 《毛泽东文集》第 7 卷，360 页，北京，人民出版社，1999。

然存在。这一时期，技工学校得到了快速发展，正规技工学校数量由1953年的35所增至1956年的212所，在校生人数也由23500人增至110867人。①

6. 中专学校专业设置

1952年，《中等技术学校暂行实施办法》提出中等技术学校分为工业、交通、农业和林业等类，专设一科或兼设数科，并附设各种技工学校、艺徒学校和短期技术培训班。实际上，当时大量的技术工人只能由企业承担培训工作，其中学徒制培训是技工教育的主要形式，学校的专业教育尚显不足。在为数不多的文献探讨中，有研究指出，由于学徒制培训期限较短，且缺乏全面的专业操作训练，尤其缺少学校教育的文化和技术理论知识学习，进一步壮大学校专业技工教育尤为重要。为此，发展举办专业的职业教育，扩大学校专业（工种）设置的数量规模，开展专业教学改革，提高专业教学质量等问题是当时关注的重点。

1963年，在"调整、巩固、充实、提高"的方针下，国务院批转教育部《关于中等专业学校专业的设置和调整问题的规定》，针对专业设置或分散或重复、专业名称不统一、各类专业配套不够齐全等问题，指出要以《中等专业学校专业目录》（1963年版）为准。不仅如此，专业（工种）设置必须根据需要适当确定，并且要加强学校的专业教学管理工作，以规范专业教材和制度文件的编写和制定。一系列制度和研究的双重促进，对稳固新中国初期的职业教育发展、提高教育质量起到了一定的作用。然而，在随后的十年中，大批中等专业学校被裁并，技术工人学校被改为工厂，不少地区和部门的中等专业学校几乎全部停办，职业学校陷入停滞状态。②

（三）发展成果

这一时期全国技工院校数量及在校生数量变化见表1-2、表1-3。

---

① 参见申家龙编著：《新中国职业教育发展历程》，70～71页。
② 参见魏明：《新中国职业教育专业建设实践与研究70年：回顾与展望》，载《职教论坛》，2019(10)。

表 1-2　1949—1957 年全国技工院校数量及在校生数量变化

年度	1949	1952	1953	1954	1955	1957
学校数	3	22	32	76	78	144
在校学生数	2700	15000	23500	43919	45095	66538

表 1-3　1958—1977 年全国技工院校数量及在校生数量变化

年度	1958	1960	1962	1964	1971	1977
学校数	481	2179	155	334	39	1333
在校学生数	200000	516819	59594	123476	8550	243072

资料来源：依据相关年份《中国教育统计年鉴》数据统计和计算。

1957 年，我国发展国民经济的第一个五年计划胜利完成，教育事业有很大发展。截至 1957 年年末，全国共有中等专业学校 1320 所，中等专业学校、农业中学、职业中学在校生总计 80 万人。[①] 中等专业学校在校学生由 1949 年的 22.9 万人发展到 1957 年的 77.8 万人；技工学校在校学生从 1952 年的 21.5 万人发展到 1957 年的 60 万人；农业中学首先出现在江苏，很快地推广到全国。中专、技校为我国经济建设培养了大批初、中级技术人员和技术工人，为我国职业技术教育的发展做出了贡献。

当然，由于新中国成立初期，我们学习苏联的经验，没有使用"职业教育"和"职业学校"的名称，而是使用了"中等技术教育""中等专业学校"和"技术学校"的名称。这一时期，我国职业教育与普通教育的比例比较正常。[②] 中等技术学校毕业生基本上适合当时经济建设的需要。

第三节　职工业余教育逐步发展

职工教育是对在职工人和一般职员进行的教育活动，包括对职工的各项技能培训、基础文化教育、中等与高等的文化和专业教育、大学后继续教

---

① 参见中央教育科学研究所编：《中华人民共和国教育大事记(1949—1982)》，209 页。
② 参见中央教育科学研究所编：《中华人民共和国教育大事记(1949—1982)》，209 页。

育、适应职工日益增长的精神生活与多种个人爱好需求的社会文化及生活教育等。①

新中国成立以来，党和政府十分重视提高劳动人民，特别是工人的文化素质和政治思想觉悟。1949 年，我国小学在校学生为 2439.1 万人，中等学校在校学生为 126.8 万人，无论是农村还是城市都存在着大批的文盲和半文盲，当时在总人口当中，文盲率在 80% 以上。所以，随着新中国成立，城市广泛地开展了职工教育。新中国成立后的职工教育大致经历了四个阶段：第一阶段是从 1949 年到 1955 年的政府领导，各级工会主办；第二阶段是从 1956 年到 1959 年的行政主办，工会协助；第三阶段是从 1960 年到 1966 年的党委领导，工会办理；"文化大革命"期间，职工教育基本停止，进入 20 世纪 70 年代末期后开始进入第四个阶段，实行行政为主，各方配合职工教育体制。②

一、职工业余教育的起步

新中国成立伊始，职工教育的重要地位就得到了承认，具有临时宪法作用的《共同纲领》也有所规定。

1950 年 6 月 1 日，政务院发布了《关于开展职工业余教育的指示》。这是在党的领导下，政府颁发的第一个全面具体的有关职工教育的文件，为新中国成立初期职工教育发展指明了方向。

《关于开展职工业余教育的指示》指出，开展职工业余教育是提高广大工人职员群众的政治、文化与技术水平的重要方法之一。目前，职工业余教育的对象以工厂企业中的工人职员为主，职工业余教育的内容以识字为重点，采取多种多样并能保持经常的形式。争取在三五年内做到职工现有文盲一般能识字一千个上下，并具有阅读通俗书报的能力。较高级的职工业余文化教育，应采取比较正规化的形式，设立中级班(相当高小，两年毕业)、高级班

---

① 参见顾明远主编：《教育大辞典》，4805 页，上海，上海教育出版社，1998。
② 参见申家龙编著：《新中国职业教育发展历程》，165～166 页。

中国职业教育
改革与发展研究
1949—2021
48

（相当中学，五年毕业）。凡修完主要课程后测验及格者，即可由政府教育部门发给毕业证书，其效力等同于与其学程相当的普通学校毕业证书。对职工的政治教育，可以用实事报告、专题讲演等方式进行，大工厂企业，可设立职工业余政治班，进行系统的政治理论教育。各工厂企业应有计划地进行技术教育，可采用技术训练班、技术研究班或订立师徒合同等形式。该指示规定，"职工业余教育由政府教育部门负责，在工厂企业内部由工会负责，并组织各级职工业余教育委员会"，还对职工业余教育的课程、考试办法、时间、教材经费、设备等问题做了规定。①

1950 年 9 月 20—29 日，教育部、中华全国总工会在北京联合召开第一次全国工农教育会议。参加会议的有中央、大行政区、省、市教育部门和工会文教部负责人，各工业和有关部门负责人，模范教师和学习模范，速成中学校长，特邀学者等 470 余人。9 月 27 日，中央人民政府主席毛泽东和副主席朱德、李济深来到会场和大家见面，副主席朱德、李济深，政务院副总理董必武和郭沫若、黄炎培以及全国总工会副主席李立三在会上讲话。会议讨论了实施工农教育的方针及加强对工农教育的领导等问题。会议指出，第一，加强工农教育是巩固和发展人民民主专政，建立强大的国防和强大的经济力量的必要条件；没有工农文化教育的普及和提高，也就没有文化建设的高潮。第二，当前工农教育的实施方针是：对象，先着重工农干部和积极分子，有条件后推广到青年和工农群众中去；内容，根据地区不同，分别以文化教育(首先是识字)、政策时事教育为主要内容；步骤，因时因地制宜，根据主客观条件有重点地稳步前进。第三，开展工农教育，必须贯彻群众路线，根据群众的自觉自愿，充分依靠自己的力量进行工作。要克服轻视工农，和对工农群众的恩赐观点及包办代替、命令主义的作风。经费主要依靠群众自己解决，政府有重点地予以补助。师资要实行以民教民为主的方针，

---

① 参见《中华人民共和国成人教育大事记略》，载《中国成人教育》，1999(2、6、7、8)。

必要与可能时，设一定的专任教师作为骨干。学习形式应多种多样，不能要求一律。第四，领导关系方面，必须实现"政府领导、依靠群众组织、各方面配合"的原则，以达到统一领导，分工合作，将工作做好的目的。会议修正通过《关于举办工农速成中学和工农干部文化补习学校的指示》《关于开展农民业余教育的指示》《工农速成中学暂行实施办法》《工农干部文化补习学校暂行实施办法》《职工业余教育暂行实施办法》《各级职工业余教育委员会组织条例》六项草案。①

1950 年 9 月，工人出版社发行了职工业余初、中级教材。1950 年 12 月 14 日，政务院发出《关于举办工农速成中学和工农干部文化补习学校的指示》。该指示指出，为了认真提高工农干部的文化水平以适应建设事业的需要，人民政府必须给予他们以专门受教育的机会，培养他们成为新的知识分子。为此，决定在全国范围内有计划、有步骤地举办工农速成中学和工农干部文化补习学校，吸收不同程度的工农干部给以适当时间的文化教育，尽可能地使全国工农干部的文化程度能在若干年内提高到相当于中学的水平。该指示还提出，工农速成中学修业年限暂定为三年，工农干部文化补习学校修业年限暂定为两年。工农速成中学由教育部和大行政区教育部门统筹举办。工农干部文化补习学校由各级机关及各省市县人民政府分别举办。该指示还对课程、学校设置、学生来源和条件、学生上学期间的待遇、教师、领导等问题做了原则规定。

1950 年 12 月 20 日，教育部颁发《各级职工业余教育委员会组织条例》。该条例共十四条，对全国、大行政区、省、市各级职工业余教育委员会组成，任务、决议发布、分工、办事机构及办公经费等做出了规定。各级职工教育委员会的任务是：制定方针、计划及实施办法；决定经费调剂与动用的原则、教员待遇及经费开支标准；决定教员培养、训练及调配；决定各种奖

---

① 参见欧阳璋主编，胡绍祥副主编：《成人教育大事记(1949—1986 年)》，12～13 页，北京，北京出版社，1987。

中国职业教育
改革与发展研究
1949—2021

励事项等。12 月 21 日，教育部发出《关于开展农民业余教育的指示》。该指示指出，有计划有步骤地开展农民业余教育，提高农民的文化水平，是当前我国文化建设上的重大任务之一。该指示还要求争取条件将农民季节性的业余学习(冬学)逐步转变为常年业余学习，并规定，农民业余教育一般应以识字学文化为主，并配合进行时事政策教育和生产、卫生教育。农民业余学校分设初级班(组)与高级班(组)。初级班扫盲，高级班要求基本上达到相当于高小毕业的程度。学生学完规定的课程后考试及格者，发给毕业证书。此种证书与初级小学、高级小学的毕业证书有同等效力。农民业余学习采取以民教民的方针，号召动员一切识字的人做群众教师，以教人识字作为自己的光荣任务。农民业余教育的领导，由各级人民政府教育部门负责，有关部门协助。① 《关于开展农民业余教育的指示》还对教材、经费等事项做了规定。②

1952 年 3 月，政务院发布的《关于整顿和发展中等技术教育的指示》强调，"除整顿和发展正规的技术学校外，还应根据实际需要举办各种业余性质的技术训练班，或在各工矿企业农场中以及各技术学校中附设各种业余性质的技术补习班或训练班，务使正规的、速成的、业余的各种技术学校或训练班得到适当的配合发展"③。工矿厂大量举办职工业余文化补习学校，使普通工人转变为正式工人、领导干部成为可能，并且培养了大批的初级技术人员，使工作效率得到迅速提高。到 1954 年年底，职工业余文化学校有 11000 所，参加学习的职工有 290 余万人，年终毕业的有 30 余万人，文盲数量大大减少。④

---

① 参见《中华人民共和国成人教育大事记略》，载《中国成人教育》，1999(2、6、7、8)。

② 参见欧阳璋主编，胡绍祥副主编：《成人教育大事记(1949—1986 年)》，14 页。

③ 中共中央文献研究室编：《建国以来重要文献选编》第 3 册，121 页。

④ 参见魏雪：《新中国初期工农教育研究》，硕士学位论文，湖南师范大学，2019。

二、职工业余教育的组织与管理

1950 年，教育部颁发的《各级职工业余教育委员会组织条例》要求教育部门和企业成立专门机构、设立专职人员对职工业余教育进行领导和管理。1951 年，全国职工业余教育委员会成立，标志着职工业余教育有了统一的领导组织，能够使职工业余教育向着规范化方向发展。同年 2 月，教育部颁发了《工农干部文化补习学校暂行实施办法》，共六章十八条，包括总纲，学制、课程、教学计划，组织、编制、会议，设置、领导，经费及附则。该办法规定：工农干部文化补习学校的任务是招收具有初步阅读能力的工农干部，施以相当于完全小学程度的教育，毕业后由原来机关分配工作，或升入工农速成中学及其他干部学校继续学习。修业年限为两年，必要时可以延长或缩短。县以上各级人民政府、机关、工厂、高等学校、中等学校、干部学校均可以设置此类学校。

1951 年 3 月，教育部颁布了《职工业余教育暂行实施办法》，确定了职工业余教育以提高职工的文化、政治和技术水平，加强国防和生产建设，并提高职工管理国家的能力为目的。

1955 年 2 月 22 日—3 月 7 日，教育部、高等教育部、中华全国总工会在北京联合召开了全国职工业余文化教育会议和全国工农速成中学教育会议。全国职工业余文化教育和全国工农速成中学教育会议提出，职工业余教育由"政府教育部门负责领导"，各类职工业余学校"谁管有利就由谁管"的职工教育管理体制原则。从此，全国的职工教育管理体制发生变化。从中央到地方乃至工矿企业，职工教育改由政府或行政主管，工会协办。[①]

1955 年 4 月，中共中央转发教育部党组《关于初中和高小毕业生从事生产劳动的宣传教育工作的报告》，要求中小学必须进一步加强劳动教育。应当注意进行综合技术教育，使学生从理论和实践上懂得一些工农业生产的基

---

① 参见申家龙编著：《新中国职业教育发展历程》，183 页。

础知识。除了专门中等专业学校教育，还强调中小学教育中职业教育的重要性，提倡加强技术教育。

1955年12月19—28日，教育部、高等教育部、中华全国总工会在北京联合召开全国职工业余教育会议。会议指出，职工业余教育担负着培养科学技术人才和管理干部以及普遍地提高职工群众的文化技术水平的两大任务。会议还对各级业余学校的学制、课程、入学条件、师资配备等做出了规定。[①]

1957年4月18日，教育部、中国教育工会全国委员会就学校职工业余教育工作及经费问题联合发出通知。通知要求，各地中等和初等学校职工的业余教育工作，均由教育行政部门、学校行政方面负责统一领导，各级教育工会组织应积极参加这一工作。经费问题按1956年3月3日高等教育部、全国总工会等单位的联合通知的规定执行。

1957年5月31日，教育部发出通知，调整、充实职工业余学校领导骨干和专职教师。通知要求各级教育行政部门分配应届高等师范和师范学校毕业生时，应该把职工业余中小学校和普通中小学校的需要做统一安排。对不称职又无培养前途的现有专职教师，做适当的调整和处理。厂矿企业精简编制时，适当选派政治质量较强、文化水平较高的干部去充实职工业余学校的领导力量，或从专职教师中提拔政治、业务能力较强的人担任职工业余学校领导工作。

1958年6月16日，教育部通报上海、天津、陕西职工业余文化教育"大跃进"的经验。通报指出，上海市根据教育必须为生产服务的原则，以大胆革新的精神对职工业余文化教育提出的改革方针和办法，可以作为各地研究和指导职工业余文化教育工作的参考。通报还指出天津市立第一中学和陕西省教育厅关于利用普通学校现有物质设备、教师力量兼办工农业余教育的做法，是普通学校为工农开门的重要措施之一，也给普通学校实行勤工俭学，教育与生产相结合提供了有利条件，在保证教学质量和可能情况下应该得到

---

① 参见申家龙编著：《新中国职业教育发展历程》，185～186页。

提倡。①

1958 年 10 月中旬，国务院第二办公室主任林枫在天津市召开的职工教育工作座谈会上提出，职工教育的水平和形式，可以"三等九级、多种多样"，不要怕多，不要怕"乱"。要业余学习和半工半读并举，教学上要来一个大革命，其指导思想应当是从实际出发，密切结合生产需要和成人特点，使政治、技术、文化相结合，使当前需要和准备提高相结合。他还就课程、教材、学制、教学方法、师资培训等问题发表了意见。②

三、职工业余教育内容

新中国刚成立时，百废待兴、百业待举，大规模开展的经济建设急需大量有文化、有技术的工人。然而，当时的工人阶级文化程度不高，阻碍了技术创新和新的生产技术的推广，与党所需要的建设社会主义的要求不相适应。扫盲教育因具备文化启蒙与政治启蒙的双重属性，成为提高工人文化水平、恢复国民经济、巩固新生政权的最优选择。职工业余教育初步发展阶段主要是进行以普及文化知识为重心的扫盲教育和思想教育。

1950 年，政务院颁布了《关于开展职工业余教育的指示》。该指示指出职工扫盲教育是提高广大工人职工群众政治、文化与技术水平的重要方法。③1951 年，政务院发布的《关于改革学制的决定》，正式将扫盲教育纳入正规学制，表明工人的扫盲教育已成为这一时期教育工作的中心。先后掀起的三次扫盲高潮更是凸显了职工扫盲教育对于新中国经济恢复与发展的重要作用。

除了在固定的业余时间内学习文化外，还通过签订"师徒合同"，以"边教边学"的方式现场学习操作技术。据统计，仅 1952 年，"全国有 39088 名师

---

① 参见中央教育科学研究所编：《中华人民共和国教育大事记(1949—1982)》，224 页。
② 参见中央教育科学研究所编：《中华人民共和国教育大事记(1949—1982)》，235 页。
③ 参见周恩来：《中央人民政府政务院关于开展职工业余教育的指示》，载《山东政报》，1950(7)。

傅、55595 名徒弟共签订 35890 份师徒合同"①。边教边学，学以致用，有效提高了工人的操作技术水平，同时职工进行技术理论学习，提高学习层次。

20 世纪 50 年代中期以后，职工教育由早期的以扫盲识字为主逐步地转向了小学、初中、高中、中专教育等多个层次，尤其是以发展中等教育为主的新阶段，开始创办职工业余大学或开办大专班，逐步向文化提高和技术教育方向发展。

1955 年，高等教育部部长杨秀峰在全国职工业余教育会议上做了《大力开展从小学到大学的正规的职工业余教育，努力提高职工文化水平和培养国家建设人才》的报告。他指出，职工业余教育担负着两大任务，一是普遍地提高职工群众的文化技术水平，二是培训科学技术人才和管理干部。会议决定对识字教育和业余小学采取"大力发展、注意质量"的工作方针，对中等以上业余学校采取"积极发展、力求正规、提高质量"的工作方针。会议对各级业余学校的学制、课程、培养目标和入学条件做出规定，要求一般应与同级正规学校基本相同，但修业年限要适当延长，课程内容可以适当精简。② 各种职工业余学校每周最低限度的上课与学习时数规定为：识字、业余小学 6 小时；初中 8 小时，高中、中技、高校至少 12 小时；高等学校函授 16～20 小时。会议还要求，为保证教学质量，除兼职教师外，还必须配备一定数量的专职教师。③

1956 年 9 月，在中国共产党第八次全国代表大会上，刘少奇指出："为了实现我国的'文化革命'，必须用极大的努力逐步扫除文盲……对于职工的文化教育和技术教育，对于一部分文化程度很低的机关工作人员的文化教育，也必须继续加强。"④ 从 1956 年起，在党的号召和三大改造高潮的推动

① 转引自魏雪：《新中国初期工农教育研究》，硕士学位论文，湖南师范大学，2019。
② 参见《中华人民共和国成人教育大事记略》，载《中国成人教育》，1999(2、6、7、8)。
③ 参见申家龙编著：《新中国职业教育发展历程》，186 页。
④ 《刘少奇选集》下卷，239～240 页。

下，全国各行各业掀起了向科学文化进军的热潮，职工教育也出现了大发展的势头，特别是职工业余初等和中等教育获得了长足进展。[1]

1958年年底，全国参加扫盲学习的职工有456万人，占参加学习职工总数的38%，比上年增长了163.6万人，成功扫除文盲人数200万人，比上年增长了121.6万人，全国有半数以上的市、县基本上扫除了工农中的青壮年文盲。[2]

四、20世纪50年代后期职工教育快速发展

1959年3月3—12日，国务院在北京召开全国工矿企业职工教育工作会议。参加会议的有各省、自治区、直辖市和中央各部门的负责人以及70多个工矿企业的负责人。会议在总结1958年工作的基础上，讨论了当时工矿企业职工教育的方针、任务和几个重要问题。会议认为，工矿企业职工教育必须贯彻党的教育方针，担负起在职工中逐步普及各级教育，为生产建设大量培养干部的任务。1959年应该在已有基础上进一步发展和巩固提高，继续开展扫盲运动，大力发展职工小学，积极发展职工中学。会议提出工矿企业职工教育应强调"结合生产、统一安排、因材施教、灵活多样"等原则，中心是教育结合生产，为生产服务。会议认为，今后发展职工教育，应该继续以业余教育为主要形式，实行分级办学，厂矿办与车间（工段）办并举。会议强调，要加强对新工人的教育，保证学习时间，提高教学质量，解决好师资问题，并加强领导。会后，国务院业余教育委员会主任林枫向中共中央做了报告。

1959年3月31日，中共中央批转了林枫的《关于当前工矿企业职工教育中几个问题的报告》。该报告提出，工矿企业的职工教育工作，不仅担负着在职工中普及教育，还担负着培养干部的任务。其教育方针应该和普通学校教育是同样的。但就工矿企业的特点和近几年的经验来看，今后在工

---

① 参见吴敏先、方海兴：《论建国初期的工农教育》，载《当代中国史研究》，1998(3)。
② 参见臧永昌编著：《中国职工教育简史（1840—1985）》，257页，沈阳，辽宁大学出版社，1988。

矿企业职工教育中贯彻党的教育方针，应该强调"结合生产、统一安排、因材施教、灵活多样"等原则。该报告对职工教育提出许多建议：职工教育的形式，在今后一个时期内，应该继续以业余教育为主；试办半工半读，应该由省市委掌握；要生产许可，要加强领导，要注意总结经验。脱产学习的学校和训练班，应该根据需要与可能适当发展；在生产正常情况下，工矿企业中每周应保证有 12 个小时的学习时间；教学工作要贯彻"理论和实际统一"的原则；可以办两类学校——专业学校和普通学校，必须充分重视政治教育，对于不同教育阶段和不同对象，技术教育和文化教育的要求应有所区别。要加强教材的审定和编写工作；学制过去规定 18 年(从扫盲到大学毕业)，需要适当缩短。该报告还对师资问题提出了建议，当前解决师资的主要办法是能者为师，就地取材。国家培训师资的计划中，应包括职工教育的师资。[1]

1959 年 12 月 17 日，全国总工会召开职工教育电话会议。会议指出，全国以扫盲为中心的职工教育运动高潮已经形成，但要继续造声势，使运动全面、深入、持久地发展下去。为此，要求各省、自治区、直辖市工会设立教育部门，总结和推广生产、教育双跃进的经验，做好全面规划。[2]

五、20 世纪 60 年代职工教育的学校化发展

1960 年 7 月 20 日，教育部、中华全国总工会联合会在天津召开全国业余教育会议，主要研究讨论了业余教育的任务和 1960 年下半年的工作。会议提出，1960 年下半年业余教育的工作任务是继续贯彻"巩固起来、坚持下去、提高质量、继续发展"的方针，在全国范围内掀起规模更大的扫盲运动、群众学习运动和教学改革高潮。要大办业余教育，使之由低级到高级，由不完备到完备，逐渐系统化。在教学方法、教学内容等方面，要以适应成人特点进一步调整改革。按照"结合生产、因材施教"的原则，首先使工农群众尽快

---

① 参见中央教育科学研究所编：《中华人民共和国教育大事记(1949—1982)》，243 页。
② 参见中央教育科学研究所编：《中华人民共和国教育大事记(1949—1982)》，260 页。

先"专本行"，然后针对具体条件逐步使他们成为"多能"，掌握向尖端科学进军所需要的深广知识。

1960 年下半年，国家开始了国民经济实行"调整、巩固、充实、提高"的发展方针，但是职工业余教育的新高潮没有出现。为了继续推进城市职工业余教育，教育部和中华全国总工会于 1963 年 12 月 25 日—1964 年 1 月 8 日在北京召开了全国职工业余教育工作会议。这次会议根据党和国家的教育工作方针以及刘少奇"两种教育制度、两种劳动制度"的思想，回顾和总结了几年来在职工业余教育中取得的经验。会议提出，1964 年和 1965 年职工业余教育的主要任务是：第一，扩大办学规模，使全国入学职工由现有的二百多万人达到四五百万人；第二，抓紧扫除文盲；第三，积极组织小学和初中程度的职工学习，切实提高他们的读、写、算的能力；第四，办好业余中专和业余大专；第五，根据需要组织各种短期技术(业务)班和各种单科班或业余初级技术学校。①

在城市职工业余教育方面，即使在国民经济暂时困难时期，仍然有不少单位坚持办职工业余学校。职工文化知识水平的提高，让他们能够更好地学习马克思主义、毛泽东思想和党的方针政策；为他们掌握先进的工艺技术，广泛开展技术革新创造了有利条件；也为从工人中培养技术干部和管理干部提供了可能。事实显示，在坚持举办职工业余教育的单位中，已经成功培养出了一批中、高级工程技术干部和管理干部。

1964 年 2 月 28 日，中华全国总工会党组、中华人民共和国教育部临时党组向中共中央提交了《关于全国职工业余教育工作会议的报告》。同年 4 月 3 日，中共中央转发了这一报告，该报告对 1959 年以来职工教育所取得的成就进行回顾。该报告指出，1959 年以来，各地根据党中央提出的"教育为无产阶级政治服务、教育与生产劳动相结合"的方针和"全日制学校、半工半读学校、业余学校并举"的指示，以及中央批转了《关于当前工矿企业职工教育

---

① 参见方晓东、李玉非、毕诚等：《中华人民共和国教育史纲》，191 页。

中几个问题的报告》的精神，做了很多工作，使职工业余教育进入了一个新的阶段。从 1959 年到 1963 年，组织了 900 多万职工参加扫盲学习，其中多数脱离了文盲状态；有 100 多万职工从初等(高小)班毕业，50 多万职工从初中班毕业，10 多万职工从中专(高中)班毕业，2 万多职工从业余大专毕业。由于业余教育的开展和坚持以及全日制学校陆续给企业输送了毕业生，职工的文化面貌进一步起了变化，据 3000 多个基层单位的调查报告，工矿企业职工中，文盲、半文盲约占 20％，初等程度的约占 40％，初中程度的约占 27％，中专(高中)程度的约占 10％，大专程度的约占 3％。[1]

这一时期，职工在校人数虽然降到不足 200 万，但职工业余教育办得比较巩固、扎实，教学质量有所提高，在业余中专、大专方面还有较大的发展。《关于全国职工业余教育工作会议的报告》强调，职工的文化技术水平比过去有了显著的提高，但是还不能适应当前生产建设的需要。1963 年以来，随着国民经济的全面好转，企业工作的革命化，职工的政治觉悟大大提高，他们对学习文化、技术的要求越来越迫切，职工业余教育出现新的发展趋势。大家认为，1964—1965 年，职工业余教育工作，要更好地贯彻执行党的教育方针，坚持"结合生产、统一安排、因材施教、灵活多样"的原则，继续做好调整、巩固、充实、提高的工作，在巩固的基础上积极发展。把 200 多万人的学习队伍巩固下来，把现有的干部、教师队伍稳定下来，并加以充实提高。把常年坚持办学的单位巩固下来，总结和传播他们的经验。把各级各类业余学校的教学质量进一步提高，达到更好的教育效果。要推动那些有条件办学而没有办的单位办起来，推动那些入学率低的单位组织更多的人入学，扩大办学规模。[2]

---

[1] 参见何东昌主编：《中华人民共和国重要教育文献(1949 年～1997 年)》，1265～1267 页。

[2] 参见何东昌主编：《中华人民共和国重要教育文献(1949 年～1997 年)》，1265～1267 页。

六、黑龙江省职工教育经验

1959 年 11 月 1 日，黑龙江省在哈尔滨市召开职工教育现场会议，会上介绍了哈尔滨市职工教育工作的五条基本经验，一是加强党的领导，贯彻党的教育方针是迅速发展和不断巩固提高的根本保证；二是必须走群众路线，充分发动群众，依靠群众，才能形成群众性自觉的学习运动；三是要摸清实际情况，明确指导思想，才能使规划落到实处；四是要培养提高师资，加强教学领导，才能不断提高教学质量；五是要适应生产需要，采取多种形式办学，才能巩固和发展办学成果。与会人员在学习哈尔滨市职工教育经验的同时，还交流了各地经验，讨论了 1960 年的工作计划和此后三年、八年的规划。①

由于哈尔滨市职工教育工作开展得比较好，1960 年 1 月 6—18 日，全国总工会、教育部、共青团中央、全国妇联在哈尔滨市召开全国职工教育黑龙江省现场会议。会议听取了黑龙江省开展职工教育的经验，交流了经验，讨论了 1960 年的工作计划和今后三年(到 1962 年)、八年(到 1967 年)的规划。林枫在会上提出，争取在一两年内，在现有青壮年职工中基本上完成扫除文盲的任务，并及时地普及初等教育。争取在第三个五年计划期间，在现有青壮年职工中基本普及业余初中教育。大办业余中等专业学校和业余高等学校，要进一步建立从初等教育到高等教育的业余教育体系。② 林枫还对工矿企业的办学形式、办学原则、学制课程、教材、半工半读、师资、领导管理等问题发表了意见。会议讨论了林枫的讲话，并安排了 1960 年的工作。③

会上，哈尔滨市总工会副主席李乃汇报了职工教育工作情况，东安机械厂、伟建机器厂的代表介绍了厂办职工业余学校的工作经验，会议还印发了哈尔滨制药厂、哈尔滨第一工具厂等 15 个单位的经验材料。哈尔滨市从 1953 年到 1956 年现代工业企业增多，各工业企业迫切需要提高职工文化技

---

① 参见申家龙编著：《新中国职业教育发展历程》，193 页。
② 参见《中华人民共和国成人教育大事记略》，载《中国成人教育》，1999(2、6、7、8)。
③ 参见中央教育科学研究所编：《中华人民共和国教育大事记(1949—1982)》，264 页。

术水平，掌握现代生产技术，促使职工中等教育加速发展。1956 年年末，全市职工业余学校发展到 161 所，初小班学员 22510 人，高小班学员 50100 人，初中班学员 29390 人，高中班学员 5000 人，入学职工总数 107000 人，占全市职工总数的 28%。1958 年，哈尔滨亚麻厂等四个单位试办"六二制"半工半读学校，入学职工每天学习 2 小时，劳动 6 小时。接着试办"四四制"半工半读学校，从应届初中毕业生中招收学员，讲授高中课程和生产技术，学制 2～3 年。1959 年推广后，厂办的半工半读学校 23 所，学员总数 9000 人。1959 年，根据全国工矿企业职工教育会议提出的"结合生产、因材施教、统一安排、灵活多样"的十六字原则，各类职工业余学校迅速发展，增到 798 所，专职教师 2162 人，兼职教师 7785 人，入学职工 333838 人，占全市职工总数的 51%，占全市青壮年职工总数的 81%。[1]

七、职工业余教育发展成果

到 1960 年年底，全国已经自上而下建立起职工教育管理机构，企业、工厂、全日制学校和有关团体积极开展职工教育活动，各级各类职工业余学校、训练班大力推进职工的扫盲、初等、中等、高等教育，实施覆盖政治、文化、技术的职工教育，推动职工教育体系初步形成。

职业教育取得了优秀的发展成果[2]：一是广泛的教育对象。1950 年，政务院发布《关于开展职工业余教育的指示》，确定当前职工教育的对象以工厂企业中的工人职工为主，鼓励在职员工接受教育。随后，中共中央发布《关于加强干部文化教育工作的指示》，将广大在职干部也纳入其中，使干部能有效地学习政治理论，钻研业务，完成各项工作。二是丰富的教育内容。例如，全国各地工矿企业在以半机械化和机械化为目标的技术革新和技术革命运动中积极开展技术教育，提高职工业务能力，培养出了一批技术人才。三

---

① 参见申家龙编著：《新中国职业教育发展历程》，192～193 页。
② 参见劳动出版社编辑部编：《开展职工业余教育》，13 页，北京，劳动出版社，1950。

是完整的教育层次结构。扫盲运动的顺利推进为职工初等、中等和高等教育奠定了基础。1951年，教育部颁发了《工农速成中学暂行实施办法》，标志着相当于中等教育程度的速成中学的成立。截至1957年年末，全国业余高等学校已有180所，包含工科、财经、农科、师范等各类。随后又创办了广播电视教育和函授学校，各地事业单位还以半工半读的形式办起了职工业余大学，促进了职工业余高等教育的大发展。[①]

第四节　职业教育与生产劳动紧密结合

推动职业教育发展需要处理好产业与职业教育之间的辩证关系，拉近职业教育与产业之间的距离，促进产业、行业、企业与职业教育的人才培养、社会服务对接和融合发展。

一、职业教育与生产劳动相结合的初步探索

新中国成立之初，在"社会主义工业化和社会主义改造并举"的过渡时期总路线指引下，国家初步确立了"为工农服务、为生产建设服务"的教育方针。推进旧教育体制机制变革，学习苏联的教育模式，接管旧中国职业学校进行社会主义改造，改称为技术教育，培养技能型劳动者，初步建立起新中国的职业教育，奠定了职业教育发展和产教融合探索的政策前提。[②]

1950年2月20日，教育部副部长钱俊瑞在全国学联扩大执委会上做了《改革旧教育、建设新教育》的报告。他在报告中指出，教育工作应该着重做到实行教育与生产相结合，在各级学校加强科学技术教育，创建高等和中等技术学校，培养大批建设人才。

1952年3月31日，政务院发布的《关于整顿和发展中等技术教育的指

---

① 参见谷晓洁、祁占勇：《新中国成立70年来我国职工教育政策的历史演进》，载《中国职业技术教育》，2019(19)。

② 参见周应中：《新中国70年职业教育产教融合政策变迁逻辑——历史制度主义的视角》，载《职业技术教育》，2019(33)。

示》提出，要根据实际需要举办技术速成训练班，或依托工矿企业、农场以及各技术学校，开办业余性质的技术补习班和训练班，使正规的、速成的以及业余的各类技校、训练班配合发展。初步确立职业教育与职业培训共同一致协调发展的基本原则。学校必须与相关的工矿企业、农场等密切联系，重视学生的校内和校外实践，同时，要求各地中等技术学校，必须坚持实习时间与技术课的讲授课时大体相当，改进教学内容与方法，适当调整科目设置，以契合国家建设需要。该指示还指出："各类各级中等技术学校，均应根据各业务部门的具体需要，明确规定其方针与任务，并逐步地与适当地实行专业化与单一化，务求学用一致，使所培养的人才确能适合各业务部门的需要。"①

1953年4月3日，中央生产实习指导委员会成立，在第一次会议上讨论了《加强中等技术学校生产实习工作》和《生产实习暂行规程》两个文件草案。1953年5月25日，高等教育部发出指示，部署本年中等技术学校学生的生产实习工作。为保证15万实习生的实习质量，确定本年的生产实习，采取重点指定为主与有条件自办为辅的方针。1953年5月，中央劳动就业委员会、内务部、劳动部召开劳动就业座谈会，明确提出劳动部门应根据生产发展的需要，培养技术工人，不应在技工训练方面单纯安置失业人员劳动就业。在此之后，各级劳动部门对原有的以训练失业人员就业为主的技工训练班、技工学校做了整顿，积极发展以培养技术工人为目标的各类技工学校。

1953年7月4日，高等教育部发布了《关于中等技术学校(中等专业学校)设置专业的原则的通知》，提出中央各业务部门制订所属学校专业设置计划时，以各业务部门集中统一计划为原则，学校间适当分工，所设专业力求集中、单一。学校内所设专业性质应相近。选定专业，要考虑学校性质和发展方向，所设专业应在较长时期内不致变更。同时，还应考虑生产实习、设

---

① 何东昌主编：《中华人民共和国重要教育文献(1949年～1997年)》，146页。

备、师资等基本条件。① 为了满足第一个五年计划的需求，根据上述各种原则，从1952年到1953年，党和国家对中等专业学校进行全国性的调整。以华北地区为例，调整前有中等技术学校22所，调整后为31所。其中，重工业性质的学校20所，轻工业性质的学校4所，综合性质的学校7所。②

1953年7月31日，政务院发布《关于加强高等学校与中等技术学校学生生产实习工作的决定》，该决定提出，"高等学校和中等技术学校的生产实习是使学生的理论知识密切联系实际并使学以致用的重要方法之一"，生产实习"应严格根据教学的必要和接受实习的机关与企业的实际可能，尽可能在不影响厂矿生产任务完成的条件下，作有重点的切实有效的布置，各有关业务部门应尽可能提供生产与工作情况较好的厂矿与机关作为学生实习的对象，以保证生产实习的质量"，"中央高等教育部及各大行政区的高等教育管理机关，应与财经及其它有关业务部门、青年团、工会等组织的代表以及有关学校的代表，分别组成中央生产实习指导委员会和大行政区的生产实习指导委员会"。该决定要求"各有关学校必须设专管机构或专管人员，在校长和教务长(或教务主任)领导下，负责组织学生进行生产实习"，"各接受实习的机关或企业，也应根据工作的需要，指定一定人员或机构，与学校派去领导实习的人员协同指导有关实习的各项工作"。③

1954年9月26日，国务院发布了《关于改进中等专业教育的决定》，要求各类中等专业学校，必须十分重视教学实习和生产实习，规定实习教学的时间应占理论教学时间的25%～35%。④ 1955年，全国技术学校校长第一届大会召开，会议通过了《关于提高教育工作质量的决议》。该决议指出："积极要求其他企业加工订货和主管部门分配一部分生产任务，组织学校间协同

① 参见中央教育科学研究所编：《中华人民共和国教育大事记(1949—1982)》，81页。
② 参见吴玉琦：《中国职业教育史》，74页。
③ 何东昌主编：《中华人民共和国重要教育文献(1949年～1997年)》，209～210页。
④ 参见吴玉琦：《中国职业教育史》，74页。

加工……生产实习教学是工人技术教学工作最主要部分，是培养学生掌握生产技能的基础，学校必须组织学生到有生产价值的劳动中进行实习。"[1]该决议还强调了劳动教育在教学工作中的重要性。

1956 年 7 月 17 日，教育部发出了《关于 1956—1957 学年度中、小学实施基本生产技术教育的通知》，指出在中、小学实施基本生产技术教育是 1955 年在全国文教会议上已经确定的方针，但是根据近半年来部分地区的少数学校试行的结果来看，有些问题尚需做进一步的研究。因此，1956—1957 学年度首先根据结合实际、结合生产的原则，改进数学、物理、化学、生物、制图、地理等科的教学，注意加强实验。该通知还对为实施基本生产技术教育而在中、小学教学计划中规定的实习课、实习作业、小学的手工劳动课等提出了调整办法。

1957 年 5 月 5 日，《中国青年报》发表社论《提倡勤工俭学，开展课余劳动》。同年 6 月 5 日，《人民日报》发表社论《一面劳动，一面读书》，提倡组织学生参加课余劳动，开展勤工俭学活动。在此前后，全国各地许多高等学校、中等学校开展了各种形式的勤工俭学运动。

1958 年 1 月 27 日，共青团中央发布了《关于在学生中提倡勤工俭学的决定》。该决定指出，勤工俭学是具体实现知识分子和工农相结合、脑力劳动和体力劳动相结合的一个重要途径，也可以起到移风易俗的作用。提倡勤工俭学，还可以在节约国家财政开支的情况下，有利于更多的工农子女入学。为此，在学生中提倡有步骤地开展勤工俭学的活动，是十分必要的。该决定还提出，可以提倡和组织学生分别参加农业生产劳动，农村副业和手工业生产劳动，基本建设工地和运输业的劳动，校内外的服务性劳动和工业生产劳动。开展勤工俭学活动，要认真做好思想教育工作，坚持自愿和课余的原则。要有计划、有步骤地开展勤工俭学活动，要实事求是，量力而行。教育

---

[1] 转引自袁平凡、谌雷元：《新中国 70 年职业教育产教融合的历史经验与演变逻辑——对 25 份职业教育政策法律法规文本的分析》，载《职业技术教育》，2019(33)。

部密切配合，于 1958 年 2 月发出通知要求各地教育行政部门执行这个决定。同时，还召开了部分省、市教育厅、局负责人和中学校长参加的勤工俭学座谈会，会上提出打破陈规，积极地、有计划地开展勤工俭学和半工半读活动。半工半读教育实践在全国迅速铺开。①

1958 年 3 月 6 日，国务院第二办公室召开了中等专业教育与劳动生产相结合座谈会，交流中等专业学校开展"三勤"（勤俭办学、勤工俭学、勤俭生产）活动的经验。国务院第二办公室代主任张际春在会上讲了话。他强调在社会主义建设"大跃进"的形势下，中等专业教育应该"大跃进"。总的目标是用多快好省的办法，培养又红又专的技术力量。②

1958 年 3 月 19 日，教育部发出文件，决定中等专业学校组织部分学生下放劳动，以解决 1956 年招生过多的问题。文件指出，解决这一问题，主要应采取组织学生留校参加生产劳动、半工半读或下放到本部门所属工矿企业参加劳动生产的办法。如仍不能全部解决，经商得地方党委和省、市人民委员会的同意，也可以下放到农村参加农业生产劳动。下放劳动的时间一般定为一年。③

在职业学校中，把生产劳动列为正式课程，这是遵循毛泽东 1958 年 1 月的指示。当时，毛泽东指示："一切中等技术学校和技工学校，凡是可能的，一律试办工厂或者农场，进行生产，做到自给或半自给。学生实行半工半读。"④发展的方向就是学校办工厂，农场或农场合作社办学校。当时，学校努力充实完善生产设施，结合教学生产产品，纷纷建立生产劳动实习基地。学生参加劳动的形式很多，大体有三类：第一类，在校内基地结合教学劳动；第二类，和校外单位挂钩，使师生了解工厂、农村生产实际，扩大眼

① 参见黄伟、李三中：《刘少奇两种教育制度思想述评》，载《安徽教育学院学报（哲学社会科学版）》，1996(4)。
② 参见中央教育科学研究所编：《中华人民共和国教育大事记（1949—1982）》，216 页。
③ 参见中央教育科学研究所编：《中华人民共和国教育大事记（1949—1982）》，218 页。
④ 《毛泽东文集》第 7 卷，360 页。

界，巩固和充实知识与技能；第三类，参加社会公益劳动。通过劳动培养工农感情，树立为人民和集体服务的思想观念以及正确的劳动态度。以后，学校师生投入大办工厂和劳动基地、大炼钢铁、扫盲、绿化、"除四害"、农村"三秋"等活动。

二、1958 年教育革命

1956 年，我国生产资料私有制的社会主义改造基本完成。1957 年，我国完成了发展国民经济的第一个五年计划，开始进入全面建设社会主义的新时期。1957 年下半年，全国展开了反右派斗争及社会主义教育运动，使各级各类学校教育和职工业余教育受到冲击，基本上处于停滞状态。为了反对保守思想，促进教育革命的开展，教育部于 1958 年 3 月 24 日—4 月 8 日在北京召开了第四次全国教育行政会议。会议提出，各地要大力开展识字运动，大力举办农业中学、工业中学和手工业中学，要开展勤工俭学活动、半工半读，把生产劳动列入教学计划，等等。① 1958 年上半年，以"教育与生产劳动相结合""脑力劳动与体力劳动相结合"为中心的教育革命在全国范围内全面开展，使各级各类学校出现了大搞勤工俭学运动，工厂和农场出现了大办学校运动。

（一）《关于教育工作的指示》

1958 年 9 月 19 日，中共中央、国务院发布了《关于教育工作的指示》，把教育与生产劳动相结合作为党的教育工作方针明确地提了出来，并且规定，在一切学校中，必须把生产劳动列为正式课程。这对后期职业教育办学理念产生了影响。其内容有：第一，分析了正在大张旗鼓地贯彻社会主义建设总路线和各行各业"大跃进"的形势，该指示认为："随着工农业生产的'大跃进'，'文化革命'已经开始进入高潮。这主要表现在全国扫盲运动、教育事业和各种文化事业的迅速发展。"第二，强调既要调动中央的积极性，又要

---

① 参见中央教育科学研究所编：《中华人民共和国教育大事记（1949—1982）》，219～220 页。

调动地方的积极性和厂矿、企业、农业合作社、学校、广大群众的积极性，教育与生产劳动相结合，改革教育管理体制(下放省、市)，探索教学改革。其中就办学形式问题提出：在全国统一的教育目的下，办学形式应该是多样的。实行国家办学与厂矿、企业、农业合作社办学并举，普通教育与职业(技术)教育并举，成人教育与儿童教育并举，全日制学校与半工半读业余学校并举，学校教育与自学(包括函授学校、广播学校)并举，免费的教育与不免费的教育并举等一系列"两条腿走路"的方针。第三，提出："全国将有三类主要的学校：第一类是全日制学校；第二类是半工半读学校；第三类是各种形式的业余学校。"为了尽快地普及教育，应当大量发展业余的文化技术学校和半工半读学校。[1]

这一指示对冲破照搬苏联单一的教育形式，从而走我国自己的教育发展的道路是有积极意义的。与此同时，学校事业也确实有很大的发展，仅就农业中学和其他职业中学而言，到1959年已有22302所。但由于这次改革与发展是在"左"的思想干扰下进行的，是建立在急于消灭脑体差别、城乡差别，早日过渡到共产主义思想基础上的，所以出现了不少违反教育规律及盲目冒进的现象。[2]

在《关于教育工作的指示》发布后，1958年9—12月，教育革命进入了高潮，教育界和各级各类学校掀起学习、贯彻执行中共中央、国务院《关于教育工作的指示》的热潮，试办的半工半读学校、半农半读学校如同雨后春笋迅速在全国各地涌现出来。[3] 农业中学、劳动大学、工业大学相继成立，仅天津市就出现了100多家工厂试办的半工半读中等技术学校。有的工厂、人

① 参见黄伟、李三中：《刘少奇两种教育制度思想述评》，载《安徽教育学院学报(哲学社会科学版)》，1996(4)。

② 参见吴玉琦：《中国职业教育史》，75~76页；何东昌主编：《中华人民共和国重要教育文献(1949年~1997年)》，858页。

③ 参见黄伟、李三中：《刘少奇两种教育制度思想述评》，载《安徽教育学院学报(哲学社会科学版)》，1996(4)。

民公社还宣布办成了从幼儿园到高等学校的"教育体系""教育网",实现了"人人劳动、人人学习的共产主义教育制度"。

（二）提出教育与生产劳动相结合的教育方针

1958 年，我国试图突破苏联教育经验的局限性，开展了以勤工俭学、教育与生产劳动相结合为中心的教育革命。先从勤工俭学开始，1958 年 1 月，共青团中央发布勤工俭学的决定。同年 2 月，教育部发出支持该决定的通知，强调半工半读、勤工俭学是脑体结合，学校教育与生产劳动相结合的重大措施之一。1958 年 3 月 6 日，国务院第二办公室召开中等专业教育与劳动生产相结合座谈会，交流中等专业学校开展"三勤"(勤俭办学、勤工俭学、勤俭生产)活动的经验。1958 年 3 月 19 日，教育部发出文件，决定中等专业学校组织部分学生下放到本部门所属工矿企业参加生产劳动，或半工半读，或在校参加生产劳动。1958 年 3 月 20 日，劳动部在天津召开全国技工学校工作会议。会议指出，技工学校的生产和教育应是统一的，要做到既是学校，又是工厂；既是学生，又是工人；既是学习，又是劳动。[1]

1958 年 4 月 15—24 日和 6 月 10—28 日，中共中央分两次召开教育工作会议，总结中华人民共和国成立以来的教育工作，讨论教育方针和教育改革问题。会议确定，党的教育工作方针，是教育为无产阶级政治服务，教育与生产劳动相结合，为实现这一方针，教育工作必须由党来领导。[2] 这次会议结束后，中共中央宣传部部长、中央文教小组组长陆定一根据会议精神，在《红旗》杂志 1958 年第 7 期上发表了《教育必须与生产劳动相结合》一文。文章论述了加强党对教育工作的领导、坚持群众路线和实行教育与生产劳动相结合的重要性。[3] 文章分别论述了在知识教育是人民的事业、党的领导、全面发展等问题上资产阶级教育学者和共产党人的原则分歧。文章回顾了新中国

---

① 参见《大事 60 年》，载《职业技术教育》，2009(30)。
② 参见《大事 60 年》，载《职业技术教育》，2009(30)。
③ 方晓东、李玉非、毕诚等：《中华人民共和国教育史纲》，134 页。

成立以来教育工作在党领导下取得巨大成绩之后，指出教育工作中主要的错误和缺点是教育脱离生产劳动，实现教育与劳动相结合，必须经过斗争，而且将会有长期的斗争。由于我们的教育是为无产阶级专政服务的，因而我们的教育，就必须一反以往几千年的旧传统，采取教育与生产力相结合的方针，来消灭脑力劳动和体力劳动之间的差别，也就是要消灭历史上一切剥削制度的残余，使人类进入共产主义社会。① 文章最后提出，要政治挂帅，在党的领导下，团结全党，团结一切可能团结的教育工作者，反对资产阶级的教育方针，为实现党的教育方针，实现我国的"文化革命"而斗争。

1958 年 7 月 1 日，北京市高等学校、中等专业学校跃进展览会开幕。同年 7 月 8—9 日，教育部邀集来京参观的辽宁、江苏、河南等省的代表举行座谈会，交流勤工俭学的经验。②

1958 年 12 月 22 日，中共中央批转教育部党组《关于教育问题的几个建议》。教育部党组指出，自贯彻党的教育方针以来，产生了某些劳动时间过长，忽视教学质量的现象。在大炼钢铁和农村"三秋"任务已基本完成的情况下，各级各类学校应当照常上课。既要继续克服只重教学而忽视生产的倾向，又要防止只注意生产劳动而忽视教学的现象。③《关于教育问题的几个建议》提出以下几点。第一，全日制学校的教育与劳动时间的安排——小学生一般每周劳动 4 小时(最多不超过 6 小时，每次不得超过 2 小时)；初中生一般每周劳动 6 小时(最多不超过 8 小时，每次不得超过 3 小时)，高中生 8 小时(最多不超过 10 小时，每次不得超过 4 小时)，高等学校每年的全部生产劳动时间，一般定为 2、3 或 4 个月，但最大限度不得超过 4 个月，即实行"一二九"(1 个月放假、2 个月劳动、9 个月学习)，"一三八"或"一四七"的时间分配制度。中等以上全日制学校每年至少有一个月的假期，全日制小学要有

① 参见李庆刚：《"大跃进"时期"教育革命"研究》，博士学位论文，中共中央党校，2002。
② 参见中央教育科学研究所编：《中华人民共和国教育大事记(1949—1982)》，226 页。
③ 参见中央教育科学研究所编：《中华人民共和国教育大事记(1949—1982)》，237 页。

一个月至一个半月假期。安排生产劳动，注意尽量与教学相结合。第二，半日制的和业余的学校，必须恢复上课，要保证教师的时间。第三，大、中、小学教师的主要劳动是教学，参加体力劳动以不妨碍教学为原则。据此，各级学校统一安排教学、劳动、科研等各项活动，开始注意保证师生的休息时间。①

1959 年 4 月 18 日，在二届全国人大一次会议上周恩来总理做了政府工作报告，指出："除了各级全日制正规学校外，还应当根据实际可能，继续发展半日制学校、农村和厂矿的业余学校。"② 1959 年 4 月 28 日，教育部部长杨秀峰做了发言。他总结了一年来贯彻教育和生产劳动相结合方针的主要经验，指出 1958 年我国教育事业有两个突出的进展，一是实行了教育和生产劳动相结合的方针，从而开展了教育事业的巨大的深刻的革命；二是实行了全党全民办学的群众路线，采取了"两条腿走路"的方针，使教育事业得到了空前的发展。他提出 1959 年教育工作的任务是：调动一切积极因素，在1958 年大发展的基础上，着重整顿巩固，适当发展；并进一步全面贯彻执行教育方针，大力提高教育质量。

教育与生产劳动相结合的提出，对当时以及之后的职业教育发展产生了重要影响。教育革命对我国传统观念进行了一次强大冲击，极大地缩短了教育与生产劳动和劳动人民的距离，为以后农村教育注入了动力。在这次探索中，教学与劳动相结合使消费性实习转为生产性劳动，教学紧密结合生产，理论密切联系实际，既锻炼了师生意志，又密切了学校与社会的关系；既提高了教育质量，又加强了学校内外基地建设。据不完全统计，当年仅 128 所技工学校工业性产值就达 1.4 亿元，其中半数左右学校实现经费基本自给，其余学校也做到小半或半自给。第一机械工业部(简称"一机部")所属 25 所中专产值达到 4455 万元。正是由于这次探索，为近 20 年来教学、技术推广、

---

① 参见何东昌主编：《中华人民共和国重要文献(1949 年～199 年)》，867～868 页。

② 转引自中央教育科学研究所编：《中华人民共和国教育大事记(1949—1982)》，245 页。

生产三结合办学体制萌生了初步理念和得到一次有益的尝试。①

三、两种教育制度

（一）两种教育制度的提出

1957 年 11 月，中共中央副主席刘少奇提出了借鉴外国经验，试办半工半读的意见。在 1958 年的"教育革命"中，在党的"教育必须为无产阶级政治服务、教育与生产劳动相结合"的方针指导下，一种完全的新型教育制度——半工(农)半读教育诞生。在很短的时间内，很多职业技术学校，特别是农业学校，采取了半工(农)半读的形式。

1958 年 3 月，国务院文教办公室主任林枫到天津视察时，传达了刘少奇的意见，建议天津试办一些脱产、半脱产或占用一定生产时间进行学习的学校。5 月 27 日，天津市第一所厂办半工半读学校——国棉一厂半工半读学校开学，这是天津第一所厂办半工半读学校。51 名四级以上条件较好的老工人，实现"六二"制半工半读：每天 6 小时生产，占用生产时间 2 小时学习。这所厂办半工半读学校，是在刘少奇、林枫等同志和中共天津市委的直接关怀下筹办起来的。随后，春和织布厂、飞龙橡胶厂等一批工厂也陆续办起全厂性半工半读学校。

1958 年 3 月 24 日—4 月 8 日，教育部召开了第四次全国教育行政会议，会议提出，勤工俭学、半工半读是体现教育方针的一项根本措施，它应该服务于教育目的。生产劳动必须列入教学计划。勤工俭学的主要意义在政治上和教育上。继全国教育行政会议后，4 月 15—24 日，中共中央在北京召开教育工作会议，6 月 10—28 日，会议继续进行。陆定一做报告并在会上传达了刘少奇关于教育工作的指示，其主要内容是：全日制、半工半读两种教育制度，都是正规制度，大中城市普及初中，初中毕业后进工厂半工半读，实现这些要求，教育可以大大跃进，大大超过计划。这次会议的讨论，经过 8 月

---

① 参见闻友信、杨金梅：《职业教育史》，63 页。

中国职业教育
改革与发展研究
1949—2021

中共中央政治局扩大会议讨论，写入中共中央、国务院《关于教育工作的指示》，并由中共中央宣传部部长写成《教育必须与生产劳动相结合》一文，发表在《红旗》杂志本年第 7 期。[1] 5 月 29 日，《人民日报》发表社论《举办半工半读的工人学校》，指出："工人学校是培养工人成为知识分子的重要形式。它代表着我国教育事业发展道路中的一个新的方向，是多快好省地培养工人阶级知识分子的一项重要办法。这种做法，对于我国社会主义建设大有好处，值得大大提倡。"[2] 7 月，天津市已有 32 所半工半读学校开学，学员 1644人。9 月，天津感光胶片厂等 10 个新建、扩建工厂办起招收初中毕业生的"四四制"(每天 4 小时生产、4 小时学习)半工半读中等技术学校，招生 4000 多人。

1958 年 5 月 30 日，刘少奇在中共中央政治局扩大会议上正式提出了"我国应有两种教育制度、两种劳动制度"的思想。这个建议得到毛泽东和中共中央政治局的赞同，成为当时党和国家的一项决策。

1958 年 6 月 8、20 日，刘少奇又在两次会议上提出，"学校分两类：第一类是全日制学校，第二类是半工半读、业余教育，主要是半工半读"，"两类学校都算正规学校"。6 月 21 日，刘少奇在写给劳动部部长马文瑞的信中指出，"实行这种劳动制度和学校制度的工厂，就使工厂和学校完全合二为一了"，"工厂管理机关不只要管理工厂生产，而且要管理学校教育"。在此之后，刘少奇在各地视察时多次讲到两种教育制度、两种劳动制度的问题。7 月，他在天津、山东提出，可以试办工厂招收青年学生的半工半读学校，使教育与生产劳动相结合，逐步做到一个工厂就是一个学校，半工半读，学生就是工人，工人也是学生，农村也可以这样做。9 月，他在河北、河南提出，社会主义的教育制度就是教育与生产劳动相结合，贯彻这个制度彻底的方法之一就是把工厂和学校合起来办。[3]

---

① 参见李庆刚：《"大跃进"时期"教育革命"研究》，博士学位论文，中共中央党校，2002。

② 转引自杨建才：《中国职业教育历史》，414 页。

③ 参见中央教育科学研究所编：《中华人民共和国教育大事记(1949—1982)》，223 页。

（二）技工学校的半工半读

半工半读的技工教育办学模式起源于西安第一航空技工学校。1958 年 1 月 22 日的《人民日报》报道了西安第一航空技工学校实行半工半读、经费自给自足的做法，同时发表中共陕西省党委负责人的相关谈话，即充分肯定了该校的做法，认为应该大力推广。半工半读教育模式由此开始受到广泛关注。

1958 年，劳动部在天津召开了全国技工学校工作会议，会上明确指出，技工学校的教育应与生产相统一，做到一面生产，一面培养和储备技术人才，积极推动半工半读技工教育办学模式的发展。根据教育与劳动相结合的号召，1958 年 9 月，中共中央、国务院发布《关于教育工作的指示》，规定将生产劳动列为正式课程。从此，学校掀起了大办工厂和农场的热潮，半工半读成为当时技工教育的主要办学模式。但由于受到"大跃进"的严重影响，半工半读技工学校不顾客观条件盲目冒进，历经三年的艰难发展，半工半读学校所剩无几。经过 1961—1963 年的调整、整顿，半工半读教育制度得以继续推行，一些全日制的中等专业学校和技工学校试改为半工半读学校，半工半读教育获得新发展。但随着"文化大革命"对半工半读教育制度的发难，半工半读技工学校几乎全部停办。

（三）两种教育制度的广泛推行

1964 年 7—8 月，刘少奇向中央各部委和北京市党员干部做报告时，以及在天津、安徽、山东、湖北、广西等地视察时，再次提出要实行两种教育制度和两种劳动制度的问题。

由于当时存在着复杂多变的国际形势的压力和国内政治斗争的需要，所以刘少奇在论述这个问题时反复强调，半工半读符合马克思主义关于教育与生产劳动相结合的理论，可以逐步消灭体力劳动和脑力劳动的差别，符合社会主义、共产主义的长远方向，是防止资本主义复辟、"防修反修"的重大战略措施。刘少奇还建议各地成立专管半工半读工作的机构，试办"四四制"半工半读的小学、中学和大学，推行"五年试验、十年推广"半工半读制度。在刘少奇

中国职业教育
改革与发展研究
1949—2021

的积极倡导下，全国各地从 1964 年开始，又大力推行和试验两种教育制度和两种劳动制度，使半工(农)半读学校迅猛发展，到 1965 年，已初步地形成了从小学到大学的半工(农)半读教育体系。农业部成立了半工半读教育领导小组，教育部也成立了半工半读办公室，以加强对半工(农)半读学校的领导。①

1964 年 9—11 月，一些省、市和中央部门成立专管半工(农)半读教育的机构，领导和推进半工(农)半读教育的试验工作。中共北京市委、中共天津市委、中共江苏省委分别成立半工半读教育领导小组，中共甘肃省委成立工读教育委员会；天津市成立第二教育局；江苏省成立工读教育局；安徽省成立半工半读教育工作领导小组；农业部、化工部分别成立半工半读领导小组；教育部成立半工半读教育办公室。②

1964 年 12 月 21 日，在三届全国人大一次会议上，周恩来在政府工作报告中谈到发展教育事业时指出，半工半读、半农半读的学校，是一种教育与劳动相结合的新型学校，是社会主义、共产主义教育的长远发展方向。③ 1965 年 3 月和 8 月，教育部分别召开了农村和城市的半工半读教育会议，初步交流和总结了各地试办的经验，提出要积极试验，逐步推广，设立一种教育与生产劳动有机结合、普通教育与职业技术教育互相结合、"两条腿"协调迈进的新型学校，这给我国教育制度开辟了一条广阔的道路。1965 年 11 月中旬，中共中央政治局召开扩大会议，讨论城市半工半读教育问题，刘少奇在讲话时指出："半工半读试验的重点是中等专业学校和高等学校。"④

到 1965 年年底，全国半工半读学校有 294 所，在校生达 126.6 万人。这一时期的职业技术教育为我国培养了大批有政治觉悟、有技术的社会主义劳动者，为我国国民经济的恢复和建设以及社会发展做出了很大的贡献。不过

---

① 参见方晓东、李玉非、毕诚等：《中华人民共和国教育史纲》，182 页。
② 参见中央教育科学研究所编：《中华人民共和国教育大事记(1949—1982)》，368 页。
③ 《大事 60 年》，载《职业技术教育》，2009(30)。
④ 转引自臧永昌编著：《中国职工教育史稿(1915—1983)》，318 页，沈阳，辽宁人民出版社，1985。

"文化大革命"爆发后，教育被当作阶级斗争的工具，刚刚起步的教育制度和办学方式遭到破坏，产教结合陷入停滞。

（四）发展成果

事实证明，半工半读学校的创办开辟了一条教育与生产劳动相结合的新途径，它有利于从工人中培养又红又专的技术干部和建设人才。突破了教育制度的单一模式，提出"两种教育制度、两种劳动制度"的理论和一系列"两条腿走路"办教育的方针，并进行了初步试验。据统计，到1965年，全国独立设置的和工厂、农场、人民公社试办的半工（农）半读中等专业学校达到1265所，在校学生54.7万人。农业中学、半工半读中学达到6.1万多所，在校学生443.3万人。[①]

第五节　农村职业教育起步

新中国成立后，我家高度重视农业的地位，将农业定位为支撑经济发展的基本保障。农村职业教育是我国职业教育体系的重要组成部分，也是我国农村教育的一个重要类型，其发展与我国农村社会的变革密切相关。新中国成立以来，我国农村职业教育办学规模稳中有升，促进了农业人才的培养，为服务农村建设、推进我国农村发展做出了重大贡献。

一、从以扫盲为主的农民教育到农民技术教育

新中国成立后，农村经过土地改革和农业合作化，生产力得到很大解放。随着农业生产的发展，农村开始出现了对职业技术教育的需求。但当时的农村经济文化仍相当落后，20世纪50年代的农业教育以业余教育为主，以扫盲为目的的识字教育是其主要内容。从20世纪60年代开始，农民技术教育逐渐加强，农业中学也开始在农村产生发展。

（一）以扫盲为主的农民教育

新中国成立初期，农村的首要任务是彻底铲除封建地主的土地所有制，

---

① 参见方晓东、李玉非、毕诚等：《中华人民共和国教育史纲》，185页。

进行土地改革。这一时期，我国对农民进行土地改革教育的同时，开始了大规模的识字教育，整个 20 世纪 50 年代对农民的教育是以扫盲为主的。

1949 年 11 月 1 日，中央人民政府教育部举行成立典礼。教育部成立伊始就设立了识字运动委员会，将扫除文盲作为一项重要的教育工作。为了贯彻《共同纲领》提出的"提高人民文化水平"的有关精神，1949 年 12 月 5 日，教育部发布了《关于开展 1949 年冬学工作的指示》，强调冬学主要包括两个方面，一是政治教育，二是文化学习，冬学文化学习以识字为主要内容。该指示规定，冬学文化学习的内容是识字学习，可能时还可加入适当的卫生常识知识教育和春节文艺娱乐活动的准备。在冬学过程中，该指示要求有计划地建立识字组、读报组等经常性的组织。至于冬学的组织形式，该指示要求因地制宜，不一律强求。该指示还指出，冬学运动是团结教育广大农民的有力武器之一，这种适应广大群众需要的与实际工作密切结合的教育方式，今后应当在全国农村中普遍试行。[①] 该指示的发布，明确了农民教育以扫盲为主要内容，同时兼顾农业生产发展，也明确了冬学的师资及组织形式等问题，得到了全国各地的积极响应。

1950 年 9 月 20 日，教育部、中华全国总工会在北京联合召开了第一次全国工农教育会议。在开幕式上，教育部部长马叙伦指出，工农教育在目前的基本任务就是"开展识字运动，逐步减少文盲"。会议进一步阐明了中国工农教育的重大政治意义，规定了工农教育的具体政策、措施和实际方针，为建立从中央到地方的工农教育管理体制和各种规章制度奠定了基础。会后，教育部副部长钱俊瑞与全国总工会文教部部长刘子久联合向中共中央提交了《关于第一次全国工农教育会议的报告》。1950 年 10 月，中共中央批转了这一报告。该报告对农民业余教育等提出了具体教育目标和计划安排："凡经过土改，农民生活已初步改善的地区，农民业余教育应以识字学文化为主。

---

① 参见马云：《20 世纪 50 年代中国农村扫盲运动研究》，硕士学位论文，西北大学，2003。

除冬学、识字班、学习小组等组织形式外，在基础较好的村庄，可成立农民业余学校，坚持常年学习，农忙时放假，全年上课一百五十次到二百次，每次一至二小时。经费主要由群众自己解决，县教育部门划出百分之十至二十作为补助费，另由中央作重点补助。民校学员人数，计划明年发展到五百零一万人（东北一百九十万人，内蒙五万人，华北一百六十五万人，华东九十五万人，中南三十万人，西南十万人，西北六万人）。"①随后，"开展识字运动，逐步减少文盲"成为全国号召性口号。

1950 年 11 月 21 日，教育部发布了《关于开展农民业余教育的指示》。该指示指出以下几点。

第一，有计划有步骤地开展农民业余教育，提高农民的文化水平，是当前我国文化建设上的重大任务之一。该指示对农民业余文化教育的内容、教育对象、教学形式、分类、组织领导等做了规定和要求。学习内容以识字、学文化为主，配合时事、政策教育和生产、卫生教育。但各地区的情况不同，农民觉悟程度亦有差异。因此又必须根据具体条件与要求，因时因地制宜，分为三种情况：一是经过土地改革，农民生活已初步改善的老区，首先推行识字运动，逐渐减少文盲，并配合进行时事、政策教育与生产、卫生教育。重大政治任务时，则应加重时事政策教育的比重。在对象方面，则应首先着重村干部、积极分子及青年男女，逐渐推广到一般农民。争取在三五年内使村干部及青年积极分子学会常用字 1000 字以上，具有初步读、写、算的能力。二是未完成土地改革的半老区和新区，以结合当地当时中心工作与群众运动，运用各种形式，进行政策、时事教育为主。例如，农民要求与条件许可，亦可适当地进行识字教育，为土地改革完成后开展农民识字运动打下基础。三是民族地区，应特别注意民族政策的教育，以及针对当地少数民族特点与情况，进行其他必要的教育。

---

① 转引自申家龙编著：《新中国职业教育发展历程》，251～252 页。

第二，农民业余教育主要形式是冬学，但必须争取条件，使这种季节性的业余学习，逐步转变为常年业余学习。在有条件的地方(如某些老区)应尽量举办和坚持农民业余学校，并辅以各种分散形式的和有专人领导的识字班或小组。农民的学习必须根据农民需要与自觉自愿的原则，反对强迫命令与形式主义，同时防止放任自流的现象。

第三，农民业余文化教育，无论采取集中还是分散的形式，均可按照情况分设初级班(组)与高级班(组)。初级班(组)吸收文盲与半文盲入学，使其在三年内认识常用字 1000 字。农民业余教育工作、农民业余教育的经费，以依靠当地群众自行解决为主，县教育部门予以补助。①

该指示极大地推进了农民业余教育的开展。全国各地出现了农民提油灯、举火把上冬学，以及邻帮邻、亲帮亲、子女教父母、媳妇教婆婆的识字热潮。形式有早学、午学和晚学。1950 年，全国参加冬学的人数达到了 2500 万，1951 年由冬学转入常年的农民业余学校的农民已有 110 万人。② 1951 年 2 月，教育部发出指示，将冬学转为常年农民业余学校，争取 1951 年全国有 500 万农民坚持常年学习。

1954 年 8 月 5—16 日，教育部、文盲工作委员会在北京召开第一次全国农民业余文化教育会议，大力提倡积极地、有计划地扫除农民中的文盲。这次会议的主要任务是要根据国家过渡时期的总任务的要求，检查总结一年多来农民业余文化教育工作，并在这个基础上，确定今后农民业余文化教育的方针任务，解决工作中存在的若干重要问题，使农民业余文化教育能适应农业社会主义改造的需要，积极地为国家过渡时期的总任务服务。③ 会上，文盲工作委员会主任委员楚图南致开幕词，钱俊瑞做了《关于农民业余文化教育的方针任务和若干问题》的报告，廖鲁言做了《关于农业互助合作运动》的

---

① 参见何东昌主编：《中华人民共和国重要教育文献(1949 年～1997 年)》，70～71 页。
② 参见申家龙编著：《新中国职业教育发展历程》，253 页。
③ 参见马云：《20 世纪 50 年代中国农村扫盲运动研究》，硕士学位论文，西北大学，2003。

报告，罗毅、李屺阳、曹宇光等人发言。会议结束前，习仲勋做了重要指示，董纯才做总结。会议提出，争取用三个五年计划左右的时间，基本上扫除农村青壮年中的文盲。会议认为，要很好地开展农民业余文化教育工作，必须要求各级党委加强领导，把这一工作列入党委议事日程，定期检查，并及时给予指示和帮助；从中央到省(市)、县，必须在政府部门内建立与健全专门机构，并配备一定数量和质量的专职干部来专管这项工作。这次会议实事求是地分析了农民教育面临的形势，制定了比较合理的发展规划。这也是对扫盲运动落实"整顿巩固、重点发展、提高质量、稳步前进"文教工作方针的结果。①

1955 年 10 月 24 日，教育部发布《关于一九五五年冬到一九五六年春组织农民参加学习的通知》。该通知要求积极开展识字教育，把识字教育当成农业合作化的一个组成部分，大力提倡合作社和互助组办学，同时传达了毛泽东关于编三种识字课本的指示，指出农民识字教育必须做到"学以致用"，符合农业合作化的要求，符合发展生产的要求。

1955 年 12 月 1 日，青年团中央发布了《关于七年内扫除全国农村青年文盲的决定》，强调扫除旧社会遗留下来的大量文盲，提高人民的文化水平，是具有战略意义的任务。当时，农村青年文化上的落后状态和农业合作化运动的开展是不相适应的，这一严重的问题，必须在农业合作化运动的过程中加以解决。②

1957 年 3 月 8 日，教育部发布《关于扫除文盲工作的通知》。该通知指出，几年来，扫除文盲工作往往发生消极保守或急躁冒进的现象。为了正确地指导这一工作，该通知提出了以下几点任务要求。第一，扫除文盲工作应按照工农群众的条件，分期分批进行。第二，扫除文盲的期限，各地应根据实际情况规定，着重扫除 40 岁以下的文盲。第三，对条件不同的文盲应该区

---

① 参见申家龙编著：《新中国职业教育发展历程》，259～260 页。
② 参见《中华人民共和国成人教育大事记略》，载《中国成人教育》，1999(2、6、7、8)。

别对待。第四，在文盲参加识字教育的时期内，对他们的学习时间必须做很好的安排。第五，学习组织必须根据因时、因地、因人制宜的原则，采用多种多样的形式。第六，各地扫除文盲工作，必须在各省、市党委和人民委员会统一领导下进行。①

1959年春季，许多地方有一部分人恢复了学习，农村正面临整顿人民公社的任务，要大量恢复存在一定困难。5月，在北京召开党的八届二次会议，会议制定"鼓足干劲，力争上游，多快好省地建设社会主义"的总路线。会议之后，我国出现了农业生产"大跃进"和人民公社化"热潮"。全国农村展开了学文化、学政治、学技术的热浪，这时期的主要特点是人民公社同扫盲运动有机结合。②

1959年10月25日—11月4日，教育部在北京召开了农村扫盲、业余教育工作会议。会议安排了农村扫盲和业余教育工作，会议强调立大志、反右倾、鼓干劲，学习1958年经验，大张旗鼓地宣传动员，大搞群众运动，不断推动学习运动的发展。会议讨论了在两三年内完成扫除农村青壮年文盲的任务和大办业余教育的规划，决定在各级党委的领导下，在农村掀起大规模的群众学习高潮。③

1959年12月25、27、29日，教育部召开了农村扫盲和业余教育工作电话会议。教育部部长杨秀峰在总结发言中指出，农村群众学习运动已经进入高潮，当前的工作是要使它巩固起来，坚持下去，提高质量，不断健康地全面地向前发展。他提出，要大力发展业余初等学校，使普及业余初等教育同扫盲识字两个环节密切地衔接起来。扫除一批文盲，就要立即发展一批业余初等学校，"随脱盲、随开学"。要积极举办业余中等学校，重点试办业余高

---

① 参见《中华人民共和国成人教育大事记略》，载《中国成人教育》，1999(2、6、7、8)。

② 参见刘佩芸：《1949年—1989年我国扫盲教学内容历史发展的研究》，硕士学位论文，西南大学，2012。

③ 参见中央教育科学研究所编：《中华人民共和国教育大事记(1949—1982)》，257页。

等学校，大量培养技术人员。① 为做好 1960 年的工作，他要求各地教育部门：一抓方向，指导运动；二抓思想，政治挂帅；三抓规划，明确奋斗目标；四抓组织，加强领导；五抓教师，提高教学质量。还要切实解决教材问题，保证入学群众人人有书可读。②

（二）农民技术教育

农村中等技术教育发展是比较艰难的。最初为农村培养中级专业人才的学校是农业、林业、卫生类中专学校，为数约在 200 所，当时主要是为县以上单位输送人才，直接为乡村培养的为数极少。③

1950 年 8 月 7—19 日，全国第一届卫生工作会议提出了"培养乡村卫生员"的要求。④ 同年 9 月，黑龙江省克山萌芽学校开始为农村培养拖拉机手和干部，新中国第一名女拖拉机手梁军和第一支女拖拉机队，就是这所学校培养出来的。

1953 年，不少农村小学开始组织学生参加生产劳动。同年 12 月 3 日，《人民日报》为此发表社论予以提倡，当时山东省蓬莱县(今蓬莱市)潮水乡高小毕业生在农业生产劳动中做出了一定成绩。1954 年 5 月 24 日，中共中央批转了教育部党组《关于解决高小和初中毕业生学习与从事生产劳动问题的请示报告》，指出农村毕业生"绝大多数都应该从事工、农业及其他生产劳动，这是一种正常现象"⑤，还指出过去指导思想上有忽视劳动教育的偏向。

1955 年 4 月 19 日，中共中央批转青年团中央《关于组织高小和初中毕业生从事农业劳动和进行自学的报告》，进一步强调："农村中广大的高小毕业生和初中毕业生，是农业生产互助合作运动和农村文化工作中的一支重要力

---

① 参见《中华人民共和国成人教育大事记略》，载《中国成人教育》，1999(2、6、7、8)。
② 参见中央教育科学研究所编：《中华人民共和国教育大事记(1949—1982)》，261～262 页。
③ 参见闻友信、杨金梅：《职业教育史》，47 页。
④ 参见中央教育科学研究所编：《中华人民共和国教育大事记(1949—1982)》，25 页。
⑤ 中共中央文献研究室编：《建国以来重要文献选编》第 5 册，217 页。

量和后备军，因之，必须积极动员和组织他们参加农业劳动，进行农业技术和文化学习，使他们在农业生产战线上发挥积极作用。"此后，有些地方开始将一些初级中学改为初级农业技术学校。要帮助学生学习一技之长，除了参加生产劳动从实践中学习外，还需要开设一定课程。

1956 年 1 月 26 日，教育部开会座谈中学实施基本生产技术教育问题，要求从秋季新学期起，全国中学逐步实施，并讨论了工业和农业基础知识教学大纲和建立实习园地、实习工厂等问题。当时的河北良乡中学、辽宁实验中学、广州七中、大连一中、长沙一中、南京五中等校，都取得了这方面的经验。1956 年 5 月 14—22 日，全国中等专业教育工作会议讨论了中等专业教育十二年发展规划(草案)，提出要配合农业合作化运动的迅速开展，培养农业的技术干部和管理干部，要求在十二年内各类高、中等专业人才的比例，农业方面要达到 1：4—1：5。[1] 1956 年 7 月 17 日，教育部发出本学年度在中小学实施基本生产技术教育的通知，要求"根据结合实际、结合生产的原则"，改进数、理、化、生、地、制图等科教学，每个中学应该建立实验园地，使学生了解种植主要农作物和饲养动物的农业技术的基本原理，获得农业劳动的技能和技巧，培养从事劳动的兴趣。以上这些举措十分有力，既为普通教育改革输入活力，也为农村职业教育的产生，做了思想上和业务上的准备。[2]

1957 年 3 月 7 日，教育部发出通知，初中三年级可以增设农业基础知识课，以使学生在学过生物知识的基础上，进一步获得比较系统的农业知识和技能，培养参加农业生产劳动的兴趣。通知请各省、自治区、直辖市教育厅、局根据学校所在地区与学生的来源(农村)以及其他必要的条件(师资、教材等)加以考虑，如果认为有必要与可能增设农科技术课程，在取得当地人民委员会同意后，即可增设。授课时数，原则上以每周 2 课时为宜，可利

---

[1]　参见中央教育科学研究所编：《中华人民共和国教育大事记(1949—1982)》，165～166 页。

[2]　参见闻友信、杨金梅：《职业教育史》，46～47 页。

用实习课的时间进行。教育部并于 7 月 24 日印发了《初中三年级农业基础知识参考提纲(草案)》，供各地参考。

1958 年，人民公社成立后，对农民的农业技术教育受到了中央政府的高度重视。一是在广大农村地区设立大量的初等农业中学(农中)，农业中学的基本任务之一是在农村普及农业技术教育；二是设立乡村农业技术推广机构，开展农业技术推广工作；三是大力开展农村扫盲和农民补习教育。[1]

1959 年 5 月 24 日，中共中央、国务院下发《关于在农村中继续扫除文盲和巩固发展业余教育的通知》。这个通知也是农村扫盲运动的一个转折点。该通知提出，农民业余教育要注意贯彻政治、文化、技术相结合的原则，农民业余学校要教政治和文化，还要教生产技术，使教育直接地或间接地为生产建设服务。从单纯的扫盲开始向农民技术教育转变。该通知强调，必须继续鼓足干劲，在农村中开展扫除文盲运动，采取各种切实有效的办法，利用一切有利时机，组织尚未摆脱文盲状态的农民参加识字学习，形成群众的学习高潮。其中，应特别抓紧青年、壮年和基层干部的扫盲工作。该通知下发后，全国农民扫盲和文化学习有了进一步的恢复和发展，入学人数有一定增加。相对来说，该通知是理性的，但在庐山会议后，"反右倾、鼓干劲、继续国民经济的'大跃进'"成为全国工作的纲领，扫盲工作开始了新的"大跃进"。

1962 年 9 月，党的八届十中全会通过了《关于进一步巩固人民公社集体经济发展农业生产的决定》。该决定指出："有步骤地推进我国农业的技术改革，使我国的集体农业在技术上逐步实现现代化，这是关系我们国家命运的一件大事。要做好这件大事，必须依靠群众的集体智慧和积极性。"[2]同年 12

---

① 参见柯茜茜：《我国农业中学和农村教育改革的历史研究(1949—1965)》，硕士学位论文，浙江师范大学，2011。

② 中共中央文献研究室编：《建国以来重要文献选编》第 15 册，518 页。

月，教育部根据《关于进一步巩固人民公社集体经济发展农业生产的决定》的精神，发出了《关于农村业余教育工作的通知》，对随着农村经济情况的好转，群众生活的改善，恢复和发展农村扫盲和业余教育工作提出意见。一是开展农村业余教育工作，应该从各地的具体情况出发，紧密地同当前农业生产、技术改革和群众的学习要求相结合。[①] 对于已有的业余学校，尤其要认真办好，巩固下来，注意提高质量。二是当前农村业余教育，要着重组织农村青年尤其是参加生产的中小学学生和有条件学习的基层干部参加学习。对于积极要求学习的壮年也应该吸收他们参加。组织群众学习，都应利用农闲季节和生产空隙时间进行，必须深入地做好思想工作，切实贯彻自愿原则。参加学习的人数多一些也好，少一些也好，即使是少数人愿意学习，也应该组织起来给以支持和帮助，扎扎实实，一步一步地开展起来。三是积极扫除青壮年特别是青年中的文盲，举办各级业余文化学校、技术学校和各种专业训练班。业余学校的教学工作要讲求实效，教学内容和组织形式应该适应学员的学习要求和农村的实际情况，灵活多样，不要强求一律。[②]

1965年12月7日，教育部下发了《关于今冬明春开展农村业余教育工作的几点意见》。与以往不同，该意见把技术教育放到了扫盲工作的前面，说明对农民教育的重心有所改变。该意见指出，为了适应农村开展科学实验、传播先进生产经验、建设稳产高产田的需要，必须积极开展技术教育。技术教育的内容，要结合当地生产需要，用什么学什么，急用先学，学了就用，并且要尽可能地把技术学习同当地搞试验田、样板田、种子田结合起来，同冬季总结生产经验结合起来，以促进农业生产的发展。有条件的地方，要积极发展业余初等和中等技术学校(班)或组织青年参加中等技术函授学习，有计划地为农村培养各种技术人才。根据生产的需要，配合农林、科协等部门

---

① 参见毛伟霞：《农村职业教育功能定位的历史回顾与反思》，载《职教论坛》，2015(25)。

② 参见申家龙编著：《新中国职业教育发展历程》，272页。

举办各种短期技术训练班，培养农村当前迫切需要的会计、电工、兽医、卫生保健等人员。同时，通过业余学校的技术课和举办技术讲座等形式，普遍宣传一般的农业科学技术常识，请老农传授耕作经验，并且帮助他们总结、提高。开展业余技术教育，要注意充分发挥老农、劳动模范、技术人员和知识青年的积极作用。这也是贯彻 1963 年 5 月 7 日毛泽东在中央政治局杭州会议上提出的开展"阶级斗争、生产斗争、科学实验三大革命运动"方针的体现。1966 年，"文化大革命"开始，农民教育基本停止[1]，但科学实验在各地还有所开展。

（三）农民扫盲教育成就

新中国成立之初，农业是农村发展的首要任务，促进农业发展是这一时期农村职业教育政策的主题。纵观这一时期的农村职业教育政策，虽然农村职业教育在"文化大革命"时期经历了新中国成立以来的第一次低谷，但不可否认在前期取得了一定的成果。第一，这一时期培养了大量的技术人才，促进了农业生产水平的提高，1963—1965 年，农村职业中学数由 37577 所增加到 54332 所，在校学生数由 2457 万人增加到 2669 万人。农村职业教育得到了迅速稳定的发展。第二，这一时期的农业中学在相关政策的引领下，以高小和初中毕业生为招生对象，大大解决了当时众多毕业生的升学问题。第三，这一时期的农村职业教育政策对农村其他教育也起到了一定的推动作用，陆定一指出，由于高小毕业生的升学问题得以解决，民办小学也随之发展起来，小学教育也在普及。由于生产发展的需要，成人教育也发展了，扫盲运动的高潮也出现了。[2]

二、农业中学的兴起与发展

农业中学是职业中学的一种主要形式，也是培养学生全面发展的教育形

---

① 参见毛伟霞：《农村职业教育功能定位的历史回顾与反思》，载《职教论坛》，2015 (25)。

② 参见卢德生、汤子燦：《新中国成立 70 年我国农村职业教育发展与反思》，载《教育科学论坛》，2019(36)。

式之一。农业中学的出现有利于在较短的时间内消灭农村中的文盲,使小学毕业生的升学问题基本得到解决,从而促进文化教育事业的高涨,也促进农业生产的高涨。因此,农业中学在中国教育历史上所起的作用是不容小觑的。[1]

(一)农业中学产生的背景

1958年,我国农村开始实行人民公社制,集体制社会化大生产对懂得农业生产的技术干部提出了大量需求。面对升学和发展生产的双重压力,各人民公社开始创办农业中学,进行了培养初级农业技术人才的尝试。农业中学最早是在江苏省办起来的,为了消除各方面对农业中学这个新事物的顾虑,1958年2月24日,中共中央宣传部部长陆定一发表讲话,支持江苏省委在省内创办农业中学。

1958年3月初,在江苏省海安县(今海安市)双楼乡和邗江县(今邗江区)施桥乡,由农民群众自办的农业中学率先出现。当时的江苏省委宣传部部长欧阳惠林参加了成立大会,省委书记陈光、副省长管文蔚分别给学校写信祝贺,指出这是一所"新型的学校",是"伟大的创举",是"农业中学的第一面红旗"。江苏省海安县首创了农业中学,这种新型的办学模式受到了社会各界的关注。[2]

1958年3月17—19日,中共江苏省委在南京召开民办农业中学座谈会,推广本省海安县双楼乡和邗江县施桥乡创办农业中学的经验。会议交流了举办农业中学的经验,讨论了促进农业中学大发展的有关问题。中共中央宣传部部长陆定一在会上指出:"农业中学问题。现在看来,办是可以办得起来的,这是肯定的。办起来后,还要巩固,问题是多、快、好、省。……办得多,如江苏今年就要办8000个班,明年后年还要办,少算一些有1.5万个班

---

① 参见柯茜茜:《我国农业中学和农村教育改革的历史研究(1949—1965)》,硕士学位论文,浙江师范大学,2011。

② 参见柯茜茜:《我国农业中学和农村教育改革的历史研究(1949—1965)》,硕士学位论文,浙江师范大学,2011。

左右。你们全省现有普通初中 9000 多个班，就算它 1 万个吧，三年之后，农业初中比普通初中还要多，这是很大的一件事"，"现在有一个问题，就是好的问题。一定要办好的，要有长远打算，农业中学是长期存在的"。① 这一依靠群众力量的办学形式得到从地方到中央的肯定支持，此后，农业中学在江苏、浙江、河南、福建、辽宁、黑龙江等省发展起来。之后，其他省、市也相继办了农业中学，把大量的高小毕业生和具有同等文化程度的青少年培养成为具有一定农业生产知识的初级技术人才。②

继江苏、浙江、河南、福建、辽宁等省举办了大量农业中学之后，其他省、市也开始兴办农业中学。与此同时，在一些大中城市也出现了大办职业中学的热潮。

1958 年 3 月 17—25 日，农业部在北京召开全国农业教育会议。会议讨论了进一步贯彻教育、科研和生产相结合的方针以及培养又红又专的农业生产技术人才的问题。会议交流了经验，并讨论了第二个五年计划期间高等农业教育的发展问题。会议认为，为适应农业生产"大跃进"的形势，各高等农业学校要采取新的措施，做到勤俭办学、勤工俭学、勤俭生产。各校要大量招收工农成分的学生，举办老干部进修班，培养工人阶级教师队伍，要根据农业生产需要，设置新专业。在课程安排上，要与农事季节相结合，采取现场教学等办法，每年要使学生一般有三四个月时间参加生产劳动，要普遍地组织师生种试验田。

1958 年 3 月 24 日—4 月 8 日，教育部在北京召开了第四次全国教育会议，其中将大力举办农业中学作为教育工作的五大任务之一，这是自中华人民共和国成立以来首次提倡农村职业教育。③

---

① 何东昌主编：《中华人民共和国重要教育文献(1949 年～1997 年)》，809 页。

② 参见柯茜茜：《我国农业中学和农村教育改革的历史研究(1949—1965)》，硕士学位论文，浙江师范大学，2011。

③ 参见柯茜茜：《我国农业中学和农村教育改革的历史研究(1949—1965)》，硕士学位论文，浙江师范大学，2011。

1959年3月23日,《人民日报》发表了中共中央宣传部部长陆定一在农业中学创办一周年时给中共江苏省委宣传部的一封复信。复信说,农业中学是我国教育事业中出现的一种新形式的学校。在一段相当长的时间里我国需要这样一种学校。完全可以预料,在全日制初级中学发展的同时,农业中学将会有很大的发展。随着农业机械化、电气化的实现,将会出现更大的文化高涨,农业中学将会逐渐"消亡",即有领导、有步骤地分批地变为全日制的初级中学。农业中学的办学原则是:文化课程应当是初中的最基本的课程,包括政治、语文、数学、理化等;技术课程应当是以培养初级的农业技术干部为目标;坚持半日制;原则上吸收13~16岁的高小毕业生,不要过多吸收超龄学生。只要遵循这些原则,农业中学就能办好。[1]

(二)大办农业中学

农业中学的创办,既解决了农村没有职业学校的问题,提供了农业生产发展需要的技术技能型人才,又满足了农民子弟升学的需要。因此,农业中学在全国范围内快速发展。

1959年11月2日,中共中央批转了江苏省教育厅、共青团江苏省委关于赣榆县(今赣榆区)夹山农业中学的调查报告。中央批示指出,农业中学是一种重要的形式,必须反右派、鼓干劲,多办农业中学,并且要把它办好。凡农业中学不够的地方,必须在今冬增加校数,尽可能吸收没有升学的高小毕业生入学学习,实行半工半读,这是农村工作中也是教育工作中的当务之急。[2] 农业中学首先出现在江苏,很快地推广到全国。到1960年农业中学有了很大发展,全国共有农业中学3万多所,学生296万人。[3]

1960年2月6日,中共中央转发了《江苏省委关于农业中学先进单位和先进工作者代表会议的情况报告》。中央批示指出,经过两年的努力,农业

---

① 参见中央教育科学研究所编:《中华人民共和国教育大事记(1949—1982)》,242页。
② 参见中央教育科学研究所编:《中华人民共和国教育大事记(1949—1982)》,258页。
③ 柯茜茜:《我国农业中学和农村教育改革的历史研究(1949—1965)》,硕士学位论文,浙江师范大学,2011。

中学已经在农村中站住脚跟。这是一个很大的胜利。从此可以希望，我们广大的农村中不但会普遍地有初等教育和业余教育，而且会普遍地有中等教育和高等教育。办农业高中必须注意农村劳动力的需要，从目前情况看来，半日制的农业高中，不宜办得过多，业余的农业高中则可大办。农业高中里有一部分学生以学习基础课为主，是必要的，这是为了将来培养高级的技术干部和理论干部，以及将来在农村中发展高等教育所必需的；以学习专业课为主的，实际上是中等专业学校，可以培养工业、农业、卫生、保育、教育、财经等工作中的中等技术干部和培养小学教师，这些干部是现在农村中大量需要的。①

1963 年 7 月 10 日，中共中央宣传部印发了《关于调整初级中学和加强农业、工业技术教育的初步意见(草稿)》，明确指出："过去停办或者合并掉的一些农业学校和与农业有关的技术学校，应该积极设法恢复。在县、镇和农村中，应该根据各地区农业生产发展的不同状况，积极举办为农业生产服务的各种技术学校，同时也要继续办好农业中学。农业中学仍然是农民群众集体举办的半耕半读性质的学校，其性质与国家举办的中等农业技术学校和调整出来的初级中学都有所不同，不能混淆起来，影响群众办学的积极性。"②1963 年 10 月 18 日，周恩来总理召集教育部及有关部委、团中央、全国妇联负责人讨论中小学教育和职业教育问题。③

在党中央和国务院关于"普通教育与职业技术教育要两条腿走路"的方针指导下，随着经济建设形势的逐步好转，职业技术教育也得到逐渐的恢复和稳定的发展。

（三）全国农业中学榜样——"海安经验"④

1958 年 3 月，江苏省农民创办了海安县双楼乡民办农业中学，这是新中

---

① 参见中央教育科学研究所编：《中华人民共和国教育大事记(1949—1982)》，266 页。

② 何东昌主编：《中华人民共和国重要教育文献(1949 年～1997 年)》，1188 页。

③ 柯茜茜：《我国农业中学和农村教育改革的历史研究(1949—1965)》，硕士学位论文，浙江师范大学，2011。

④ 参见季志伯、杨询：《海安县双楼乡的农业中学》，载《人民教育》，1958(6)。

中国职业教育
改革与发展研究
1949—2021

国成立后创办的第一所农村职业中学。双楼乡的农业中学，在党委的具体领导下，4天就办起来了。学生共156人，分3个班上课，配备了3个专职教师，他们都是曾经参加过生产劳动的高中毕业生。学校成立了校委会，有15个委员，由乡党委书记担任主任委员兼校长，并设有宣传、生产、业务、财务4个委员。校舍是借用的公房，课桌由公立学校支援，凳子是学生自带的。学生半耕半读，上午到校学习，下午回家生产，既是学生，也是农民。教师也半耕半读，一面教书，一面种田，既是教师，也是农民。教师每月工资20元，由收来的学费支付。学生每学期缴学费4元，杂费1元。课程有政治、语文、数学、农业知识、卫生常识，政治课由乡党委书记和下放干部担任；语文、数学由专职教师担任；农业知识和卫生常识分别由农业技术员和驻社干部兼任。此外，学校还聘请附近的中、小学教师做辅导员，帮助农业中学的教师解决教学上的一些具体问题。为了贯彻理论与实践相结合的原则，社里划出15亩①地作为学校的试验田。

农业中学的创办过程中也遇到了一些问题，由于党委的领导以及教师的努力，这些问题都得到了解决。

第一，在教学方面，因为没有适合农业中学的教材，乡党委和县文教局立即采取了措施：从初中文学课本上选了一些作品，从《新华日报》上选若干文章，印成活页，作为语文教材；算数课本是向附近中学一年级同学借用的第一册上册；农业知识，讲什么就印发什么讲义。这样，教材的问题就解决了。在教学上，教师的教课也存在问题，农业中学的专职教师都是刚刚毕业的高中生，业务水平一般都不高，备课时间很长。根据这个情况，县文教局立即组织公立中学教师，根据农业中学教材，做出较详细的参考资料，供农业中学教师备课之用。同时，还组织水平较高的公立中学教师对农业中学教师进行辅导，告诉他们如何备课，并借给他们一些参考书。另外，县文教局也组织农业中学教师相互学习，互看备课笔记。针对学生水平参差不齐的情

---

① 1亩约等于666.66平方米。

况，采取了个别辅导、分组教学等方法。这样，基础差的学生困难问题初步解决了，基础好的学生也学到了新知识。

第二，在生产劳动方面，该学校实行了半耕半读，但是，这当中也遇到一些问题。学校原来规定，下午的大部分时间让学生回家参加社里的劳动，小部分时间在校内试验田劳动。这样做，家长反对。家长认为学生是农民，回家劳动同样能得到锻炼。如果从家里吃过午饭再回到学校试验田里去劳动，未免有些浪费时间（有些学生家离学校较远，来回需要一定时间）。特别是农忙季节，社里和试验田里的农活都多，如果总在社里做工分，试验田的农活就要受影响，势难达到"试验"的要求。家长还认为，试验田是需要的，但只是做试验，不做劳动锻炼。乡党委和校委会经过研究，决定将15亩试验田改为5亩，专门用来做试验，试验田的劳动时间改在上午结合农业知识课进行，这样就解决了家长的顾虑，同时，也只有这样，才能发挥试验田的作用。另一个问题是，个别劳动生产队对学生的农活没有做出妥善的安排，学生下午没有农活或者只有很少的农活可做。这样，就不能保证每个学生每年达到规定的工分指标，也使学生的家庭收入打了折扣，从而影响学生的安心学习。为此，乡党委根据这一情况，就让各社安排一些技术活给学生，如拌棉花种子等，劳动的时间短，所得的工分多。这样，不仅让学生能够安心学习，而且激发了他们学习生产技术的积极性。同时，学校也叫每个学生备一本工分手册，教师每一周或十天检查一次。检查的作用是：一看学生是否真劳动，如果劳动得不好，教师随时加以监督；二看生产队是否给学生妥善安排农活，如果发现没有妥善安排，可以随时请示乡党委解决。针对有些学生社会工作繁重的问题，乡党委也做出决定：这些学生所担任的职务，要配备副职，培养助手；另外，不一定要他们参加的会议就坚决不叫他们去。总之，在学生参加生产劳动的问题上，解决主要环节是依靠党委的领导和社、队干部的支持。同时，学校教师也要主动参加，发现学生方面存在问题，要及时给予指导，发现社、队方面有问题，要立即请示党委解决。只有这样，才能保证学生做到半耕半读，才能使学生既能学习得好，又能劳动得好。

第三，教师方面，教师的热情是高的，专业知识也基本确立了，工作也积极。但是，他们感到自己的水平不够，缺少工作办法，遇到困难思想上就有些消极畏难，怕搞不好被人笑话。党委对于这些思想问题十分重视，党委书记亲自和他们谈话，对他们进行教育，鼓励他们认真学习，一面做先生，一面做学生，懂了就教，不懂就学，并且给他们在学生和群众中树立威信。他们在工作上遇到困难，党委及时帮助解决。因此，他们没有一个叫苦的。另外，他们工作生疏，事务工作较多，没有适当时间参加生产劳动，因此，乡党委和县文教局大力帮助他们提高教学能力，减少他们不必要的事务，让他们有时间参加生产劳动。这使他们深深体会到，只要依靠党的领导，争取党的支持，工作一定会搞好。

第四，学生方面，开学之初，部分学生对于农业中学是有一些不正确的看法的，如有的认为学校不正规；有的怕学习负担重，又要参加生产劳动，两方面有矛盾，结果既影响学习，又妨碍生产；有的怕学校办不到头，时间不长又要停办；有的认为教师是土生土长的，恐怕教学质量不高；等等。面对这些问题，乡党委及时地教育了学生。通过近一个月来的学习，学生认识到并不是他们所想的那样。因此，有的学生就在团小组和班会上检讨了过去不正确的看法。他们的进步是大的。有的学生过去不懂得计算土方的方法，现在已学会了。有的初来学校时，连一篇短文都不会写，现在也会写了。更重要的是他们学会了一些生产技术，如麦子的田间管理、选种等，这就大大推动了农业生产的技术改革。

第五，在教学和生产相结合方面，学校采取了两种做法：第一种，教学内容密切结合生产实际，特别是农业知识课，需要紧紧围绕当前的农业生产实际。例如，教师讲麦子的病虫害、选种的方法和怎样使用喷雾器等，在讲课的同时，要做到边讲课、边实践；讲麦子的田间管理时，就组织学生到试验田里去挖耕水沟；讲选种时，就指导学生实地练习。第二种，教师要求学生回家以后，在自己的社、队里向队员进行宣传和推广。

这种办学形式由于条件简单，易于推广，不久便得到国家和地方的肯定。随后，在中央的大力倡导下，全国在一年内建起了 2 万多所农业中学、职业中学和半工半读学校，到 1960 年，我国农业中学数量增加到 22597 所。[1] 到 1965 年，达到了 5 万多所，在校生人数达 300 多万，已占各类中等学校人数的 30%。

（四）农业中学办学经验

农业中学创建以来，积极实行半工（农）半读的教育制度，以半日制或农闲学习、农忙劳动为教学原则，采取课堂教学与田间教学、书本知识和老农经验相结合的办法，学生边参加农业生产、边接受科学生产知识和技术培训，既掌握了生产技能，也解决了接受教育和参加生产的冲突。此外，作为基层群众办学，农业中学的举办权和管理权下放至各人民公社，并采取缴费上学和社来社去的招生分配办法，有效化解了国家教育经费紧张和培养人才的矛盾，符合穷国办大教育的客观要求。作为这一时期农村职业教育的主体，农业中学彻底改变了农村地区没有职业学校的现状，填补了农村教育的空白，优化了农村教育结构，为农村提供了大批实用型技术人才，推动了社会主义新农村建设。

随后在"大跃进"和人民公社化的高潮中，几乎乡乡都办了农校，办学主体及形式多样，招收本地小学毕业生和青年农民入学，兼学政治、文化和生产知识，开展农牧、林果、养殖以及农副产品加工等多类教学，教育与生产劳动密切结合。到 1965 年，全国有农业中学 5.4 万所，学生 316.7 万人，学历层次基本上都是初中程度。"文化大革命"期间，由于"两种教育制度"遭到猛烈地批判和否定，农业中学作为半工半读学校的典型，也遭受全面打击并销声匿迹。[2]

---

① 参见《中国教育年鉴》编辑部：《中国教育年鉴（1949～1981）》，182 页。
② 参见凌琪帆、曹晔：《新中国成立 70 年我国农村职业教育的发展历程与成就》，载《职教论坛》，2019(10)。

三、农民业余教育

农民业余学校是新中国成立初期农民教育的一种重要形式,在这一时期为农村扫除文盲、培养生产建设人才起到了重要作用,促进了农业生产的发展。

1955 年 6 月 2 日,国务院发布了《关于加强农民业余文化教育的指示》,该指示指出,农民业余文化教育必须紧紧与农村互助合作及农业生产结合起来。1957 年 10 月 30 日,教育部、全国扫除文盲协会、共青团中央、全国妇联联合通知:"今冬明春,配合农村开展大生产运动和社会主义教育这个中心任务,推进农民业余文化教育。"[1]1959 年 5 月 24 日,中共中央、国务院下发了《关于在农村中继续扫除文盲和巩固发展业余教育的通知》,该通知提出,农民业余教育要贯彻政治、文化、技术相结合的原则,农民业余学校要教政治和文化,还要教生产技术,使教育直接或间接地为生产建设服务。1960 年 4 月 2 日,中共中央批转《教育部党组关于农村扫盲、业余教育情况和今后工作方针任务的报告》,对 1960—1967 年农民业余教育发展做了规划:力争在二三年内,在农村青壮年中基本上完成扫除文盲的任务,使青壮年中的非文盲占比在 90% 以上。自 1960 年起,力争在三四年内,在 40 岁以下的青壮年中基本上普及业余初等教育。40 岁以上的人有条件又愿意参加学习的,也欢迎进入业余初等学校学习,力争在第三个五年计划期间,在 40 岁以下有条件的青壮年中基本上普及业余初级中等教育(包括初中和初级技术学校),并且要求培养出大量的初级技术人才,大力发展业余中等专业学校(包括高中)。积极培养农村所需要的中级技术人才;积极发展业余高等教育,举办业余专科学校,培养高级技术人才。[2] 初步计划是:第一,要求扫除文盲 4000 万人;第二,组织 8000 万人参加业余初等学校学习,毕业 1000 万人;

---

① 刘贵顺主编:《天津成人教育及普通中专教育大事记》,103 页,天津,百花文艺出版社,1996。

② 参见毛伟霞:《农村职业教育功能定位的历史回顾与反思》,载《职教论坛》,2015(25)。

第三，组织 1300 万人参加业余初中或初级技术学校学习，毕业 40 万人；第四，组织 37 万人参加业余中等专业学校或业余高中学习；第五，组织 5 万人参加业余高等学校学习。为了完成计划任务，要注意解决三个问题：首先，妥善安排学习时间，要使群众业余学习做到经常持久；其次，改进教学工作，提高教学质量；最后，解决教师问题，基本方针是"以民教民""发动群众自己教育自己"。[①]

1963 年 3 月，教育部分别在北京和长沙召开十二省、自治区、直辖市农民业余教育汇报会。会议指出，农民业余学校是对农民群众进行社会主义教育和文化技术教育的一个重要阵地。今后办农民业余教育，要采用积极的态度、切实的措施，要求要恰当，教学要讲求实效。还需要进一步研究怎样更好地组织回乡参加生产的中小学毕业生和农村基层干部、积极分子参加农村业余学校的学习，怎样使业余教育坚持下去，如何有重点地办好一批农村农民业余学校，怎样改进学校教学工作和培养业余学校师资的问题。

1964 年 1 月 10—18 日，教育部在北京召开了全国农村业余教育会议。会议讨论了结合农村社会主义教育运动开展业余教育，贯彻阶级路线和组织回乡知识青年学习的问题。会议指出，农村业余教育的对象仍然是农民中的青壮年，并要重视对贫下中农和基层干部的教育。对于农村业余教育中的政治、文化、技术三种教育要统一安排。

由于党和政府对农村农民业余教育加强了领导，而且采取了有效的措施，所以农村农民业余教育在 20 世纪 60 年代初期有了较大的发展。[②] 文盲、半文盲人数的减少，主要应归功于小学教育的普及，但是农村农民业余教育的开展，对于提高农民政治文化水平和扫除文盲也是起了重要作用的。

---

① 参见刘佩芸：《1949 年—1989 年我国扫盲教学内容历史发展的研究》，硕士学位论文，西南大学，2012。

② 参见刘佩芸：《1949 年—1989 年我国扫盲教学内容历史发展的研究》，硕士学位论文，西南大学，2012。

第二章
职业教育的非学校化发展时期（1966—1976）

第一节　职业教育发展遭受重大挫折

从 1966 年 5 月到 1976 年 10 月，党、国家和人民遭到了新中国成立以来最严重的挫折和损失，整个教育事业遭到了摧残和破坏。职业教育遭破坏严重，几乎全部停办，至 1969 年荡然无存，几乎所有的初中毕业生都升入了普通高中。[①]

1966 年 8 月 8 日，中共八届十一中全会通过了《关于无产阶级"文化大革命"的决定》。该决定认为，把教育分为普通教育和职业教育，这是资产阶级双轨制的产物。在"文化大革命"期间，半工半读学校和职业中学一直没有招生，按 1965 年招生数 52 万人为基准估算(未计年递增数，也未计初级职业中学部分)，共少招约 533 万人，中等专业学校(含中师)在 1966—1970 年基本停止招生，按 1965 年招生数为基数算，应招生 104 万人，在此期间仅零星招生 13.9 万人，少招生约为 90 万人。仅此两项，共计少招生 620 万人，造成了人才的脱节，这也是我国经济建设在后来恢复发展缓慢的主要原因之一。[②] 1966—1970 年各类学校大量被撤销、停办、停招或改为工厂，教师队伍失散，校舍被占用，设备图书大量丢失损坏，职业教育事业元气大伤。

一、学校大批撤销停办

1966 年后，学校教育基本上处于瘫痪状态，技工学校、职业学校、半工

---

① 参见宋乃庆、李森、朱德全主编：《中国基础教育改革与发展》，73～114 页，北京，高等教育出版社，2018。
② 参见王杰恩、王友强主编：《现代职业技术教育：理论与实践》，45～46 页。

半读学校，到 1969 年实际上已不复存在。① 1969 年 10 月 26 日，中共中央下发了《关于高等学校下放问题的通知》，要求将大批高等学校和中等专业技术学校下放给地方管理。

根据国家统计局数据显示，截至 1971 年，我国中等专业学校数量锐减到 1978 所，技工学校仅剩 39 所，城市职业学校则几乎全部停办。②

二、师生数量骤减

1966—1967 年，中等技术学校 1969 年在校生从 1965 年的 39.2 万人，降到 23237 人，这是新中国成立后在校生人数最少的年份，学校平均规模只有 33 人。保守估算，职业教育为国家提供的人才，至少损失 500 万人。③

"文化大革命"时期，学生未上课，如何毕业成为问题，中共中央、国务院、中央军委、中央"文革"小组四单位先后三次做出规定。1967 年 5 月 14 日的通知规定，对厂矿附设半工半读学生，可根据生产需要，在自愿原则下，经群众评议，符合条件的，可转学徒工或正式工，不愿的可续读，以学为主。对其他学校应届毕业生，根据自愿按原有办法分配。1968 年 6 月 15 日的通知规定，对各类学校，1967 年应届毕业生，基本按原有办法分配，也可去集体所有制单位，原定社来社去的，回队参加劳动，评工记分。城市生源到农村劳动的，按上山下乡知青安置。1968 年 11 月 15 日的通知规定，当年毕业生从 11 月起分配，这三届分到全民所有制的毕业生，暂不转正定级。教师、干部下放干校，插队当社员，前后经历三年左右，虽受一定锻炼，但长期荒废教学，对教育工作损失极大。

1968 年 12 月 10 日，《人民日报》转载《红旗》第 5 期发表的江苏省靖江县（今靖江市）的调查报告《"土专家"和农业教育革命》，其中提出农业院校要统

---

① 参见闻友信、杨金梅：《职业教育史》，88~89 页。

② 参见周东：《新中国成立 70 年来我国职业教育政策沿革研究》，硕士学位论文，四川师范大学，2020。

③ 参见闻友信、杨金梅：《职业教育史》，89 页。

统搬到农村，由贫下中农管理学校。① "文化大革命"期间，多年凝聚的办学力量遭受损失。

总之，"文化大革命"使教育事业受到严重创伤，教育水平严重下降，在当时这种特定的历史条件下，职业教育也步入了历史低谷时期。

第二节　中等专业学校的"教育革命"

新中国成立初期，中等专业学校、技工学校在整个教育体系中所占比重不大，经过十几年的中等专业教育整顿与发展工作，中等专业教育在 20 世纪 60 年代才逐渐加速发展，学校数量和在校学生数量都有了飞跃，而在"文化大革命"期间，中等专业教育领域内进行了所谓"教育革命"。

1967 年 5 月 14 日，中共中央、国务院、中央军委、中央"文革"小组下发的《关于半工半读学校复课闹革命和毕业生分配问题的通知》规定：第一，实行半工半读的中等专业学校、技工学校和职业学校，以及厂矿企业附设的半工半读学校的学生，都要回到原生产单位或本校，按照中共中央的有关规定，积极复课闹革命，同时参加生产劳动。第二，厂矿企业附设的半工半读学校，有不少名义上是半工半读，实际上学生全日制参加劳动，有固定的生产岗位。对这部分学生，可以根据生产建设的需要，在学生自愿的原则下，并通过群众评议，合乎学徒工条件的，可以转为学徒工，合乎正式工条件的，可以转为正式工。不愿意转为学徒工或正式工的，可以继续半工半读，以学为主。对于他们的学习条件如校舍等，要做适当安排。关于学制改革问题，原则上应在"斗、批、改"运动中，放到运动后期去解决。第三，中等专业学校、技工学校、半工半读学校以及职业学校的 1966 年应届毕业生(包括 1965 年毕业但尚未分配工作的)，根据自愿原则，可按原有的分配方法分配工作。分配工作后，应到新单位参加"文化大革命"，并参加生产和工作。愿

---

① 参见闻友信、杨鑫梅：《职业教育史》，87～88 页。

意参加"文化大革命"运动的，可以继续留校，原来享受的生活待遇，在分配工作之前，暂不变动。①

1969 年 8 月 7 日，《人民日报》发表了《搞好中等技术学校的教育革命》的调查报告。报告反映："目前中等技术学校的现状是：有的已经改成工厂；有的办成工厂，也承担教学任务；有的准备继续办下去；有的干脆下马不办了。相当数量的中等技术学校举棋未定。"②中等技术学校到底是办还是不办，如果办，又怎样办，这成了"教育革命"中的一个问题。这个调查报告是由北京电力学校革命委员会和驻校工人、解放军宣传队提供的。该调查报告认为，三大革命运动需要中等技术学校，理工科技术学校不是办多了，而是办少了。因此要求将中等技术学校的"教育革命"提到日程上来。该调查报告对中等技术学校的领导权、学生来源、学制、培养目标、办学方式、教师队伍等问题提出了具体的建议。该调查报告还认为学校的领导权必须牢牢地掌握在工人阶级手里；应当从有实践经验的工人、农民和复员转业军人中选拔学生，分别根据文化程度和专业进入中技班、短训班、农电班学习，学习期限为半年、一年、二年(或不脱离生产岗位的在职学习)；办学方式以局管学校、厂校挂钩、校办工厂为好。中等技术学校、技工学校的教学任务主要是完成普及技术的任务。这份调查报告，引起了对中等技术学校"教育革命"的重视与讨论。

1973 年 7 月 3 日，国务院批转了国家计委、国务院科教组《关于中等专业学校、技工学校办学中几个问题的意见》，文件要求中等专业学校(包括中等师范)、技工学校要抓紧调整、规划、布局工作，并根据需要与可能，有计划地适量发展。这类学校分省、自治区、直辖市办的和中央各部门及其直属企事业单位办的两类，应分别由中央和地方的举办单位负责计划开办、调整、撤销以及专业设置的审批，但均要报请国家计委和国务院科教组备案。

---

① 参见方晓东、李玉非、毕诚等：《中华人民共和国教育史纲》，243～244 页。
② 何东昌主编：《中华人民共和国重要教育文献(1949 年～1997 年)》，1446 页。

要发挥中央与地方的积极性，要搞好需要与可能的综合平衡，列入全国招生计划。文件规定中等专业学校一般招收有两年以上实践经验，有相当于初中毕业文化程度的经过一二年劳动锻炼的知识青年或应届初中毕业生，学制暂按两年试行。工龄满五年的国家职工，在校期间照发工资，其他学生由学校发给伙食费和津贴费。应届的初中毕业生入学后，实行人民助学金制度。中等专业学校和技工学校的毕业生，一般返回原单位、原地区工作。原非国家职工的学生毕业后，应根据当年劳动指标的需要与可能分配工作，可以分配到全民所有制的企事业单位，也可以分配到集体所有制的企事业单位工作，还可以"上山下乡"参加农村社会主义建设。中等专业学校、技工学校除了办好学校的普通班外，应根据需要与可能，积极举办各种短训班，提高工人、贫下中农和基层干部以及下乡知识青年的文化科学技术水平。[1]

第三节　职业教育缓慢恢复

"文化大革命"后期，职业教育政策的发展逐渐复苏，国家为解决社会就业问题，推出相关职业教育政策，使得大量中职学校、技校、城市职业学校开始重新设立，并进行大规模招生。但是，政策长期的发展停滞，导致我国技术技能型人才出现年龄断层，具备熟练技能的"老师傅"因为长年"上山下乡"导致技术生疏，中间一代因为没有受过普通学校教育与职业教育导致技能"空白"，这为今后国家经济发展埋下隐患。[2] 在中央，周恩来、邓小平等人采取一系列重大决策和措施，力图抵制和纠正"文化大革命"的"左"的错误。

一、抵制与纠正"左"的错误

在批判极左的形势下，全国教育战线开始出现了抓教学质量，抓教学常

---

① 参见方晓东、李玉非、毕诚等：《中华人民共和国教育史纲》，245 页。
② 参见周东：《新中国成立 70 年来我国职业教育政策沿革研究》，硕士学位论文，四川师范大学，2020。

规管理，抓学校秩序治理，抓反对招生工作中"走后门"等现象。①

1971年，有关部委和省市代表在全国教育工作会议上强烈要求恢复和办好中专和技校，并得到周恩来总理的肯定。因此，会议明确强调"中等专业学校和技工学校是我国普及科学技术、文化教育的一支重要力量，必须认真办好"②。从1972年起，在批林整风运动的推动下，各项教育开始恢复和发展。但是好景不长，"四人帮"开始上台不断捣乱破坏，经济又出现下降局面。

在周恩来努力纠"左"的时候，从1972年下半年起，《人民日报》《光明日报》等报刊和教育部主办的《教育革命通讯》连续报道了各地整顿教学秩序、落实干部政策和知识分子政策、教师陆续回到教学岗位的消息；各地的大中小学开始整顿混乱的学校秩序，也开始减少学生的学工学农时间，重视文化基础知识的教学，有些省、自治区、直辖市还大抓"提高教学质量的典型"。各地教育行政部门纷纷召开教学现场会，交流提高教学质量的经验，并以统考作为推动提高教学质量的手段，用考试带动教育的全局，从而振作了学生的学习精神和提高了学生的学习积极性。

1973年7月3日，国务院批转国家计委、国务院科教组《关于中等专业学校、技工学校办学几个问题的意见》，要求各地抓紧中等专业学校和技工学校的调整、规划、布局等工作，并根据需要与可能适当发展。该意见使中等职业教育的恢复有章可循。1974年12月21—28日，国务院科教组、农林部和中共辽宁省委联合召开学习朝阳农学院教育革命经验现场会，提出各级各类学校都要学习"朝农经验"。③ 1975年5—10月，教育部部长周荣鑫根据毛泽东、周恩来和邓小平等人的指示精神，开始积极整顿教育工作，力争使教育战线上的混乱局面有所扭转。

---

① 参见宋乃庆、李森、朱德全主编：《中国基础教育改革与发展》，73～114页。
② 转引自杨金梅：《我国技工教育50年》，载《职业教育研究》，2005(3)。
③ 参见《大事60年》，载《职业技术教育》，2009(30)。

二、职业教育初步整顿和缓慢恢复

1970 年以后，高等学校陆续恢复招生，采取从工作两年以上实践经验、文化程度相当于初中毕业的工农兵及知识青年中推荐录取的办法，中专和技校也采取类似大专院校录取"工农兵学员"的招生办法。1970 年，国家计划委员会研制《第四个五年国民经济计划纲要》，推动了中等职业学校恢复招生。1971 年 4 月 15 日—7 月 31 日，全国教育工作会议召开，国务院有关部门和省代表强烈要求恢复中等专业学校招生。同年 7 月 10 日，《全国教育工作会议简报》汇总了会议代表的讨论意见，大家一致认为，"过去中专培养的学生，多数在各条工作战线上发挥了作用，中专学校是我国教育战线上一支主要的力量，一定要认真办好"①。会议建议，"已撤销或改办工厂的学校，各地根据需要和可能，能恢复的就恢复，能改过来的就改过来。会议还规定必须认真办好中等专业学校和技工学校"②。

1976 年，职业教育缓慢恢复，但各个地区发展很不平衡，因办学条件不良，半工半读学校、职业中学、农业中学尚未得到恢复。

---

① 转引自许丽丽：《建国后我国中等职业教育发展研究》，硕士学位论文，东北师范大学，2009。

② 转引自许丽丽：《建国后我国中等职业教育发展研究》，硕士学位论文，东北师范大学，2009。

第三章
职业教育的恢复重建时期（1977—1984）

第一节　整顿职业教育秩序

1976年10月，"四人帮"反革命集团被粉碎。1977年7月，邓小平在中国共产党十届三中全会上恢复了职务。1977年8月，中国共产党第十一次全国代表大会宣告"文化大革命"结束，重申建设社会主义现代化强国的任务。

一、全面整顿和恢复教育事业

1977年8月，刚刚恢复工作的邓小平自告奋勇抓科学、教育工作。8月4—8日，开展了科学和教育工作座谈会，邓小平和30多位著名科学家和教育工作者一起进行深入探讨。8月8日，邓小平做了《关于科学和教育工作的几点意见》的讲话，后来被称为"八·八讲话"。这次讲话，对教育领域的拨乱反正，特别是破除"两个凡是"的"左"的束缚，推倒"两个估计"做出了重大决策，因而受到广大师生的热烈欢迎。

改革开放初期，为使教育工作快速回到正轨，职业教育恢复正常教学秩序，经历了"双轨制"的批判后重回正确轨道，进入了新的起步阶段。

这一时期的职业学校数量严重不足，各地普通中学的发展严重失控。中专、技工、农中、职业中学等各类职业技术学校在校学生数只占高中阶段各类学校在校学生总数的1.16%。[1] 中等教育的畸形发展和结构的单一化，使教育事业严重不适应国民经济发展的需要，使大量的中学生无法适应劳动就业的需要，给国家、家庭和学生本人都带来了巨大的损失。普通中学盲目发

---

[1]　参见《中国教育年鉴》编辑部编：《中国教育年鉴(1949～1981)》，172页。

中国职业教育
改革与发展研究
1949—2021

展，不仅挤掉了职业学校，阻碍了职业技术教育的发展，也大大影响了中小学教育质量。中小学师资力量极度削弱。例如，广东省到1977年，全省附设初中班的小学已有19736所，占全省小学总数的67.2%，全省约有8万名小学骨干教师被抽到初中任教。黑龙江省在"文化大革命"前，中学教师大专毕业生占78.1%，到1978年下降为14.1%；中小学生出现大量二部制授课，1977年该省城市小学二部率达86.3%，中学二部率达77.4%。贵州省由于盲目发展中学教育，小学的校舍、设备被占用，将许多小学改为二部制，骨干教师几乎全被调到中学任教，使小学教师合格率由1965年的70%下降到30%以下，学生进校后"学不好，留不住"，真正受完五年小学教育的人数很少。①

二、职业教育各项体制的恢复

1978年，改革开放政策的实施，不仅给整个经济社会的发展注入了强大活力，而且为教育尤其是职业教育领域的改革发展开辟了新天地，在党和国家的有力领导下，原先已经接近瘫痪的职业教育管理体制逐步恢复，职业教育的组织与领导开始步入正轨。

（一）职业教育投资体制沿革

职业教育投资体制是关于教育经费的来源、投资主体、经费筹措、有效配置与管理使用等方面的相关规定，它关系到职业教育发展能否获得充足的经费保障、能否充分利用有限的教育资源并促进教育公平。职业教育投资体制主要包括职业教育投入总量、职业教育经费来源结构、职业教育投资比例和职业教育经费使用四方面内容。在改革开放初期，职业教育各方面并不完善，职业教育投资体制发展中存在很多问题。

邓小平在全国教育工作会议上明确指出："要共同努力，使教育事业的计划成为国民经济计划的一个重要组成部分。这个计划，应该考虑各级各类

---

① 参见高金锋：《反思与抉择——中国基础教育改革价值取向探讨》，博士学位论文，华东师范大学，2012。

学校发展的比例，特别是扩大农业中学、各种中等专业学校、技工学校的比例……"[1]由此，中等教育结构改革启动，推动了职业教育的发展。1980 年 10 月 7 日，国务院转批教育部、国家劳动总局《关于中等教育结构改革的报告》，指出主要改革高中阶段的教育，大力兴办职业高中。1980 年，国家开始试办高等职业教育(职业大学)。1985 年，《中共中央关于教育体制改革的决定》将"调整中等教育结构，大力发展职业技术教育"的方针提上日程。其中，对于投资体制，规定职业教育应有专项经费开支，除要求国家逐年增加拨款以外，地方财力也应保持适当比例用于职业教育，乡财政收入也应主要用于职业教育。1991 年前后，"财政下放"拓展到乡(镇)层面。根据财政划分收支规定，学校财政拨款根据隶属关系拨付，形成了县(乡)举办的农村职业学校由县(乡)管的格局。[2]

(二)改进学徒制[3]

"学徒制"是一种在实际工作过程中以师傅的言传身教为主要形式的职业技能传授形式，通俗地说即"手把手教"。现代学徒制是由企业和学校共同推进的一项育人模式，其教育对象既可以是学生，也可以是企业员工。对他们而言，就学即就业，一部分时间在企业生产，另一部分时间又在学校学习。

到了 20 世纪 70 年代末 80 年代初，随着劳动制度和企业制度的改革，对学徒制提出了改革的要求。粮食部、铁道部、一机部、四机部、国家出版事业管理局、国家建筑工程总局、交通部、地质部等部委在 1979 年以后又陆续颁布或修订了关于学徒的工种和学徒期限等相关事项的规定。

为了适应新形势对学徒制的要求，1981 年 5 月，当时的国家劳动总局颁发了《关于加强和改进学徒培训工作的意见》。该意见提出，学徒应具备的条件是：初中毕业以上文化程度，身体健康，16~22 周岁的未婚男女青年。对

---

① 《邓小平文选》第 2 卷，108 页，北京，人民出版社，1994。

② 参见王佳昕、祁占勇：《改革开放 40 年职业教育投资体制的历史沿革与展望》，载《教育与职业》，2018(10)。

③ 参见申家龙编著：《新中国职业教育发展历程》，159~161 页。

于企业、事业单位招收的退休退职工人的子女，凡未经专业技术训练，又需要上技术岗位的，都必须经过文化考试、体格检查合格后，按照学徒的培训要求进行培训。培训考试合格后，才能到技术岗位当技术工人。招收学徒的具体办法由省、自治区、直辖市劳动局(厅)自行制定。

该意见要求，企业、事业单位与学徒要签订培训合同。合同应规定双方的权利和义务，其内容一般可包括：企业、事业单位应按国家规定的学徒培训目标、学习期限、生活待遇等，为学徒提供必要的学习条件，保证按时完成培训任务；学徒要在规定的学习期限内努力学习，刻苦钻研，遵守国家法令和工作单位的规章制度，遵守劳动纪律，爱护国家财产，尊重师长，服从分配，保证按时完成学习任务等。合同签订后，双方均须严格执行。各级劳动部门应该对企业、事业单位的培训合同及其执行情况进行监督检查。

学徒学习期限应为三年，技术比较简单的工种的学习期限可以适当缩短，但不得少于二年。具体工种的学习期限，应当根据国务院各主管部门1979年以来修订和制定颁发的学徒学习期限的规定执行。在整个学徒年限内，要有不少于三分之一的时间用于学习技术理论知识，按照不同工种的要求开设必要的技术理论课程及相应的文化课程。所需教材可以自编，也可以采用技工学校同工种的教材。可以举办学徒训练班、学徒学校，或利用现有技工学校、职业学校进行技术理论教学。要签订师徒合同，提倡尊师爱徒，实行包教、包学、包会。有条件的单位，可建立学徒培训车间(工段)或班组。对学徒进行基本功练习的时间和场所要有必要的保证。对安排在流水作业线或单一工序岗位上进行操作的学徒，要定期轮换产品或操作岗位，使之掌握多种操作技能。对学徒进行考核，分平时、学年和期满三种。学年和期满考核成绩要记入本人档案。

学习期满，要根据规定的培养目标和《工人技术等级标准》，对学生进行全面考核。考核合格，才能转正。考核不合格的，要延长学习期限，进行补考，补考及格才能转正。补考不及格者，应调离技术工种。学徒的考核工作，由学徒所在单位的工人技术考核委员会或领导小组负责进行。各企业、事业单位要配备专职干部或指定专人管理学徒培训工作，并加强与工会共青团的联系，共同做好学徒的培训工作。各级主管部门和劳动部门也应设置专门机构或配备一定的专门人员来管理学徒培训工作。

从 20 世纪 70 年代到 80 年代，学徒制在我国是广泛存在的。1986 年 10 月，国家教育委员会、国家计划委员会、国家经济委员会、劳动人事部向国家教委提交了《关于全国职业技术教育工作会议情况的报告》，要求各企业招收学徒工时要遵行"先培训，后就业""经过考核择优录用"的原则。该报告显示，当时全国各企业部门每年招收的学徒工有上百万人。由此可以看出当时我国的学徒制已具有很大规模。

三、恢复发展中存在的问题[1]

总体来说，通过各项职业教育体制的改革，这一时期各类中等职业教育都在大步上升，职业高中也有了可观发展。从 1980 年在校生 45.4 万人，到 1985 年 229.5 万人，五年来共增长 505%。职业高中的发展成绩很大。但如从中等教育结构调整总体势头来看，仍处在边行动边观察的时期。1985 年，高中阶段在校生共 1145 万人（不含中等师范学校），普通高中为 741 万人，尚占 64.69%，职业教育部分三类学校合计共 404.6 万人，占 35.31%，与历史上曾经出现过的最好情况（1965 年的 53.2%）比较，尚有较大距离。

这一时期也有许多问题值得探讨：如何选择普通高中改办职业高中，对待职业教育统筹管理是采取积极主动态度还是采取消极被动态度，如何分流高中毕业生，都是涉及全局而应该认真对待和解决的问题。现在看来，当时的某些抉择和做法是有失周全的。

比如，差校改职业高中，反映教育部门有些领导不是积极主动地参与结构改革，而是采取等待观望的消极态度，甚至借机卸掉工作包袱，放弃归口

---

① 参见闻友信、杨金梅：《职业教育史》，118～121 页。

统筹职责，可以看出传统习惯教育观念的束缚的严重性。而中专大量招收高中毕业生也缺乏全面考虑。当时，历史原因导致大批高中毕业生要求升学，这是一种客观存在，但如何引导尚值得深思。是只向普通高等教育引导，还是同时又向职业教育引导？进入职业教育后是向高等职业教育引导还是向中专引导？这就会有完全不同的结果。如果能因势利导，面对现代化建设迫切需要更多的实用型人才这个现实，及时兴办高等职业教育，同时引导普通专科将培养目标由本科压缩型向职业型转变，在允许中专适量招收高中毕业生的同时，对总学习年限超过 12 年的毕业生(指已达到相当于专科的学习年限，不包含满 13 年的各种职业教育毕、结业生)，在政策上都明确按专科待遇，那么估计情况就会大不一样。

然而，实际结果并不乐观。一方面，在广州专科改革座谈会上，虽然提出了专科不应走本科压缩型路子，引导突破原有的教学三阶段(先基础课，再技术基础课，后专业课)模式，开始强调适当注重实训，但会后进展仍很缓慢，对职业大学、成人高教、自学考试的发展，没有带来足够的积极影响。另一方面，中专大招高中毕业生入学，1985 年中专当时招收的高中毕业生高达 257013 人，占了当年中专招生总数 453620 人的 56.65%(其中主要为工、财经、政法三类专业，共占 82.29%)。

对于中专招收高中毕业生，有管理上的问题，也有社会对职业教育的需求问题，同时反映出中等教育结构的不合理。在市场经济进一步发展后，一些上了普通高校的人，为了就业再去上职业学校的现象仍存在。管理措施不得力也是原因之一。虽然早已明确中专基本学制是招收初中毕业生学习四年，并多次强调加快调整要以招收初中毕业生为主，但是操作仍不够坚决。如果能对"文化大革命"前中专小规模招收高中毕业生的试点工作进行认真总结，在大招时又能吸取经验并能运用宏观控制办法设置招生高限，预计情况就能较快扭转，后来的事实证明，只要态度坚决并采取有力措施，比例是可以调整的。

按本科压缩型路子办专科和中专大招高中毕业生，是同一问题的两个不同方面，是相互联系的，处理得好，一荣俱荣，处理不好，一损俱损。后来事实证明，这两件事反映了教育部门对职业教育的理论研究不够。初期还认为专科是个层次概念，它既可包括高职，也可包括师专，实际上是短期学院；对高职是培养人才类型，必须具有一定的办学模式，注重动手能力培训，培养生产、服务、技术和管理第一线实用人才的特性认识不够，忽略了高中毕业生是培养未来国家多种类型中、高级人才的基础资源之一，必须面向教育整体、分流引导、因材施教。如果认识不符合实际，就会发生一定的内耗，干扰和影响整个教育事业的发展。

第二节 中等职业教育格局形成

一、改革中等职业教育结构

1978 年 4 月，全国教育工作会议提出："教育事业必须和国民经济发展的要求相适应"，"应当考虑各级各类学校发展的比例，特别是扩大农业中学、各种中等专业学校、技工学校的比例"。[1] 在"文化大革命"期间，大批职业技术学校和中等专业学校纷纷停办，各类职业学校和各类半工(农)半读学校大部分停办，或改成普通中学。加之"文化大革命"结束后，我国又盲目发展高中，这样就使中等教育只发展普通中学一种类型的学校，从而造成中等教育结构单一化。到改革开放以前，高中阶段的职业教育与普通教育的比例严重失调，使大部分青少年高中毕业后，既不能升学，就业又没有一技之长。这种状况既不适应社会主义经济发展的需要，也不利于广大青年的劳动就业，直接影响到四化建设和安定团结，阻碍职业教育与社会经济发展的结合。因此，中等教育结构改革成为重中之重。

（一）中等职业教育结构改革的原因

在这一时期，国内重视职业教育的呼声高涨，主要有以下原因。

---

① 何东昌主编：《中华人民共和国教育史(下卷)》，563 页，海口，海南出版社，2007。

第一，全国工作重点已以经济建设为中心，职业教育与经济关系最直接和最密切，社会主义建设迫切需要职业教育为其输送大量人才；社会分工发展，与其相适应的人才必须分层次。社会主义建设不仅需要大批工程师和专家，更需要千百万为第一线生产、服务、管理的实用型人才，而当时第一线缺少的正是这种类型人才；由人口高峰带来的求学高峰和就业高峰相继出现，历史遗留下很大难题。

第二，中专培养要求和成本问题。中专生包分配，培养目标一般是技术员，如超出本系统需要招生，既不愿为地方无偿服务，又增加分配就业和投入的负担。中专一般教学装备要求高，需要国家直接投资，相应教育成本就比职高大。

第三，高考制度的恢复形成的"千军万马过独木桥"的局面，已成为影响社会稳定的重要因素。在"文化大革命"期间，中等专业学校和技术学校被破坏以后，中等教育结构单一，普通高中一统天下，绝大部分学生只有升高中考大学这条路。但在当时高校的吸收能力十分有限，能够上大学的人仅仅占高中生的极少部分。这就导致大量的高中生在没有一技之长的情况下就走上社会，这不利于社会的稳定。为了使众多的初、高中毕业生拥有一技之长，成为建设国家的有用人才，不至于成为闲散游民，形成社会的不安定因素，国家决意改革中等教育结构，大力发展职业教育。

第四，历史积累的人口数量和质量之间的矛盾日渐突出。人口问题来源于两个方面。其一，在"文化大革命"期间，人口数量剧增。普通高中的在校生和毕业生比"文化大革命"前成倍增加。其二，随着"文化大革命"的结束，上山下乡的知识青年回城大潮也随之到来。大部分知识青年都是在初中或者高中毕业后就下乡了，没有经过职业技能专业培训。随着人口高峰期的到来和知识青年的返城潮，就业形势严峻，这也是改革中等教育结构的因素之一。[1]

---

[1] 参见方展画、刘辉、傅雪凌编著：《知识与技能——中国职业教育 60 年》，80 页，杭州，浙江大学出版社，2009。

此时，面对以经济建设为中心，对外开放，经济体制进入全面改革，反对片面追求升学率的呼声增强，世界范围的新技术革命正在兴起，以及国外普遍对职业教育重视等形势，原有教育体制弊端更为明显。这种前所未有的机遇与挑战，推动着教育体制的全面改革。职业教育就在教育整体改革中做出了自己的努力，以大办职业高中、恢复中专与技校、举办职业大学的新思路和新举措，促进教育体制的全面改革。

（二）中等职业教育结构改革举措

1. 大力调整中等教育结构

1978年4月22日—5月16日，全国教育工作会议在北京召开。邓小平出席会议并指出："现代经济和技术的迅速发展，要求教育质量和教育效率的迅速提高，要求我们在教育与生产劳动结合的内容上、方法上不断有新的发展。"会议明确提出要扩大各类职业学校的比例，制订学校跨省招生计划，实施跨省招生。同时，他还指出："整个教育事业必须同国民经济发展的要求相适应。……不但要看到近期的需要，而且必须预见到远期的需要；不但要依据生产建设发展的要求，而且必须充分估计到现代科学技术的发展趋势。……应该考虑各级各类学校发展的比例，特别是扩大农业中学、各种中等专业学校、技工学校的比例。"[①]

为了扭转中等教育结构不合理的状况，1980年年初，教育部召开教育工作会议，对中等教育结构如何进行改革的问题进行了讨论。许多省、自治区、直辖市也将此项工作列入议事日程，拟定了改革方案，并开始了试点工作。1979年5月，教育部、煤炭工业部联合发出《关于试办煤炭工业中学的通知》，开始对矿区中等教育进行改革。1980年8月，中共中央在全国劳动就业会议《进一步做好城镇劳动就业工作》的文件中明确指出："目前我国高中毕业生升大学的只有百分之四左右。必须积极地逐步地把一部分普通中学改为职业学校。今后企业单位增人，应以经过职业训练的毕业生为重点。要

---

① 《邓小平文选》第2卷，107～108页。

把职业教育作为教育体系的重要组成部分，逐步建立职业教育网，包括中等专业学校、技工学校、业余学校、函授学校、电视学校，以及各种职业训练班。"①这些政策在很大程度上调整了中等教育的结构比例，为普通教育与职业教育之间的平衡打下基础。

为了推动中等教育结构改革工作的进展，1980年10月，国务院批转了教育部、国家劳动总局《关于中等教育结构改革的报告》，明确了中等教育结构改革和发展中等职业技术教育的路径和方向。该报告提出当前急需解决的问题是改革中等教育结构，要通过三种途径发展职业教育：一是在普通高中增设职业技术教育课程；二是将部分高中改办为职业中学和农业中学；三是各行各业举办职业技术学校。该报告指出，职业学校的数量与质量亟待提升，职业教育与经济发展脱节的问题必须得到有效解决。该报告指出，中等教育结构主要是改革高中阶段的教育，其主要途径是将部分普通高中改办为职业(技术)学校、职业中学、农业中学；在普通高中逐步增设职业(技术)教育课；根据发展生产和服务行业的需要，广开学路，举办各种职业(技术)学校。该报告还对毕业生的安排、经费和编制、教师配备等做了明确规定。

1981年11月，赵紫阳在五届全国人大四次会议上的政府工作报告中强调指出："我们正在从事现代化建设，需要培养大量的各级各类专门人才和大批熟练的劳动者。这是一项极为重要的带根本性的建设"，"在中学教育方面，要逐步改变普通高中过多，职业中学太少的状况，积极发展中等专业学校，大量培养技术人才和中级专门人才，以利劳动就业和提高职工队伍的文化技术与政治思想水平"。② 此后，全国各地积极稳妥地开展中等教育结构改革的试点工作。

---

① 中华全国手工业合作总社、中共中央党史研究室编：《中国手工业合作化和城镇集体工业的发展(第3卷·上)》，184页，北京，中共党史出版社，1997。

② 转引自毛礼锐、沈灌群主编：《中国教育通史》第6卷，357页，济南，山东教育出版社，1989。

1983 年 5 月 9 日，教育部、劳动人事部、财政部、国家计委专门就城市职业教育的发展联合发出《关于改革城市中等教育结构、发展职业技术教育的意见》，认为试点工作"方向正确、效果显著、深受欢迎"，改革"有了良好开端，但发展很不平衡。部分地区工作进展缓慢，有的地方基本未动"①。为了进一步推动城市中等教育结构改革工作，该意见强调要提高认识，明确职业教育发展方向、途径和要求，并帮助落实就业和招工政策，初步解决了补助经费、配备师资、确定教材、加强领导等问题，及时地加强了改革工作的力度。

由此，整个职业教育事业的面貌发生了深刻的变化。尤其是在为第三产业服务中，职业教育做出了相当大的贡献，得到了全社会的支持。例如，昆明市劳动人事、财政、教育部门联合做出决定"变招工为招生"，同时下达了职业班的招工指标，职业中学毕业生凭毕业证书即可参加本市招工、招干。普通高中毕业生则须参加一年以上职业培训方可就业。因此，1983 年应届职业中学 1045 名毕业生，有 1005 人被录用，占毕业生总数的 96%。② 当然，职业学校在快速发展中也存在一些问题。当时，全国职业教育发展尚举步维艰，发展极不平衡，少数省市地区决心大、劲头足，但多数仍处在观望和初步发动准备阶段。

2. 技工学校改革③

这一时期职业教育发展的特点是率先在技工学校中恢复职业教育。从此，技工教育进入了一个新的发展时期。

1978 年，经国务院批准，全国技工学校的综合管理工作由教育部划归国家劳动总局主管，教育部给予协助。1978 年 2 月 11 日，劳动部下发了《关于全国技工学校综合管理工作由教育部划归国家劳动总局的通知》，通知要求：

① 国家教育委员会政策法规司编：《十一届三中全会以来重要教育文献选编》，128 页，北京，教育科学出版社，1992。
② 参见闻友信、杨金梅：《职业教育史》，104 页。
③ 参见申家龙编著：《新中国职业教育发展历程》，76～78 页。

关于技工学校的领导，地方办的技工学校由地方有关业务部门管理；国务院各部门办的技工学校，由国务院有关部门管理。国家劳动总局和地方劳动部门负责技工学校的综合管理工作。教育部门在师资配备和编写教材等方面，要给予支持、协助。通知还对其他事项做了说明。例如，技工学校的培训计划(包括长期计划和年度计划)，按隶属关系分别由省、自治区、直辖市劳动部门和国务院各部门负责编制，送国家劳动总局(国务院各部门直属单位培训计划同时抄送所在省、自治区、直辖市和当地劳动部门)。国家劳动总局根据生产发展需要和可能进行综合平衡后，报国家计委批准下达。技工学校的开办、调整、撤销和专业设置问题，属于地方办的报省、自治区、直辖市革命委员会批准，属于国务院各部门办的，在征得地方劳动部门同意后，报中央主管部门审批，但均需报送国家计委和国家劳动总局审查备案。基本上是按照 20 世纪 50 年代的管理体制进行恢复的。1978 年 12 月，煤炭部要求将为全国煤矿服务的 28 所技工学校改为部和地方双重领导，以部为主。劳动部经与财政部商量，同意煤炭部的意见，将上述 28 所技校改为双重领导，以部为主。后来，各行业由国务院有关部门与地方协商，报国家计委、国家劳动总局和财政部备案，对技工学校的领导关系进行了调整。

1979 年 2 月，国家劳动总局颁布《技工学校工作条例(试行)》，对技工学校的办学进行了规范。技工学校的招收对象可以根据工种、专业性质的不同，招生对象分别为具有初中毕业和高中毕业文化程度的未婚青年，年龄一般为 15～22 周岁。技工学校的学制是招收初中毕业文化程度的，学制一般为三年；招收高中毕业文化程度的，学制一般为二年。该条例明确提出了技工学校在思想政治、技术操作、文化知识、身体等方面的培养目标。该条例还明确了技工学校的管理体制，学校由各主办部门直接领导，分别由中央和地方主管部、局归口管理，并受劳动部门综合管理。学校的招生计划，由国家劳动总局汇总平衡，列入国民经济计划。该条例还对技工学校办学规模、工种、专业设置以及教学、师资等工作提出了要求或制定了标准。为了加强技工学校的实习基地建设，1980年7月国家计划委员会、财政部、国家劳动总局下发《关于加强技工学校基建计划和生产计划管理工作的通知》，明确了技工学校的基建计划和生产计划的渠道，对实习场地和实习设备的解决提出了办法。

20世纪80年代，技工学校得到了迅速发展，有关部门出台了相应的政策进行了规范。同时，技工学校毕业生由分配制度开始了面向市场就业的改革。1983年4月，劳动人事部颁布的《关于改革技工学校毕业生分配制度等问题的意见》对毕业生的分配制度第一次提出了改革的原则和方向：把无条件的统包统配改为有条件的统筹安排，按照国民经济的需要和"三结合"就业方针，择优分配。凡1982年年底以前招收的学生，毕业时可仍按原规定的分配办法办理；凡1983年以后招收的学生，毕业时根据需要和"三结合"的就业方针，统筹安排，择优分配，不合格的不分配。国营需要到国营，集体需要到集体，政府鼓励和帮助组织起来就业和自谋职业。对于统一分配到国营单位所需要的劳动指标，由劳动人事部根据1983以后各年国家下达的招生人数与各省、自治区、直辖市和中央各主管部门分别商定一个分配比例数，纳入当年的劳动计划。为农村代培的技术工人和专业人员，实行从哪里来到哪里去的办法。对于办学单位的职工子女，经认真考核合格，在同等条件下，可以适当优先录取。用人单位录用技校毕业生，应有半年的试用期。在校学习成绩优秀，表现好的少数学生(控制在5％左右)，经学校主管部门批准，可享受二级工待遇。但学校主管部门要报当地省、自治区、直辖市劳动人事部门备案。试用期满，并经考核合格的，一般被定为二级工。原来已经享受二级工待遇，试用期间表现又好，成绩优秀的少数学生(仍控制在5％左右)，报经地、市以上劳动人事部门审核同意，可高定一级。也就是说，从此技工学校的毕业生开始不实行全部分配，但在实施过程中基本上还是全部分配工作。该意见对招生对象做了规定，招生对象应是有城镇户口、年龄在20周岁以下、具有初中毕业文化水平的未婚青年，必要时也可招收高中毕业生。为

中国职业教育
改革与发展研究
1949—2021

农村代培的技术工人和专业人员，实行从哪里来到哪里去的办法。对于办学单位的职工子女，经认真考核合格，在同等条件下，可以适当优先录取。在这一时期，由于工业、企业改革已经开始，企业接受新增人员的能力开始下降。

1984 年，劳动人事部下发《关于 1984 年技工学校招生工作的意见》，对技工学校的招生进行了限制，把技工学校的招生对象再次限定在具有城镇户口的人群上，即："有城镇户口、具有初中或高中毕业文化水平、年龄在 15 至 20 周岁(初中毕业生最大不得超过 18 周岁)的未婚青年。在国营农林科研单位、院校、场圃中，原吃商品粮改为吃自产粮的正式职工的子女(限户口在上述单位的)，可以报考技工学校。"[1]国家教育委员会、劳动人事部下发《关于技工学校毕业生学历问题的通知》。通知根据《中共中央关于教育体制改革的决定》的精神，把技工学校定位在是初中分流以后培养技术工人的中等职业技术学校，是"各类高中阶段的职业技术学校"中的一类，属于"高中阶段的职业技术教育"。从此以后，技工学校开始向初中后教育转变。

3. 职工教育改革[2]

1982 年，全国职工教育管理委员会、教育部等单位联合下发了《关于切实搞好青壮年职工文化、技术补课工作的联合通知》，要求各级企事业单位应该联合职工大学、技工学校做好青壮年劳动力的职业技术补课教育。随后在 1982 年年底，《关于青壮年职工文化技术补课工作若干问题的补充意见》明确了职工文化技术补课的具体形式，在职工学习形式方面，可以采取全脱产半脱产、自学、夜校等方式；在办学形式方面，可以实施企业单独办学、与职业学校联合办学以及系统内自主办学等。这些措施的实施，尽管是针对技

---

① 煤炭工业部劳动工资司编：《煤矿技工培训工作文件选编(1983～1988 年)》，130 页，北京，煤炭工业出版社，1989。

② 参见肖靖：《从产教结合到产教融合——40 年职业教育的政策变迁》，载《中国高校科技》，2019(8)。

工学校、职工文化技术补课等方面，但对职业教育的恢复起到了一定的作用，也在一定程度上突出了产业、企业在教育中的地位。整体上看，这一阶段的职业教育产教结合政策带有一定的临时性及应急性特征，部分政策随着新政策的实施被废止，但在历史上这些政策还是起到了应有的作用，促进了职业教育与产业、企业之间的合作，提升了职业教育服务社会功能的发挥，也为职业教育恢复发展奠定了社会基础。

4. 各地积极开展中等职业教育结构改革

全国各地积极稳妥地开展了中等教育结构改革的试点。到 1984 年，全国普通中学 93714 所，在校学生 4554.15 万人，其中普通高中 17847 所，在校学生 689.81 万人，普通高中的学校数量和在校学生数分别比 1978 年减少 63.8％和 55.6％；全国中等专业学校达到 3301 所，招生 54.61 万人，在校学生 132.5 万人，比 1978 年增长 49％，技工学校 3465 所，招生 30.9 万人，在校学生 63.92 万人，比 1978 年增长 67.3％；农业中学、职业中学 7002 所，招生 93.9 万人，在校学生 174.48 万人，这些农业中学、职业中学基本上是这几年发展起来的。至此，全国高级中等学校在校学生中，受职业技术教育的学生占比已从 1978 年的 7.6％提高到 1984 年的 32.3％。[①]

山东省率先开始进行职业教育的改革。当时的省委书记苏毅然带动全省县委书记、县长兼任农业技术学校校长。山东省职业教育蓬勃发展，1982 年 8 月 28 日教育部发出《关于转发山东省委批转省中等教育结构改革领导小组〈关于加速农村中等教育结构改革问题的报告〉的通知》，开启了山东省中等教育结构改革工作。截至 1985 年，全省职业学校已有 387 所，在校生 6.7 万人。北京市对职业中学实行"六优先"[②]的政策。上海市市政府批转了市教育卫生办公室《关于进一步改革中等教育结构，发展职业技术教育若干问题的

---

① 方展画、刘辉、傅雪凌编著：《知识与技能——中国职业教育 60 年》，83 页。
② 劳动就业、招工招干指标优先，招工优先录用，用人单位优先挑选实行有偿分配的政策，允许联办单位挑选毕业生、允许优秀毕业生自主选择工作岗位、毕业生个体开业的优先发给营业执照。

报告》，1984 年 9 月，中专、职高和技校三类学校招生总数与普通高中招生总数相比，已达到 50.79%（中专 12.6%，技校 15.43%，职业高中 22.76%），1985 年年初上海全市已有 285 所普通中学改办为职业高中或设置了职高班，在校生已达到 3 万人。同年秋，上海全市中等职业教育招生人数已占整个高中阶段招生数的 52.7%。中等教育结构不合理的状况得到极大的调整。大连市采取发动社会力量办学、改革招工和录用干部制度及开辟经费来源等得力政策和措施，兴办职业教育获得突破性进展。1984 年，大连全市已办职高 60 多所，初中毕业生升入职业学校的人数与普通高中之比为 6 : 4。[①]

1982 年 8 月 11 日，辽宁省提供了发展职业教育的经验，对推动全国中等教育结构改革起了积极作用，该省从 1980 年至 1982 年，三年内高中阶段的职业教育占比由 1976 年的 2.03% 上升到 1982 年的 41%，有力地证明中等教育结构改革是必要的、可行的，极受社会欢迎的。许多企业称职高毕业生为"香饽饽"，锦州市 1982 年职高有 8125 名学生毕业，其中 7644 人被企业录用，成了乡镇企业的骨干。锦州计算机厂算了一笔账，从社会招收新工人经过四年培训，能独立工作的还不到 30%；而职高毕业生一般都能到技术性强的岗位独立工作。他们认为举办职业教育，是多出人才、出好人才的重要途径。1983 年，吉林省农安县办了 11 所农业高中，其中 6 所由普通高中改办，另在 12 所农村初中办了职业班，初步形成了统一规划、县乡两级、四个层次（短训班、一年期农村职业班、两年制技术学校、三年制农村职业技术高中）的多层次、多规格和多种形式的职业教育网络。[②]

通过一系列举措，中等教育结构不合理的状况得到一定改善，普通高中盲目发展状况已得到有效的控制和压缩。我国正在从事现代化建设，需要培养大量的各级各类专门人才和大批熟练的劳动者，这是一项极为重要的根本

① 参见闻友信、杨金梅：《职业教育史》，102～103 页。
② 参见闻友信、杨金梅：《职业教育史》，103 页。

性的建设。在中学教育方面，逐步改变普通高中过多、职业中学太少的状况，积极发展中等专业学校，大量培养技术工人和中级专门人才，以此来带动就业和提高职工队伍的文化技术与政治思想水平。但是，从整体上来看，当时中等职业教育的发展仍是不平衡的。

二、中等专业学校规范化①

随着整个教育事业的重新起步，中等专业学校的快速发展与市场化办学、普通中专基本制度开始重新确立，截至 1979 年，全国的学校数、在校学生数都有所增加，数量和质量也有了明显的进步。为了解决中等专业学校发展过程中一些必须解决的问题，把中等专业教育办好，经国务院批准，1980年 4 月 10—25 日，教育部在北京召开了全国中等专业教育工作会议，这次会议总结了新中国成立 30 年来中等专业教育工作的基本经验；研究了中专教育在新时期的任务；讨论了如何贯彻八字方针。会后，教育部对会议形成的一些决议以会议纪要的形式提交国务院。1980 年 10 月，国务院批转了教育部《全国中等专业教育工作会议纪要》，作为中等专业办学文件下发并要求参照执行。

（一）中等专业学校领导管理体制

中等专业学校按照领导关系，分为国务院部属学校和地方学校。国务院部委所属学校，由有关部委领导，或由有关部委和省、自治区、直辖市双重领导，以部委为主；地方所属学校在省、自治区、直辖市人民政府领导下，由有关业务部门主管。国务院各部委对本系统地方所属学校负责业务指导，协助地方办好学校；各级教育部门要切实加强对中等专业教育事业的业务指导，各有关部门都要建立健全管理机构，配备好专职人员，省、自治区、直辖市教育部门的中等专业教育行政机构，一般可设在高教局，要按照领导人员年轻化和知识化、专业化的要求，尽快健全学校领导班子，训练领导干

---

① 参见申家龙编著：《新中国职业教育发展历程》，30～33 页。

部，加强思想政治工作。中等专业学校一般应为县团级单位，重点学校可为地市级，省、自治区、直辖市教育行政学院应承担中等专业学校领导干部的培训任务。这样，不仅明确了领导管理体制，也明确了学校的行政级别。由于职业高中的恢复和职工中专的不断建立健全，1982 年 8 月，教育部把中等专业教育司改为职业技术教育司，加强了对各级各类职业技术教育的综合管理。

（二）中等专业学校学制

全国中等专业教育工作会议提出，中等专业学校是在相当高中文化程度的基础上进行专业技术教育，中等专业学校的高年级与大学低年级交叉，是介乎高中与大学之间的一种学校。但根据学时、我国经济文化发展不平衡和中等专业学校的专业门类多、要求不一的情况，中等专业学校学制又可以多样化：招收初中毕业生，一般为四年，个别五年，有的专业仍保持三年；招收高中毕业生，一般为二年，医科和工科等有些专业可为二年半或三年。民族地区可以从实际出发，提出不同的招生对象和学制。中等专业教育除全日制中专外，还要积极举办半工（农）半读、业余和函授教育等。有条件的学校，还应承担干部轮训工作。从这些规定中可以看出 1980 年对中等专业学校的界定是一种介于高中和高中后之间的教育，实际上在 1979 年国务院批转了教育部《关于 1979 年中等专业学校招生工作的意见》中就已明确："中等专业学校一般招收初中毕业生，也可以招收高中毕业生"，"招收高中毕业生，学习年限一般为 2 年"。①

在这一时期，城镇面临着大量返城知青的就业问题，1978 年 5 月 6 日，国务院知青领导小组、教育部联合下发了《关于积极组织今年报考高等学校的知识青年复习文化课的通知》，要求知青所在的生产队农场应热情鼓励符合条件的知青报考高等学校，应本着劳动、复习两不误的原则，每天给他们安排一定时间，组织他们复习功课，鼓励上山下乡知青参加高考。这是中等

---

① 何东昌主编：《中华人民共和国重要教育文献（1949 年～1997 年）》，1688 页。

专业学校招收高中毕业生的一个重要原因。所以，在这次会议纪要中明确了两种学制，即中等专业学校在中招和高招中都能录取学生。这一制度一直持续到 20 世纪 80 年代末期。

（三）师资队伍建设

《全国中等专业教育工作会议纪要》规定，中等专业学校的普通课和政治课教师应由学校所在省、自治区、直辖市负责解决，由教育部门做出规划，提请计划、人事部门从综合大学和师范院校的毕业生中分配，专业课和专业基础课教师由主管业务部门负责配备。同时，《全国中等专业教育工作会议纪要》要求，"要采取多种形式培训和提高师资。要使尚未达到大学毕业水平的中专教师努力达到大学本科毕业水平。要认真执行党的知识分子政策。搞好教师考核和职称的评定工作"[1]。

（四）教学工作建设

《全国中等专业教育工作会议纪要》要求，"要建立和健全必要的规章制度，做到有章可循。学制、学校的领导关系、规模、专业设置、教学计划、大纲、教材等都要相对稳定。……教育部和有关部、委应在调查研究、总结经验的基础上，借鉴外国的经验，从我国实际出发，尽快修订专业目录、制订教学计划和教学大纲，并编写出版所需的全部教材"[2]。从整体来看，多数专业还是适用的，但也存在一些问题：有些内容基本相同的专业名称不统一，所需专业还不齐备，新技术专业有待增设，有些专业与大学、专科、技工、职业教育的分工尚需研究。为了使中等专业学校的专业设置更好地适应新时期社会主义现代化建设的要求，1980 年 12 月，教育部下发《关于修订中等专业学校专业目录的通知》，对 1963 年的中等专业专业目录进行了修订。

（五）建立学校基金制度

长期以来，我国中等专业学校的经费几乎全部靠政府拨款支持。随着中

---

① 何东昌主编：《中华人民共和国重要教育文献（1949 年～1997 年）》，1857～1858 页。
② 何东昌主编：《中华人民共和国重要教育文献（1949 年～1997 年）》，1858 页。

等专业学校招生政策的立体化改革，政府不断调整教育经费管理政策，给予学校以较大的财务管理权限。1984年11月24日，教育部、财政部联合下发了《关于在全日制普通中等专业学校建立学校基金制度几项原则意见的通知》，要求凡是有条件建立学校基金的全日制普通中等专业学校，在不增加国家财政开支和人员编制的前提下，可以建立学校基金制度。

在学校基金的使用方面，原则上60％用于事业发展，40％用于开支奖金和集体福利，学校基金在规定的比例范围内如何使用，由学校自行支配。必须加强领导，防止片面追求"创收"而影响国家下达任务的完成。[1] 学校基金由学校财务部门统一管理，经校长批准使用。学校基金的使用情况，要接受财政部门、主管部门的检查和群众的监督。各上级有关主管部门不要因为学校有了基金而削减、挪用或摊派学校的经费。

（六）加强思想政治教育工作

重视思想政治工作是我党一贯的优良传统。1979年8月1—11日，教育部在北京召开全国学校思想政治教育工作会议。会议强调，要以中共中央《关于建国以来党的若干历史问题的决议》为教材，加强学生的思想政治工作，全面贯彻党的教育方针，积极引导学生德智体全面发展，走又红又专的道路。

1984年9月10日，中共中央宣传部、中共教育部党组联合发布了《关于加强和改进中等专业学校当前思想政治工作的几点意见》，明确指出，中等专业学校担负着为社会主义建设事业培养德智体全面发展的中级专门人才的重任。在新的历史时期，我国社会主义建设事业对中等专业教育提出了更高的要求。在中等专业学校中，建立起强有力的思想政治工作是适应新形势、完成新任务的根本保证。因此必须以"教育要面向现代化、面向世界、面向未来"为指导思想，认真总结新中国成立以来正反两方面的经验，特别是近几年来的新经验，努力探索新时期学校思想政治工作的规律，坚持一切从实

---

[1]　参见方展画、刘辉、傅雪凌编著：《知识与技能——中国职业教育60年》，94页。

际出发，对思想政治工作的内容和方法进行必要的改革，努力开创中等专业学校思想政治工作的新局面。

该意见指出，中等专业学校的思想政治工作应当以学生为重点，其目的是着重帮助学生明确改革的方向和目的，同时思想政治工作也要实现思想政治工作自身的改革。该意见针对中等专业学校学生在世界观和人生观的形成过程中存在的问题，提出应研究新形势下学生思想的特点，探索和采用新的工作方法和活动形式，使思想政治工作更有战斗力、说服力和吸引力。学校通过加强政治理论课教学，对学生进行马列主义理论教育、形势与政策教育、革命人生观教育、职业道德教育和劳动教育。在思想政治教育形式上，该意见提出了通过学科教学进行思想政治教育的方法，这是思想政治教育工作方式的创新。

教职工思想政治水平和思想政治工作队伍建设的思想政治水平直接影响着中等职业学校思想政治工作的成效。该意见对如何做好教职工的思想政治工作做了专门说明。在对教师和学校职工进行思想政治教育时，要进一步落实党的知识分子政策，绝不可低估"左"的思想在这方面的影响，充分调动广大教师的积极性。同时，该意见要求中等专业学校的职工要牢固树立学校后勤工作为教学服务的思想，整体上为职业教育活动的展开创造条件。思想政治工作队伍建设是做好中等专业学校思想政治工作的组织保证。该意见还要求职业学校采取专职和兼职相结合的办法，逐步健全、扩大思想政治工作队伍。选调一些思想好、水平高、能力强的中青年教师和适合做思想政治工作的本校毕业生充实这支队伍，国务院各部委和各省、自治区、直辖市的教育部门，也在积极创造条件和利用高等院校的条件，定期或不定期地举办各种形式的思想政治工作干部培训班。①

为了多渠道开展中等专业学校的思想政治工作，1982 年 10 月 18 日共青

---

① 参见《〈关于加强和改进中等专业学校当前思想政治工作的几点意见〉（摘要）》，载《高教战线》，1984(12)。

团中央、教育部联合印发《关于加强中等专业学校共青团工作的意见》的通知，希望通过团的工作来带动中等专业学校的思政工作。该意见指出，中等专业学校中团员占比为 70％～80％，但是，就全国来看，中等专业学校共青团工作在整个学校系统还是一个比较突出的薄弱环节，务须采取措施，尽快改变这种状况。共青团各省(区、市)、地(市、州)委学校应有一名同志分管此项工作。各地(市、州)团委(包括省会所在市团委)学校部，要把指导所在地各类中等专业学校(不管其隶属关系)开展好团的工作列入自己的职责范围。①

（七）中等专业学校管理制度改革

1979 年的有关文件规定，中等专业学校学生的成绩考核，包括学业和操行两个方面。对学业成绩的考核，主要采取考试、考查的办法。根据考试、考查结果评定学生成绩，作为学生升、留级的依据。实行学期和学年考试及考查。考试题和考试方法，由学校和教师拟定。考试、考查成绩可采用百分制或按优秀、良好、及格、不及格评定。考查成绩按及格、不及格评定。学生操行一学期或一学年评定一次，由班主任或教师写出评语，不评等级。毕业时进行全面鉴定。学完教学计划规定的全部课程(包括学习和毕业设计)考核及格的学生，准予毕业，并发给毕业证书。不及格的发给修业证书，可在一年内申请补考，及格后补发毕业证书。1980 年有关文件规定，技工学校在每学期和学年末要按教学计划规定的课程，对学生进行考核。经过考试、考查，学年成绩及格者，准予升级；成绩不及格者，经补考后累计仍有两门考试科目不及格者不予毕业。

（八）中等专业学校招生制度变革

1982 年 4 月 15 日，教育部发出《关于 1982 年中等专业学校招生工作的意见》，提出今后应按专业不同的特点确定招生对象，逐步增加初中毕业生的比重。8 月，教育部将中等专业教育司改为职业技术教育司，综合管理中

---

① 参见方展画、刘辉、傅雪凌编著：《知识与技能——中国职业教育 60 年》，88～89 页。

专、职业学校和农业学校。9 月 9 日，国务院批转教育部《关于举办职工中等专业学校的试行办法》。

中等职业教育持续发力，招生规模由 70 万增长至 387 万。在改革开放大背景下，职业教育恢复并满足了计划经济向社会主义市场经济转变的人才新需求，能将一大批潜在劳动力转变为现实劳动力，为社会主义经济建设提供大量人力资源。在政策引导下，职业教育体系逐步恢复并实现了规模扩大。十一届三中全会以后，农村开始包产到户；随后的 20 世纪 80 年代初，城市经济改革逐步开始，城乡对应用型技术人才的需求进一步增加，职业教育蓬勃发展。1983 年，《关于加强和改革农村学校教育若干问题的通知》和《关于改革城市中等教育结构、发展职业技术教育的意见》分别从农村和城市两个层面强调改革中等教育结构，大力发展职业技术教育，实现普通高中、职业中学和职业学校多元发展，同时提出在农村地区要在普通中学开办职业技术班，继续让职业教育服务农村发展。[1]

据统计，截至 1985 年年底，高中阶段在校生中的中职在校人数的占比已恢复到 36%。1999 年，我国已拥有中等职业学校 16641 所，招生数为 412 万余人，在校学生达 1140 万余人。高中阶段职业学校招生数和在校学生数分别占高中阶段招生和在校学生数的 52.69% 和 56.90%。[2]

（九）中等职业教育结构改革

为整顿和加强对技工学校的领导，1978 年，教育部和国家劳动总局发布通知，"经国务院批准，全国技工学校的综合管理工作，由教育部划归国家劳动总局，教育部在师资配备和教材编写方面给予协助"[3]。此外，还对技工学校的领导、培训计划、开办调整、撤销、专业设置、工作机构和人员配备等方面做出规定，从而规范技工学校的管理工作。教育体制改革的不断深

---

① 参见郑昊、尹德挺：《新中国 70 年职业教育变迁》，载《人口与健康》，2019(12)。

② 参见方晓东、李玉非、毕诚等：《中华人民共和国教育史纲》，499～500 页。

③ 转引自祁占勇、刘丹：《我国职业教育供给的演进历程与未来展望》，载《现代教育管理》，2020(5)。

入，要求改变单一的教育结构，尤其是改变单一的中等教育结构，兴办中等职业教育。1980年颁布的《关于中等教育结构改革的报告》明确指出，要改革高中阶段的教育，大力兴办职业高中；试办高等职业教育(职业大学)。为进一步理清职业学校与技工学校的管理权归属问题，同年中共中央《关于转发全国劳动就业会议文件的通知》规定，中等专业学校和由普通中学改建的职业学校，以教育部门为主，劳动部门配合；技工学校和各种职业训练班以劳动部门为主，教育部门配合。1983年颁布的《关于改革城市中等教育结构、发展职业技术教育的意见》提出，各级政府要加强统一领导，有关部门要明确分工，各负其责，搞好协作。具体包括教育部门、计划部门等相关部门要通力协作，加强对发展职业技术教育工作的领导，推进职业教育事业的发展。这一阶段作为包括职业教育在内的各级各类教育的恢复期，在重点关注中等教育结构调整的同时，大力兴办职业教育并在普通教育体系内增设职业课，保障了职业院校的数量，确立了职业教育的地位，得到职业教育管理体制的积极回应，形成了以统一管理、分工负责为核心的职业教育管理体制，在中央的统一领导下，主要由教育部门和劳动部门分工管理。这既是技工学校、职业学校自身内在恢复发展的需要，更是调动一切积极因素为恢复生产、进行经济建设培养社会人才的需要。[1]

（十）扩大中等职业教育招生规模

"文化大革命"结束后，我国急需大量高素质的劳动者。职业教育能够将大量的潜在劳动力转化为现实劳动力，为经济的发展提供人力资源。党和国家意识到发展职业教育尤其是中等职业教育的重要性，逐步扩大中等职业教育的招生规模，职业教育的招生制度步入正常运行轨迹。

为扩大职业教育规模，培养更多实用的技术技能人才，1978年，邓小平在全国教育工作会议上明确指出要扩大各类职业学校的占比，制订学校跨省

---

① 参见刘淑云、祁占勇：《改革开放40年来我国职业教育管理体制改革探析》，载《职业技术教育》，2018(13)。

招生计划，实施跨省招生。1980年，《关于中等教育结构改革的报告》要求，大大增加各类职业(技术)学校在校学生数在整个中等教育中的比重。在发展规模上，1983年，《关于改革城市中等教育结构、发展职业技术教育的意见》首次提出，使各类职业技术学校与普通高中在校生占比大体相当。1985年，《中共中央关于教育体制改革的决定》依然贯彻执行大力发展职业技术教育的要求，强调中学阶段的分流。注重发掘中等职业学校的潜力，扩大中职招生，使高中阶段的职业技术学校招生数与普通高中的招生数相当。发展高等职业教育采用国家计划招生和用人单位委托招生的方式。1986年，全国职业技术教育工作会议上又一次强调，职业技术学校与普通高中的招生数应大体相当。在发展农村职业教育方面，1983年，《当前农村经济政策的若干问题》指出，增加农业中学和其他职业中学的比重，探索适合农村职业教育的招生办法，面向农民进行职业技术教育和培训。同年，《关于加强农林第一线科技队伍的报告》规定，农林院校的招生面向农村，定向招生，择优录取。1986年，《关于全国职业技术教育工作会议情况的报告》还指出，各类中专、技校要发展横向联系，招生面向社会，扩大招生规模。总体上看，这一时期职业教育的招生制度以扩大中等职业教育规模为主，高等职业教育经过改制或新建的方式得以发展，注重中学阶段的分流，普职规模保持大体相当的比例。职业教育的招生计划是国家统包统分的方式，招生管理主要由中央负责。①

三、成人中专快速发展

粉碎"四人帮"以后，各行各业得到了恢复和发展，补充了大量的人员，无论是工人，还是各级管理人员，整体业务水平比较低，更缺乏经营管理现代化企业的知识。工业部门的技术人员只占职工总数的2.8%②，其中相当

---

① 参见杨文杰、祁占勇：《改革开放40年中国职业教育招生制度的变迁与展望》，载《职业技术教育》，2018(18)。
② 参见申家龙编著：《新中国职业教育发展历程》，33页。

一部分人员未受过专业训练，缺乏人才是当时各条战线普遍存在的一个突出问题，各行业普遍要求开办职工中等专业教育。

1982年9月9日，国务院批转教育部《关于举办职工中等专业学校的试行办法》。该办法指出，举办职工中等专业学校，使一部分职工受到系统的、正规的中等专业教育，是培养现代化建设所需人才的重要途径之一。职工中等专业学校的任务是：从具有一定实践经验的正式职工(不含学徒、练习生、试用人员以及临时工、合同工)中培养德、智、体全面发展的中等专业人才。该办法规定，职工中等专业学校的办学条件，应有一定的规模，要保持办学的稳定性和连续性，切实保证教学质量。关于学校的布局、专业的设置，要根据事业发展的需要和实际条件，按系统、按地区统筹规划，合理安排，积极稳妥地举办。

职工中等专业学校，可采取脱产、半脱产、业余等多种形式办学。提倡专业公司、业务部门办，也可办一些地区性的学校。全日制中等专业学校对职工中等专业学校要尽量予以支持。职工中等专业学校的招生对象是具有初中毕业文化程度并具有两年工龄的正式职工，年龄一般不超过35岁(确有学习条件的，年龄不超过40岁也可入学)。报考者一般要专业对口，在征得本单位同意后，经过严格的文化考试，德、智、体全面衡量，择优录取。职工中等专业学校的新生入学考试，由地(市)以上主管业务部门会同教育行政部门统一组织，以保证新生入学水平。根据专业的不同，考试科目分别为政治、语文、数学、物理、化学或政治、语文、数学、史地(历史、地理)。具体办法由各省、自治区、直辖市有关业务部门和高教(教育)厅(局)商定。职工中等专业学校的专业名称原则上参照全日制中等专业学校的专业目录设置。教学计划，参照全日制中等专业学校同类专业的教学计划，结合职工教育的特点制订。课程设置，可根据专业的不同和学员的特点有所侧重。在学好普通课、技术基础课的基础上，专业课的设置针对性要强些。要使毕业生达到相当于全日制中等专业学校毕业生的水平。

关于学制，该办法规定，"职工中等专业学校的学制，脱产学习的一般为 3 年(文科某些专业，根据情况可定为二年半)。理论教学总时数(包括讲授、实验、课堂练习、课程设计)，文科不少于 2400 学时，工科不少于 2700 学时，每周上课时数(按 6 天计算)一般平均为 26 学时至 30 学时"①。半脱产和业余学习的，总学时可根据情况适当减少一些，其学制应视周学时的安排相应延长。各职工中等专业学校，都要制定必要的规章制度。包括教学管理、学生管理、教师考核等方面的制度。并要不断总结经验，使之日臻完善。

关于职工教育的管理问题，该办法规定，职工中等专业学校以业务部门管理为主。教育行政部门要在业务上进行指导。国务院各部委及省、自治区、直辖市有关业务部门，要根据《关于加强职工教育工作的决定》的要求，管理本系统的职工中等专业学校。教育部和省、自治区、直辖市高教(教育)厅(局)负责综合研究指导职工中等专业学校有关教育行政和教学业务方面的方针、政策和带有共同性的问题。

该办法还强调，职工中等专业学校的举办或撤销，都必须履行审批手续。国务院各部委所属单位举办的职工中等专业学校，由国务院主管部门审查，在征得学校所在省、自治区、直辖市高教(教育)厅(局)同意并签署意见后，予以批准。国务院有关部、委教育司(局)将本部门批准的学校情况汇总后，抄送国家计委、教育部和有关的省、自治区、直辖市高教(教育)厅(局)备查，并抄送全国职工教育管理委员会。省、自治区、直辖市和各地、市所属单位举办的学校，由省、自治区、直辖市主管业务部门审查，在征得高教(教育)厅(局)同意并签署意见后，报省、自治区、直辖市人民政府批准并抄送省、自治区、直辖市高教(教育)厅(局)备查。省、自治区、直辖市高教(教育)厅(局)将本地区批准的学校情况汇总后，抄送教育部和国务院有关的部委备查，并抄送全国职工教育管理委员会。职工中等专业学校，经过批准

---

① 何东昌主编：《中华人民共和国重要教育文献(1949 年～1997 年)》，2039 页。

并纳入省、自治区、直辖市或中央业务部门职工教育事业计划后方可招生。凡经批准的职工中等专业学校停办时，按原批准时的程序，办理撤销手续。职工中等专业学校的管理基本参照了普通中等专业学校的管理体制和要求。

该办法出台的前后，各个部委和地方的行业主管部门建立了一大批中等专业学校，成人中等专业学校得到了快速发展。从 1978 年到 1986 年，全国成人中等专业学校发展到了 4100 多所。职业中等专业学校主要面向本行业的职工进行学历教育，实际上一些行业内部职工子女也正是通过职工中等专业学校教育进入行业而得到工作，成为行业、单位内部解决职工子女就业的重要途径。①

第三节　农村职业教育体制改革

1978 年，党的十一届三中全会的召开，党和国家的工作重心转移到了社会主义现代化建设上来。与此相适应，我国农村职业教育迎来了新的发展契机。这一时期的任务主旨是大力开展农村综合教育改革，以"三教统筹""农科教结合"为办学模式，使教育和经济相结合，全面推进农村职业教育发展，服务于农村经济建设和农村经济体制改革。1979 年，第二次全国农民教育工作会议初步总结了新中国成立 30 年农民教育工作的基本经验和教训，提出今后一段时期内农民教育的工作任务是在大力发展业余初等教育的同时，广泛开展农业科学技术教育。② 农村农业生产在改革开放推动下释放出新的生产力，也急需技术及人才的支撑，作为推广农业技术的重要形式，围绕县办农民技术学校的建设，农民职业技术教育教材编写受到重视。为了适应农村职业教育发展的需要，各地开展了多种探索与尝试，尝试县办农民中等专业学校与农民技术学校也成为该时期农民职业教育的重要载体。

---

① 参见申家龙编著：《新中国职业教育发展历程》，33～36 页。
② 参见丁红玲、韩瑜茜：《新中国成立 70 年来我国农村职业教育发展的历史演进及未来展望》，载《中国成人教育》，2019(23)。

一、农村职业教育改革的政策保障

在 1978 年召开的全国教育工作会议上，邓小平指出要使各级各类学校发展的比例与国民经济结构相适应，尤其是农业中学、各种中等专业学校、技工学校类的学校应得到扩大，自此开启了中等职业教育结构的调整试点工作。随后，国家又相继颁布了一系列文件。

1980 年颁布的《关于中等教育结构改革的报告》，将中等教育结构改革的各项具体内容以国家政策法规的形式提出来。1983 年 5 月，中共中央、国务院下发了《关于加强和改革农村学校教育若干问题的通知》，对农村职业高中的办学做出了进一步的规定，对农村职业教育的发展规模提出了要求："各地要根据本地区的实际需要与可能，统筹规划，有步骤地增加一批农业高中和其他职业学校。除在普通高中增设职业技术课，开办职业技术班，把一部分普通高中改办为农业中学或其他职业学校外，还要根据可能，新办一些各类职业学校。力争 1990 年，农村各类职业技术学校在校学生数达到或略超过普通高中。……初中也要增设劳动技术课；或在三年级时，分为普通科和职业科；或试办农村初级职业中学，学习期限为三年或四年，文化课与职业技术课大致按三比一安排。要重视对没有升学的高中、初中和小学的毕业生的职业技术教育，通过举办农民技术学校、短期培训、专题讲座等，使他们获得一技之长。"[1]这些原则性的规定基本沿用到 20 世纪结束。

1983 年 5 月，教育部、劳动人事部、财政部、国家计委联合发布了《关于改革城市中等教育结构、发展职业技术教育的意见》，其中对职业学校的发展的规定与《关于加强和改革农村学校教育若干问题的通知》基本一致，唯一不同的是，城市职业学校的毕业生就业主要面向城镇。[2] 1985 年颁布的《中共中央关于教育体制改革的决定》明确要求扭转中等教育结构不合理的状

---

[1]　瞿葆奎主编，雷尧珠、余光、黄荣昌选编：《中国教育改革》，737～738 页，北京，人民教育出版社，1991。

[2]　参见申家龙编著：《新中国职业教育发展历程》，106 页。

中国职业教育
改革与发展研究
1949—2021

况，逐步建立职业技术教育体系。

总之，这一时期颁布的政策在关于农村职业教育方面呈现以下几个特点：第一，农村职业教育以中等教育为主，多种形式职业学校同步发展。伴随着社会和经济发展的需要，农村职业教育组织主体逐渐增多，其中，有职业技术学校、职业中学、农业中学、中等专业学校及农民技术学校。第二，农村职业教育管理权力有所下移，注重实施多样的办学形式。在农村职业教育管理上，由中央统一领导，相关部门进行综合管理，地方负主要责任；国家提倡农村经济组织和社会力量办学，鼓励产业行业等多样主体开办农村职业教育。第三，农村职业教育毕业生就业有保障，推动农村学生实现阶层流动。1985年，中共中央确立了职业学校毕业生"先培训、后就业"的就业制度，给予农村毕业生身份变迁的奖励，推动农村人口接受职业教育。第四，强调逐步建立职业教育体系，注重农村职业教育"为农"服务的发展倾向。

二、鼓励县办农民技术学校

1982年6月9日，教育部颁发了《县办农民技术学校暂行办法》，指出农民技术学校属于农业（包括林牧、副、渔、工等）中等专业教育性质的学校，其任务是为农村人民公社、生产大队、生产队培养具有相当于中等农业科学技术水平的人才。招收具有初中毕业以上实际文化程度的社队管理干部、技术员、有一定生产经验的农村青年和从事农民教育的教师。学生学习期满，成绩合格者，由学校发给毕业证书，由哪里来，仍回哪里去，国家不包工作分配。

该办法规定，县办农民技术学校的学生将学习比较系统的农业科学基础知识和基本技能，切实提高解决实际问题的能力。学习年限两年或三年，教学计划、教学大纲由省、自治区、直辖市教育（高教）厅（局）会同农业等有关部门根据学校特点，参考普通中等农业学校的同类专业制定。县办农民技术学校应以教学为中心，建立健全正常的教学制度和教学秩序，坚持理论联系实际的原则进行基础理论、基本知识、基本技能的教学和训练，合理安排课堂教学、教学实验、生产实习和生产劳动。学校还可以在不影响教学工作的前提下，接受委托办短训班，开展较多形式的农民技术培训。此后，全国各地普遍兴起县办农民技术学校的热潮。

三、组织编写农民职业技术教育教材

为了发展农业技术教育、提高广大农民的文化科学技术水平，1982年12月20—26日，农牧渔业部教育司、教育部成人教育司在陕西渭南县(今渭南市)联合召开了十省、市农民职业技术教育教材编写座谈会，讨论编写农民职业技术教育教材的问题。会议确定了编写农民职业技术教育教材的指导思想，指出必须因地制宜，面向农村实际，充分满足广大农民发展生产，劳动致富，渴望学习科学技术的要求；必须适应农村劳动、生活的特点和农民接受能力的实际水平。要统筹规划，突出重点，明确培养目标，着重实用性，坚持理论与实际相结合，传统农业与现代农业相结合，普及与提高相结合，要体现具有我国特色社会主义农业现代化的要求。要注意教材的科学性、系统性和农民自学的需要，教材的数据、图表要准确，文字要鲜明简洁，层次清晰，结构严谨，图文并茂，通俗易懂；要注意各门课程之间的相互呼应和衔接，避免重复、遗漏。1983年1月24日，农牧渔业部、教育部下发了《关于编写农民职业技术教育教材的通知》，正式启动农民职业技术教育教材编写工作。

四、探索县办农民中等专业学校教学计划、教学大纲和教材

1983年7月6日，教育部下发了《十省、市县办农民中等专业学校协作会议纪要》和《县办农民中等专业学校农学、果林、畜牧、兽医专业教学计划(试行草案)的通知》，提出了若干要求：从1983年新生班开始试行县办农民中等专业学校农学、果林、畜牧、兽医专业教学计划；在完成培养目标、保证教学质量的前提下，课程设置、学时分配可按照各地不同的特点与自己要求，适当灵活掌握，尽量使教学计划更加切合实际，办出县办农民中等专业学校的特色，努力把县办农民中等专业学校办成受广大农民欢迎的学校。

为配合县办中等专业学校的建设，国家和地方采取召开座谈会和经验交流的形式推动农村职业教育配套改革。1983年1月28日—2月2日，教育部在北京召开了改革农村学校教育工作座谈会。会议要求，必须尽快改革农村学校教育，要普及小学、发展中等和职业技术学校。山东省委、省政府于8月12—16日召开全省教育工作会议，主要研究加速发展农村职业技术教育的相关问题。1984年9月15日，《中国教育报》报道了山东省加速发展农村中等职业技术教育的经验。1984年11月6日，《人民日报》报道了教育部在山东济南召开了全国农民教育座谈会，要求大力发展农民技术教育。①

1983年，国家开始建立以县级所办的农业职业技术中学为主体的农业职业技术教育网络，所培训的人才主要是为发展农村经济服务，国家鼓励和引导职业教育的毕业生回到农村、发展农村经济。到1983年，全国已有中等农业学校346所，在校学生近8.5万人，农业学校专业数增加到105种、1057个专业点。②

第四节　职业教育师资发展

1978年是职业教育发展中的一个重要转折时期，改革开放带动中国经济快速增长，随着党的十一届三中全会的召开，在国家各项扶持政策的实施下，职业教育得以恢复，开始了稳步发展。职业教育稳步、科学发展的基础是培养一支质优量足、德才兼备的职业教育师资队伍，我国职业教育师资队伍的建设也由此拉开了帷幕。与此同时，职业教育师资队伍的建设越来越受到党和国家的重视，职业教育师资的培养工作也进入平稳发展阶段。

---

① 参见方展画、刘辉、傅雪凌编著：《知识与技能——中国职业教育60年》，100～102页。
② 祁占勇、杨文杰：《改革开放40年来农村职业教育政策的演进逻辑与展望》，载《中国职业技术教育》，2018(27)。

一、职业教育师资培养渐入正轨

1980年2月7日，教育部印发了《关于中等专业学校确定与提升教师职务名称的暂行规定》，明确了职业学校的专任教师在培养体系上要区别于普通学校的文化课教师。该规定给职业教育师资的专门化培养提供了实践层面的政策指导。[1]

1983年5月11日，教育部发出了《关于编报1983—1985年培养职业学校专业课师资计划的通知》。通知要求各省、自治区、直辖市教育厅(局)"为了促进职业技术教育的顺利发展，必须从现在起，通过各种途径，对专业课师资进行有计划地培养"，"应抓紧与有关高等院校协商，提出1983年—1985年培养专业课师资的计划，分别报学校主管部门审批，并报教育部、国家计委，纳入高等学校统一招生计划，向社会统一招生，毕业后分配到职业学校任教"。[2]

1995年，国务院颁布了《教师资格条例》，明确指出了职业教育教师的类别，并对我国职校教师的资格进行分类和细化，这是我国首次在国家政策的层面提出职业教育教师的概念。《教师资格条例》还要求职业院校要组建一支专业能力和实践水平都过硬的教师队伍。至此，我国拉开了职业教育师资专门化、独立化培养的序幕，为职业教育师资培养体系的不断完善奠定了坚实的基础。

二、独立设置的职业教育师资培养机构

改革开放以后，职业教育与普通教育相互得以区分，国家开始在全国范围内设置相对独立的职业技术师范院校，并赋予其职业教育师资培养的特殊任务。在政策的引导下，职业技术师范院校逐渐成为培养职校教师的独立机构，并为当时职业技术教育事业的发展提供助力。然而，随着职业教育的发

---

[1] 参见平和光、程宇、岳金凤：《推进职业教育师资队伍建设 夯实职业教育立教之本——改革开放40年我国职业教育师资队伍建设综述》，载《职业技术教育》，2018(27)。

[2] 方展画、刘辉、傅雪凌编著：《知识与技能——中国职业教育60年》，83～84页。

展，职业技术师范院校所培养的师资数量已无法满足职业院校的需求，国家教委开始把职业教育师资培养的重任交给普通高校。

1979 年 2 月，国家在吉林等地增建了 4 所技工师范学院，为技工学校培育专业任课师资提供物质保障。全国各省市的职业教育师资培养机构也自中等教育结构改革开始就逐步加大师资培养力度，进行师资培养机制改革。1982 年以来，江苏省在华东工程学院、华东水利学院、苏州蚕桑专科学校、扬州工业专科学校等大专院校和部分条件较好的老中专学校设立了农业中学、职业中学师资班，列入高校招生计划，实行定向招生、定向培养专业课师资。这些院校在 1983 年招生 500 多人，1984 年招生 680 多人，1985 年招生 800 多人。职业教育师资培养学制分二年、三年、四年不等。从 1982 年开始，山东省先后在山东工业大学、山东农业大学、山东师范大学、莱阳农学院、山东海洋学院、山东建筑工程学院及部分专科学校，设置了电气工程师范、机械工程师范、农业教育、农村经济管理、农村机电、水产养殖、畜牧兽医、林果园艺、农产品加工、果品储藏加工、城乡建设师范、学前教育等专业，努力满足职业学校相关专业课师资的培养和培训的需求，累计招生 1645 人。吉林、辽宁、河北、江苏、上海、江西等省还办有高等职业技术师范院校，有些省、自治区、直辖市在所属高等学校设置了职业技术师范系，有计划地为农业中等职业中学培养专业课师资，使专业师资有一个比较稳定的来源。在接下来的十年里，国家总共建成 14 所职业技术师范学院，为 20 世纪八九十年代的职业教育师资建设夯实了基础。①

第五节　高等职业教育发展

改革开放初期，我国的高等职业教育与"文化大革命"时期相比有了

①　参见方展画、刘辉、傅雪凌编著：《知识与技能——中国职业教育 60 年》，84 页；陆宇正、刘晓：《建国七十年我国职教师资培养的历史演进与现实思考》，载《职教发展研究》，2019(3)。

很大的发展，新建与重建了一大批高等职业技术学校，为之后的发展奠定了很好的基础。1978年，党的十一届三中全会召开，党和政府的工作中心开始全面转移到社会主义现代化建设上来，而各类技术型人才对我国社会经济建设的发展具有重要作用，高等职业教育开始了全面恢复和发展时期。

20世纪80年代初期，为解决地方技术性人才严重匮乏的情况，发展专科教育，打通高校毕业生分配到中小企业和集体所有制企业的渠道，出现了一种新办学形式的短期职业大学，这种大学实行"收费、走读、不包分配、择优推荐"的办学原则，坚持为地方服务，具有地方性、职业性、多样性和灵活性等鲜明特色。短期职业大学的兴起，对加速发展高等教育，调整高等教育内部结构，改革高等教育管理体制等，都有重要意义。①

一、高等职业教育的快速发展与制度改革

随着改革开放的不断推进，经济发展迅速的地区对于高级职业技术性人才的需求越发强烈，隶属于高等教育系统的高等专科学校无法满足社会发展对高级技术性人才的需要，使得技术技能人才供求严重失衡；同时，高等专科学校在技术技能人才培养方面存在着重理论轻实践的问题，培养出来的人才与社会经济发展需求脱节。面对这种情况，沿海经济发达地区开始注重高等职业学校建设。1980年，在江苏南京建立金陵职业大学（今金陵科技学院的前身），标志着高等职业教育类型的正式诞生，我国首批13所具有高等职业技术教育性质的职业大学在各地建立。1982年，五届全国人大五次会议提出要试办一批花钱少、见效快、可收学费、学生尽可能走读、毕业生择优录用的专科学校和短期职业大学。1983年，教育部转发经国务院批准的教育部等四部委的《关于利用世界银行贷款促进广播电视大学及短期职业大学发展的请示》，共贷款3500万美元，集中支持17所职业大学的建设，为现代高等

---

① 参见郭富昌、吴德刚编著：《教育改革发展论》，128页，石家庄，河北教育出版社，1999。

职业教育的诞生和发展奠定了坚实的物质和人才基础。同年,《关于加速发展高等教育的报告》提倡高等专科学校和短期职业大学可由大城市、经济发展较快的中等城市和大企业负责举办,办学主体多元化,采用单独办学或合作办学形式,为所属地区、单位培养技术人才。根据这一精神,国家教委又批准建立33所职业大学。截至1985年,各地共兴办126所职业大学。①

(一)专科教育考试恢复阶段

1977年8—9月,全国高等学校招生工作会议在北京召开,会议决定恢复高考并通过了《关于1977年高等学校招生工作的意见》,高等职业教育的考试招生也被纳入普通高等院校的考试招生中。1978年,全国恢复和新建专科学校98所,招收专科生12.37万人。高职院校在重点、一般和民办本科院校录取之后,按一定的分数线,和高专作为同一个批次录取考生。实际上,高职院校是作为普通院校下面的一个层次而进行招生,招收的往往是分数较低的学生。专科教育在满足当时人才需求方面发挥了重要作用,但在招生方面"先本后专"的招生方式使得专科教育没有凸显高等职业教育的特性,社会认同度也较低。十一届三中全会以后,社会经济的快速发展对职业教育高层次人才的需求更为迫切,我国经济发达地区开始大量创办职业大学。1978年,国内开始出现一批高等职业技术学校。1980年,国内一批短期职业大学相继创办。1983年,国务院批转教育部、国家计委《关于加速发展高等教育的报告》,该报告指出要采取多种层次和多种形式发展高等教育,要逐步调整好高等教育内部的比例关系,增加专科的比重,鼓励大、中城市和大企业举办高等专科学校和短期职业大学。报告还特别指出,高等院校工科专业应增加招收专科学生。②

---

① 参见乔云霞、李峻:《我国高等职业教育发展七十年的回顾与政策建议》,载《职教发展研究》,2019(3)。

② 参见袁潇、高松:《改革开放40年来高等职业教育考试招生制度改革探析》,载《复旦教育论坛》,2019(1)。

（二）城市职业大学兴办

1982 年，五届全国人大五次会议提出，要试办一批花钱少、见效快、可收学费、学生尽可能走读、毕业生择优录取的专科学校和短期大学。1983 年年初，教育部、国家计委向国务院提交了《关于加速发展高等教育的报告》。1983 年 4 月 28 日，国务院批转了这一报告。该报告指出，为了实现党的十二大提出的奋斗纲领，各条战线和各个地区都深感专门人才缺乏，迫切要求教育先行，为国家早出人才、多出人才。加速发展高等教育事业，已成为刻不容缓的大事，必须采取有力措施，促使整个高等教育事业在近期(5 年左右)有计划、按比例地有一个较大的发展，并为今后更大的发展打下基础。在扩大高等教育规模的过程中，根据国家四化建设的需要，要调整和改革高等教育内部结构，增加专科和短线专业的比重；要分层次规定不同的质量要求，同时抓紧重点学校和重点专业的建设；要把今后四五年的发展加以统筹规划，全面安排，使招生人数持续上升，防止大起大落，造成困难和浪费。

该报告对高等教育发展提出了目标：5 年内全日制高等学校年度招生人数，由 1982 年的 31.5 万人，增加到 1987 年的 55 万人，增长 75%；1987 年的在校学生数将增加到 176 万人，比 1982 年的 115.3 万人增长 53%。当年的招生人数拟安排 36 万人，比 1982 年增加 4.5 万人，增长 14%。其他形式举办的高等教育，如广播电视大学、函授大学、夜大学、厂办职工大学、县办农民大学、管理干部学院、教育或教师进修学院等，招生人数由 1982 年的 29 万人增加到 1987 年的 110 万人，增长 2.8 倍。在校学生数由 1982 年的 64 万人增加到 1987 年的 237 万人，增长 2.7 倍。

根据这一发展目标，该报告提出：第一，充分发挥现有高等学校，特别是老校的潜力。一方面，要根据需要尽可能再多招些学生，有条件的本科院校，要办些专科；另一方面，可以分出一批教师和干部，采取"下蛋"办法，举办分校或夜大学，并决定从今年招收的新生开始，凡家在学校所在城市，离学校不太远的，一律实行走读，这一年各高校开始招收走读生。第二，积极提倡大城市、经济发展较快的中等城市和大企业举办高等专科学校和短期职业大学，为本地区、本单位培养人才，可以单独办，也可以与有基础的院校合办。鼓励民主党派、群众团体和爱国人士举办这类学校。为了提高办学的投资效益和人才质量，院校规模不宜过小。这类学校一般应酌收学费、实行走读、毕业生择优录用。以后成立高等专科学校和短期职业大学以及其他各类短学制的院校，分别由主管的省、自治区、直辖市人民政府和中央各部委按规定的办学标准和审批程序审批，报教育部、国家计委备案。第三，大力发展广播电视大学、函授大学、夜大学，扩大招生规模，加强国家急需的专业。百万人口以上的大城市，要逐步成立教育电视台，增加财经、政法和应用文科等科类的专业。①

（三）五年制高职的试办

1983 年 11 月下旬，当时的教育部高教二司在杭州召开了"高等工程教育层次、规格、学制研讨会"。会上，有人介绍了苏南工业专科学校的情况，包括：中华人民共和国成立前后招收初中毕业生、学制五年的办学特点，苏南工业专科学校毕业生在中华人民共和国成立后所起的作用，苏南工业专科学校毕业生在 20 世纪 80 年代初的工作情况，引起了与会同志的极大兴趣。这次会议的成果，汇总成为教育部文件《关于高等工程教育层次、规格和学习年限调整改革问题的几点意见》。该文件将高等工程专科教育的培养目标确定为：德、智、体全面发展，具有社会主义觉悟的高级工程技术应用人才；明确提出了初中后五年制的高等专科学制：三年制专科生在业务上的基本规格是获得助理工程师的基本训练；两年制专科生在业务上的要求应当降低，只能获得助理工程师的初步训练；办学方式灵活多样，可以办高等工业专科学校、短期职业大学，或由普通高等工科学校办专科，还可以试办从初

---

① 参见《国务院批转教育部、国家计委关于加速发展高等教育的报告》，载《高教战线》，1983(6)。

中毕业生中招生，学习年限五年。①

这些文件奠定了发展初中后五年制高等职业教育的基础。在1983年11月杭州会议召开后，当时的教育部高教二司选择集美航海专科学校等少部分工科学校作为试点，试办五年制专科教育，但试办并不是很成功。

（四）高等职业技术师范学院的起步

随着中等职业教育的发展，师资匮乏这一问题逐渐暴露出来。以培养中等职业教育师资为己任的职业技术师范学院以一种职业化、专业化非常强的高等职业教育形式首先出现。其后，职工大学、城市职业大学、五年制高等职业和管理干部学院都成为中等职业教育在发展过程中不断向高等教育层次延伸的表现。1979年2月，经国务院批准，吉林省成立了我国第一所全日制本科高等职业技术师范学院，即吉林职业师范学院，以培养高、中等职业教育专业课师资为主要任务。同年，劳动部在天津建立了第一所技工师范学院，即天津技工师范学院。1983年10月，天津技工师范学院更名为天津职业技术师范学院。

1985年1月，河北农业技术师范学院在河北昌黎成立，成为我国第一所专门培养农业职业教育师资和高级专门技术人才的本科院校。随后，在河南、安徽、江西、江苏、上海、广西、广东等地成立了职业技术师范学院，截至20世纪90年代高峰时期达到了22所。

同年，国务院颁布《中共中央关于教育体制改革的决定》，该决定提出要建立若干职业技术师范院校，有关大专院校、研究机构都要担负培训职业技术教育师资的任务，使职业技术教育专业师资有一个稳定的来源。

由于20世纪90年代的高校合并等原因，单独建制的技术师范学院数量

---

① 参见杨仲雄：《关于初中后五年制高等职业教育的由来与特色》，载《机械职业教育》，1998（7）；《关于高等工程教育层次、规格和学习年限调整改革问题的几点意见》，载《高教战线》，1984（6）。

大幅度减少，截至 2006 年，单独建制的还有 8 所。①

二、函授教育的恢复与发展

1983 年 2 月 1 日，国务院办公厅转发教育部《关于职工大学、职工业余大学、高等学校举办的函授和夜大学毕业生若干问题的请示》，要求各省、自治区、直辖市人民政府，国务院各部委各直属机构参照执行。

该请示提出，职工大学、职工业余大学以及普通高等学校举办的函授部和夜大学的毕业生必须达到全日制高等学校同类毕业生水平，才能享受同等待遇。为此，该请示做出了以下规定：

(1)凡按国家规定的审批程序，经省、市、自治区人民政府或国务院有关部委批准，教育部同意备案的职工大学、职工业余大学，以及由教育部审定在普通高等学校举办的函授部和夜大学学员(不含批准前的毕业生)学完规定课程，按规定的考试办法，经考试合格获得毕业证书者，承认其高等学校专科或本科毕业的学历。凡未经教育部同意备案和审定的上述学校，在学员未经省、市、自治区高等教育考试指导委员会统一考试合格以前，一律不得发给高等学校毕业生证书，并且不得享受同等待遇。

(2)符合第一条规定，取得高等学校本科或专科毕业学历的毕业生，毕业后可以当干部(技术员)，也可以当工人，原则上仍回原单位，本着用其所学，发挥所长的原则，根据工作需要，逐步调整合适的工作。毕业生原是国家职工的，无论当干部或当工人的，其工资待遇，均按 1980 年国务院规定的见习期间临时工资和定级工资执行。

(3)毕业生原来是集体所有制职工的，其工资待遇等问题，由省、市、自治区参照本通知研究确定。

---

① 参见申家龙编著：《新中国职业教育发展历程》，126～133 页。

（4）毕业生中非在职人员，毕业后，国家不负责统一分配，各省、市、自治区可根据需要，择优录用。①

三、开展自学考试

自学考试是对自学者进行以学历考试为主的国家考试，是个人自学、社会助学和国家考试相结合的教育形式。自学考试制度的建立是中国教育史上的创举，是我国教育发展和改革的产物。它既是教育发展的需要，又是规范职工教育中的业余大学、职工大学等的产物。

1978年，全国教育工作会议在北京市召开，邓小平出席会议并做了重要讲话。教育部部长刘西尧做会议报告，他在会议报告中明确提出："建立定期的考核制度，自学的人们可以到国家指定的高等学校或其他单位参加考核，证明达到国家规定的大学毕业水平的，由主考单位发给毕业证书，各单位在使用时，应按同等毕业生对待，用其所学。"②

1981年1月13日，国务院批转了教育部《关于高等教育自学考试试行办法的报告》，并指定北京、天津、上海三市进行试点。同年6月，中央领导要求辽宁省也进行试点。该报告对考试对象，报考手续，考试方法，毕业生的学历、使用、待遇、组织领导等方面做了规定。这个时期的自考生，多是被"文化大革命"耽误的和上山下乡回城的知识青年。开设高等教育自学考试是国家在拨乱反正之时的重要举措。当时最大的受益者是失去上大学机会的老三届，他们通过自学考试改变了命运。

1983年2月1日，国务院办公厅转发了教育部《关于职工大学职工业余大学高等学校举办的函授和夜大学毕业生若干问题的请示》，该请示指出，关于职工大学、职工业余大学以及普通高等学校举办的函授部和夜大学毕业生的学历、使用和工资待遇问题，经商得劳动人事部同意，这

---

① 欧阳璋主编，胡绍祥副主编：《成人教育大事记（1949—1986年）》，416～417页。

② 何东昌主编：《中华人民共和国重要教育文献（1949年～1997年）》，1617页。

些学校的毕业生必须达到全日制高等学校同类毕业生水平，才能够享受同等待遇。

为了适应对这些未经教育部同意备案和审定学校学员考试的需要，1983年5月3日，国务院批转了教育部等部门《关于成立全国高等教育自学考试指导委员会的请示》。该请示指出，原来的《高等教育自学考试试行办法》中规定的考试对象是自学者，现在为了保证其他形式成人高等教育的考试质量，对教育部同意备案或审定的成人高等学校的考试，也要根据情况进行适当的指导监督；对未经教育部同意备案和审定的成人高等学校的考试，根据该请示的有关规定，也由高等教育自学考试指导委员会组织统一考试。考试委员会的职责扩大，名称相应地改为全国高等教育自学考试指导委员会。其任务是：拟定有关考试的方针政策；指导各省、自治区、直辖市高等教育自学考试工作；按照培养人才的规划拟定开考专业的规划原则；拟定统一的考试标准，如考试计划、考试大纲等文件；逐步开展对考试工作的研究。

1981年颁布的《高等教育自学考试试行办法》规定全国高等教育自学考试委员会由国务院领导，但1983年，国务院批转教育部等部门《关于成立全国高等教育自学考试指导委员会的请示》则建议改为以教育部为主，国家计委、劳动人事部参与领导。全国高等教育自学考试指导委员会由国务院有关部委、有关团体及军队的负责同志和一些高等学校的院校长、专家、教授组成；主任由教育部部长何东昌担任，副主任由教育部原副部长现主管高等教育自学考试工作的臧伯平、劳动人事部黄葳、国家计委孙钰、共青团中央书记处书记胡锦涛、北京大学副校长沈克琦、清华大学副校长赵访熊、中国人民大学副校长李震中担任，在教育部内设高等教育自学考试办公室，同时作为全国高等教育自学考试指导委员会的日常办事机构。该请示还建议各省、市和自治区逐步成立本地区的高等教育自学考试指导委员会，其任务是：贯彻执行高等教育自学考试的方针政策，根据本地区情况制定具体考试办法；

按照人才需要确定开考专业，指定主考学校，按照统一的考试标准审定并公布考试计划；组织考试工作，颁发毕业证书和单科合格证书；指导群众自学；对已经批准和教育部同意备案、审定的成人高等学校的考试工作根据需要进行必要的指导监督；组织未经教育部同意备案和审定的成人高等学校的统一考试。考试指导委员会的日常办事机构可设在高教（教育）厅（局）或工农教育办公室、第二教育局内，可按需要配备一定数量的专职人员。上述这些文件共同构成了自学考试制度的基本雏形。

第四章
职业教育的中职主导时期（1985—1998）

第一节　《中共中央关于教育体制改革的决定》与职业教育发展

新中国成立以来，我国职业教育发展较为缓慢，政策方面有待调整，职业教育存在与普通教育缺乏联系，学校设备条件落后，教师专业水平不过关，政府对于职业教育的管理和规划不到位等问题。改革开放以后，面对职业教育的瓶颈，国家开始投入更多的精力大力推进职业教育的发展，提高职业教育质量，培养职业教育人才。《中共中央关于教育体制改革的决定》是这一时期指导我国职业教育发展的重要文件，促使我国职业教育开启了新时代新篇章。

一、《中共中央关于教育体制改革的决定》的发布与实施

1984 年年底，"六五计划"提前完成，随着社会经济的不断发展，高级技术技能人才的缺口更大，1984 年《中共中央关于经济体制改革的决定》通过，将党和政府的工作重心全面转移到经济建设上来。经济建设的重要关键在于人才，而要解决人才问题，就必须使教育事业在经济发展的基础上有一个大发展，因此职业教育的发展也开始慢慢步入正轨。该决定为职业教育未来的发展指明了方向和道路，在战略上明确了职业教育的地位，规范了这一时期职业教育发展的基本目标和任务。该决定提出了以发展中等职业教育为主导，在此基础上发展高等职业教育，同时要促进普通教育与职业教育之间的联系，逐步建立一个从初级到高级、行业配套、结构合理的职业教育体系。

（一）《中共中央关于教育体制改革的决定》的有关内容

第一，教育体制改革的根本目的是提高民族素质，多出人才、出好人才。

　　党的十二届三中全会关于经济体制改革的决定，为我国社会生产力的大发展，为我国社会主义物质文明和精神文明的大提高，开辟了广阔的道路。今后事情成败的一个重要关键在于人才，而要解决人才问题，就必须使教育事业在经济发展的基础上有一个大的发展。教育必须为社会主义建设服务，社会主义建设必须依靠教育。社会主义现代化建设的宏伟任务，要求我们不但必须放手使用和努力提高现有的人才，而且必须极大地提高全党对教育工作的认识，面向现代化、面向世界、面向未来，为九十年代以至下世纪初叶我国经济和社会的发展，大规模地准备新的能够坚持社会主义方向的各级各类合格人才。……现在的主要问题是：一、在教育事业管理权限的划分上，政府有关部门对学校主要是对高等学校统得过死，使学校缺乏应有的活力，而政府应该加以管理的事情，又没有很好地管起来。二、在教育结构上，基础教育薄弱，学校数量不足、质量不高、合格的师资和必要的设备严重缺乏，经济建设大量急需的职业和技术教育没有得到应有的发展，高等教育内部的科系、层次比例失调。三、在教育思想、教育内容、教育方法上，从小培养学生独立生活和思考的能力很不够，发扬立志为祖国富强而献身的精神很不够，生动活泼地用马克思主义思想教育学生很不够，不少课程内容陈旧，教学方法死板，实践环节不被重视，专业设置过于狭窄，不同程度地脱离了经济和社会发展的需要，落后于当代科学文化的发展。①

---

　　① 《中共中央关于教育体制改革的决定（一九八五年五月二十七日）》，载《江苏教育》，1985(4)。

第二，把发展基础教育的责任交给地方，有步骤地实行九年制义务教育。

义务教育，即依法律规定适龄儿童和青少年都必须接受，国家、社会、家庭必须予以保证的国民教育……为此，需要制订义务教育法，经全国人民代表大会审议通过后颁行。由于我国幅员广大，经济文化发展很不平衡，义务教育的要求和内容应该因地制宜，有所不同。①

第三，调整中等教育结构，大力发展职业技术教育。

社会主义现代化建设不但需要高级科学技术专家，而且迫切需要千百万受过良好职业技术教育的中、初级技术人员、管理人员、技工和其他受过良好职业培训的城乡劳动者。……职业技术教育恰恰是当前我国整个教育事业最薄弱的环节。一定要采取切实有效的措施改变这种状况，力争职业技术教育有一个大的发展。②

第四，改革高等教育的招生计划和毕业分配制度，扩大高等学校办学自主权。

为了实现这个目标，当前高等教育体制改革的关键，就是改变政府对高等学校统得过多的管理体制，在国家统一的教育方针和计划的指导下，扩大高等学校的办学自主权，加强高等学校同生产、科研和社会其他各方面的联系，使高等学校具有主动适应经济和社会发展需要的积极性

---

① 《中共中央关于教育体制改革的决定（一九八五年五月二十七日）》，载《江苏教育》，1985(4)。
② 《中共中央关于教育体制改革的决定（一九八五年五月二十七日）》，载《江苏教育》，1985(4)。

和能力。要改革大学招生的计划制度和毕业生分配制度。改变高等学校全部按国家计划统一招生，毕业生全部由国家包下来分配的办法，实行以下三种办法：一、国家计划招生。……二、用人单位委托招生。……三、还可以在国家计划外招收少数自费生。……要改革人民助学金制度。……要扩大高等学校的办学自主权。……为了调动各级政府办学的积极性，实行中央、省（自治区、直辖市）、中心城市三级办学的体制。……高等教育的结构，要根据经济建设、社会发展和科技进步的需要进行调整和改革。……要根据中央关于科学技术体制改革的决定，发挥高等学校学科门类比较齐全，拥有众多教师、研究生和高年级学生的优势，使高等学校在发展科学技术方面做出更大贡献。①

第五，加强领导，调动各方面积极因素，保证教育体制改革的顺利进行。

在教育体制改革中，必须尊重教育工作的规律和特点，坚持实事求是，一切从实际出发。……为了加强党和政府对教育工作的领导，成立国家教育委员会，负责掌握教育的大政方针，统筹整个教育事业的发展，协调各部门有关教育的工作，统一部署和指导教育体制的改革。②

（二）《中共中央关于教育体制改革的决定》的意义与成效

《中共中央关于教育体制改革的决定》认为，中等职业教育是促进社会主义经济建设的支柱，是建设社会主义经济强国的助推器。因此，该决定鼓励企事业单位、社会组织、个人与教育部门实施联合办学，探索通过多种形式兴办职业学校。该决定对改革的各个方面和有关职业教育发展的重大问题

① 《中共中央关于教育体制改革的决定（一九八五年五月二十七日）》，载《江苏教育》，1985(4)。
② 《中共中央关于教育体制改革的决定（一九八五年五月二十七日）》，载《江苏教育》，1985(4)。

中国职业教育
改革与发展研究
1949—2021

（如职业教育发展方针、认识、重点、体制、政策），都做了明确的规定，成为指导职业教育事业发展的纲领，并在以下几个方面对职业教育的蓬勃兴起产生了重大的作用。

1. 统一了全党对发展职业教育的认识，并使之达到前所未有的高度

该决定极其深刻地指出："社会主义现代化建设不但需要高级科学技术专家，而且迫切需要千百万受过良好职业技术教育的中、初级技术人员、管理人员、技工和其他受过良好职业培训的城乡劳动者。没有这样一支劳动技术大军，先进的科学技术和先进的设备就不能成为现实的社会生产力。"①该决定第一次提出发展职业教育的基点是建立结构合理的人才队伍②，并且尖锐地提出局面没有真正打开的两个根本原因，一是对就业者无要求，二是鄙薄职业教育观念根深蒂固。解决办法：一是人们要更新观念，树立新人才观，懂得专家是人才，千百万中、初级专业人员也是人才。社会所需要的各种人才类型和各类教育存在着内在关系，存在着职业教育与生产力转化的相互关系。二是劳动人事制度同步改革，实行"先培训、后就业"的原则和持证上岗制度。三是在中学阶段实行分流办法。人们很快提高了认识，工作上了新的台阶。

2. 确定了教育结构改革的目标

该决定要求"力争在五年左右，使大多数地区的各类高中阶段的职业技术学校招生数相当于普通高中的招生数"③。该决定颁布短短五年，1990年的中等职业教育招生数和在校生数占高中阶段的比重已有所增长。实践证明，上述指导性要求既能有力地、较快地扭转不合理的结构，又使发展工作能结合各地实际做出相应规划。

3. 明确了发展重点和建立职业教育体系的要求

该决定明确当前发展职业技术教育应"以中等职业技术教育为重点，发

---

① 《中共中央关于教育体制改革的决定（一九八五年五月二十七日）》，载《江苏教育》，1985(4)。

② 参见《1986第一次全国职业教育工作会议》，载《职业技术教育》，2006(9)。

③ 《中共中央关于教育体制改革的决定（一九八五年五月二十七日）》，载《江苏教育》，1985(4)。

挥中等专业学校的骨干作用……逐步建立起一个从初级到高级、行业配套、结构合理又能与普通教育相互沟通的职业技术教育体系"①。该决定还指出这个发展重点，有利于解决多年难以解决的教育"瓶颈"问题；明确这个体系要求，有利于树立奋斗目标，把当前需要与长远目标很好地结合起来。

该决定对职业教育体系的建立做了完整而科学的阐述，首次提出使教育与就业相连接，职业教育与普教相互沟通，又增加了高等层次，使内部既有重点又有骨干，高、中、初三者既有所区别，而又相互结成一体的系列。从此，职业教育就可以依循这个体系框架，在实践中去进一步加以充实和完善。职业教育有无体系，是衡量职业教育事业是否得到长足发展，是否具有高水平的重要标志，要使职业教育适应现代化建设多方面需要，建立体系是十分必要的。这个问题已经有过长时期的酝酿，早在1963年5月13日教育部部长杨秀峰就提出要有体系，认为中专、职校、技校三者有区别，还要把农村初中改为职校，已经普及初中的大城市中的劳动部门，要重提学徒制。党的十一届三中全会后，社会经济迅速发展，人才需求多方面、多层次，相应地要求职业教育也要多层次、多形式、多渠道，这就把如何构架各个层次成立体系的问题再次提上日程。全国教育会议召开后，着手考虑职业教育结构调整，结构调整必然促使人们要探索体系问题。

根据该决定的这一要求，我国对职业教育的结构进行了大整改，从中学开始实行分流，即初中毕业后，根据实际情况与毕业生意愿，一部分毕业生升入普通高中，另一部分毕业生升入中等职业技术学校接受职业技术教育；在高中毕业后，一部分毕业生升入普通大学，另一部分毕业生进行高等职业技术的学习。同时，在小学毕业后接受过初中职业技术教育的学生和接受过短期的职业技术教育专业训练的人可以就业。1985年，国家教委开展试点工作，在三所技术性专科学校招收初中毕业生，进行五年学制的职业技术教育。

---

① 《中共中央关于教育体制改革的决定(一九八五年五月二十七日)》，载《江苏教育》，1985(4)。

4. 确定了"先培训、后就业"的原则

把教育与就业结合起来，把改革教育体制和发展职业教育与劳动人事制度的改革联系起来，把职业教育发展与提高企业效益和从业人员素质结合起来[1]，并在就业后结合产业结构调整和科技进步，需要进行必要的再培训，逐步实行证书制度和持证上岗的要求，为提高劳动者素质提供了良好保证，为建设一支高素质的 21 世纪劳动技术大军打下了深厚基础。

总之，该决定的发布，吸引了教育界与社会大众的目光，大家纷纷学习、领会，掌握其主要精神和内容，教育界筹备召开教育工作会议，组织力量贯彻落实文件要求，一个全国性发展职业教育的热潮逐步形成，职业教育事业迎接着新的春天的到来。

二、召开第一次全国职业教育工作会议

1986 年 7 月，国家教委、国家计委、国家经委和劳动人事部联合召开了第一次全国职业教育工作会议。这是中华人民共和国历史上的第一次关于职业教育的全国性专门会议，具有里程碑意义。

（一）第一次全国职业教育工作会议召开的背景

国务院对我国职业教育的发展向来十分重视和关怀，每当职业教育发展的关键时期，就部署安排召开全国职业教育工作会议，帮助人们提高认识，解决重大问题，以便及时地、切实地贯彻好中央有关方针政策和完成职业教育发展任务。经过几年的努力，前一阶段职业教育虽然已经取得很大成绩，但与《中共中央关于教育体制改革的决定》的要求对照，职业教育战线在认识上和工作上的各种准备都十分不足，急需迅速行动起来。因此，职业教育面临的任务十分繁重，必须由国家教委、国家计委、国家经委、劳动人事部通过召开全国职业教育工作会议，在较大范围内统一思想、全面贯彻《中共中央关于教育体制改革的决定》要求，使计划、生产、劳动、教育四大系统的

---

[1]　参见《1986 第一次全国职业教育工作会议》，载《职业技术教育》，2006(9)。

领导、干部和群众的认识，统一到中央要求的高度，把有关各方面的力量组织起来，形成一种发展职业教育的强大推动力。各有关部门要直接把《中共中央关于教育体制改革的决定》的精神和要求，通过制定有关工作规划和文件逐步落实。职业教育事业在大好形势下有较大的发展。[①]

（二）第一次全国职业教育工作会议的内容

第一次全国职业教育工作会议确定了"七五"期间我国职业技术教育的发展目标为：在 1990 年前后，全国大多数地区高中阶段职业技术学校的招生数与普通高中的招生数大体相当；5 年内培养出 800 万新的初级技术人员、中级技术人员、管理人员，初步改变人才结构上初级、中级比例过低的不合理状况；要培养上千万新的技术工人，努力提高中级、高级技工的比例；使多数回乡的初中、高中毕业生，受到不同程度的职业技术培训；建立一批起示范作用的学校和培训中心；与此同时，积极推行"先培训、后就业""经过考核择优录用"的原则，在 1990 年以前全国大多数地区对技术性、专业性强的岗位实行不经培训合格不得走上工作岗位的制度。[②]

根据上述任务，第一次全国职业教育工作会议提出建立与完善职业教育管理体制。

在第一次全国职业教育工作会议结束后，国家教委、国家计委、国家经委、劳动人事部《关于全国职业技术教育工作会议情况的报告》对这一职业教育管理体制做了集中概括，即调动一切积极因素，联合全社会各方各面的共同力量，由中华人民共和国成立以后的政府部门办学为主逐渐转变为全社会共同办学的教育领导管理体制，中央进行宏观调控，制定一系列的教育法规政策等，但由于我国各地区经济文化发展极不平衡，所以中等职业教育主要由地方政府负责，根据不同地区的实际情况来进行具体的规划和安排，体现地方特色，增强学校的主导性，适应本地区中等职业教育的实际情况。通过

---

① 参见闻友信、杨金梅：《职业教育史》，124～136 页。
② 参见何东昌主编：《中华人民共和国重要教育文献(1949 年～1997 年)》，2566 页。

中国职业教育
改革与发展研究
1949—2021

这一管理体制的改革，中央宏观统筹规划、地方政府部门和社会各行业各部门共同参与、协调管理的教育领导机制逐步形成。这一教育领导机制的改革，使农业、教育、科技等部门的资源综合利用，实现资源配置效用最大化，有利于真正将中等职业教育的发展落到实处，提高社会各个行业与部门的积极性，改变陈旧落后的教育观念，使人们重新认识职业教育，更新教育理念。这是后来的职业教育发展中的"三教统筹"的源头。

这一时期，职业教育逐渐面向基层，面向生产和服务的第一线。通过一系列的措施改革了职业教育体制，扩大了职业教育在全社会的需求量，招生人数大大增加，扭转了结构不合理的局面，使职业教育内容、思想和方法与社会经济的发展相接轨，促进了数量与质量的提高，也为社会主义现代化建设培养了一大批优秀的专业技术型人才，逐步形成了具有我国特色的职业技术教育体系，开启了职业教育的新纪元。

三、推进骨干职业学校建设

为了引导职业学校不断提高教育教学质量，逐步实行规范化办学的要求，在职业学校中必须有一批带头的学校，它们能在学校管理、教育质量、教学改革、生产实践以及为社会服务等方面起先锋和示范作用，成为出人才、出成果、出经验的基地。虽然在早期，中等专业学校与技工学校中曾建立了一批重点学校，承担了上述任务，发挥了一定的作用，但毕竟数量很少，而且从总体上说，我国职业教育整体的水平(办学条件、办学思想、师资队伍)和世界上职业教育发达的国家相比还存在很大距离。如果要求短时期完全赶上是不切实际的，但让基础较好的学校先行一步则是完全可行的和十分必要的。

在三类中等专业学校中，职业高中发展较快，数量众多，但办学水平参差不齐，特别是农村职业高中，量大面宽，而财力相对来说更加困难，必须先集中力量办好一批骨干学校。因此，要求各地在县一级首先建设一所综合性的示范骨干学校，这个要求得到了各地的认同。河北率先调整布局，集中在一个县建好一个职业教育中心，省委和省政府都花了很大力量，中央有关领导和社会都表示支持。一些省的有关领导前往参观，对推动本省县级骨干学校建设起了良好作用。

1994年5月27—31日，国家教委在河北省石家庄市专门召开了全国骨干职业技术学校(中心)建设工作研讨会。[①] 时任国家教委副主任王明达到会讲话，要求各地结合本地情况学习河北的经验，加强县级骨干职业学校的建设。河北、江苏、山东等地政府、教育部门做了相关经验介绍，与会人员参观了河北省部分职业教育中心。从1991年开始，河北省就把省内所有县分成三片，规划农村职业教育中心的建设，政府决定每县建立一所综合性的县级职业教育中心，两年来首批建成60所。截至1996年年初，各县都建成了一所职业教育中心。这种中心学校教育与经济相协调，由县长兼任校长，办校规模高，体制解决得好。实行"政府统筹、部门联办、教委协调、一校多制"，融农中、职中、技校、成人中专、农广校、卫校和多种职业培训于一体，按需设置专业，并承担科技推广、信息服务和生产经营等各种社会职能，既是初、中级人才培养基地，又是农科教结合枢纽，为农村经济和社会发展做出了贡献。

综合起来，县级职业教育中心的建设起了如下作用：第一，强化了政府的领导统筹职能，调动了部门参与和关心职业教育的积极性，县长兼任校长更能发挥职校的作用，使其成为全县专业人才培养基地和农技推广示范中心。第二，克服了分散办学的弊病，可以综合利用教育资源提高效益。第三，为当地服务的作用明显增强。会议肯定了县级职业教育中心这一大创举，同时明确提出搞好骨干学校建设是全面提高职业教育水平的关键。

河北省对骨干学校建设增大了投入力度，为此共投入资金15.46亿元。骨干学校建设工作进展很快，成效明显。例如，河北迁安县和青县的职业技术教育中心，立足当地实际，发挥自身优势，走"以教促富、以富促教"之

---

① 参见何东昌主编：《中华人民共和国重要教育文献(1949～1997年)》，3673～3675页。

中国职业教育
改革与发展研究
1949——2021

路，被当地农民誉为"人才培养的摇篮"，科教兴农的"尖兵"。①

学校把"中心"办成生产实验、科技推广、技术传播的基地，先后与农科院、中国农大、河北农大等单位挂钩，试种 15 个新品种，累计播种面积 8 万多公顷，使农民获益 2400 多万元。此外，学校还成立了"农技推广讲师团"，共推广科技成果 30 项，建成育种、无公害蔬菜、畜禽养殖、果品储存与加工等示范小区 14 个；1992 年还建起了"植物医院"，在 10 个乡镇设了点，专业教师轮流"应诊"，年咨询 1.4 万人次；几年来为果农冬剪、夏管果园 213 公顷，喷药除虫 1668 公顷。青县职业教育中心在人才培训、科技推广、技术服务中找准了自己的位置，收到了良好的社会效益。连续 7 年被命名为县级"支持经济工作先进单位"，1994 年被授予省级"科技推广先进单位"称号。类似情况在各省都有(如江苏铜山、广西博白等地)。现在看来，各地坚持在一个县集中力量先办好一所水平较高的综合性骨干学校这种做法是成功的。各地参照河北省的经验进行实践证明，只要思路对头、增加投入，就能同样出现一些有相当水平的示范骨干学校，从而极大地提高了职业教育在当地社会的地位。不少职业学校的综合布局有了新的发展。②

四、中等专业学校的规范管理

1980 年国务院批转教育部、国家劳动总局《关于中等教育结构改革的报告》，1985 年颁布了《中共中央关于教育体制改革的决定》，这两个文件对我国的中等专业教育起到了很大的推动作用，各行业和地方在这一期间纷纷开始把重心放到中等专业学校的建设上来。《中共中央关于教育体制改革的决定》提出发展职业技术教育要以中等职业技术教育为重点，发挥中等专业学校的骨干作用。这一时期，我国职业教育发展以中等专业学校为主，通过改进师资培养、改善办学条件、改革招生制度等途径，不断促进中等专业学校

---

① 参见闻友信、杨金梅：《职业教育史》，141 页。
② 参见闻友信、杨金梅：《职业教育史》，141～142 页。

的规范发展。

（一）中等专业学校体制改革

从 1986 年开始，中等职业学校的招生开始主要面向初中毕业生，逐步减少了高中毕业生的招生。为了规范学校的设立与建设，1986 年，国家教委颁布了《普通中等专业学校设置暂行办法》，分为总则、设置原则、设置标准、审批程序、其它规定和附则。总则对普通中等专业学校进行了界定：普通中等专业学校(简称中等专业学校)，是指由国家规定的主管机关批准成立的、纳入国家招生计划、由地方统一组织入学考试的、以应届初级中学毕业生为主要招生对象的全日制中等专业学校。中等专业学校培养坚持社会主义方向的、德智体美全面发展的中等专门人才。[1]

该办法规定，普通中等专业学校设置标准为：设置中等专业学校，在校学生规模不应少于 640 人(不包括体育、艺术类学校)，专业设置要与规模相适应，不宜过多。设置中等专业学校，须有符合要求的、精干的领导班子。校长和教学副校长应有任讲师以上职务资格，熟悉专业教育。设置中等专业学校，须建立健全教学、行政、后勤等管理机构，并配备政治素质好、业务能力强的负责人。专业科主任应有任讲师以上职务资格。中等专业学校须有与学校的专业设置、学生人数相适应的，质量合格、结构合理的专任教师(每门课程至少有一名讲师或其他相应职称的教师)以及专职和兼职结合的思想政治工作干部以及行政、实验技术、图书资料和工勤人员。中等专业学校应有与学校的专业设置和办学规模相适应的土地和必需的教学、实验、实习、图书阅览以及生活和体育活动场所，应按有关制订中等专业学校教学计划的程序和原则规定，制订实施性教学计划。设置中等专业学校，须按专业性质、学生人数配置必需的仪器、设备、标本、模型及图书资料，以保证教学计划的执行和达到教学大纲的基本要求的实验开出率。中等专业学校办学所需的基建投资和经费，须有稳定的来源和切实的保证。关于审批程序，该

---

① 参见何东昌主编：《中华人民共和国重要教育文献(1949～1997 年)》，2511～2512 页。

办法规定，中等专业学校的设置、调整或停办，均应由办学单位提出申请，地方学校(含社会力量办学)报省、自治区、直辖市教育部门，由教育部门会商计划、财政及主管业务厅(局)等有关部门审核后，报人民政府批准(也可授权教育委员会批准)；国务院各部委所属学校，在征得学校所在省、自治区、直辖市同意后，由各部委审批。地方学校与部属学校均需报国家教育委员会备案。

申办中等专业学校的手续，一般分为申请筹建和批准招生两个步骤。已具备招生条件的，也可直接申请招生。新建中等专业学校的筹建期，自批准之日起，达到申请招生要求，不得超过三年；从批准正式招生之日起，达到规定的计划规模及设置标准，不得超过五年。申请招生时，学校的办学条件应按当年招生专业达到设置标准的要求。地方学校由地方教育行政部门会同有关部门检查，部属学校以部委为主，会同地方教育行政部门检查，认为合格，由办学单位按附表要求填报建立学校及招生申请表报省、自治区、直辖市教育行政部门或部委教育司(局)审批，并报国家教育委员会备案后方能招生。中等专业学校的毕业证书，由省、自治区、直辖市教育行政部门统一验印，由学校颁发，未经验印无效。该办法还要求，各省、自治区、直辖市教育行政部门对本地区学校应定期进行检查和质量评估，对不符合要求的，应视情况分别给予限期整顿、暂停招生直至停办的处理。从该办法可以看出，对普通中等专业学校的设立还是比较严格的，要求条件也比较高。

（二）中等专业学校师资培养

由于各类中等职业教育发展迅速，尤其是职业高中大量发展，师资严重不足和质量不高的问题十分突出，职业中学的专业课教师奇缺，且无稳定来源；中等专业学校又开始以招收初中毕业生为主，需要补充大量文化课教师，专业教师知识老化，也亟须更新；技工学校的各类师资普遍不足。师资质量直接影响学校教育教学的质量，针对上述问题，1986年6月26日，国家教委颁发了《关于加强职业技术学校师资队伍建设的几点意见》，对职业教育师资问题做出了系统规定。[①]

该意见提出，职业技术学校师资的来源，应多渠道解决，其中理论课教师主要依靠现有各类普通高等院校解决。有关大专院校要有计划地设置职业技术师范班、专业或系，纳入高校招生计划，为职业技术学校培养师资。高等师范院校，应根据学校师资、设备等条件增设相关或相近专业的职业技术师范系、科、班，担负起培养部分专业课、专业基础课师资的任务。各类职业技术师范院校或师资培养中心担负培养空白、短线专业及需要量大的通用专业师资，同时成为职业技术教育科学研究、教学研究、信息交流的中心。各种职业技术学校(包括中等专业学校、技工学校、职业中学等)的文化课教师应由学校所在省、自治区、直辖市负责解决。由教育部门做出规划，根据各类职业技术学校占高中阶段学生的比重和所设课程的需要，按比例从高等师范院校和综合大学的应届毕业生中分配，由主管毕业生分配的部门负责落实。专业课、专业基础课及实习指导教师由办学部门负责配备。各有关部委、省、自治区、直辖市的教育、计划、人事部门在所属有关高等院校招生和毕业生分配计划中统筹安排。

为了尽快解决职业中学的专业课师资问题，该意见要求当前高等专科学校(含现有职业大学)要用主要力量来担负专业课师资的培养、培训任务。中央部委在地方的高等院校也要担负为地方职业技术学校培养师资的任务。职业技术师范院校及有关高等院校开设的职业技术师范系、科、班，可以招收一定数量的中等职业技术学校优秀应届毕业生。对于学制三年的中专、职业高中和技工学校毕业生，进行二年师范教育和专业培训；对于招收初中毕业生学制四年和招收高中毕业生学制二年的中专毕业生，进行一年半的教育理论和专业理论、操作技能的训练。学完规定课程，经考试合格，颁发专科毕业证书，分配到各类职业技术学校担任实习指导教师和某些技艺性较强的专

---

① 参见何东昌主编：《中华人民共和国重要教育文献(1949～1997年)》，2471～2472页。

业课教师。

该意见还对职业教育师资的学历提出了具体的要求，初等职业技术学校的文化课、专业课教师，应具有专科学历或同等学力，实习指导教师可以是有实践经验的中级技术工人或能工巧匠。中等职业技术学校的文化课、专业基础课、专业课教师，一般应具有本科学历或同等学力，其中某些技艺性较强的专业教师，亦可为专科学历；从事教学工作多年、经验丰富、教学效果较好的教师，其学历要求可以适当放宽；实习指导教师，一般应具有中等职业技术学校及以上的学历。

该意见要求，中央有关部委和省、自治区、直辖市计划部门和教育部门要根据本系统、本地区职业技术教育的发展，统筹规划，全面安排，尽快制订师资培养规划，把职业技术教育所需各类师资的专业和数量，按照专业相近的原则，分别纳入有关高等学校的发展规划和年度招生计划。师资队伍的培养和培训工作，要注意调动各方面的积极因素，挖掘现有高等学校的潜力，并积极开辟新的渠道，使职业技术学校的师资有一个稳定的来源。尽快建立一支数量足够、质量合格、结构合理的职业技术教育师资队伍，促进职业技术教育的巩固、发展。

（三）成人中等专业学校发展

为了加强和改善成人中等专业学校(原来的职业中专后统称为成人中专)的管理，保证教育质量，1987年4月17日，国家教委发布《成人中等专业学校暂行条例》，对各类成人中等专业学校进行了规范。① 成人中等专业学校是指按国家规定的审批程序批准设置的干部、职工、农民中等专业学校、广播电视中等专业学校、中等专业函授教育机构等。成人中等专业学校的设置和管理工作，在国家教育委员会指导下，分别由各省、自治区、直辖市、计划单列市或国务院各部委主管。国务院部、委批准举办的成人中等专业学校应接受学校所在省、自治区、直辖市教育行政部门的业务指导。提倡地区与部

---

① 参见何东昌主编：《中华人民共和国重要教育文献(1949年～1997年)》，2598～2600页。

门之间、普通中等专业学校与成人中等专业学校之间、各种形式的成人中等专业学校之间横向联合与协作，提高办学的整体效益。

该条例对教师提出了明确的要求，专任教师应按学校的规模、办学形式和专业设置的需要配备。建校时，专任教师与学员的比例如下：全日制的(脱产学习)成人中等专业学校为 1∶15 左右，业余的成人中等专业学校为 1∶30 左右，中专函授教育为 1∶35 左右，广播电视中等专业学校每一专业也应配备与教学需要相适应的专任教师。该条例还规定，独立设置的成人中等专业学校应具有连续招生的条件，各类在校学生数应在 400 人以上，开设专业不少于两个；应有与学校规模和任务相适应的固定校舍；有适应教学需要的图书资料、仪器设备、实验室和实习场所；农民中等专业学校还应有一定的生产实习基地。广播电视中等专业学校和中专函授教育机构，应具有教学计划、教学大纲规定的实验条件，并保证必要的实习条件。学校所需的经费应有稳定的来源和切实的保证。应有健全的学校思想政治工作制度、教学管理制度、学籍管理制度和财务制度等。

关于办学形式与学习年限，该条例规定，开展成人中等专业教育应调动各方面的积极因素，因地制宜，实行多形式、多渠道、多规格办学。要积极发展广播、电视、函授教育；扩大开放式教育容量。广播电视中等专业学校一般应由省、自治区、直辖市、计划单列市举办。中专函授教育一般应由办学条件较好的普通中等专业学校举办，有条件的成人中等专业学校也可以举办。成人中等专业学校在办好全科班的同时，应充分挖掘潜力，根据实际需要，积极举办多种形式和不同内容的单科班、短训班，试办中等专业学校专修班，逐步开展岗位职务培训和实用技术培训。逐步实行成人中等专业学校的毕业证书、专业证书、单科证书三种证书制度。

该条例还对成人中等专业学校的审批程序做出了详细的规定，申请建立成人中等专业学校，应先由办学单位聘请有关部门和中等专业学校以上学校有高级职务(或有同专业其他高级职务)的专家共同进行论证。申办成人中等

中国职业教育
改革与发展研究
1949——2021

专业学校的审批程序，一般分为审批筹建和批准正式建校招生两个阶段。完全具备建校招生条件的，也可直接申请正式建校招生。各地举办成人中等专业学校，由办学单位申请，报送论证报告，经省、自治区、直辖市、计划单列市教育行政部门会同主管业务部门审核同意，报省、自治区、直辖市、计划单列市人民政府批准，并报国家教育委员会备查。国务院各部委及直属单位举办的成人中等专业学校，由办学单位申请，报送论证报告，经部委教育司(局)审核，在征得学校所在省、自治区、直辖市、计划单列市教育行政部门同意后，报主管部委批准，并报国家教育委员会备查。经批准的学校，如停办或变更，应经原批准单位同意，并报国家教育委员会备查。所设专业的名称应参照《普通中专学校专业目录》来确定。开设《普通中专学校专业目录》外的新专业，应组织中等专业学校以上学校有高级职务(或有同专业其他高级职务)的有关专家论证。成人中等专业学校招收全科学习的学员，须按照国家教委、国家计委关于成人教育事业计划管理的规定，经批准纳入国家计划并正式下达后，方可进行。成人中等专业学校的学员，学完全科教学计划规定的课程并完成实验、实习，成绩合格，发给毕业证书。毕业证书由省、自治区、直辖市、计划单列市教育行政部门或国务院部、委教育司(局)统一在证书上验印，由学校颁发，未经验印无效。获得成人中等专业学校毕业证书者，国家承认其学历。由于当时普通中等学校的毕业生国家负责分配，所以办学审批严格、要求较高，而成人中等专业学校主要是招收在职人员，尤其是 20 世纪 80 年代初期，青工补课、管理干部轮训等需要大批的中专学校，但这些学校的毕业生不存在统一分配问题，从某种程度上讲，成人中等专业学校主要是进行学历补偿教育，所以对成人中等专业学校的要求要比普通中等专业学校低。

（四）改革中等专业学校办学条件

1987 年 3 月 5 日，国家教委、国家计委联合发布《全日制普通中等专业学校校舍规划面积定额(试行)》。按照不同规模对教室、图书馆(座位、藏书量)、实验室(实习工厂及附属用房)、风雨操场、教师办公用房、行政用房、教职工宿舍及住宅、学生食堂、教职工食堂、学生宿舍、福利及附属用房做了具体的数量、数值的要求。尽管这个定额是按最小规模(640人)要求的,但当时,普通中专的学校规模普遍偏小,1985年年底,全国3357所中等专业学校的平均规模不到470人,很不经济,对普通中专的发展还是留出了很大的余地。①

(五)中等专业学校招生制度

招生工作直接影响职业教育的发展质量和水平。1987年12月31日,国家教委下发了《编制普通中等专业学校跨省招生计划的试行办法》,对学校的招生明确地划分了三种生源,即国家任务、委托培养、自费生。② 委培招生的主要目的是保证工作、生活条件比较艰苦的地区和行业得到一定数量的毕业生,实行的是"定向招生、定向分配"。该办法规定,凡有跨省招生任务的中等专业学校,属国务院部、委的,其跨省招生计划由学校报主管部委审批、汇总;属各省、自治区、直辖市的,其跨省招生计划由学校报主管业务厅(局)审批,由该业务厅(局)按行业系统上报国务院有关部、委最后核定、汇总。国务院部、委将本部门所属学校和本系统的地方学校跨省招生计划汇总后,于每年2月15日前报送国家教育委员会。国家教育委员会根据国务院各部、委报送的跨省招生计划,进行综合平衡后,按部门、分省、分学校编制全国中等专业学校跨省招生计划,于4月1日前下达各地、各部门执行。跨省招生计划经国家教育委员会正式下达后,不得随意更改。委托培养招生,应将合同书按规定日期送各省、自治区、直辖市招生办公室审核登记。各地以此为依据安排招生。委托培养招生计划一经向社会公布,不得更改。各省、自治区、直辖市应严格执行国家下达的招生计划,凡未经国家教育委员会同意列入当年度招生计划的,不得安排招生。该办法还要求,根据国家经济和社会发展规划,逐步增加在边疆民族地区的招生人数。

---

① 参见申家龙编著:《新中国职业教育发展历程》,42页。
② 参见何东昌主编:《中华人民共和国重要教育文献(1949年~1997年)》,2701~2702页。

中国职业教育
改革与发展研究
1949—2021

1988 年 3 月 14 日，国家教委颁发《普通中等专业学校招生暂行规定》，对整个招生工作做了细致规定。① 该规定要求，各省、自治区、直辖市教育部门设立普通中等专业学校招生机构，配备专职人员，负责招生工作。招生对象是初中毕业或具有同等学力，身体健康、年龄不超过 18 周岁(特殊情况经省、自治区、直辖市招生委员会批准，可以放宽)的青年。考试由省、自治区、直辖市招生委员会统一命题，并制定参考答案和评分标准。考场一般应设在县(区)以上，考生较多的乡(镇)，经地(市)招生委员会批准，可设分考场，考生座位必须单人、单桌、单行。

普通中等专业学校招生来源计划分为国家任务、委托培养、自费生。面向全国或部分地区招生的学校，实行跨省招生。国务院部、委及其系统所属普通中等专业学校的国家任务、委托培养及自费生跨省招生来源计划，由有关部委提出，征得地方同意后，列入部委及其系统所属学校跨省招生计划，报国家教育委员会综合平衡下达，由省、自治区、直辖市招生办公室安排招生。经国家教育委员会批准，国务院部、委所属学校，对工作、生活条件比较艰苦的地区和行业，可在国家任务招生来源计划内确定适当比例，实行"定向招生、定向分配"。省、自治区、直辖市可在所属中等专业学校国家任务招生计划内，确定适当比例，实行"定向招生、定向分配"。录取新生工作，在省、自治区、直辖市招生委员会统一领导下进行。重点中等专业学校、部委所属学校和跨省招生的学校一般应优先录取。

上述学校与高中升学考试同时进行的，应与重点高中同等对待，严格按照考生志愿顺序依次录取。对边疆、山区、林区、牧区、少数民族聚居地区的少数民族考生，可根据当地的实际情况，适当降低分数，择优录取。煤炭、采矿、核能、石油、地质、农林、气象、水产、水利水电和盐业类学校，可在同一分数段内，优先录取该系统所属厂矿、企业的职工和矿区、林区、垦区、渔区和盐区中学毕业生。卫生学校要优先录取乡村卫生员；农

---

① 参见何东昌主编：《中华人民共和国重要教育文献(1949 年～1997 年)》，2722～2724 页。

（林）业学校主要招收农村、林区学生，并择优先录取农（林）业中学毕业生和农（林）业科技积极分子。中央部门，省级党政机关，全民所有制企业、事业单位委托培养的学生，一般应与国家任务招生的学生执行同一录取分数标准。全民所有制企业、事业中工作或生活条件比较艰苦的单位，城乡集体所有制企业、事业单位，个体户，以及山区、边远地区、少数民族聚居地区的委托培养，可以划定招生范围，同时明确预备生源，适当降低分数，择优录取。附则还规定，农、林、卫生等系统的中等专业学校招收农村有实践经验的优秀青年入学（含不包分配班），年龄可以放宽，可由省、自治区、直辖市农、林、卫生厅（局）会同当地教育部门和招生部门单独组织招生考试。招收高中毕业生的中等专业学校，考生的文化程度应是高中毕业或具有同等学力，年龄不超过22周岁，未婚青年。考试办法由省、自治区、直辖市根据情况自行确定。其他各项要求参照本规定办理。

该规定中，我们可以看出当时普通中等专业学校办学的几个特点：一是普通中等专业学校开始向社会青年开放；二是与普通高等学校一样对生源进行了国家任务、委托培养、自费生三种划分；三是对农、林、卫生等系统倾斜；四是允许有些学校招收高中毕业生；五是国家负责分配工作。

（六）开展对重点中等专业学校的评估

教育评估的主要职能是根据一定的教育目标和标准通过系统地收集学校及其他教育机构的各方面的信息，准确地了解教育活动的实际情况，对学校办学水平和教育质量进行评价。评估工作的开展能够为学校改进工作、开展教育改革和教育管理部门改善宏观管理提供可靠的依据。

1991年1月11日，教育部下发了《关于开展普通中等专业学校教育评估工作的通知》，开始对中等专业学校教育开展评估工作。[①] 这是管理制度的一项重要改革，对中等专业学校提高培训质量、促进学校管理和实现教学规范化、制度化起到了推进作用。普通中等专业教育评估主要分合格评估（鉴

---

① 参见何东昌主编：《中华人民共和国重要教育文献（1949年～1997年）》，3094～3095页。

中国职业教育
改革与发展研究
1949—2021

定)、办学水平评估和选优评估三种基本形式。合格评估是国家和教育行政部门对新建中等专业学校的一种鉴定性评估,一般在批准招生五年后进行。办学水平评估是对已经鉴定合格的学校进行的经常性评估,它包括整个学校办学水平的综合评估和学校中思想政治教育、专业教育质量及其他教育工作的单项评估。思想政治教育、专业教育质量及其他教育工作的单项评估可根据需要由教育行政部门有计划地安排进行。

学校办学水平的综合评估今后要逐渐形成制度,定期进行。选优评估是在办学水平评估的基础上遴选优秀,促进办学水平进一步提高。选优评估一般在国家和省(部)两级进行。评估指标主要依据《普通中等专业学校设置暂行办法》《全日制普通中等专业学校人员编制标准(试行)》和《全日制普通中等专业学校校舍规划面积定额(试行)》等文件,结合实际情况制订。学校合格评估结论分为合格、暂缓通过和不合格。鉴定合格的学校由教育行政部门(省、部级)发给合格证书。暂缓通过的学校要限期改善和提高,在限期期满后,需重新接受鉴定。不合格的学校,由省、自治区、直辖市或部委教育行政部门责令其限期整顿,停止招生或停办。办学水平评估结论分为优秀、良好和一般。对于办学指导思想端正、成绩突出的优良学校应予以表彰鼓励,并可根据有关规定确定为全国重点学校或省(部)级重点学校。从1991年开始,经过约两年的时间,全国普通中专学校合格评估和办学水平评估工作得以完成。通过评估,学校主管部门深入地了解了学校的办学条件、教学、管理等方面的实际情况,促进了主管部门对学校建设的支持,改善了办学条件,总结了办学经验,找出了不足,明确了努力方向,深化了教育教学改革,提高了办学水平和效益。

1993年5月10日,国家教委下发了《关于评选"国家级、省部级重点普通中等专业学校"的通知》,决定在办学水平评估的基础上,进行国家级和省部级重点普通中等专业学校(不含中等师范学校)的评选,通过评选重点中等专业学校,发挥骨干示范作用,推动中等专业学校在不同地区、行业和产业的合理分布。重点中等专业学校的校园占地面积和校舍建筑面积要达到一定要求，工、农、医类学校校园不少于 4.6 万平方米，校舍不少于 3 万平方米；财经、政法类学校校园不少于 4 万平方米，校舍不少于 2.5 万平方米。实验自开率和实习开出率均达到 95％以上；学校藏书总量在 10 万册以上；专任教师中高级职称者和中级职称者所占比重分别达到 15％和 40％以上。省部级重点中等专业学校评选办法由各省、自治区、直辖市教育部门负责制定和实施。评选程序一般由学校申报，经学校主管部门同意，征求有关部委意见，省、自治区、直辖市教育部门组织评选，由省、自治区、直辖市政府批准，报国家教委备案。为了保证质量，便于重点建设，省部级重点中等专业学校数应控制在学校总数的 20％以内。国家级重点中等专业学校将从省部级重点中等专业学校中择优遴选。其评选办法是由各省、自治区、直辖市政府根据评选条件在征求有关部委意见的基础上提出备选学校，报国家教委审定。各省、自治区、直辖市政府提名推荐的国家级重点学校数不超过省部级重点中等专业学校数的 20％。重点中等专业学校建设实际上从 1980 年就开始了。1980 年 11 月 5 日，教育部发出《关于确定和办好全国重点中等专业学校的意见》，对重点中等专业学校的任务、选择和确定全国重点中等专业学校的条件和办法、发展与建设等做了轮廓性要求。建设重点中等专业学校就是为了出人才、出经验，起骨干和示范作用，以带动整个中等专业教育的发展。[1]

（七）中等专业学校教材与专业设置[2]

为了规范中等专业学校的专业设置与专业名称，1992 年教育部开始组织中等专业学校专业目录修订工作，并于 1992 年年底拿出草案。1993 年 1 月 12 日，教育部召开全国普通中等专业学校(不含中师)专业目录审议会，国务院 31 个部委和 23 个省、自治区、直辖市主管中专(职业学校)的有关部门负责人出席会议。国家教委副主任王明达到会讲话，强调要重视发挥专业目录

---

① 参见申家龙编著：《新中国职业教育发展历程》，46 页。
② 参见申家龙编著：《新中国职业教育发展历程》，36～56 页。

的作用，以指导中等专业学校办学和设置专业，提高教学质量。《中等职业学校专业目录》是中等职业教育行政管理和学校教学工作的一个基本的指导性文件，它包括专业划分、专业名称，反映培养人才的业务规格和就业方向。

1993年3月23日，国家教委颁发《普通中等专业学校专业目录》。从1994年起，全国普通中等专业学校开始按新的《普通中等专业学校专业目录》所列的专业招生。1993年以前（含1993年）入学的历届中专生的专业名称原则上也按"新旧专业名称对照表"进行更换，并在教学安排上做了相应调整。

1993年3月23日，国家教委又下发了《关于普通中等专业学校专业设置管理的原则意见》，要求专业设置要符合人才培养的规律，有明确的培养目标、业务范围和主干学科基础，有较完整的理论与实践结合的课程体系，具备能满足教学要求的师资、图书资料和实验实习实施等基本条件。国家教委主要负责中等专业学校专业设置管理方面的方针、政策的制定及专业目录的修订工作，统计汇总全国中等专业学校专业设置情况，进行宏观指导。省级政府和计划单列市政府应把为当地服务的中等专业教育纳入当地经济和社会发展规划，并负责对中等专业学校的专业结构和布局进行宏观统筹。省、地级教育行政部门对省、地属中等专业学校专业设置及上级部门所属学校开设为当地服务的专业，具有监督、指导的权力和服务咨询的义务。国务院各有关部门负责其直属学校的专业设置管理，制定本系统（行业）的"专业设置条件"，对本行业内的专业设置、专业布局提供信息服务，进行业务指导，协调本行业中等专业学校人才地区间的协作培养工作。

该意见对专业设置的审批规定了明确的程序。中等专业学校专业设置审批，实行分别由中等专业学校、学校主管部门和省部级教育行政部门分级、分工负责的办法。经评估合格的学校，有权根据社会实际需求和有关规定，在本校已设的宽专业下面设置专门化；有权根据社会实际需求和有关专业的设置条件，在专业目录范围内设置与学校原有专业同类的专业，经评估被定为省部级以上的重点学校，有权根据社会实际需求和有关专业设置的条件在专业目录范围内自主设置专业。学校要开设专业目录以外的新专业，需对试办专业进行论证，报请学校主管部门审核，由省级教育行政部门征求有关业务部门意见后审批(中央部委直属学校由其主管部门审批)，报国家教委备案。经评估未合格的学校，在达到合格标准以前，任何专业的增设均需要学校主管部门从严审批。

1993 年 5 月，国家教委下发了《关于职业技术教育教材规划工作的意见》《关于建立两级职业技术教育教材审定组织的意见》《关于职业技术学校教材选用工作的意见》。由于各级各类职业技术学校发展与管理差异较大，所以，按职业高中和中专分别制订了教材规划。文件还附发了《关于建立两级职业技术教育教材审定组织的意见》，决定国家教育委员会成立职业技术教育教材审定委员会，审定国家教委规划的教材和各地、各部门组织编写并拟向全国范围发行的教材(含配套教材、教学参考书、教学挂图、教学录音带、教学录像带、练习册及其他具有教材性质的图书)。各省、自治区、直辖市教育行政部门建立职业技术教育教材审定委员会，负责审定在全省(区、市)范围内出版发行的职业技术教育教材，审查和评价本地职业教育教材质量，提出向全国推荐的书目和送审意见。职业技术教育的教材建设与管理走向了规范化道路。

五、技工学校的改革与发展

技工学校承担着为国家培养技术工人的使命，其作为职业教育的一种重要的办学形式，在这一时期，通过办学体制改革、改善办学条件、改革招生制度、增强学校评估等方式，得到了不断发展和完善。

（一）技工学校办学体制改革[①]

1986 年 11 月，劳动人事部、国家教委废止了《技工学校工作条例(试

---

① 参见申家龙编著：《新中国职业教育发展历程》，79～82 页。

行）》，发布了《技工学校工作条例》。《技工学校工作条例》第二条对技工学校从制度上进行了定位："技工学校是培养技术工人的中等职业技术学校，是国家职业技术教育事业的重要组成部分，属于高中阶段的职业技术教育，它必须贯彻执行党和国家的教育方针，面向现代化，面向世界，面向未来，不断提高教学质量，把学生培养成为合格的中级技术工人，做到多出人才、出好人才，为国民经济和社会发展服务。"[①]这个条例还对技工学校的办学主体进行了分类，办学主体分为：各级产业部门，各级劳动人事部门，厂矿企、事业单位，有关部门、单位联合，集体所有制单位。同时，该条例还要求已经批准开办的技工学校不准改为中等专业学校或其他性质的学校。

该条例还有一个显著的特点，就是扩大了对教学管理的内容，明确提出了"技工学校的教学，必须着重操作技能的训练；并紧密围绕培养目标，安排必要的文化与技术理论基础课程"。并对技工学校的教学计划、理论教学、实践教学提出了具体的要求，把培训工作列入了技工学校的任务："技工学校在完成培养中级技术工人任务的前提下，应当根据需要和可能，积极承担多种培训任务，包括在职工人（含班组长）的提高培训、专业培训，待业青年的就业培训，学徒的技术培训等。"[②]

1989年5月，劳动部印发了《关于技工学校深化改革的意见》。该意见提出，技工学校可以开展横向联合，实行有偿培训，"技工学校要在完成本部门、本企业培训任务的前提下，积极开展横向联合，承担委托培训任务。学校与委托培训的单位应签订培训合同，明确双方的责任、权利和义务，并实行有偿培训，收费标准由双方商定"[③]。这为技工学校实行自主办学和收费打下了制度基础。

中共十三大之后，全国企业开始对工人实行合同制，这一制度直接影响

---

① 转引自申家龙编著：《新中国职业教育发展历程》，79页。
② 转引自申家龙编著：《新中国职业教育发展历程》，80页。
③ 转引自申家龙编著：《新中国职业教育发展历程》，80页。

了技工学校学生的分配制度。为此，1988年1月，劳动人事部下发了《关于技工学校毕业生当工人后实行劳动合同制的通知》，要求从1988年起，技工学校按照国家劳动计划招收新生时，在招生简章中要明确宣布学生毕业后当工人的实行"劳动合同制"，第一次提出了用人单位择优录用和双向选择，即"从一九八八年起，按国家劳动计划招收的新生，毕业后由用人单位择优录用。要扩大毕业生和用人单位相互选择的范围，逐步把毕业生纳入劳务市场"①。

《关于技工学校深化改革的意见》重申了技工学校毕业生分配制度改革：技工学校毕业生除少数工种（专业）外，实行在国家计划指导下，由用人单位择优录用为合同制工人或聘用为生产实习指导教师及其他人员的制度。毕业生被企事业单位录用后，应按合同规定为单位服务，否则要向承担培训任务的企业或培训单位缴纳培训费。培训费按毕业生实习期间由企业或学校的实际支出计算。未被企事业单位录用的毕业生，可进入当地劳务市场通过"双向选择"就业。

该意见第一次提出了毕业生实行两种证书制度，技工学校毕业生在取得学校颁发的毕业证书的同时，要按照技术等级标准的要求进行严格的技术等级考试。毕业生的技术等级考试必须按照〔1983〕46号《工人技术考核暂行条例（试行）》的有关规定组织进行，经过"应知""应会"的严格考试，确定其技术等级，并由劳动行政部门颁发技术等级合格证书，作为毕业分配和确定工资待遇的主要依据。② 即学生毕业时可以拿到两个证书：毕业证和技术等级证书。由此，技工学校开始实行双证书制度。

该意见还对技工学校的性质与任务进行明确：技工学校是中等职业技术学校，在培养中级技术工人的同时，可根据经济建设和社会发展的需要有计划地培养初级技术工人，并承担待业青年、学徒工、在职工人、企业富余人

---

① 转引自申家龙编著：《新中国职业教育发展历程》，80页。
② 参见申家龙编著：《新中国职业教育发展历程》，81页。

中国职业教育
改革与发展研究
1949—2021

员、乡镇企业工人、军地两用人才等的培训任务。有条件的技工学校还可以举办高级技工培训班或实习指导教师培训班。技工学校的办学内涵有了明显的拓展。该意见对技工学校的实习条件也提出了要求，必须建立实习工厂（场）的学校，已经建立的进一步充实和完善办学条件；尚未建立的要限期建立起来，并争取在 1995 年达到每个学生在上生产实习课时都有一个工位。难以建立实习工厂（场）的学校要有必要的实验和模拟设施，结合现场教学（如承包工程、承包工位、顶岗轮训等），加强对学生操作技能的训练。

关于毕业生就业，该意见规定，技工学校毕业生，当劳动合同制工人的，不再实行试用期，按已达到的实际技术等级确定起点工资。培养中级技工，技术等级达到三级的定三级的工资，技术等级达到四级及其以上标准的，可以根据其所任工作的难易程度适当高定；达不到三级技术等级要求的，如被用人单位录用，其工资应予低定。培养初级技工的定级工资，按照低于上述中级技工定级工资水平的原则，由用人单位根据具体情况确定。该意见再次强调，技工学校毕业生在取得毕业证书的同时，要按部颁技术等级标准的要求进行严格的技术等级考试，定其技术等级，并由劳动行政部门颁发技术等级合格证书，作为毕业分配和确定工资待遇的主要依据。

（二）改善技工学校办学条件①

技工学校在迅速发展和深化改革中遇到了办学条件和经费特别是实习教学场地、设备相对不足和落后的问题，这些问题与培养目标（中级技术工人）的要求存在矛盾，阻碍了技工学校培养目标的实现。为此，1990 年 1 月 14 日，劳动部颁发《关于加强技工学校生产实习教学开展勤工俭学活动的意见》，要求各主管部门和办学单位要采取有效措施，加强生产实习教学，开展勤工俭学活动。

该意见还要求，各学校主管部门、办学企业要负责解决技工学校生产实习场地和帮助学校建立实习工厂（场、店），确实不能或不宜单独建立的专业

---

① 参见闻友信、杨金梅：《职业教育史》，185～187 页。

（工种）也应在企业内划出供学生实习的岗位或建立比较稳定的校外实习基地，采取承包工程、定点实习、顶岗培训、定期轮换岗位、模拟训练和现场教学相结合等形式，保证学校完成生产实习教学任务。各学校主管部门和办学企业应积极帮助学校解决好生产实习教学所需的原材料来源等问题，在保证完成基本功训练的基础上，应给学校安排一定的生产任务，促进学校结合教学组织学生进行有价值产品的生产。各省、自治区、直辖市和国务院各有关部门，要建立生产实习指导教师培训基地，积极开展培训生产实习指导教师工作，争取在五年内，基本改变生产实习指导教师数量不足、素质不高、结构不合理的状况。

该意见提出坚持教育与生产劳动相结合，实习教学与生产（经营）相结合的方针，继承和发扬技工学校多年来积累的办学经验，处理好教学与生产（经营）的关系，达到既出人才又出产品，既保证培训质量又提高经济效益的目的。在校外进行实习的学校，要本着"厂校挂钩、双方受益"的原则，确实加强管理，保证教学质量。在校内实习教学的，也要集中一段时间组织学生下厂实习，提高教学效果。技工学校要发扬自力更生、艰苦奋斗的精神，在国家政策允许的范围内，积极组织勤工俭学，也可以安排学生参加各种形式的勤工俭学活动，校办工厂和勤工俭学的收益主要用于增添教学设备和改善办学条件。

为了保证技工学校更好地贯彻和执行《技工学校工作条例》，20 世纪 90 年代初，劳动部颁发了一系列关于技工学校的管理文件和规定，加强了对技工学校的宏观指导和规范化管理。1990 年 5 月 4 日，劳动部颁发了《技工学校学生学籍管理规定》。为了加强对技工学校学生的管理，提高学生遵纪守法和勤奋学习的自觉性，1990 年 5 月 21 日，劳动部颁布了《技工学校学生日常行为规范》。为了加强学校的卫生工作、提高学生的健康水平，1990 年 6 月 22 日，劳动部颁发了由国家教委、卫生部、财政部、人事部、劳动部、建设部共同拟定的《学校卫生工作条例》。1992 年，劳动部印发了《技工学校校长任职要求(试行)》。

（三）技工学校的招生制度

1990 年 9 月，劳动部下发了《技工学校招生规定》。该规定指出，技工学校招生工作，在当地人民政府的领导下，由各级劳动行政部门负责组织实施。劳动部主管全国技工学校招生工作，包括制定技工学校招生政策、编制全国技工学校招生计划和分地区、分部门的技工学校招生计划，负责年度计划的组织实施和监督检查，编制和下达为集体所有制单位和"三资"企业培训技术工人的指导性计划，审核、下达国务院有关部门及计划单列企业集团所属技工学校的招生来源计划；组织全国技工学校招生考试的统一命题；指导检查各地招生工作，组织或督促有关部门调查处理招生工作中发生的重大问题。要求地方各级劳动行政部门建立技工学校招生办公室，具体负责本地区招生中报名、政审、体检和考试、评卷、录取等项工作。该规定还允许国务院有关部门所属的技工学校可以根据生产建设需要跨省招生，其招生来源计划须报劳动部审核后下达，具体招生办法依据当地劳动行政部门的有关规定办理。这也是技工学校招生制度的一项重要改革。

1993 年 9 月 29 日，劳动部下发了《关于深化技工学校教育改革的决定》。该决定明确提出，技工学校实行自主招生，毕业生自主择业，技工学校招生计划由指令性改为指导性。每年的招生计划由学校根据社会需要和办学条件，由主管部门确定后，报劳动部门汇总，由劳动部下达指导性计划。技工学校的招生，逐步实行在劳动行政部门监督下，由学校自行组织报名、考试、评卷、录取新生的办法。招生时间可按企业需要和市场需求确定。技工学校除招收城镇青年或接受乡镇企业委托的培训任务外，可根据当地经济发展需要，适当扩大招生范围，也是改革开放后第一次允许技工学校招收农村户口的生源。技工学校应尽量扩大委托培训和定向培养的比例，努力做到与劳动力市场紧密结合。已同企业签订培养合同的学生在企业实习期间应按学徒工待遇由企业发给劳保用品及生活补贴，毕业按合同规定办理。未同企业签订培养合同的，毕业后由学校推荐，用人单位择优录用或通过职业介绍所登记，自主择业。该决定把技工学校推向了市场，但由于当时可以转户口，而户口对就业的影响很大，技工学校对农村学生还是有一定的吸引力，放开对农村学生的招生，对技工学校的发展起到了一定的推动作用。

1996年11月，劳动部印发了《技工学校"九五"时期改革与发展实施计划》，整个计划分为两个阶段：第一阶段(1996—1997)为重点突破阶段。劳动部要抓好技工学校总体发展规划和基础性建设工作，通过经验交流会等形式，指导和推动地方和行业办的技工学校进行结构调整和实现联合办学，使其布局和规模逐步趋于合理；继续与有关部门协调，解决和落实技工学校经费、教师待遇、技工学校毕业生待遇、校办产业税收优惠政策等重要政策；指导和部署各项工作的开展。第二阶段(1998—1999)为全面运作阶段。各级劳动部门和行业主管部门要对技工学校有关政策、任务落实情况进行检查，及时研究解决有关问题；总结推广联合办学、综合性职业培训基地试点等项工作的经验，促进技工学校各项改革工作全面展开。这个计划对技工学校的招生对象又进一步放宽，基本上是只要愿意到学校学习者都可以进行学习："省级劳动部门可根据本地区劳动力需求和生源情况调整招生政策，放宽招生对象的年龄和身份限制，允许招收企业职工或其他成人学员入学，对成人学员可以实行'宽进严出'和学分制的办法。根据需要可跨地区和面向农村招生。也可实行统一招生和学校自行组织招生相结合的办法。"①

（四）关于技工学校的评估

1991年4月24日，劳动部下发了《关于开展技工学校评估工作的通知》，开始对技工学校开展评估工作，这也是管理制度的一项重要改革，对技工学校提高培训质量、促进学校管理和实现教学规范化、制度化起到了推进作用。

评估分为合格评估和选优评估两种形式。合格评估是对所有学校的鉴定

---

① 《技工学校"九五"时期改革与发展实施计划》，载《职业技能培训教学》，1997(2)。

性评估，标准由各省、自治区、直辖市和国务院有关部门根据《技工学校工作条例》及有关文件规定，结合本地区、部门的实际情况自行制定(部属学校也可参加地方评估，计划单列企业集团所属的技工学校由地方劳动部门组织评估)；选优评估是在合格评估的基础上评选出省(部)级和国家级重点技工学校，标准由劳动部制定，国家级重点技工学校在省(部)级重点技工学校中产生。评为省(部)级的重点技工学校由省、自治区、直辖市人民政府和有关主管部门命名并授予证书；全国重点技工学校由劳动部命名并授予证书。对教育质量低、办学条件差、专业设置不合理的技工学校要限期整顿或停办。通过评估，技工学校进一步端正办学指导思想，明确了努力方向，推动了技工学校教育教学改革的深化，提高了办学水平和教学质量，增强了竞争意识和主动适应社会需要的能力。同时，评估也使得学校主管部门积极改善办学条件，主动解决办学中的困难。①

1996 年 11 月，劳动部印发了《技工学校"九五"时期改革与发展实施计划》，该计划提出，要完善技工学校评估制度；要求劳动部每 4～5 年对申报国家级重点的技工学校组织一次评估；对已评为国家级重点的技工学校实行不定期复评，每 4 年为一周期，促使其办学水平、办学效益不断提高。抓好技工学校毕业生有关录用政策的落实，解决好被录用为技术人员和管理人员的技工学校毕业生与其他同类教育的毕业生同等待遇问题。具备条件的高级技工学校毕业生，可直接参加技师评聘。②

（五）高级技工学校的起步与发展③

改革开放以来，在技工学校发展过程中，技工学校的教育在办学层次上，也由单一的中等教育层次，转为中高等层次。1989 年 5 月，劳动部下发的《关于技工学校深化改革的意见》中第一次提出，"有条件的技工学校还可

---

① 参见申家龙编著：《新中国职业教育发展历程》，82～85 页。
② 参见《技工学校"九五"时期改革与发展实施计划》，载《职业技能培训教学》，1997(2)。
③ 参见申家龙编著：《新中国职业教育发展历程》，88～89 页。

以举办高级技工培训班或实习指导教师培训班"①。1989 年 12 月 13 日，山东省劳动厅向劳动部提交了《关于试办高级技工学校的请示》；1989 年 12 月，劳动部批准了山东省试办山东省高级技工学校和山东省烟台市高级技工学校。随后，江苏等省也试办了一些高级技工学校，截至 1990 年共试办了 11 所高级技工学校，取得了许多成功的经验，也使我国的技工教育开始进入一个新的发展层次。

为了规范高级技工教育，1995 年 7 月，劳动部、国家计委下发了《关于申办高级技工学校若干问题的通知》，对高级技工学校的性质、设置条件、申报条件等做出了规定。1997 年 12 月，劳动部颁发《高级技工学校设置标准(试行)》，对高级技工学校的性质、基本办学规模、专业设置、校园与建筑面积、师资、教学设施等都做出了要求。同年，劳动部、国家计委下发了《关于申办高级技工学校有关事项的通知》，对高级技工学校的申办程序、审批过程、招生及毕业生待遇等做了规定。高级技工学校的办学审批权属劳动部、国家计委共同进行审批。高级技工学校的办学从此走上了常规化和正规化的管理。

六、学徒制的改进②

由于从 20 世纪 80 年代初期我国的职业教育开始走向了以学校教育为主的阶段，1981 年，《关于加强职工教育工作的决定》没有任何关于学徒制的问题，主要强调学校教育。1988 年，技工学校毕业生开始实行合同制。1989 年，劳动部下发的《关于开展工人岗位培训工作的意见》也没有关于学徒制的问题。1990 年，劳动部颁发的《工人考核条例》将考核种类划分为两个层次：一种是就业前的考核，另一种是就业后(在职工人)的考核。训练中心和其他职业学校(训练班)的学生(学员)将逐步实行两种证书制度。毕业(结业)生在

---

① 《中国劳动年鉴》编辑部：《中国劳动年鉴(1988~1989)》，395 页，北京，中国劳动出版社，1991。

② 参见申家龙编著：《新中国职业教育发展历程》，161~166 页。

取得办学单位颁发的毕业(结业)证书的同时，按工人技术等级标准或岗位规范的要求进行严格的考核，按考核成绩确定技术等级，颁发技术等级证书，作为录用、分配和确定工资待遇的重要依据。在职工人转岗、晋升和富余人员的转业培训均要经过考核，合格者发给相应的技术等级证书或岗位合格证书，由单位据此定岗、定职和确定相应的工资待遇。劳动部门应组织各单位对现有岗位工人进行普查性的等级考核，按照本人实际技术水平确定技术等级，对技术等级与工资等级不相符者，由企事业单位采取强化培训、调整工作岗位和工资待遇等措施，理顺"两级"不符现象。在此基础上方可有的放矢地开展各类考核工作。[①] 1991 年，国务院颁布《关于大力发展职业技术教育的决定》，该决定对学徒制的问题也没有明确的论述。进入 20 世纪 90 年代以后，企业改革步伐加快，吸收新的就业能力相对减弱，同时，学校技术教育规模不断增大，正规的学徒规模开始明显下降。

1996 年 10 月，北京市劳动局、共青团北京市委员会联合下发了《关于在全市企业中开展导师带徒活动的通知》。总体目标是：所有新入企业的职工(包括大中专毕业生，技校、职高毕业生，新招合同工等)都要参加导师带徒活动，进行定期目标化培养，使多数青年职工成为技术熟练、作风过硬的岗位能手。该通知指出，随着现代企业制度的逐步建立，企业对职工尤其是青年职工的素质提出了更高的要求。但是，当前北京市全市企业职工队伍素质偏低的现状令人担忧，越加成为影响北京市企业改革和发展的一个重要因素。一方面，部分国有企业技术工人队伍出现了断层，一些主要技术领域出现后继乏人的现象；另一方面，企业近年来招工困难，部分职工的素质和技能达不到岗位要求，这已逐渐成为当前企业改革过程中迫切需要解决的问题。在企业中广泛开展导师带徒活动是企业职工培训的重要形式，是推进青年职工岗位培训的重要手段，是培养青年职工良好的职业道德、职业技能，继承和发扬老一辈工人阶级艰苦创业、敬业爱岗的优秀品质和优良传统的有

---

① 参见秦哲：《贯彻〈工人考核条例〉提高工人队伍素质》，载《职业教育研究》，1992(2)。

效渠道，是企业组织围绕中心工作，服务企业生产经营，服务青年成才有效形式。它对于提高职工队伍整体素质，增强企业的市场竞争能力，对于提高产品质量，搞好国有企业，建立新型职工关系，加强企业精神文明建设都有重要和深远的意义。

1996年7月，劳动部制定了《职业技能开发事业发展"九五"计划和2010年长远规划》。该规划提出，要改革传统学徒培训，建立新型学徒培训制度。通过调研，摸清现状，找出问题，明确改革方向和思路，制定符合中国国情的新型学徒培训制度的政策。结合一些行业的特点和乡镇企业、个体工商业的实际情况，探索新型学徒培训制度的实施途径。但一直没有出台相应的规定。

1998年，劳动部下发了《关于建立和实施名师带徒制度的通知》，决定在全国开展名师带徒培训工作。名师带徒，就是由具有精湛技艺，又有较深的专业理论知识的技师、高级技师或具备一技之长、绝招绝活的技能大奖获得者、技术能手，在生产岗位上以师徒关系的形式将其高超技艺、优良职业道德作风传授给具有一定技术等级(水平)的工人。该通知指出，建立和实施名师带徒制度，是贯彻"科教兴国"战略和实现"两个根本性转变"的需要，是充分利用现有的高技能人才资源培养新一代高技能人才的有效组织形式，是对传统学徒制度的改造和补充。

该通知要求各地区、各行业劳动部门要高度重视，加强组织领导，把建立和实施这一制度纳入本地区、本行业高技能人才培养规划，并制定相应的配套政策，确保这项制度的有效实施。同时，该通知要求各地区、各行业劳动部门要结合本地区、本行业的实施情况选择试点企业，指导其制定具体实施细则，组织试点工作。

该通知还附发了《名师带徒制度实施方案》，对名师带徒制度的实施目标提出了具体的要求，在技能人才评选表彰制度和技师评聘的基础上，以企业为核心，建立名师带徒制度，逐步建立一支以高级工为主体，以技师、高级

中国职业教育
改革与发展研究
1949—2021

技师为骨干的，技艺精湛的、适应产业结构调整和技术进步需要的各类高技能、复合型技能人才队伍。《名师带徒制度实施方案》对师傅和徒弟资格提出了具体的要求：以培养高级工为目标的师傅应具备技师以上职务或是具有一技之长的企业级、地方（行业）级或国家级的技术能手；以培养技师为目标的师傅应具备高级技师职务或是具有一技之长的地方（行业）级或国家级的技术能手；以培养高级技师为目标的师傅应是具备高级技师职务的省级（行业）"大奖"或"中华技能大奖"获得者。徒弟的资格是工作作风优良、有敬业精神、有学艺的愿望，有相应的文化基础，并具备相应的中级、高级技术等级或技师职务的工人。

该通知下发后，在各地引起了高度重视，不少企业启动了名师带徒、培养高技能人才的工作，由具有精湛技艺，又有较深的专业理论知识的技师、高级技师和具有一技之长、绝招绝活的技术能手、技能大奖获得者，在生产岗位上以师带徒关系的形式，将其高超技艺和优良道德作风传授给具有中级以上技术等级（水平）的工人，为本企业培养新一代高技能人才。这种改造为学徒培训制度注入了新的生命力。

除了在大中型企业和机关、事业单位的正规学徒制外，在许多中小型企业、手工业以及服务行业中也广泛存在着学徒现象。例如，木工制作、美容美发、工艺品制作等，这些行业中许多还没有规范的制度，需要完善相应的制度，使学徒制度为开辟更多的就业机会、提高新增就业人员的技能水平发挥出更大的作用。

七、职业教育人才培养目标的转变①

1993 年，《关于建立社会主义市场经济体制若干问题的决定》的出台昭示了我国开始全面向市场经济体制过渡。职业教育伴随社会主义市场经济体制的逐步建立和深入发展迎来了新契机。一方面，职业院校数量和在校学生人

---

① 参见闫广芬、李文文：《新中国成立 70 年来职业教育人才培养目标的"中国特色"》，载《中国职业技术教育》，2019(36)。

数显著增长，教育层次由以往以中等职业教育为主向高等职业教育纵向延伸；另一方面，随着劳动制度改革的推进和劳动力市场的建立，职业教育办学机构开始面向社会和市场办学，职业教育人才培养目标在此过程中也进行了较大调整。

从政策导向上来看，市场成为此时期我国职业教育政策制定的重要影响因素，职业教育人才培养目标逐渐引入了"面向地区经济建设""适应就业市场实际需要""适应生产、建设、管理、服务第一线"等关键词汇。从人才培养类型上来看，主要定位为面向社会和市场生产、建设、管理、服务第一线需要的"专门人才""实用人才"，更加偏重人才的专门性和实用性。例如，1991年，国务院《关于大力发展职业技术教育的决定》指出要"培养各种专门技术人才"，1998年教育部印发《面向21世纪教育行动计划》明确了"高等职业教育必须面向地区经济建设和社会发展，适应就业市场的实际需要，培养生产、服务、管理第一线需要的实用人才，真正办出特色"。从人才培养的层次上来看，由以往以中等职业教育为主向高等职业教育纵向延伸，虽然中职与高职教育培养的人才层次定位存在交叉重复，也缺乏有效的衔接，但高等职业教育的人才培养目标较之前却逐步清晰，其培养的应用型技术人才在此时期仍有广泛的适用性。

第二节　就业优势下中职主导格局

在《中共中央关于教育体制改革的决定》贯彻落实的基础上，职业教育的发展开始受到国家重视，职业教育体制改革有所成效，中等职业教育发展迅速，职业教育的数量与各方面质量都有很大程度的提高，逐步建立起适应社会主义现代化建设的职业教育体制。但我国的职业技术教育整体的层次、规模和水平还是不能完全跟上社会和经济的发展，其办学体制、管理体制和运行机制在整个教育事业中依然是薄弱的一环，经费来源渠道不稳定，师资力量也比较欠缺，服务体系也有待完善，同时东西部各地区的职业教育发展水平还是极为不平衡，甚至在很多地方还存在着鄙薄职业技术教育的现象，优质的专业型学校还是太少，职业教育的内部结构还有待优化。1986年4月12日，六届全国人大四次会议通过的《中华人民共和国国民经济和社会发展第七个五年计划》规定："继续调整中等教育结构，在继续办好普通高级中学教育的同时，大力发展职业技术教育，逐步形成具有我国特色的职业技术教育体系。"①这一时期的职业教育发展仍是以中职为主导，逐步建立起有中国特色的，从初级到高级、行业配套、结构合理、形式多样，又能与其他教育相互沟通、协调发展的职业技术教育体系的基本框架。

一、第二次全国职业教育工作会议

1991年1月25日，国家教委、国家计委、劳动部、人事部、财政部共同召开了第二次全国职业教育工作会议。这次会议的主要任务是：贯彻党的十三届七中全会精神，总结十年来发展职业教育的经验，明确今后发展的目标、方针和政策，表彰在发展职业教育中做出突出贡献的先进单位和先进工作者。② 对第一次全国职业教育工作会议以来职业教育发展情况进行全面回顾，对今后发展做出部署，明确职业教育发展的责任在地方，要求加强改革力度，进一步落实"大家办"的办学方针，不仅注意发展数量，也要注重提高质量。

国务委员兼国家教委主任李铁映向会议做了报告。他指出："提高认识仍然是发展职业技术教育的关键。要实现到本世纪末再翻一番和下个世纪经济振兴的目标，必须高度重视和大力发展职业技术教育。这不仅是教育工作的重要指导思想，也是现代化建设的重要指导思想。"他一再强调在我国大力发展职业技术教育有着重要的现实意义，指出："我国的经济建设需要有亿万高素质的劳动者，然而在同龄人中能接受系统的高中阶段职业技术教育的人只有10％，再加上劳动者中，还有相当比例的文盲和半文盲，这就使得我

---

① 《教育改革重要文献选编》，76页，北京，人民教育出版社，1988。
② 参见《1991第二次全国职业教育工作会议》，载《职业技术教育》，2006(9)。

国劳动者文化技术素质不高的问题更加突出，严重制约了我国现代化的进程。在农村有 70% 的现成农业科技成果得不到推广应用，这不仅影响农业生产水平的提高，也直接影响农民的收入。"他进而强调，"工人、农民是我们国家的主人，是社会主义建设的主力军。为了巩固和发展社会主义制度，必须不断提高这支队伍的社会主义觉悟和增强它的组织纪律性，并培养一批又一批有理想、有道德、有文化、有纪律的工人阶级的新生力量。这就决定了它对建设好我国的工人和农民队伍，对进一步巩固以工农联盟为基础的社会主义制度，具有特殊重要的意义"，"发展职业技术教育是加速社会主义建设的重大措施，是造福国家、造福民族、造福子孙后代的伟大事业。这是摆在我们面前的一项重要而又紧迫的任务。要把发展职业技术教育作为发展经济的一个组成部分，要像抓经济工作那样抓劳动者素质的提高。把促进职业教育的发展摆到重要日程上来"。①

这次会议明确了发展职业技术教育的主要任务是："今后 10 年，要在已有的基础上逐步解决面临的各种困难和问题，积极推动职业技术教育迅速、健康地发展，争取在 20 世纪末使企业新增职工基本上都能受到必需的职业技术教育，使农村绝大多数新增劳动者都能获得必需的实用技术培训。为了实现这个目标，从'八五'期间开始就要努力作好以下工作：第一，要努力办好现有各类职业技术学校；第二，开展多种形式的短期职业技术培训；第三，在普通教育的适当阶段，要因地制宜地引进职业技术教育因素；第四，许多成人教育机构都担负着对在职人员的职业技术教育任务，要同样予以重视并积极办好；第五，还要适应对外开放的要求，根据国际劳务市场的需要，培养符合要求的各种职业人员。"②

会议强调要从我国的国情出发探索职业技术教育的发展路子。第一，广泛发动和依靠各行各业、社会各种力量共同兴办职业技术教育，逐步形成多

---

① 《1991 第二次全国职业教育工作会议》，载《职业技术教育》，2006(9)。
② 转引自闻友信、杨金梅：《职业教育史》，134 页。

渠道、多层次、多形式的办学体制。第二，贯彻按需施教的原则，采取灵活多样的办学方针，逐步提高办学水平。第三，要采取多种途径，努力增加对职业技术教育的投入。第四，制定配套政策和制度，形成推动职业技术教育发展的有效机制。第五，必须深化教育改革，加强内部建设。①

这次会议在以下五个方面推进了职业教育的发展。

第一，对发展职业教育的重要性做了进一步的阐述。强调提高对职业教育地位作用的认识，仍是发展职业教育的关键。同时指出，十三届七中全会确定了实现第二步战略目标的行动纲领，标志着我国四化建设进入一个新的发展阶段，要实现这样伟大的任务，必须高度重视和发展职业教育，这不仅是教育工作的重要指导思想，也是四化建设的重要指导思想；培养跨世纪的技术人才，尤其要特别摆好职业教育的位置。

第二，强调城乡教育相互沟通。城市教育要对农村辐射，支持各级各类人才通向农村，发展职业教育的主要责任在地方，加强地方政府的统筹职能，因地制宜发展职业教育。

第三，教育改革与劳动人事制度改革同步进行，教育、计划、劳动人事、财政部门联手加强职业教育发展的力度。

第四，在新的历史条件下，加强和改进政治思想工作和德育工作。

第五，强调提高质量、提高效益，建设一批具有示范性的骨干职业学校。会议还对国务院提出的《关于大力发展职业技术教育的决定(讨论稿)》进行了讨论，提出了一些意见。该决定于1991年10月17日由国务院正式颁发，进一步推动了职业教育的深入发展。

此后，职业教育事业发展得更好更快，各地纷纷主动积极地贯彻会议精神和《关于大力发展职业技术教育的决定》的要求，中等职业教育人数占高中阶段比重继续提高，职业教育发展出现可喜局面。在职业教育发展和管理工

---

① 参见何东昌主编：《中华人民共和国重要教育文献(1949年~1997年)》，3101~3103页。

作中，各地大胆改革，不断创新，新鲜的经验不断出现。京、津、沪三市，江苏、山东、河北、湖南等省以及国有大型企业，如大庆石油、宝钢、太钢等单位的职业教育事业都走在前列，涌现出一大批改革成绩显著的先进职业教育中心和学校。河北县级职业教育中心就是在 1991 年后陆续在全省范围内建立起来的，在提高职业教育水平方面取得重大进展，对全国职业教育事业起了一定的推动作用。

第二次全国职业教育工作会议后，为了提高职业学校的办学水平和教学质量，认真抓了几项重要工作：对学校开展了全面评估，推进骨干学校建设，加强师资培训和教材建设工作。[1]

二、《关于大力发展职业技术教育的决定》

1991 年 10 月 17 日，在第二次全国职业技术教育工作会议的推动下，国务院颁布了《关于大力发展职业技术教育的决定》。作为新中国成立以来中央政府对于如何发展职业教育的第一个指导性文件，该决定对职业教育政策的发展具有历史性意义。该决定从顶层设计的角度提出，"初步建立起有中国特色的、从初级到高级、行业配套、结构合理、形式多样，又能与其他教育相互沟通、协调发展的职业技术教育体系的基本框架"[2]。该政策要求企业要积极参与各类职业院校及培训中心的实践活动，进一步强化产教结合、工学结合模式；要求产业部门、行业组织、企事业单位加强与各类职业院校之间的联合办学，探索多元化的联合办学模式。同时要求职业院校在产教合作中、在专业设置及学时安排等方面，要及时回应产业部门的实际需求。该决定对全国职业技术教育的改革和发展起到了重要的推动作用，具体内容如下。

（一）高度重视职业技术教育的战略地位和作用

在我国社会主义现代化建设十分关键的 20 世纪 90 年代，教育事业作为

---

① 参见闻友信、杨金梅：《职业教育史》，133～136 页。
② 申家龙编著：《新中国职业教育发展历程》，134 页。

进一步发展社会和经济的重要基础，需要大力推进。而发展职业技术教育，有助于提高劳动者思想道德和科学文化素质，有利于社会主义现代化的发展，同时有利于进一步巩固以工人阶级为领导的工农联盟为基础的社会主义制度。

（二）积极贯彻大力发展职业技术教育的方针

第一，根据未来十年我国经济和社会发展的需要，在 20 世纪 90 年代要逐步做到：使大多数新增劳动力基本上能够受到适应就业所需要的最基本的职业技术训练，在一些专业性、技术性要求较高的劳动岗位，基本保证就业者能接受到系统的、严格的职业技术教育；初步建立起有中国特色的，从初级到高级、行业配套、结构合理、形式多样，又能与其他教育相互沟通、协调发展的职业技术教育体系的基本框架。

第二，20 世纪 90 年代发展职业技术教育的主要任务是：努力办好现有各类职业技术学校。要有计划地对现有各类职业技术学校加强规范化建设和管理，并集中力量办好一批具有示范性和骨干作用的学校；要挖掘现有职业技术学校的潜力，扩大招生规模，特别是扩大中等职业技术学校的招生规模，使全国高中阶段职业技术学校的在校生人数超过普通高中的在校生人数；要办好各地的职业培训中心，在有条件的城市，还可试办层次较高和专业综合性较强的职业技术教育中心。各类职业技术学校也应积极承担短期培训任务。要根据各地教育的实际情况和经济发展水平，对小学后、初中后、高中后不能升学的青少年在从业前进行多种形式不同程度的短期职业技术培训。在普通教育中积极开展职业指导，因地制宜地在适当阶段引进一些职业技术教育因素，在不同阶段对学生实行分流教育。城市可在高三分流，对一部分人进行定向性的或预备性的职业技术教育。农村可根据各地的情况，分别采取"三加一"（三年初中教育再加一年职业技术教育）、初三分流、四年制渗透职业技术内容或办职业初中等多种形式发展初中阶段的职业技术教育。

与此同时，重视并积极发展对在职人员进行职业技术培训的成人教育。[1]

第三，要制定相应政策扶持中等专业学校深化改革，办出特色，提高质量，积极发挥中等专业学校在同类职业技术教育中的骨干作用。要加强技工学校和职业中学的建设，扩大规模，提高办学条件与教学质量。积极推进现有职业大学的改革，努力办好一批培养技艺性强的高级操作人员的高等职业学校。为适应对外开放的要求，各类职业技术学校要积极培养国际劳务市场需要的各种从业人员。

第四，在广大农村地区，要积极推进农村教育综合改革，实施"燎原计划"，实行农科教结合，统筹规划基础教育、职业技术教育和成人教育。

第五，我国职业技术教育要走符合国情的发展道路。要坚持分区规划、分类指导，因地制宜地确定具体发展目标。要重视并积极帮助老、少、边、山、穷地区发展职业技术教育。

（三）采取有力政策支持职业技术教育发展

第一，我国职业技术教育必须采取"大家办"的方针，要在各级政府的统筹下，发展社会各行业办学和各方面联合办学，同时鼓励民主党派、社会团体和个人办学；要充分发挥企业在培养技术工人方面的优势和力量。要发展电视、广播和函授职业技术教育。各类职业技术教育机构的设立、调整和撤销均应按国家有关规定和审批程序办理。

第二，各级政府、各级财政部门和社会有关企业部门等要从财力和政策上支持职业技术教育的发展，努力增大对职业技术教育的投入。各级各类职业技术学校的业务主管部门要根据财力和事业发展的需要，制定本地区、本部门(行业)职业技术学校的生均经费标准。在国家政策规定的范围内，各地各部门应采取多种措施，扩大职业技术教育的经费来源。除国家投资外，要提倡利用贷款，有关部门要为职业技术学校使用贷款创造条件，并鼓励集体、个人和其他社会力量对职业技术教育进行投资。

---

[1]　参见申家龙编著：《新中国职业教育发展历程》，116 页。

第三，各类职业技术学校和培训中心，应根据教学需要和所具有的条件，积极发展校办产业，办好生产实习基地。提倡产教结合、工学结合。非义务教育阶段的职业技术教育，可以收取学费，用于补充教学方面的开支。

第四，各级政府和有关部门应该制定相关法律法规，采取必要的行政和经济手段，有步骤地推行"先培训、后就业"的原则。首先在专业性、技术性较强的行业实行，进而争取尽快做到：在城市，未经职业技术教育、达不到岗位规范要求的一律不得就业、上岗；在农村，企事业单位(含乡镇企业)招工、招干及从事技术性强的生产经营工作，必须经过相应的职业技术教育。今后，各单位招工、招干应首先从专业对口的各种职业技术学校毕业生中择优录用，在对口专业合格毕业生尚未全部录用的情况下，用人单位一般不另从社会上招用人员。政府和有关部门对回乡参加农业生产的职业技术学校毕业生，在贷款、农用生产资料等方面给予扶持和优惠。凡进行技术等级考核的工种，逐步实行"双证书"(毕业证书和技术等级或岗位合格证书)制度。应把技术等级证书或岗位合格证书，作为择优录用和上岗确定工资待遇的重要依据。在农村完善农民技术人员职称评定制度，并视条件逐步实行农民技术资格证书制度。

第五，要在充分利用现有相应机构的基础上，逐步建立健全职业技术教育的研究、教材出版、信息交流、师资和干部培训等服务体系。中央和各地的报刊、广播电台、电视台等应加强对职业技术教育的宣传报道工作。要充分发挥中国职业技术教育学会、中华职业教育社等有关社会团体的作用。要加强职业技术教育与世界各国和地区及有关国际组织的交流与合作。

（四）加强职业技术教育的改革和基本建设

第一，各级各类职业技术学校要把德育放在首位。坚持不懈地进行四项基本原则和国情教育，进行爱国主义、社会主义、集体主义及共产主义人生观等思想政治教育。要注意根据职业技术教育的特点，切实加强职业自豪感、职业道德和职业纪律的教育。

第二，要面向社会实际需要，合理规划职业技术学校的布局和专业设置。在农村，要重视办好直接为农林牧业服务特别是与发展粮棉油生产有关的专业，同时也要注意培养其他各种专业技术人才。专业设置要适应农村经济发展的需要和农民生产经营体制。在城市，要根据国家产业政策加强技术工人的培养。同时，要积极办好适应城市商业和各类服务业发展需要的职业技术教育。城乡职业技术教育专业的布点一般应在地(市)范围内统筹规划。

第三，要改革职业技术教育教学内容和教学方法，突出实践性教学环节，加强职业技能训练；教学安排中要注意增强适应性、实用性和灵活性；职业技术学校在加强德育和智育的同时，还要重视美育、体育和卫生教育，全面提高教育质量。

第四，要积极稳妥地改革中等专业学校和技工学校的招生和毕业生分配制度。应按照国家计划分配、用人单位择优录用和个人自谋职业相结合的就业方针，面向城乡多种所有制的需要培养人才，根据专业特点，合理安排毕业生去向，特别是要打开中级技术人才通向农村的渠道。计划、教育、劳动、人事等有关部门应积极配合，推进这项改革。

第五，大力加强师资、实验实习基地和教材等基本建设。本着培养和培训、专职和兼职相结合的原则，多渠道地解决职业技术教育的师资特别是技能教师来源问题。要建立职业技术教育教师、干部的轮训进修制度。要提高职业技术教育教师的任职条件，完善教师专业技术职务评聘办法，逐步实行教师资格证书制度，采取措施逐步提高职业技术学校教师的待遇。要抓紧职业技术教育的教材建设，尽快解决各类职业技术教育对教材的需求。各级政府和参与办学的部门、企事业单位必须认真解决职业技术学校实验、实习设备和校内外实习基地的问题。企业应该积极接纳职业技术学校师生到厂实习。县一级政府要负责安排一定土地、山林等给农村职业技术学校做生产实习基地。

（五）进一步加强对职业技术教育工作的领导和管理

第一，各级政府及中央与地方的各有关部门要对职业技术教育分工负责。按照《中共中央关于教育体制改革的决定》，国家教育委员会负责掌握职业技术教育的大政方针，统筹职业技术教育的发展，协调各部门有关职业技术教育的工作，统一部署和指导职业技术教育的改革。国家计划、劳动、人事、财政等部门应按照职责分工，做好人才需求预测、经费来源、毕业生就业录用和有关职业技术教育管理等方面的工作。

第二，发展职业技术教育主要责任在地方，关键在市、县。因此，地方政府有权对职业技术教育进行必要的统筹和决策。在中央统一的方针政策下，由地方政府统筹安排本地各类职业技术教育的布局、专业（工种）设置、招生、毕（结）业生就业安置及中、长期规划。上级各有关部门应支持地方政府的统筹和决策。部门办在地方的学校，在首先满足本行业所需人才的同时，也应积极为当地培养所需人才。提倡部门和地方根据需要联合办学。

第三，要重视发挥各业务部门在发展职业技术教育中的作用。各业务部门除办好所属职业技术学校外，还要对本行业范围内的各类职业技术教育在学校布局、专业（工种）设置、办学标准、教学要求、质量评估等方面进行指导和协调；在实验实习、师资、设备、教材、考核标准等方面提供服务和帮助。

第四，各地和各部门要落实和加强对职业技术教育的管理。要进一步完善职业技术学校内部的管理体制。高等职业技术学校原则上实行党委领导下的校长负责制；中等和初等职业技术学校原则上实行校长负责制并充分发挥党组织的政治核心作用；要把校长负责、社会参与和教师职工、学生的民主管理监督有机结合起来。

第五，要制定各类职业技术学校的设置标准和评估标准，逐步建立职业技术教育的评估制度。要完善职业技术教育的法规建设，逐步使我国职业技术教育走上以法治教、科学管理的轨道。

第六，各级政府要把职业技术教育纳入当地经济和社会发展的总体规划，使经济建设真正转到依靠科技进步和提高劳动者素质的轨道上来。要建立干部责任制，把职业技术教育工作列入有关考评内容。领导干部要亲自抓典型，要经常深入教育第一线，帮助基层解决实际困难和问题。①

随着该决定的颁布与实施，中等专业学校和技工学校在招生和毕业生就业制度方面有了一定的进展，从全国范围来看，各地区和各部门都大大增加了对职业教育的投入，努力改善其办学条件设施，进行师资队伍建设。同时，该决定一方面强调职业学校及培训中心要根据各自条件，积极发展校办产业，为保证实践环节还要办好专业生产实习基地；另一方面，大力呼吁"产教结合、工学结合"，这是"产教结合"的表述首次正式出现，意味着"产教结合"从国家层面上的提出，也标志着产教关系走向新的发展阶段。

三、中职师资队伍建设

在重点发展中等职业教育的同时，职业教育师资培养工作也在不断推进。国家通过相关政策法规的颁布，保障职业教育师资培养工作的顺利进行；同时，通过建立师资培训基地等途径将师资培养落到实处，切实提高中职师资队伍质量，为职业教育发展奠定良好基础。

（一）构筑职业教育政策法律体系

国家相关政策法律的制定实施为职业教育师资培养提供了强有力的保障。1985年5月，印发的《中共中央关于教育体制改革的决定》要求若干职业技术师范院校，有关大专院校、研究机构都要担负培训职业技术教育师资的任务，使专业师资有一个稳定的来源。为进一步落实《中共中央关于教育体制改革的决定》中关于加强职业教育师资的精神，解决职业技术学校师资严重不足和质量不高的突出问题，1986年6月，国家教委颁发《关于加强职业

---

① 参见《国务院印发〈关于大力发展职业技术教育的决定〉》，见王振川主编：《中国改革开放新时期年鉴(1991年)》，823～826页，北京，中国民主法制出版社，2015。

技术学校师资队伍建设的几点意见》，重点是建立健全职业技术教育师资培养系统，着力解决师资的培养和培训问题。

1989年1月，劳动部颁发《关于加强职业技术培训师资队伍建设的意见》，明确了职业技术培训师资队伍建设的目标、任务，提出加强后备师资的培养、采取多种形式培训职业教育教师的多种举措。1991年10月，国务院颁布《关于大力发展职业技术教育的决定》提出，要本着培养和培训专职和兼职相结合的原则多渠道地解决职业技术教育的师资，特别是技能教师来源问题。这是以国务院名义为职业教育颁发的首个文件，首次提出要建立职业教育师资继续教育制度，为未来一定时期职业教育师资队伍建设指明了方向。[①] 1993年10月，全国人大常委会审议通过《中华人民共和国教师法》；1995年12月，国务院颁发《教师资格条例》；1996年5月，全国人大常委会通过《中华人民共和国职业教育法》。至此，有关职业教育师资队伍建设的法律体系基本形成，职业教育师资队伍建设有了法律保障。

（二）加强职业学校师资培训

兴办职业教育，关键之一是必须拥有一支高素质、高水平的职业教育师资队伍。职业教育发展初期，文化课的教师中有不少人对职业教育教学工作缺乏经验；职业课教师和实习指导教师数量严重不足。因此，各地采取各种措施加强师资队伍建设。

上海市为了加强职业教育师资队伍建设，除将上海师范学院分院改为上海技术师范学院外，还在上海教育学院等校开办了职业技术教师培训班。江苏省教育厅决定，由各市教育学院逐步开办中等职业教育专业课教师培训班。1984年，江苏省各市教育学院纷纷开设了电子、纺织、化工、建筑、幼教、农学、多种经营和淡水养殖8个专业，招生360人。在职业高中专任教师中，大部分是担任生产实习的指导教师，对这部分教师并不强求必须具备

---

① 参见平和光、程宇、岳金凤：《推进职业教育师资队伍建设 夯实职业教育立教之本——改革开放40年我国职业教育师资队伍建设综述》，载《职业技术教育》，2018(27)。

本科以上学历，但必须具有丰富的实践经验，熟悉本专业的生产技术与知识。由于来自生产岗位的指导教师毕竟有限，很多人是从文化课教学岗位转任生产实习指导教师，因此缺乏足够的职业教育的教学经验。在中等专业学校专任教师中，具有高级职称的教师年龄偏高，据 1983 年教育、计委、人事三部委调查，50 岁以上的占 85.36%。①

为了解决师资队伍单薄、经验缺乏、少部分教师教学水平过低和年龄结构老化等问题，必须迅速增加职业教育师资培训和进修的基地建设，建立稳定的师资来源渠道。因此，除了倡导和支持企业单位和一切有丰富实践经验的技术人员、专业人才、生产能手充任职业教育师资外，还要创办一批专门培养职业教育师资的学院和扩大吸纳职业教育师资进修的教育机构，如动员国家重点普通高校参与职业教育师资培养。1989 年 10 月 4 日，国家教委决定在天津大学、浙江大学创设职业技术教育学院，1993 年 4 月 12 日委托湖南农学院、河北农业技术师范学院建立农村职业技术教育培训中心。1994 年 10 月 18 日，国家教委同意成立同济大学职业教育学院，1997 年在西安交通大学、东南大学和四川联合大学增设师资培训基地，加强职业教育师资队伍建设的力度。

为了让现有教师通过多种形式逐步得到提高，这一时期国家教委为职业教育师资培训和进修工作发出了一系列指示：1986 年 9 月 7 日，国家教委职业教育司发出《关于选派职业技术学校教师出国进修问题的通知》。1986 年 11 月 19 日，国家教委计划司发出《关于落实 1987 年需要列入高校招生计划培养职业技术学校专业师资的通知》。1987 年 3 月 24 日，国家教委印发《普通高等学校招收少量职业技术学校应届毕业生的暂行规定》。1987 年 7 月 16 日，国家教委发出《关于职业中学专业课教师职务聘任工作的补充意见》等。

国家教委和各业务部门十分重视职业教育师资队伍和领导班子的建设，并关心改善他们的住宿条件，为此先后下发有关文件。例如，1993 年 1 月 10

① 参见闻友信、杨金梅：《职业教育史》，142～143 页。

中国职业教育
改革与发展研究
1949——2021

日，国家教委、农业部、林业部发布的《关于加强农村、林区中等职业技术学校和农民中专农、林类专业师资队伍建设的几点意见》，1995 年 3 月 10 日国家教委办公厅转发的《国家教委等部门关于加快解决教职工住房问题意见的通知》，1995 年 11 月 24 日国家教委办公厅下发的《关于制定并落实职业教育师资培养计划的通知》，1993 年 12 月 28 日国家教委分别发布的《全国职业中学校长主要职责及岗位要求(试行)》和《关于加强全国职业中学校长岗位培训工作意见》，1996 年 8 月 23 日国家教委办公厅下发的《关于进一步做好全国职业中学校长岗位培训工作的通知》。

通过采取以上一系列加强师资培训的举措，职业教育师资队伍情况开始改善，具有本科以上学历教师的比重逐步上升。例如，中专已从 1986 年的 49.3％上升到 1998 年的 67.72％，同期职业高中也由 19.19％上升到 37.41％。师资队伍的年龄结构和来自生产实际的教师的比重，也都有所改善，并且涌现出一大批师德高尚、精通专业的骨干模范教师，带动了整个职业教育师资队伍水平的提高。[①]

（三）建立师资培养培训基地

1999 年 1 月 12 日，国务院批转教育部《面向 21 世纪教育振兴行动计划》。为大力提高职业教育的教师素质，国家计划以普通高等学校和高等职业技术学院为依托，重点建设 50 个职业教育专业教师和实习指导教师培养培训基地，并且由国家带动地方，大范围提升教师素质。自此，基地建设被视作师资队伍建设的一个突出问题并得到重视与发展。

自 1999 年起，教育部经三批建设，在全国建立了 56 个重点建设职业教育师资培养培训基地。这些基地的共同特征，或者说师资培养培训基地的必要条件是富有职业教育特色、管理科学规范、师资培养培训能力强和具有示范带动作用。相应地，各省市也按照教育部的要求，共建立了 300 多个省级职业教育师资培训基地。经教育部和各省市遴选确定的职业教育师资基地是

----

① 参见闻友信、杨金梅：《职业教育史》，142～145 页。

中等职业教育师资的培养培训机构，也是职业教育师资培训的主渠道。其主要任务既包括新师资培养，又包括职业教育教师的职后培训，还包括职业教育师资科研工作以及上级主管部门托付的各项工作。各个基地分工合理，共同协作。全国重点建设的职业教育师资基地对接全国各大区域，各省市的职业教育师资基地对接所在地区，以中等职业学校的骨干教师、专业带头人、专业课教师实习指导教师、校长及其他教育教学管理干部为基地的培养、培训对象为主。

与此同时，为了建立和完善职业教育师资的培养培训体系，充分调动企业参与职业教育的积极性，教育部在全国共建立了8个职业教育师资专业技能培训示范单位，以此来提高职业学校专业课教师和实习指导教师的技能水平。专业技能培训示范单位主要承担着全国重点职业教育师资培训基地所培养培训教师的实训任务，可以为职业教育专业课教师和实习指导教师提供接触一线工作任务与工作流程的机会，更新并提升其专业的实践操作技能。由此，我国职业教育师资培养培训从注重职前培养走向强调职前培养与职后培训一体化。经过多年的发展，我国职业教育形成了以提高干部管理水平和教师专业能力为重点，以高等学校为主要依托，覆盖全国，布局合理，与职业教育事业发展规模和要求相适应的职业教育师资基地网络，为职业教育教师专业成长提供了支撑保障。①

四、普通高中职业化改造

20世纪90年代，随着社会主义现代化建设取得初步成效，市场经济有所发展，全社会掀起一股普高热，高校也开始面向社会扩招。一些人对于职业教育的传统观念依然根深蒂固，部分家长与学生依旧把职业教育看作最低层次的选择，这些方面对于职业教育的发展也产生了不小的影响，加大了职业院校招生的困难程度。国家也开始更加重视职业教育的发展，

---

① 参见柯婧秋、石伟平：《改革开放40年我国职业教育师资队伍建设的历史演进与未来展望》，载《中国职业技术教育》，2018(21)。

调整各型各类的学校结构，从此拉开了中国"大跃进"式普通高中职业化改造的序幕。

1985 年 5 月 27 日颁布的《中共中央关于教育体制改革的决定》强调："要充分发掘现有中等专业学校和技工学校的潜力，扩大招生，并且有计划地将一批普通高中改为职业高中，或者增设职业班，加上新办的这类学校，力争在五年左右，使大多数地区的各类高中阶段的职业技术学校招生数相当于普通高中的招生数，扭转目前中等教育结构不合理的状况。"[1]并明确提出发展职业技术教育要以中等职业技术教育为重点。该决定对职业高中尤其是农村职业高中发展影响较大的是对教育责任的下放，明确提出："基础教育管理权属于地方。除大政方针和宏观规划由中央决定外，具体政策、制度、计划的制定和实施，以及对学校的领导、管理和检查，责任和权力都交给地方。省市(地)、县、乡分级管理的职责如何划分，由省、市、自治区、直辖市决定。"[2]在此后的近 20 年，农村基础教育的责任基本由乡级政府承担，也就等于由农民承担。全国大多数农村县根本没有能力建立大量的职业学校，致使农村职业学校的生存和发展举步维艰。

1986 年 7 月，国家教委、国家计委、国家经委、劳动人事部联合召开了第一次全国职业技术教育工作会议。会议明确了"实行多层次、多种形式、大家来办"的方针，又再次提出了在 1990 年前后使全国大多数地区高中阶段职业技术学校的招生数达到与普通高中的招生数大体相当的数量目标。[3]

---

① 《中共中央关于教育体制改革的决定(一九八五年五月二十七日)》，载《江苏教育》，1985(4)。

② 《中共中央关于教育体制改革的决定(一九八五年五月二十七日)》，载《江苏教育》，1985(4)。

③ 参见申家龙编著：《新中国职业教育发展历程》，106～107 页。

第三节 《中华人民共和国职业教育法》
与第三次全国职业教育工作会议

为适应社会主义市场经济对职业教育的要求，依法保障职业教育的发展，1996年5月15日，第八届全国人民代表大会常务委员会第十九次会议通过了《中华人民共和国职业教育法》①（简称《职业教育法》）。《职业教育法》分为总则、职业教育体系、职业教育的实施、职业教育的保障条件和附则五大章，共有四十条，根据我国职业教育的实际情况和经济发展的需要，对职业教育发展的重要问题做出了明确详细的规定。《职业教育法》的颁布实施，标志着我国职业教育发展纳入了法制轨道，为职业教育的发展提供了稳固的法律保障，对推动我国职业教育改革和发展有重要意义。

一、《职业教育法》的内容与意义

根据《职业教育法》要求，国家根据不同地区的经济发展水平和教育普及程度，实施以初中后为重点的不同阶段的教育分流，建立健全职业学校教育与职业培训并举，并与其他教育相互沟通、协调发展的职业教育体系。

《职业教育法》以法律规范确立了我国职业教育体系。随着我国社会和经济的不断发展与进步，对工农业从业人员的职业技能要求也相应有所提高，对从业人员进行较为系统全面的职业技能教育，是经济发展的实际情况对职业教育的要求。初中后的职业教育分流，符合我国经济发展水平，对于提高我国从业人员的职业技能素养，推动农村科学种田有重要意义，也有利于调整我国教育规模、层次、结构。《职业教育法》所规定的职业教育体系突出了要把职业学校教育与就业培训紧密结合起来。职业培训是职业教育的重要形式，有利于从整体上提高从业人员的职业素质，具有较强的灵活性，有着广

---

① 有关《中华人民共和国职业教育法》的内容，参见《中华人民共和国职业教育法》，载《宁夏教育》，1996（Z2）。

中国职业教育
改革与发展研究
1949—2021

泛的社会需求和发展前景。

《职业教育法》体现了我国职业教育的统一性和灵活性，有利于公民接受多种形式和途径的职业教育。随着经济体制改革的不断深入发展，社会主义市场经济体制逐步建立和完善，建立健全现代企业制度是深化企业改革的重要内容。近年来，如何规范职业教育的办学体制，成为职业教育改革和发展的关键。《职业教育法》明确规定，县级以上地方各级人民政府、政府主管部门、行业组织应当举办骨干和示范性职业教育机构，同时还规定企业应当根据本单位的实际，有计划地对本单位的职工和准备录用的人员实施职业教育。企业可以单独举办或者联合举办职业学校、职业培训机构，也可以委托学校、职业培训机构对本单位的职工和准备录用的人员实施职业教育。企业人员的职业技能素养是企业的重要生产要素，随着生产力水平的逐步提高，企业的发展将主要依靠生产的技术含量，对在岗人员的职业技能要求也将逐步提高。企业加强对从业人员和后备人员的职业培训，是企业改革、建立现代企业制度的重要内容。

《职业教育法》明确了企业举办职业教育，培养、培训本单位在岗和准备录用的人员是企业的法定义务。这一规定对深化企业改革，促进职业教育发展有重要意义。职业教育经费不足是影响职业教育发展的主要问题之一。依法保障职业教育经费有稳定来源，并使其逐步增长，是制定《职业教育法》的重要目的之一。《职业教育法》在"职业教育的保障条件"一章中，明确了多渠道筹集职业教育资金的原则规定，明确了企业应承担本企业职工和准备录用人员进行职业教育的费用。同时，明确规定企业不依法实施职业教育的，可以收取企业应当承担的职业教育经费，用于本地区的职业教育。省、自治区、直辖市人民政府可在征收的地方教育附加费中安排一定份额用于职业教育。这一规定使地方政府的职业教育经费有了法定渠道，对推动地方职业教育的发展有重要意义。

《职业教育法》的规定使企业承担相应的职业教育费用有了法律依据，这对调动企业举办职业教育的积极性，使职业教育与企业需要相结合有重要作用。《职业教育法》的颁布对提高全社会对职业教育的认识，理顺职业教育管理体制，保障职业教育的经费投入，提供了法律依据，为职业教育的发展提供了法律保障。

职业教育是我国教育事业的重要组成部分，承担着为我国社会主义现代化建设培养实用型人才的重要任务。改革开放以前，我国的教育结构比较单一，职业教育较为薄弱，结构不合理，形不成体系，不利于全面贯彻国家的教育方针。而且单一的教育结构也不适应我国经济发展对实用型人才的需求，影响了经济的发展，特别是对农村经济的影响尤为明显。

《职业教育法》明确了高等职业教育的法律地位，标志着我国职业教育建设迈上法治化的轨道。改革开放以来，我国的职业教育有了很大发展，中等职业教育已占中等教育的一半左右，近年来高等职业教育也有了较大发展，与我国经济发展相适应的职业教育体系正逐步形成。①

二、第三次全国职业教育工作会议

1996 年 6 月，第三次全国职业教育工作会议召开。会议的主要任务是宣传和贯彻《教育法》《职业教育法》《中国教育改革和发展纲要》的政策与措施，推动职业教育的进一步改革和发展任务。会议紧紧围绕中心议题，明确提出积极发展高等职业教育，进一步健全职业教育体系，以及加强内部建设，提高教育质量和办学效益等方面的任务和要求，使得职业教育战线在大力推进依法治教，实现跨世纪发展目标方面取得高度一致。② 会议指出，建立完善的、与其他教育相互沟通、协调发展的职业教育体系，不仅能够提高教育的整体效益，而且也有利于为基础教育由应试教育向素质教育的转轨创造好的

---

① 参见李国钧、王炳照总主编，苏渭昌、雷克啸、章炳良主编：《中国教育制度通史第八卷 中华人民共和国（公元 1949—1999 年）》，495～497 页，济南，山东教育出版社，2000。

② 参见《1996 第三次全国职业教育工作会议》，载《职业技术教育》，2006(9)。

中国职业教育
改革与发展研究
1949—2021

环境和条件。大力发展职业教育，是促进劳动者就业、深化企业改革的重要条件，也是保持社会稳定的一个重要因素。会议提出，要深化职业教育的改革，走出一条符合我国国情的发展职业教育的道路，为此，要坚持在政府统筹管理下，真正形成由社会力量兴办职业教育的格局，进一步推进教育的三级分流，重点发展中等职业教育，积极发展高等职业教育，大力发展职业培训机构，并且要加强职业道德教育，全面地提高受教育者的素质。在这次会议精神的指导下，我国职业学校的发展和改革迈上了一个新台阶。①

为做好职业教育的招生工作，1997 年 12 月 25 日，国家教委、国家计委就发布了《关于普通中等专业学校招生并轨改革的意见》，要求实施普通中等专业学校招生并轨后实行统一招生计划、录取标准，学生缴费上学，将招生计划分配到地区(市)，相应做好招生并轨改革的宣传工作。

为贯彻落实全国职业教育工作会议精神，实施《职业教育法》，加快中西部地区职业教育的改革与发展，1998 年 2 月 11 日，国家教委印发《关于加快中西部地区职业教育改革与发展的意见》的通知。具体有以下几个方面：第一，进一步提高认识，增强发展职业教育的紧迫感。第二，探索符合中西部地区实际的职业教育模式。发展中西部地区的职业教育，既要认真学习借鉴其他国家和我国较发达地区的先进经验，更要坚持从我国社会主义初级阶段的国情出发，从中西部地区的实际出发，努力提高教育教学质量和效益，走有自己特色的职业教育发展道路。第三，建立有效的职业教育运行机制。要加大政府对职业教育工作的统筹力度。第四，国家鼓励东部地区与中西部地区之间积极开展多层次、多形式的职业教育交流与合作，支持中西部地区的职业教育改革和发展。第五，切实加强师资队伍和职业教育管理干部队伍建设。第六，多方采取有效措施，增加对职业教育的投入。

这些推动职业教育发展的法规政策让职业教育获得了巨大的发展。1998年，全国教育事业发展统计公报指出，1998 年全国高中阶段教育(包括普通

---

① 参见《1996 第三次全国职业教育工作会议》，载《职业技术教育》，2006(9)。

高中、职业高中、普通中等专业学校、技工学校、成人中等专业学校、成人高中)共招生 930.61 万人，在校学生共 245.5 万人；全国高中阶段职业教育(包括职业高中、普通中等专业学校、技工学校、成人中等专业学校)共招生 530.03 万人，在校生 1467.87 万人。高中阶段职业教育招生和在校生分别占高中阶段招生和在校生总数的 56.96％和 60.02％。① 1998 年止，全国的职业教育已经形成了 70 多万人的教师队伍。

第四节　高等职业教育继续发展

这一时期职业教育的发展虽然以中职为主导，重点强调改革发展中等专业学校和技工学校。但随着社会主义市场经济的逐步建立和完善，我国对职业教育提出了更高的要求，高等职业教育也在改革开放后的发展基础上获得了进一步的发展。20 世纪 90 年代，我国开始建立与市场经济发展紧密联系的高等职业院校，逐步走上了探索中国特色高等职业教育的办学之路。

一、高等职业教育体系的初步形成

学界一般以 1980 年"金陵职业大学"的成立作为我国高等职业教育的起点。1986 年，全国职业技术教育工作会议提出"高等职业教育"一词，规定高等职业学校、部分广播电视大学、高等专科学校等都应该属于职业性的高等教育。

这一时期关于职业教育的重要政策法规都对高等职业教育在整个职业教育体系中的地位与作用做出了明确的界定。《中共中央关于教育体制改革的决定》首次提出，"积极发展高等职业技术院校……逐步建立起一个从初到高级、行业配套、结构合理又能与普通教育相互沟通的职业技术教育体系"②。《职业教育法》规定，"职业学校教育分为初等、中等、高等职业学校教育。

----

① 参见李国钧、王炳照总主编，苏渭昌、雷克啸、章炳良主编：《中国教育制度通史第八卷　中华人民共和国(公元 1949—1999 年)》，129 页。

② 《中共中央关于教育体制改革的决定(一九八五年五月二十七日)》，载《江苏教育》，1985(4)。

中国职业教育
改革与发展研究
1949—2021

初等、中等职业学校教育分别由初等、中等职业学校实施；高等职业学校教育根据需要和条件由高等职业学校实施，或者由普通高等学校实施。其他学校按照教育行政部门的统筹规划，可以实施同层次的职业学校教育"①。《中华人民共和国职业教育法》明确了高等职业教育的法律地位，标志着我国职业教育建设迈上法治化的轨道。1998 年 9 月，国家颁布的《中华人民共和国高等教育法》，规定"高等学校是指大学、独立设置的学院和高等专科学校，其中包括高等职业学校和成人高等学校"，以法律形式明确了高等职业教育是我国高等教育结构的一个独立类型，进一步夯实了高等职业教育的法律地位。②

更重要的是，这一时期关于职业教育的重要政策也对高等职业教育发展的途径做出了建议，经过从"三教统筹""三改一补"到"三多一改"，基本形成了高等职业教育的实施体系。1987 年颁布的《关于改革和发展成人教育的决定》要求，职工大学、职工业余大学、管理干部学院要结合需要举办高等职业教育。1991 年，国务院颁布《关于大力发展职业技术教育的决定》从顶层设计的角度提出，"初步建立起有中国特色的，从初级到高级、行业配套、结构合理、形式多样，又能与其他教育相互沟通、协调发展的职业技术教育体系的基本框架"③。1993 年 2 月 13 日，中共中央、国务院印发了《中国教育改革和发展纲要》。关于高等职业教育的表达，1994 年 7 月 3 日发布的《国务院关于〈中国教育改革和发展纲要〉的实施意见》中如此描述："有计划地实行小学后、初中后、高中后三级分流，大力发展职业教育，逐步形成初等、中等、高等职业教育和普通教育共同发展、相互衔接、比例合理的教育系列。……积极发展多样化的高中后职业教育和培训。通过改革现有高等专科学校、职业

---

①　《中华人民共和国职业教育法》，载《宁夏教育》，1996(Z2)。

②　平和光、程宇、李孝更：《40 年来我国高等职业教育发展回顾与展望》，载《职业技术教育》，2018(15)。

③　平和光、程宇、李孝更：《40 年来我国高等职业教育发展回顾与展望》，载《职业技术教育》，2018(15)。

大学和成人高校以及举办灵活多样的高等职业班等途径，积极发展高等职业教育。"①1994年召开的全国第二次教育工作会议提出高等职业教育发展的"三改一补"基本方针，即"通过现有职业大学、部分高等专科学校和独立设置的成人高校改革办学模式，调整专业方向和培养目标来发展；在仍不能满足需求时，经批准可利用少数具备条件的重点中专学校改制或举办高职班等方式作为补充"②。"三改一补"是"三教统筹"的延续和深化，完善了我国高等职业教育人才培养的结构，奠定了我国高等职业教育发展的基本格局。1998年，教育部在"三改一补"的基础上又提出了"三多一改"的方针，即办学形式多样化、人才培养模式多样化、高等职业教育办学主体多样化、通过改革来提高人才培养质量。至此，我国高等职业教育自成体系并逐步完善发展。③

二、试办技术专科学校

早在1985年7月4日，国家教委发出《关于同意试办三所五年制技术专科学校的通知》，允许西安航空工业学校、国家地震局地震学校、上海电机制造学校三所具有高科技内容的中专，实行"四五套办"，目的是使教育改革另辟蹊径，既有利于调动办学和教学的积极性，也为进一步完善职业教育体系充实基础。为了搞好这项改革，办好技术专科，国家教委为此在1985年10月15日和1987年5月16日先后召开了两次座谈会，明确提出技术专科归列职业教育体系，是中等专业教育与高等专科教育相结合的，以培养应用型、工艺型人才为主要目的的高等专科学校，四年制培养技术员和中级专业人员，五年制培养高级技术员。对办学的指导思想、学生分流原则、教学计划、教师队伍、后续教育等问题都做了反复研究，并做出了明确规定，以会

---

① 《国务院关于〈中国教育改革和发展纲要〉的实施意见》，载《中国高等教育》，1994(10)。

② 平和光、程宇、李孝更：《40年来我国高等职业教育发展回顾与展望》，载《职业技术教育》，2018(15)。

③ 参见平和光、程宇、李孝更：《40年来我国高等职业教育发展回顾与展望》，载《职业技术教育》，2018(15)。

议纪要形式下发学校试行。1987年6月2日，国家教委对有关学生分流、机构体制、经费投资、教师聘评等问题通过正式行文做出补充规定。1990年1月，在中国人民解放军军需工业学校基础上，建立了邢台高等职业技术学校，进行不同办学模式的试点。从后来实际效果看，这次改革是成功的。

三、推进五年制高职的发展

在1985、1990年试办四所技术专科成功的基础上(技术专科即后来的高职，因试办时为与一般专科区别，故用此名称，以后均应统一)，1994年10月18日，国家教委又下发了《关于在成都航空工业学校等10所中等专业学校试办五年制高职班的通知》。这十所学校是：成都航空工业学校、中国民航广州中等专业学校、九江船舶工业学校、浙江交通学校、无锡机械制造学校、包头机械工业学校、北京煤炭工业学校、郑州铁路机械学校、株洲冶金工业学校、上海市邮电学校。[1]

1996年6月14日，国家教委决定再在八所中专增办五年制高职班，即"大连海运、湖北省轻工、成都水利发电、南通纺织工业、山东省轻工经济管理、呼和浩特和吉林省交通学校以及福建省高级工业专门学校"[2]。当日下发专门通知。

四、推动职业大学的改革与建设

从20世纪80年代初开始，为适应地方对应用型人才的急需，各地相继兴办了一批职业大学。世界银行为此建立专门贷款项目。经过十几年努力，输送了30多万专业人才，对当地建设做出了很大贡献。同时在发展中也出现一些问题。为了办好职业大学，1995年10月6日，国家教委发布《关于推动职业大学改革与建设的几点意见》，针对实际提出办法；同年，又下发了《关

---

① 参见江苏省教育委员会、江苏省职业技术教育科学研究中心编：《职业技术教育文件选编(一九七七年十一月——一九九五年二月)》，883～885页，江苏省教育委员会、江苏省职业技术教育科学研究中心印行，1995。

② 闻友信、杨金梅：《职业教育史》，172页。

于开展建设示范性职业大学工作的通知》，进一步规范职大的建设。

1995年12月20日，国家教委职业教育司印发的《高等职业技术学校试点工作总结交流会议纪要》指出："改革开放和现代化建设的不断发展，科技的不断进步，大量新技术新工艺新设备的采用和引进，在资金技术密集的行业及经济发达地区对一线从业人员的技术水平、能力结构提出了更高的要求，急需通过发展高等职业教育大量培养掌握较高技术技能，又有一定理论知识的高层次技术人才。"[1]试办高职是一次主动适应需要的成功尝试，在中专教育长期形成的培养专业技术人才的基础上（如拥有办学经验、办学特色和有较好的办学条件），举办高职，是一条投入少见效快、质量有保证、有效利用现有教育资源发展高职的重要途径。该纪要还总结了四条办高职的基本经验，即：要有明确的培养目标；较好的办学形式；建立有特色的教学体系；与经济发展和企业生产密切结合。

五、明确高等职业学校的培养目标

教育系统曾对高等职业学校的培养目标做了较长时间的探索，截至1996年6月，王明达在全国职业教育工作会议的总结讲话中，对此做了较为全面的阐述，他认为职业教育的本质特征应体现在培养目标和培养模式上，要有利于在实践中加强对职业教育的管理，促进职业教育的发展，并将其基本特征反映在教学过程中，真正办出特色，培养出社会所需的实用人才。

根据职业岗位的不同需求，培养的年限也会有区别。根据一般教育层次划分的原则，都是根据学习年限来确定，通常在12年后，再学2～3年的称专科，再学4～5年的称本科。高职之所以为"高"，区别就在学习年限上，它是在高中阶段文化和具有相应技术能力基础上实施的专业教育。不能把在高中后接受的所有教育都算高等教育。高职从实质上说，已经达到高等教育学习年限的要求。因此，高职是职业教育中的高层次，是高等教育的一个重要

---

[1]　转引自闻友信、杨金梅：《职业教育史》，172页。

部分，是一种特殊类型的高等专业教育。①

截至 1990 年年底，各型各类的职业技术学校已经逐步发展到 16000 多所，在校生达 600 余万人，全国建有 2100 多所就业训练中心，高中阶段各类职业技术学校和普通高中的招生数已十分接近。1990 年，国家教委制定《普通高等学校工科专科基本专业目录》，提出专业设置可以结合社会需求进行创新，允许开设目录外的专业或专业方向，部分院校开始根据地方的职业岗位需求来设置专业。

六、开始中高等职业教育衔接的探索

我国中高等职业教育衔接起始于 1985 年《中共中央关于教育体制改革的决定》的颁布。该决定要求"调整中等教育结构，大力发展职业技术教育"，要"逐步建立起一个从初级到高级、行业配套、结构合理又能与普通教育相互沟通的职业技术教育体系"。同时，该决定还提出："根据大力发展职业技术教育的要求，我国广大青年一般应从中学阶段开始分流：初中毕业生一部分升入普通高中，一部分接受高中阶段的职业技术教育；高中毕业生一部分升入普通大学，一部分接受高等职业技术教育"。而高等职业技术学院要"优先对口招收中等职业学校毕业生以及有本专业实践经验、成绩合格的在职人员入学"。② 这为中等和高等职业教育的衔接提供了最有力的政策依据，也推动了我国职业教育体系的建设步伐。

1991 年，《关于大力发展职业技术教育的决定》提出，在 20 世纪 90 年代要"初步建立起有中国特色的，从初级到高级、行业配套、结构合理、形式多样，又能与其他教育相互沟通、协调发展的职业技术教育体系的基本框架"。这一政策强调中高职衔接体系框架中的中国特色，注重协调发展，为中高职衔接问题的判断及解决问题的思路，提供了政策指导。

---

① 参见闻友信、杨金梅：《职业教育史》，173～174 页。
② 《中共中央关于教育体制改革的决定（一九八五年五月二十七日）》，载《江苏教育》，1985(4)。

1993 年，中共中央、国务院印发的《中国教育改革和发展纲要》以及 1994 年国务院关于《中国教育改革和发展纲要》的实施意见，是中高职衔接的重要文件，因为它们首次明确提出不同级别职业技术教育之间要相互衔接的要求，为构建现代职业教育体系进一步指明了方向。

1996 年，《职业教育法》又做出了明确规定，"国家根据不同地区的经济发展水平和教育普及程度，实施以初中后为重点的不同阶段的教育分流，建立、健全职业学校教育与职业培训并举，并与其他教育相互沟道、协调发展的职业教育体系"，以及"职业学校教育分为初等、中等、高等职业学校教育"。① 《职业教育法》第一次以法律形式确立了职业教育体系的框架结构。

1997 年，国家教委下达了《关于招收应届中等职业学校毕业生举办高等职业教育试点工作的通知》，要求从 1997 年起，决定"在北京、上海等十个省、直辖市(名单附后)开展招收应届中等职业学校毕业生举办高等职业教育试点工作"②。

第五节　职业教育产教融合

一、计划经济向市场经济过渡时期的联合办学

从 1978 年到 1992 年，体制改革成为社会发展的核心词语。从 1978 年中共十一届三中全会拉开经济体制改革序幕，到 1982 年党的十二大提出贯彻"计划经济为主、市场调节为辅"，再到 1992 年党的十四大明确提出"建立社会主义市场经济体制"的宏伟目标，我国经济领域开展了生动而富有成效的改革实践。这一时期，职业教育产教融合主要体现在三个层面：一是在管理层面，要求经济部门与教育部门加强合作；二是在办学层面，实行行业、企事业单位办学和各方面联合办学；三是在教学层面，强调学校与企业共建校

---

① 《中华人民共和国职业教育法》，载《宁夏教育》，1996(Z2)。

② 何东昌主编：《中华人民共和国重要教育文献(1949 年～1997 年)》，4218 页。

中国职业教育
改革与发展研究
1949—2021

外实习实践基地。这既反映在系列政策文件中，也在 20 世纪 80 年代"联合办"的职业教育改革实践中得到充分发展。

（一）职能部门的分工与协作

20 世纪 80 年代的职业教育发展，处于由计划经济向市场经济过渡的时期，国家财力有限，"大家办""联合办"成为这一时期发展职业教育规模的基本手段，因此管理部门的分工与协作就凸显出重要性。职能部门的分工与协作是实现职业教育产教融合的重要保障。

1983 年 5 月，教育部、劳动人事部、财政部、国家计委联合颁布的《关于改革城市中等教育结构、发展职业技术教育的意见》提出："希望各级政府要加强统一领导，有关部门要明确分工，各负其责，搞好协作。"①1986 年 6 月 11 日，中国职业技术教育委员会正式成立，其主要任务是协调各部委、各有关部门和省、自治区、直辖市及计划单列市的职业技术教育工作，对涉及部门之间的有关职业技术教育工作的重大问题进行磋商或提出建议和方案。1986 年 6 月 23 日，国家教委、国家计委、国家经委联合下发了《关于经济部门和教育部门加强合作促进就业前职业技术教育发展的意见》，就经济部门与教育部门如何加强合作提出明确要求，为地方经济部门与教育部门的合作指明了行动方向。地方层面按照"经济部门与教育部门加强合作""各地经委与教委共同帮助本地区企业与各类职业技术学校对口建立必要的协作联系"的政策要求，积极推进职业教育产教融合。

（二）联合办学的生动实践

遵循政策指示，同时因现实所需，我国各地尤其是农村职业教育领域展开了生动的联合办学实践。实践表明，教育部门和企事业部门联合办学形式优势最大，受到社会的普遍欢迎。我们在实践当中可以找寻一些案例，这些案例不仅反映出当时职业教育办学体制与管理体制的变革形态，也充分展现出职业教育产教融合实践意义产生的全景。

---

① 何东昌主编：《中华人民共和国重要教育文献(1949 年～1997 年)》，2090 页。

1. 河北省唐山市模式(1980—1983)

唐山市委、市政府把职业教育的发展工作列入重要议事日程，并责成一名副市长主管这项工作。地方财政对职业教育也给予了大力支持。其做法是：同时安排经济计划与教育计划，由计划、劳动、教育和企业部门共同完成每年度的招生人数和专业计划制订；改革劳动制度，要求企业招工首先从职业学校的毕业生中择优录用；采取专职兼职结合的方式解决专业课师资来源问题，主要有"请联办改办对口单位派"等方式；结合生产实践，编写专业教材；联办、改办的职业学校与企业密切合作，学生工学交替，没有对口企业的职业学校则自办校办工厂。此时期，唐山市职业教育受到社会普遍欢迎，仅1982年填报职业技术学校的，就占初中毕业全部考生的62.3%，职校毕业生上岗即适岗。[①]

2. 吉林省农安县模式(1979—1983)

在1979年中央提出改革中等职业教育结构的要求后，农安县采取普校改办职业学校的路子，结果后期遇到了"经费拮据、缺少教学设备与实习基地、专业课师资没有来源"等困境。1982年，农安县决定走"部门为主、联合办学"的道路。1983年，农安县以水利局等13个事业局为主，与三盛玉等11个乡政府联合办了15所职业学校。农安县把发展农(职)业技术教育的计划纳入县总体规划中，使职业教育同生产结合，直属有关部门负责协调，指导联合办学工作，学校、企业密切合作。职业高中(中专)学校直接与市直属部门、单位或大企业联合办学，企业直接参与学校教学和管理工作，学校协助企业搞好各项教育工作。[②]

3. 江西省弋阳县模式(1983—1991)

弋阳县作为老区小县，经济底子薄弱，其职业教育发展面临办学条件

---

① 参见张巨东：《唐山市重视发展职业技术教育》，载《人民教育》，1983(6)。

② 参见阚春：《发展农村职业技术教育的一条新路——农安县"部门为主、联合办学"的调查》，载《职业教育研究》，1984(2)。

差、专业设置难、专业教师缺、专业教材缺、实习场地缺、毕业生的工作难以安排等一系列困境。为解决这些问题，弋阳县职业学校先后与当地有关单位联合办起专业班。其做法是：联合筹措职业教育经费、联合建立师资队伍、以专业为基础建立联办职业教育领导小组、联合开拓实习基地、联合解决毕业生就业问题。但在联合办学中，弋阳县也遇到很多问题：经费短缺，联办单位只能尽力而为，解决专业班的小范围资金，远远满足不了职业教育发展需要；联合单位只能解决部分对口专业的部分学生的就业问题。解决问题的策略：加强统筹领导，建立 14 个有关单位主要负责人组成的"三教统筹"领导小组；设立职业教育专项基金，拓宽职业教育资金来源；改革劳动用工制度；改革职校招生制度，实行"荐考结合""普招与特招结合"的办法，保证联办专业班生源质量。①

一般来说，典型的案例应当实现两方面价值：一是案例来源于常态活动，能真实地反映职业教育产教融合的自然进程；二是能很好地引发管理者、实践者对于职业教育产教融合问题的认知冲突，进而引发深入的思考和探索。以上区域案例中既有经验、有困境，也有教训反思，从中我们可以管窥到职业教育产教融合中的真经验和真问题。1985 年，苏州、无锡、常州、沙市、沈阳和芜湖 6 市引进德国"双元制"职业教育模式，先行试点。各市都建立了由主管教育的副市长或市长负责，有计划、财政、劳动、教育及有关企业局长参加的领导小组，并在毕业考核和就业待遇等方面制定了配套措施。试点按照"企校结合、企业为主，实践与理论结合、实践为主"的原则，开展人才培养实践。这场改革实验在全国产生了较大反响，也为其他地区探索本土化的"双元制"模式提供了经验。

（三）教学层面的理论与实践相结合

加强实习实训，建立校内实习实训基地，促进学生理论学习与动手实践

---

① 参见陈智祥：《联合办学是走出职教困境的好路子——弋阳县联合兴办职业教育的实验》，载《江西教育科研》，1991(3)。

相结合，成为教学层面产教融合的基本形式。按照我国《全日制中等专业学校工作条例(征求意见稿)》《关于制定和修订全日制普通中等专业学校(四年制)教学计划的意见(试行)》《关于制订职业高级中学(三年制)教学计划的意见》《普通中等专业学校设置暂行办法》《技工学校工作条例》《省级重点职业高级中学的标准》《关于开展普通中等专业学校教育评估工作的通知》《普通中等专业学校办学水平评估指标体系(试行)》等教学标准，各职业学校不断加强实践教学师资、实习管理、实习基地的建设，普遍建起了校办工厂畜牧场或农场，同时建立起若干校外基地，实现校内基地与校外基地相结合，并把教学、生产劳动和科学技术的应用推广或社会服务紧密结合起来。实践证明，联合办学能调动和发挥多方面的积极性，使教学经费、专业师资、教学设备、实习场地、学生就业等得到很好落实，取得良好的经济效益和社会效益。

二、社会主义市场经济体制下的产教结合

随着社会主义市场经济体制的建立，迫切要求人才培养同经济社会发展需要密切结合，走产教融合之路。1991年，国务院颁布的《关于大力发展职业技术教育的决定》明确提倡产教结合、工学结合；1993年，中共中央、国务院颁布的《中国教育改革和发展纲要》再次强调："要在政府的指导下，提倡联合办学，走产教结合的路子，更多地利用贷款发展校办产业，增强学校自我发展的能力，逐步做到以厂(场)养校。"这一时期，产教结合成为职业教育战线上的热词。

纵观职业教育发展史，产教结合其实就是在以往半工半读、联合办学的基础上产生的，它是我国职业教育发展实践的经验总结，也是各国职业教育发展的共同规律。但在实践中，办学体制上的产教结合并没按政策预期发展。

20世纪90年代初，职业教育产教结合更多地体现为"发展校办产业，增强学校自我发展的能力"，职业学校更加重视创办专业实体和校办产业。这

一时期，市场经济意识开始融入办学实践，有些人认为教育不仅是一个教育实体，而且要成为人才培训实体和经济实体，由自我发展向以职养职、以校养校过渡，使学校逐步走向独立自主、自负盈亏的道路。因为重视实习实训基地建设，截至1992年年底，全国有10818所中等职业技术学校办起了28594个校办产业和实习基地，总产值达43.84亿元，总收益达6.46亿元。校办产业和实习基地的建立，不仅培养和提升了学生的动手能力，也增强了学校的自我发展能力，补充了教育经费的不足。

20世纪80年代中期到90年代中期，我国学术界开展了两次有关教育(包括职业教育)产业化、市场化的讨论。其共识是，在市场经济中，教育是具有巨大外部效益的准公共产品，应由政府与市场共同提供，教育管理体制必须进行适应市场经济体制的改革，但不应产业化即市场化，教育市场化将导致严重的后果。

这一时期"专业产业化、产业专业化"职业教育产教结合形态的形成，也有其深刻的背景。

第一，1993年党的十四大提出"建立现代企业制度"，随后于1995年开始若干城市分离企业办社会职能的探索和实践。将学校从企业主体中剥离出去，在很大程度上减轻了企业的负担，释放了企业的自主性和创造力，但也在意识和物质层面弱化了学校对企业、企业对学校的依赖性。此时，具有公益性质的职业教育在与各部门、行业企业分离后，却没有得到政府的大力支持和投入，即"过渡时期"相应政策不配套，职业教育产教融合的实现在某种程度上更多是依靠学校自力更生，校办产业在社会主义市场经济建立中期尚有空间成长壮大，但随着企业专业化程度和自主性增强，自然会挤压校办产业的生存空间，尽管此时期涌现出很多典型经验，但这种校办产业、专业办产业、依托产业发展专业的道路很难具有普遍性和持续性。

第二，在1998年政府机构改革之际，国务院下发《关于调整撤并部门所属学校管理体制的决定》，随后国务院下发《关于调整五个军工总公司所属学校管理体制的决定》《关于进一步调整国务院部门单位所属学校管理体制和布局结构的决定》，教育部下发《关于中等职业学校管理体制调整工作中防止中等职业教育流失问题的意见》。按照政策要求，部门举办的中高等职业学校逐渐划归省级教育行政部门和其他部门，以地方办学为主。划归地方办学后，职业教育的招生、分配等计划被彻底推向市场。职业学校办学也由此失去了行业企业资源优势，此后职业教育的管理职能出现行业缺位的状况，行业在审批、认证、评估等管理环节上几乎没有话语权，从而造成学校与企业关系严重脱节。

第三，1995 年国家教委开始对中等专业学校的管理体制实行"分级管理、分工负责、条块结合、地方统筹"，1997 年中职计划性招生计划与调节性招生计划实现并轨，完全由国家包揽的统包统分就业制度结束，行业企业部门举办职业教育得不到利益保障，其参与职业院校办学的积极性受到负面影响。

第四，这一时期正值国家财力紧张，行业、企事业单位都面临经济压力，职业教育联合办学也受到了极大冲击，业务部门各归其位，对职业教育的参与、支持减少。职业教育校企关系的弱化，导致人才培养脱离企业需求实际。因此，在 20 世纪 90 年代中后期，政策视野又开始关注学校与企业的合作。这一时期，法治建设成为社会主义市场经济建设的重要特征。从法律层面看，《劳动法》《教育法》《职业教育法》《高等教育法》都为职业院校和企业合作提供了法律遵循。1998 年，国家教委发布的《面向二十一世纪深化职业教育教学改革的原则意见》以及教育部、国家经贸委、劳动和社会保障部联合印发的《关于实施〈职业教育法〉加快发展职业教育的若干意见》，都强调增强职业学校和职业培训机构与企业的联系与合作。由此，在政策引导下，我国职业教育产教融合的关注点开始走向微观层面的校企合作。由政府主导的校企合作方式、由计划经济时代的"唯行业部门需要是从"的方式逐渐转向"以市场需求为导向的合作方式"。实践领域开始探索具有市场特色的校企合作模式，并在 21 世纪初走向多元化。①

三、职业教育与经济发展的相互关系②

实践已经证明，一方面，经济发展推动并制约职业教育的发展，为职业教育发展提供物质技术基础，影响职业教育的办学规模和质量，制约职业教育的办学水平、办学方向以及生源的选择；另一方面，职业教育对经济发展具有反作用，它通过劳动力的优化配置，提高劳动者的技能水平，为企业培养合适人才等促进区域经济发展和产业升级。改革开放以来，中国的职业教育层次逐渐转移，1979—1993 年以中等职业教育为主，1994 年以来过渡到以中等和高等职业教育为主。在发达地区，职业教育逐渐从一种层次向一种类型转变，职业教育逐渐有了本科、研究生层次的教育。

（一）经济发展推动并制约职业教育发展模型

经济发展对职业教育的影响变量主要是产业结构、技术水平、经济投入、社会观念，职业教育的主要变量是办学规模和办学质量、办学水平和办学层次、生源。

1. 经济发展水平通过区域技术水平和产业结构影响职业教育的办学层次

经济发展水平对职业教育的影响主要通过两条路径来实现。一是通过产业结构的作用直接影响职业院校的专业设置、人才培养模式以及办学层次。经济发达地区与落后地区不同的产业结构对技能型人才的需求不同，必然导致职业院校的人才培养模式不同、专业设置不同和人才培养层次不同。一般来说，发达地区的产业结构往往需要面向现代服务业的高端技能型人才，较发达地区或不发达地区的产业结构往往需要面向现代制造业及工业的技能型人才。二是经济发展水平不同导致该区域的技术水平不同，由此影响该区域

---

① 参见周晶：《中国职业教育发展的根本方向——40 年来职业教育产教融合发展的历程、规律与创新》，载《职业技术教育》，2018(18)。

② 参见李继延等：《中外职业教育体系建设与制度改革比较研究》，181～197 页，上海，复旦大学出版社，2014。

的人才结构，并进而影响职业院校的师资水平。发达地区由于具有人才高地优势而能够吸引到更高层次的人才到职业院校任教。

2. 经济发展水平通过经济投入影响职业教育的发展规模、速度与质量

经济发展水平决定对职业教育的人力、物力、财力投入，制约职业教育的发展规模、速度和质量。经济发展水平为职业教育的发展提供了物质基础，直接影响职业院校的办学条件。经济发达地区对职业院校的教学实施、实习实训设备以及师资和生均经费的投入明显高于落后地区。所以，经济投入制约了职业院校的基础建设规模与质量，从而影响教育教学质量，而教学质量的高低影响毕业生的就业水平。就业水平的高低和就业质量的好坏又会影响职业教育的招生规模和招生质量。同时，经济发展水平制约着就业率，而就业率的高低直接影响职业教育的规模、速度与质量。一般来说，经济发展水平越高，社会能提供的就业机会就越多，学生选择职业教育的概率越大，生源规模越大，职业教育发展得就越快。

3. 经济发展水平影响职业教育的生源选择

经济发展水平不仅影响着家庭受教育的支付能力，而且影响着人们受教育的观念和行为。一般来说，经济发展水平越高的地区，人们的观念越先进，家庭受教育的支出也越高，因而也越容易接受职业教育；反之，经济发展水平越低的地区，人们的观念越落后，家庭受教育的支出也越少。在落后地区，青少年要么选择报考普通大学，要么过早辍学而变成无技能劳动力。这也是为什么越是发达的地区职业教育生源越充足的主要原因之一。

（二）职业教育促进经济增长模型

职业教育促进经济增长与发展的主要变量是劳动者技能水平、人才需求、人才支撑。经济发展增长与发展的主要变量是操作型人才、产品附加值、产业升级。职业教育对经济增长的促进作用主要是通过变量间的作用来实现的。

1. 职业教育通过提高劳动者技能水平满足技能更新的需要

职业教育是以就业为导向、以技能为基础的教育。对学生而言，职业教

中国职业教育
改革与发展研究
1949—2021

育所关注的不是学生对复杂知识的掌握和理解，而是解决现实问题的方法和技巧；对教师而言，职业教育所要求的不是教师的理论水平和高度，而是实际工作经验和技能；对社会而言，职业教育培养的不是从事研究开发的科学家，而是具有较强动手操作能力的能工巧匠和业务骨干。所以，职业教育培养的是与国家经济发展水平相适应的实际操作型人才，没有这些人，再好的技术都无法应用。

由于科学技术的进步，产业和技术升级不断加快，这就要求劳动者也必须不断地进行技能更新。职业教育解决了劳动力在生命周期内多次培训和教育的需要，劳动力在职业生涯可以根据企业的岗位技能需要接受多次职业教育培训，从而促进劳动力技能水平的不断提高。

2. 职业教育通过培养企业急需的技能型人才提高产品附加值

职业教育能够促进企业技术更新，满足企业急需的技术技能型人才需求，从而提高企业在产品制造和加工的附加值，提升企业的品牌。企业对员工的职业技能培训已成为许多发达国家企业和公司的投资重点，知识形态的职业技术是企业潜在的生产力，通过职业教育，不仅能够实现劳动技能的再生产，而且可以培养掌握科学技术和实践技能的劳动者，使其潜在的智能要素尽快转化为现实技能。反观我国的企业，不仅在人力资源技能提升方面投入较少，而且技术人员结构不够合理，高级技术人员严重短缺，初级工人比重偏大。所以，区域之间职业教育要统筹布局，要根据经济发展水平选择与之相适应的专业设置、人才培养模式和培养层次。①

3. 职业教育通过人才支撑促进区域产业升级

我国的工业化进程是分阶段分区域逐步进行的，这就决定了当我国沿海地区以良好的区位优势和人文优势率先走上工业化发展道路时，我国中部地区正处在工业化进程中，而欠发达地区的工业化刚刚起步。

---

① 参见陈天荣：《对我国发达地区职业教育功能的新认识》，载《职业时空》，2005(22)。

在沿海发达地区，工业、服务业发展已经达到较为成熟的阶段，这一区域的职业教育主要为后工业化、现代服务业发展培养创新应用型高层次技术人才，如轨道交通、航空服务、国际贸易、金融证券、酒店服务等本科或研究生层次的高端技能型人才，较发达地区正处于工业化进程中，职业教育主要培养适应工业化要求的加工业、制造业等技能型人才。欠发达地区正处于农业现代化和以重工业为代表的工业化起步时期，职业教育主要培养农业和重工业需求的专门技术人才。[1]

（三）经济发展与职业教育互促模型

1. 经济发展促进职业教育层次升级

随着经济发展水平的提高，产业结构不断呈现升级化趋势，劳动力市场的用人需求越来越要求职业教育能培养出层次更高的劳动者。接受更高层次的职业教育已逐渐成为进入劳动力市场的基本条件，经济发达地区一些工作较好的劳动力市场会被一些受教育水平高的新增劳动力所占有，即使是以吸纳劳动力就业为主的小型企业，也会不断提高接受新增劳动力的受教育年限，这就会出现所谓人才高消费现象。所以，经济发展水平不断提高要求职业教育必须相应提高办学层次，以实现职业教育与经济发展水平的动态适应。如果发达地区的职业院校专业技术含量过低，不仅培养出来的人才难以满足市场需求，而且会造成人才需求的结构性矛盾，即企业需要的人才培养不出来，学校培养出来的人才找不到工作，这无疑是教育资源和人才资源的浪费。因此，职业教育只有与经济发展水平相适应，加大其人才培养的技术含量，根据经济发展水平和产业结构演变的规律，不断提高职业教育培养层次，开展职业教育本科、硕士、博士等多种类型的教育，才能适应劳动力市场对高端技能型人才的需要。

2. 职业教育结构要与经济社会发展水平相适应

职业教育结构要与经济结构和发展水平相适应，可以适度超前引领经济

---

① 参见陈天荣：《对我国发达地区职业教育功能的新认识》，载《职业时空》，2005(22)。

增长，但不能过度超前；同时，职业教育层次与结构也不能落后于区域经济发展与增长对人才的需求。概括起来，职业教育结构与经济结构和发展水平相适应主要体现在以下四个方面：一是职业教育专业设置要与区域产业结构调整相适应，符合区域产业发展需要，做到专业方向"适销对路"。二是职业教育层次要与经济发展对人才需求的技术结构相适应。不同的产业结构、不同的区域对人才要求的结构是有差异的。在我国既有上海、广东等发达地区以现代服务业为主的产业结构，在人才需求上表现为对本科及以上层次人才的需求，也有甘肃和宁夏等欠发达地区以工业化初期加速发展和第一产业加工业为主的产业结构，在人才需求上表现为对初等、中等职业教育层次的人才需求。三是职业教育规模要与经济建设中劳动力需求结构相适应。四是职业院校专业布局要与区域经济发展规划相适应。[①]

3. 职业教育投入同经济增长结合紧密

从我国各个区域对经济增长的定性和实证量化分析来看，职业教育与经济增长存在最为直接和密切的关系，高素质的劳动力资源和合理的人力资源结构，是经济和社会发展的决定性因素。职业教育的目的是为社会培养劳动力资源，是培养现实的、直接的生产力，是提高经济增长率、改变经济增长方式的有效途径，具有直接促进经济发展的特点。

从我国1988—2011年国家财政性职业教育经费投入对经济增长的影响可以看出，职业教育投入与国家经济增长的关系极为密切，国家财政对职业教育的经费投入每增长1%，将引起经济增长1.7247个百分点。从国际来看，美国经济学家丹尼逊计算，1948—1982年美国的国内生产总值年均增长率为3.2%，其中1/3是通过提高劳动力的教育水平取得的，大约1/2是通过技术进步取得的，而这两者都有赖于教育。

从目前中国发展实际来看，我们不仅需要发展资金、技术密集型产业，

---

① 参见李铁林：《论职业技术教育与社会经济发展的关系》，载《湖南师范大学教育科学学报》，2004(3)。

也仍然需要发展有市场的劳动密集型产业；不仅需要数以千万计的专门人才，也需要数以亿计的高素质劳动者。综上所述，无论是实证分析还是他国经济发展经验都证明，职业教育同经济发展具有天然的内在联系。

4. 职业教育推进劳动者技术更迭

由于产业和技术升级加快迫使劳动者技能更新加快，因此劳动者接受一次教育就能一辈子从事某项工作的时代过去了，劳动者要在其职业生涯内，接受多种、多次的职业教育，才能适应工作对其技能的需要。一次性职业教育和培训很难使劳动者工作终生，现代职业人的一生都要进行不间断的知识更新才能适应岗位技术更新的要求，而职业教育解决了劳动力在生命周期内多次培训和教育的需要，劳动力的职业生涯可以根据企业岗位技能需要接受多次职业教育，从而促进劳动力技能水平的不断提高。

第六节 农村职业教育

20 世纪八九十年代，我国普及教育的重点和难点在农村，全国乡村人口占全国人口总数 70％以上，从业人员接近全国从业人员总数的一半。农业是基础，也是国内市场主要的潜力所在，没有农业的现代化就没有整个国民经济的现代化。因此，农村最需要教育，但是这种教育应该是为当地服务的，是能帮助农民脱贫致富奔小康的教育。过去年代，革命可以靠觉悟和勇敢，当前农村现代化就要学文化和技术。然而原来农村教育的结构过于单一，单纯学文化，城市气味太浓，与农业、农村、农民的生产和生活实际脱节，导致不少农民对教育态度冷漠。长期以来，农村普通中小学学生辍学现象严重，智力扶贫提不上日程，越是贫困的县，常常越是强调升学率，智力资源大量外流，形不成一种智力开发农村的良性循环。这就提出了令人深思的问题，在农村办教育根本目的究竟是什么，农村教育究竟怎么办。多年来，由于种种复杂的原因，这个问题一直解决得不够好。1985 年，《中共中央关于教育体制改革的决定》进一步指出了教育必须为社会主义建设服务，农村教育开始出现突破性进展。

一、大规模职业化改造与农村办学经费的不足

1991 年 10 月 17 日，国务院颁布了《关于大力发展职业技术教育的决定》。该决定明确提出农村可根据各地的情况，分别采取"三加一"（三年初中教育再加一年职业技术教育）、初三分流、四年制渗透职业技术内容或办职业初中等多种形式发展初中阶段的职业技术教育。城市可在高三分流，对一部分人进行定向性的或预备性的职业技术教育。该决定再次强调了发展职业技术教育主要责任在地方，关键在市、县。非义务教育阶段的职业技术教育，可以收取学费，用于补充教学方面的开支。[①]

1994 年 7 月，国务院又发布了《关于〈中国教育改革和发展纲要〉的实施意见》，对职业高中的发展比例提出明确要求：大部分地区以初中后分流为主，大力发展中等职业教育，逐步做到 50％～70％的初中毕业生进入中等职业学校或职业培训中心。到 2000 年各类中等职业学校招生数和在校生数占高中阶段学生数的比重，全国平均保持在 60％左右；普及高中阶段教育的城市可达到 70％。[②]《关于〈中国教育改革和发展纲要〉的实施意见》出台后，全国掀起了大办职业教育的高潮，许多普通高中可以说一夜之间就变成了职业高中。

1991 年，国务院颁布的《关于大力发展职业技术教育的决定》对职业技术教育的管理和投入明确提出："发展职业技术教育主要责任在地方，关键在市、县。"职业技术教育的统筹和决策的责任下移至地方政府，由地方政府统筹安排本地各类职业技术教育的布局、专业（工种）设置、招生、毕（结）业生就业安置及中、长期规划。同时，该决定还提出，"要有计划地对现有各类职业技术学校加强规范化建设，并集中力量办好一批起示范和骨干作用的学校"。

----

① 参见《1991 第二次全国职业教育工作会议》，载《职业技术教育》，2006(9)。
② 参见《国务院关于〈中国教育改革和发展纲要〉的实施意见》，载《中国高等教育》，1994(10)。

1996 年，国家教委、国家计委、财政部联合下发《中等职业学校收费管理暂行办法》，明确了中等职业教育的非义务教育属性，学校可以依据国家有关规定，向学生收取学费。但是，由于学生毕业后需要地方政府进行安置，安置大量的毕业生同样需要财政支持，所以职业高中办高价班的实施是很短暂的。这是职业高中发展过程中的一个特殊时期，它为县(市)的骨干职业学校(后来大多叫职业教育中心或职业技术中专)筹集了相当一部分资金，但它难以成为长久之计，它只能为一些骨干学校提供一些资金，很难为大量的职业学校提供资金。由普通高中改办的职业学校，教师还是那些教师，校舍还是那些校舍，仪器还是那些仪器，没有能力进行职业教育。同时，农村吸纳就业的能力有限，职业教育的办学方向又定位在农村，所以，大量的农村普通高中改办为职业高中后，就开始招生困难，不断有职业高中关门。在职业教育管理上的城乡二元体制所造成的农村职业学校招生难的问题一直困扰着农村职业教育的发展，直到 21 世纪初期才得到缓解。①

二、农村职业教育综合改革——"燎原计划"

党和政府都着重强调了农业这一关系到我国建设和改革全局的重要问题。目前，影响我国农业发展的一个突出问题是，农业劳动者文化技术素质不高，吸收和运用科学技术的能力以及经营管理水平低。因此，尽快采取有效措施提高农业劳动者的素质，是农业进一步发展的关键之一。对此，经过一些省市及农业部门较长时间的酝酿，以及在教委工作会议上广泛征求意见，国家教委拟订了一个深入进行农村教育改革实验，推动农村教育为当地农业生产和农村经济发展服务的"燎原计划"。②

(一)"燎原计划"的启动

1985 年，《中共中央关于教育体制改革的决定》公布后，1986 年何东昌

---

① 参见申家龙编著：《新中国职业教育发展历程》，116～121 页。
② 下文有关"燎原计划"的内容，参见申家龙编著：《新中国职业教育发展历程》，299～303 页；闻友信、杨金梅：《职业教育史》，150～154 页。

在全国职业教育会议上明确提出，为贯彻该决定，农村办学方向必须由单纯追求升学转到为当地建设服务，后又召开专门讨论会，布置实验区工作，向国务院写信要求实施"燎原计划"。"燎原计划"旨在推动农村教育改革，为当地农业生产和农村经济发展服务。

1. 建立改革实验区

为了探索改革和发展农村教育的途径，1987年2月27—28日，国家教委和河北省政府联合在河北涿州召开农村教育改革实验区工作会议，国家教委与河北省人民政府共同决定在阳原、完县(今顺平县)、青龙三县建立"河北省农村教育改革实验区"，标志着我国农村教育改革实验工作启动。

在河北建立改革实验区，具有很好的工作基础。一方面有河北农业大学先进典型的推动，河北农业大学从1979年开始，就在易县山区进行综合治理试验研究，1982年全面铺开对太行山区的开发研究工作。河北农业大学坚持教育为经济建设服务的方向，实行教学、科研、生产三结合。组织师生送技术进山，采取治山治穷，组织多学科联合攻关，通过试验、示范，实行综合开发治理；利用现有资源，大力推广实用技术，广泛培养农村技术人才；开展科学实验，增强山区自身发展能力。农民由此得到很多利益，因此当地干部和群众对科教兴农也有了一定认识和需求。

另一方面，从1985年8月起，根据胡耀邦的建议，国家教委、中共中央直属机关党委、国家机关党委联合选派3250人组成"培训中小学师资讲师团"，分赴安徽、江西、福建等22个省、自治区开展中小学帮助教学活动。讲师团成员董克恭曾给总书记写信，反映农村教育问题，也直接推动了农村教育的改革。

但是，要在河北省全面开展实验，也有不少阻力。不少地方受到落后的思想和生产方式的影响，害怕推广新技术和新教育是一阵风、长不了；有的干部认为本县、本乡有知识懂文化的人员有限，难以完成任务，存在被动等待的态度；很多人认为穷乡僻壤只能靠"离农"找出路；有的认为原本的工作任务已经很重了，再搞什么实验，不胜其烦；有的认为穷县、穷乡搞实验要花钱，除非上级拨款，否则搞不了；有的认为搞教育改革，搞不好反而会降低升学率和教育质量。为了打消畏难情绪，讲师团通过全面调查，摸清情况，针对各种疑虑，进行宣传教育，制订切实可行的方案。

此后，讲师团决定把阳原、完县、青龙等县，作为贫困地区经济开发和教育改革实验区，把河北省已有的贫困地区经济开发与教育改革实验点青龙满族自治县作为国家教委的联系点。发动和组织清华大学、天津大学、北京师范大学与河北省有关高校、中等职校以及中央教科所等社会力量参加实验。

为了保证长时间内不因人事变动而影响实验，1987 年 4 月 24 日，国家教委与河北省政府联合发出了《实验区第一次工作会议纪要》。1987 年 9 月 26日，国家教委与河北省又印发了《实验区第二次工作会议纪要》。以后每年都召开相关会议，国家教委派出长期支教队到有关的几个县协助工作。截至2000 年，实验县已摘掉了贫困县帽子，各类教育在该地区都处于前列。

2. 召开农村教育办学方向研讨会

1987 年 9 月 4 日，国家教委在辽宁海城召开农村教育办学方向研讨会。何东昌做了《农村教育办学方向要转变》的讲话，他说："我们的教育一定要因地制宜，不能搞一刀切，否则不能适应不同地区社会发展不平衡的要求，但最终要有利于那个地方的社会生产力的发展。这就要求我们每个学校的领导不要只看教育部门自己内部的事情，还要认识每个地区的情况和改革的需求，然后再来研究教育如何主动地去适应改革。这样既不脱离实际，又不落后于改革的需要。有这么一个思路，教育就好办了。……我们的教育不能离开这个基本国情和基本路线的基本点。……如果只注意百分之几能够升大学、中专的，而对百分之九十几的小学以上毕业生培养得不够，有所忽视，办学的效果和水平就比较低。……现在我们要把方向转过来，着重为本地培养人才，从长远讲，也是发展教育的根本措施。教育和经济之间，要找到一种办法，

中国职业教育改革与发展研究
1949—2021

形成良性循环。……这个问题带有全局性，量大、面广。这样，农村的成人教育、基础教育、职业技术教育三块要统筹研究。"关于人才问题，他说："人才观念要端正、要转变。当然，还是有一些人要升学，也不能说升学多就坏，主要是看你违反不违反教育规律。全面看，还是应追求毕业合格率，追求学生到社会上以后的适应率。在合格率、适应率的基础上，有一部分可以达到优秀，优秀就是德、智、体、美全面发展。上大学的将来可能是人才，但大学毕业还不能算是人才，还需要锻炼。有些人中学毕业、小学毕业，最后在生产岗位和其他岗位上表现优秀的能手，也是人才。学历是要的，但唯学历不行，还是重在水平。所以，我们的农村学校还是要追求适应率、合格率。合格率中有优秀率。优秀者不一定都去上大学，三百六十行，行行出状元。状元就是优秀者。""教育与生产劳动相结合，一个是教育与经济建设相配合。若不配合，就从根本上脱离了生产劳动。一个是劳动与教学相结合。中学、小学，特别是中学，每门课都要考虑结合。……可以结合本地的事情，包括本地经济发展的历史。……教育同生产劳动相结合，跟本县的经济振兴结合起来。可以参加实际工作、信息服务、技术推广，既可以适当发挥作用，又有利于改革教育。教育同生产劳动相结合，不是简单地增加劳动，而是渗透在各门课程和整个培养过程里面。……甘肃提出'八方统筹'，就是发展经济要支持教育，要把县里各种有知识、有本事的人都请来，这样就上得快。今后即使富了也要搞统筹，县里不能搞人才部门所有。这样做，实际上把经济部门和教育部门连起来了。要找到一种经济战线支持发展教育的内在动力机制，这可能是体制改革的关键。……分级管理，分级办学，要解决两个问题。一个是保证按教育规律办事……另一个是怎么把方向转到为县里发展经济服务为主上来。"[1]这次会议对转变农村教育办学方向起到了积极的推动作用。

---

① 何东昌：《何东昌论教育》，172～176 页，北京，人民教育出版社，2009。

3. 召开山东平度会议

1987 年 12 月 14 日，国家教委与农牧渔业部在山东省平度县联合召开了"农村教育为当地经济建设服务经验交流会"，这是中华人民共和国成立以来第一次全面研讨交流农村教育工作如何为当地经济建设服务的会议。会议期间国家教委副主任何东昌、王明达，农牧渔业部副部长相重扬、河北省副省长王祖武、甘肃省副省长刘恕、湖南省副省长王向天、山东省副省长马长贵及全国各地几十个单位的代表都发了言(含书面发言)。何东昌指出，党的十三大提出要进一步把科技和教育提到经济发展战略的首要位置；县和县以下教育，重点要放在为本地的各项事业服务上来，中心是经济建设；农村的普通教育也要改革，要引入一点职业技术教育的因素；教育要跟当地的实际适当地结合起来。这是中国农村教育发展史上的一次大转变，这种新的农村办学指导思想摆正了教育与社会经济发展的关系，明确了农村办学的目的，为以后农村教育的综合改革注入了强大活力，开拓了新的办学道路。

（二）"燎原计划"的主要内容与具体实施

"燎原计划"的主要任务是，在做好普及义务教育工作的基础上，充分发挥农村各级各类学校智力、技术的相对优势，积极开展与当地建设密切结合的实用技术和管理知识的教育，培养大批新型的农村建设者；并积极配合农业与科技等部门，开展以推广当地适用技术为主的试验示范、技术培训、信息服务等多种形式的活动，促进农业的发展。通过"燎原计划"的实施，切实建立一批真正依靠教育、科技促进农业发展，使农民致富的乡。"燎原计划"第一次提出了农村劳动力转移培训问题。1988 年，《关于组织实施"燎原计划"的请示》提出，随着农村产业结构的调整，特别是沿海地区发展外向型经济战略的逐步落实，今后农村劳动力将有一大批转向非农产业，乡镇企业将有更大发展。农村教育要适应这一形势。在一些地区，可逐步把为农村劳动力转移而进行的技术培训的部分任务，纳入"燎原计划"。

"燎原计划"的目标是，"七五"期间拟在全国 500 个县内建设 1500 个实施

"燎原计划"的示范乡。主要布局在农业规模经营试验区、国家重点开发农业资源的地区和重点扶持的贫困区。其他地区可适当布点以取得经验。"八五"期间争取扩展到全国大多数县,使 10000 个乡达到示范乡的水平。示范乡要在教育改革和经济发展上有明确的目标。示范乡要实现九年制义务教育。学校教育思想要端正,努力贯彻国家的教育方针,坚持教育与生产劳动相结合,建立稳定的生产劳动基地;教学内容要改革,适当增加乡土教学。示范乡还要做到扫除青壮年文盲,建立农民文化技术学校。对大部分在乡的初、高中毕业生要进行有效的技术培训。乡的教育设施要综合利用,促进基础教育、职业技术教育和成人教育的协调发展。有条件的乡,还应以学校为依托,建立技术培训中心,把培训人才、科学实验、技术推广等任务承担起来。示范乡要确定推广适用技术的具体计划,力求通过适用技术的运用,使乡的粮食生产和多种经营有明显的提高和发展,农民人均收入有较大的增长。"燎原计划"的制订和组织实施主要由各省、自治区、直辖市负责。

随后,国家教委会同有关部门和地方出台了"燎原计划"第一期工程实施意见。有关省、自治区、直辖市根据这一意见制订了具体计划。农业银行每年为"燎原计划"提供 6000 万元贷款,"燎原计划"正式开始实施。

为了指导和推进农村教育改革,实施"燎原计划",国家教委在总结各地经验、征求各地意见的基础上,于 1990 年 7 月 9 日印发了《全国农村教育综合改革实验区工作指导纲要(试行)(1990—2000 年)》。该指导纲要指出,农村教育综合改革实验要端正教育思想,改革管理体制,调整教育结构,改进教育内容和方法;坚持"三教"(基础教育、职业技术教育、成人教育)统筹,实行农科教统筹结合;逐步建立适应农村社会主义现代化建设需要的教育体制,逐步形成教育与经济和社会发展相互促进、良性循环的机制;提高教育质量和办学效益,使教育在农村社会主义建设中发挥较大作用。第一次在文件中明确提出了用"三教"统筹发展农村教育。要求各实验县应逐乡、逐村地组织实施"燎原计划",把实验县建设成实施"燎原计划"的示范县、农村教育改革的窗口。并把实验县分为了三类，经济文化基础较好的为一类县，中等水平的为二类县，基础较差的为三类县。实验县类型由省、自治区、直辖市划分。一、二、三类县应在切实普及初等教育的基础上，争取分别于 1992、1995、1997 年基本普及九年制义务教育。

1995 年前，在乡镇政府所在地普及一年的学前教育。每个实验县首先要办好一所起骨干和示范作用的中等职业技术学校，坚持人才培养、科技试验、技术推广、生产示范和经营服务密切结合，发挥上挂(挂靠高校、科研所等拥有较高技术的单位)、横联(与农业、科技等部门和单位密切配合)、下辐射(向乡、村、农户传播致富信息、推广实用技术)的作用。农村的中等职业技术学校招收初中生(及同等学力，适当放宽年龄)，学制为二至三年。既可招收应届毕业生，也可招收已从业的工人、农民。要重点办好乡镇农民文化技术学校，积极发展村农民技术文化学校或利用现有村小办学。县办的农民中专要充分发挥骨干作用，既可招农民也可招初中应届毕业生。农村成人学校要与普通中小学、职业技术学校互相沟通、配合或联合。

该指导纲要规定，实验县的教育改革，在省(区、市)的领导下，由有关地(市)、县负责组织实施。实验县要把教改实验纳入全县经济、社会发展的整体规划之中，列入政府的主要工作日程。国家教委成立农村教育综合改革实验领导小组，以加强有关方针、政策上的指导。下设办公室处理日常工作。各省(区、市)、地(市)可根据情况，设立相应的领导、办事机构。各实验县要由主要领导同志负责组织教育、计划、农业、科技、财政、劳动人事等部门，组成教改实验领导小组及办事机构。

1989 年，全国已有 758 个县、2458 个乡开始了"燎原计划"的实施。为了更好地指导农村教育改革，实施"燎原计划"，1989 年 5 月 23 日，国家教委下发《关于在全国建立"百县农村教育综合改革实验区"的通知》。国家教委决定会同各省、自治区、直辖市，在实施"燎原计划"的县中首先重点抓好约 100 个县，作为全国"百县农村教育综合改革实验区"。通过实验区为实施"燎原计划"提供经验和示范，又通过实施"燎原计划"推动全国的农村教育改革。此外，国家科委从 1986 年开始实施的"星火计划"，农业部和财政部从 1987 年开始的"丰收计划"，都举办了大量的科技培训，如"星火计划"在开始后的 10 年内在全国建立了 40 个国家级星火培训基地，累计培训农村技术、管理人才 3680 万人次，有力地推动了农村经济的发展。

"七五"期间，全国累计组织了 1.7 亿农村相关人员参加了各种形式的培训和学习，有 1.1 亿人毕业或结业，其中脱盲 1141 万人，业余小学毕业 45 万人，业余中学毕业 133 万人，村农民文化技术学校毕(结)业 5194 万人，乡(镇)农民文化技术学校毕(结)业 3857 万人，县农民中专学校(技术)毕(结)业 122 万人。县、乡、村成人学校得到很大发展，1990 年全国县、乡、村成人学校分别达到 1600 多所、3.7 万所、25 万所和 66 万个教学点，毕(结)业的有 3198 万人。[①]

总体来说，基于建立县、乡、村三级教育网络和"三教"统筹的 20 世纪 80 年代的农民教育是一个快速发展时期，也可以说是农民教育的顶峰时期，取得了相当大的成绩。但是，我们也应该看到，20 世纪 80 年代的农民教育主要是想通过提高农民文化程度和培训农业生产技术来解决农村问题。但是，进入 20 世纪 80 年代末期以后，农村劳动力转移已是不可抗拒的潮流。

（三）推进农村教育综合改革，办好农村职业教育

1. 办好各类农村职业教育

在此时期前后，农牧渔业部(农业部)、林业部也一直十分重视中等农林业教育的改革，先后出现了四川省温江农业学校、浙江省嘉兴农业学校、福建省漳州市农业学校等校。他们改革的中心思想是直接为当地经济服务，为农业生产第一线培养输送用得上、留得住的应用型人才。早在 1983 年，温江农业学校率先和彭县(今彭州市)联合试办不包分配的农村青年班，是当时最具有方向性的重大改革。该校还和附近农户共同进行植保作物的试验，帮助

---

① 参见申家龙编著：《新中国职业教育发展历程》，303 页。

所在乡制定农村发展规划。浙江省嘉兴农业学校不仅培养公有制编制的农村中级技术人才，还为集体企业和农户培养能够逐步发展适度规模经营、立志务农、立足家乡的创业型人才。而福建省漳州市农业学校则以推动发展当地农业为己任，为农业新技术推广大面积增产做出极大贡献。林业系统的很多学校也做出了努力，山东省五莲县的林校，常年坚持面向农村发展教育，培训农民技术人员，形成县、乡、镇三级办学体制，既传授理论知识，又进行技术辅导和咨询，使五莲县的林业得到迅速发展，林地面积逐步增加，林业收入不断加大，林业生产已成为五莲县的一大经济支柱。陕西省的林校在办学上坚持为当地服务，利用智力优势，组织了农林业综合技术开发承包集团，深入秦岭山区(凤县)，试办林科教结合基地，取得了很大成效。[1] 以上学校曾是当时各有特色的先进改革典型，在全国农林系统内起了极大的推动作用。

为了克服林业职业教育发展中的学校规模过小、办学形式单一、布局结构不尽合理等问题，一些省林业主管部门将林校、林业技校和其他形式的学校统筹规划，实行统一领导、联合办学的原则，并通过各种培训、函授教育、技工教育、自学考试等形式办学，变单一办学为多形式、多规格办学，使教学资源得以充分利用，直接增强了学校活力，规模效益有了提高。例如，1997 年 48 所林校在校生共 6.12 万人，比 1991 年在校生数增加 1.05 倍，师生比也由 1991 年的 1∶8.9 变为 1∶15.9。[2]

为了贯彻国务院《关于依靠科技进步振兴农业加强农业科技成果推广工作的决定》，发挥农村学校培养人才、推广科技、生产示范、经营服务的多功能作用，1990 年 6 月 7 日国家教委发出《关于动员农林中等专业学校和农村职业中学做好科技兴农工作的通知》，不久各校都做出了成绩。1991 年 1 月 15 日，国家教委决定授予北京市昌平农村职业学校等 106 所职校科技兴农

---

① 参见国家林业局职业教育研究中心、全国林业职业技术教育研究会：《20 年来林业职业教育改革与发展》，载《中等林业教育》，1999(3)。

② 参见国家林业局职业教育研究中心、全国林业职业技术教育研究会：《20 年来林业职业教育改革与发展》，载《中等林业教育》，1999(3)。

先进学校称号，同时授予章建琴等 93 名毕业生回乡务农优秀毕业生称号，表彰他们为农村和农村教育改革所做的贡献。后来，为了解决农业类专业招生所遇到的困难，国家教委于 1995 年 9 月 20、24 日在山东省即墨市(今即墨区)召开了全国部分省市农业职业教育研讨会，王明达到会讲话，山东、河北、湖南等省教委及湖南农大、北京昌平农职校、山东昌潍农校等都在会上交流支持和办好农业职业教育的成功经验，强调必须适应农村市场经济特点，服务农村经济建设，提高认识，加大改革力度，坚持办好农业职业教育。研讨增强了办好农业职业教育的信心，强化了为农服务的意识，下决心立足农字特色，办好农村职业教育。

1996 年 4 月 29 日，国家教委、农业部共同下发《关于进一步办好农村中等职业学校农业类专业的意见》的通知，强调落实 1995 年 3 月江泽民在江西、湖南考察农业问题时的指示"大力发展农村的职业技术教育，为农业和农村乡镇企业的发展，培养大量急需的初、中级科技人才和经营管理人才"。该意见明确要求"强化兴农意识，重视办好农业类专业"，"深化教育教学改革，不断增强办学生机与活力"，"加大政府统筹力度，给予财力和政策扶持"。[1]

2. 深入推进农村教育综合改革[2]

1995 年 6 月 14 日，国家教委针对农村发展需要，发出了《关于深入推进农村教育综合改革的意见》，指出要进一步提高对综合改革的认识，具体实施要坚持"点上深化、面上推广"的工作方针。综合改革的主要任务是，落实教育战略地位、优化农村教育结构，坚持"三教统筹"和"农科教结合"，促进"燎原计划"与"星火计划""丰收计划"的有机结合，"使农村教育与农村经济、社会协调发展，使农村劳动者素质有较大提高，为当地建设培养所需要的中、初级专业人才，逐步形成适应现代化建设需要的农村教育体系"[3]。实行

---

① 国家教育委员会、农业部：《关于进一步办好农村中等职业学校农业类专业的意见》，载《中国职业技术教育》，1996(8)。

② 参见闻友信、杨金梅：《职业教育史》，157～159 页。

③ 《国家教委关于深入推进农村教育综合改革的意见》，载《北京成人教育》，1995(9)。

在普通教育中引入职业技术教育因素，成人教育与职业教育相互支持沟通的办学模式。职业教育是综合改革的重要支撑点和组成部分。长期以来，我国为发展职业教育采取了很多重要举措。

(1)强化政府行为，探索农村教育综合改革新路

河北沧州为了促进农村经济社会全面发展，在制订全市经济发展的"五大战略"时，全面深入实施农村教育综合改革，成立了以市长为组长的农科教统筹领导小组，印发了《关于农村教育综合改革的实施意见》《政府和有关部门在农科教统筹中的职责》等文件，教委把农村教育综合改革列为大事之一。改革的思路是外借辐射力，内构新格局，着眼于综合，着力于结合，以项目促结合，以结合推网络，实施了"一二三四五"行动计划：一是抓住一个核心，即以提高教育教学质量和办学效益，增强教育服务功能，实现"两个重要转变"为核心。二是建立两个格局，即建立农科教有机结合，共同实施科教兴农战略的格局和普职成三教统筹，优化资源配置，整体协调发展的格局。三是实施三大工程，即第一，"对口帮建工程"，组织 30 所大中专学校、职业教育中心和科研院所直接参与农村教改，对口帮建 30 个乡村。第二，"一十百千万工程"，以每县一所职业教育中心为龙头，建设 10 个多功能农村经济服务基地，带动办好 100 个乡村示范性成人学校，县乡两级扶持 100 个村和 1000 名毕业生成为专业村和科技示范户，带动 10000 家农户科技致富。第三，"一校一站兴业工程"，以每个乡镇成人学校为依托，办一个集产、学、研于一体的综合服务站，通过培训、推广、服务达到兴业富民强乡的目的。第四，抓好四个突破，即抓好四个素质教育实验县和一批素质教育示范校，10 个多形式实现农科教结合的实体性组织、10 个三教一体化乡镇教改小区、10 个集文化基础教育职业技术教育于一体的综合初中和综合高中。五是强化五个保证，即强化政府统筹，把"燎原""星火""丰收"三个计划捆绑在一起实施；强化农科教等部门在引进项目、试验示范、人才培训、技术推广、经费投入等关键部位的统筹；强化各级各类教育方向一致、协调发展，

中国职业教育
改革与发展研究
1949——2021

人财物统筹使用；强化"先培训、后就业""先培训、后上岗""绿色证书"制度的落实；每个县都确定一个主攻方向，各县(市)还组建了各方面技术骨干组成的讲师团到各乡镇组织培训。

(2)招收有实践经验人员入学

由于有实践经验的人员往往是农村生产的主要力量，为了提高农业生产的科技含量，加大科技推广力度，1992年，国家教委与林业部联合发出了《关于在部分省区普通中等林业学校招收有实践经验人员入学的通知》，在林业行业中招收有实践经验的林业职工，此举受到林业基层单位的广泛支持。1994年4月22日，农业部和国家教委发出《关于普通中等农业学校在乡镇农业推广机构中招收有实践经验人员入学的通知》，帮助他们提高素质。

(3)农业职业教育师资培训

为了提高乡镇及村级干部管理水平，1995年5月14日中央组织部、农业部、国家教委发出了《关于在中等农业学校举办乡镇及村级干部中专班的通知》。为了落实全国职业教育会"把提高劳动者素质，大力发展职业教育，摆在突出位置"的任务，加强农业职业教育师资成了当务之急。

第五章
职业教育的中高职并重时期（1999—2012）

第一节　21世纪职业教育的机遇和挑战

20、21世纪之交的中国教育面临向大众型教育阶段转型发展的关键时期，此时的一项重大举措就是高等教育扩大招生规模。高等职业教育乘着高校扩招的东风进入了跨越式发展阶段，而中等职业教育则受到严重的冲击，一时陷于困境。

一、中等职业教育发展面临的困境①

虽然我国实行分支型学制，但在国民教育体系中，"小学—中学—大学"是教育链上的主线，职业教育只是从主线伸出的分支。按《职业教育法》的定性，它是不同阶段的普通教育的"分流"。

当高等教育还未进入大众型教育阶段时，教育资源受限，高校招生规模受限，自然要控制高中教育开展的规模。而处于人口增长高峰段的初中毕业生与年俱增，从而为中等职业教育提供了良好的发展空间，这是自20世纪80年代到90年代前期"职普比"得以持续扩大的主要原因，中职生源也能在总体上保证较高的水平。提起这一时期的中职生，人们普遍的态度都是肯定、认同和赞扬的，这也从侧面印证了中职培养质量的到位。

到了20世纪末，随着新生代独生子女进入高等教育适龄阶段，以及社会对接受高等教育的期盼值急速升高。从1999年起，高等教育学校大幅度扩大招生规模，普通高校本专科招生1998年为108万人，2001年增加到268万

---

① 参见教育部、财政部组编，俞启定、和震主编，俞启定、楼世洲执行主编：《中国职业教育发展史》，190～191页，北京，高等教育出版社，2012。

中国职业教育
改革与发展研究
1949—2021

人，三年间增加了近 1.5 倍。高校招生的急速扩张必然带动高中升学率的提高，1990 年高中毕业生的升学率为 27.3%，2000 年达到 73.2%，扩招之前仅有 1/4 的高中毕业生能够顺利升学进入大学学习，而扩招之后 1/4 是不能升学的考生所占的比例，升学率增长为原来的 3 倍。随着高中升学率的激增，普通高中随之扩大招生规模，力求为高校输送更多的学生。1998 年，普通高中招生 359.2 万人，2001 年招生 557.9 万人。

普通高中的扩招以及高达 75% 的高中升学率激起了人们接受高等教育的愿望，越来越多的家长和学生选择初中毕业后进入普通高中进行学习，各类中等职业学校招生数随之大幅下降，从 1998 年的 408.9 万人减少到 2000 年的 333.4 万人，滑坡到与 1994 年招生数相当的水平。2001 年，得益于"普九"的成果，初中毕业生比上一年剧增近百万人，职业高中招生数略有增加，而中专招生数继续下降。

中专招生数量的下降不仅受到高校扩大招生的影响，还与大批中专持续升格有关。数据显示，2000 年全国中专学校数比上年减少 316 所，2001 年又比 2000 年减少 386 所，这其中有并校的原因，但基本趋向是升格，包括通过并校的升格。

中等职业教育在招生数量大幅缩减的同时，办学条件和教育质量也大不如前。一方面，生源质量下降，因为普通高中扩招挖去的正是那部分质量较好的生源，中等职业院校只能退而求其次。这增加了教学的难度，学校要投入很多精力才能管好学生的日常，教师要用很大的气力来维持基本的教学秩序，基于这样的情况，教学水平和质量似乎已经不在考虑范围之内了。另一方面，教育经费短缺，由于学生总数的下降，2000 年全国职业中学生均预算内事业费支出为 1349.45 元，比上年增长 12.07%。而全国职业中学生均预算内公用经费支出为 214.90 元，却比上年下降 5.98%，这表明更大比例的经费开支在"人头费"上了。中等职业教育的投入处于较低水平，导致校内实训条件不足。职业学校普遍采用"2＋1"的教学模式，最后一年的顶岗实习工作往往得不到应有的重视，毕业生的专业水平和实践能力没有达到应有的水平，导致社会的认同度降低，中等职业教育面临前所未有的挑战。

二、高等职业教育的跨越式发展

与中等职业教育下坡式发展相反，高等职业教育在这一阶段实现了"跨越式"发展。1996 年颁布的《职业教育法》以法律的形式明确了高等职业教育在我国教育结构中的地位，这为职业教育的快速发展提供了有力的政策依据。伴随经济的快速发展，各行各业对技术技能型人才需求越来越大，职业教育规模迅速扩大是对市场需求的有力回应。

1999 年颁布的《面向 21 世纪教育振兴行动计划》就强调要发展高等职业教育，指出："积极发展高等职业教育，是提高国民科技文化素质，推迟就业以及发展国民经济的迫切要求"，并规定"2000 年高等教育招生计划的增量将主要用于地方发展高等职业教育"。该计划还对高职教育之后的阶段做出了解释和规划，"允许职业技术院校的毕业生经过考试接受高一级教育"，进入高职学习的学生还能继续升学深造，这显然会提高学生对高职教育的接受度，消除对高职教育的偏见。①

要扩大高等职业教育的办学规模，必须扩大办学的途径。早在 1994 年的全国教育工作会议就提出了"三改一补"的高等职业教育发展的基本方针。所谓"三改"就是要整改三类学校，即高等专科学校、短期职业大学和独立设置的成人高校；"一补"就是在上述学校仍不能满足需求的情况下，可以酌情选择部分办学条件好、办学质量高的中专改办，用以作为补充办学形式。"三改一补"明确了高等教育的办学主体和发展方向，同时也为高等职业教育扩大办学规模指出了可行的途径。扩大高等职业的办学规模，还要从高职院校的数量入手，《面向 21 世纪教育振兴行动计划》提出"要下放高职的办学管理

---

① 王振川主编：《中国改革开放新时期年鉴(1999 年)》，33～39 页，北京，中国民主法制出版社，2014。

中国职业教育
改革与发展研究
1949—2021

权力，通过试点逐步把高等职业教育方面的责权放给人民政府和学校"，同时"高等职业教育必须面向地区经济建设和社会发展，培养生产、服务、管理第一线需要的实用人才，真正办出特色"。

从 1999 年开始，国家计委和教育部的联合通知拉开了高等教育扩招的序幕。高校扩招首先体现在本科层次，由于当时高职院校热衷于升格，一批高等专科学校升格为本科，导致专科生占高校学生总数急剧降低。随后本科扩招趋势趋于正常，各地大力开办高职，一批中专升格和成人高校改制为高职，填补了高职院校短缺的空口。从学校数量看，独立设置的高等职业院校，1998 年有 101 所，2008 年有 1036 所，10 年增长近 10 倍。截至 2013 年，高职高专院校 1321 所，本科院校 1170 所，高职高专院校在数量上超过普通本科院校数量。① 由于《面向 21 世纪教育振兴行动计划》提到的下放高职的办学管理权力，地市级参与高职办学的热情高涨，这也是高职院校数量飞速增加的重要原因之一。从学生规模上看，截至 2009 年，独立设置的高职高专院校招生 313.4 万人，占到高校本专科招生的 49％；高职高专在校人数 946.8 万人，是 1998 年的 8.2 倍。高等职业教育成为高等教育的"半壁江山"，实现了跨越式发展。②

三、关于职业教育"高移化"的争论

职业教育通常分为中等职业教育和高等职业教育两个层次，它们的招生起点有所不同。中等职业教育招收的是完成九年义务教育的初中毕业生，而高等职业教育招收中职毕业生和普通高中毕业生。职业教育"高移化"就是指职业教育的招生起点和开展阶段的延后，关于职业教育"高移化"存在着两种截然不同的主要观点。

---

① 参见教育部、财政部组编，俞启定、和震主编，俞启定、楼世洲执行主编：《中国职业教育发展史》，191 页。

② 参见教育部、财政部组编，俞启定、和震主编，俞启定、楼世洲执行主编：《中国职业教育发展史》，191 页。

一种观点是赞同职业教育"高移"。世界银行在 1999 年发表的《21 世纪中国教育战略目标》的报告中提到，中国中等职业教育在中等教育中占比超过 50%①，这一比例是否过高，如此高比例的中等职业教育是否适应 21 世纪人才培养的需要。该报告认为"中学阶段应实行普通教育，职业教育应在高中之后进行"，主张"今后 20 年内中国应当把中等职业教育的比例减少为零"。2001 年的全国职业教育工作会议上也提出应"积极稳妥地把高中阶段职业教育向高中后职业教育推移，在更高的文化教育基础上开展职业技术教育"的建议。国家财政方面对中等职业教育的扶持力度也有所下降。从 1996 年至 2002 年，职业教育经费占教育总经费的比重逐年下降，从 1996 年的 11.53% 到 2002 年的 6.35%。非政府渠道投入职业教育的经费也呈急剧下降态势，企业办学经费从 1997 年的 32 亿元下降到 2000 年的 17 亿元。至于社会团体和公民个人的投入，更是从 1997 年的 3.83 亿元下减少到只有 0.83 亿元。②国内也有学者通过对 172 个国家和地区中等职业教育的研究，得出中等职业教育在中等教育结构中的占比存在一个阈值(大约是 40%)，超过这个临界值，职业教育发展就会缓慢，认为我国目前不应再加大中职的比重，而应侧重于内涵建设。

总之，持职业教育"高移化"的群体认为，随着经济发展和社会生活水平提高，基础教育的普及以及人们对高等教育需求上升，中等职业教育"高移"甚至消失都是一种必然的趋势。

另一观点认为中等职业教育应该在原位继续开展。针对中等职业教育惨淡发展，有学者对世界银行报告中的观点提出怀疑，世界银行从劳动生产率和受教育年限的调查分析得出，高中阶段普校生的收益率比职校生高。但这个调查结果并不能推导得出中等职业教育不能办的结论。例如，根据 1995 年

---

① 参见刘春生：《21 世纪中国真的不需要中等职业教育了吗？——兼评世界银行〈21 世纪中国教育战略目标〉报告》，载《职业技术教育(教科版)》，2002(4)。

② 参见教育部、财政部组编，俞启定、和震主编，俞启定、楼世洲执行主编：《中国职业教育发展史》，192 页。

中国职业教育
改革与发展研究
1949—2021

联合国教科文组织提供的资料显示，欧盟 15 个国家中有 11 个国家高中阶段中等职业教育占比超过 50%。[1]

四、中等职业教育回升与发展

中等职业教育招生的连年走低促使党和国家对职业教育的发展重新做出布局。2000 年，江泽民在《关于教育问题的谈话》和全国教育工作会议讲话中，多次阐述了中等职业教育在我国经济和社会发展中的重要作用。他说："要使大家明白，我们国家人口众多，人人都上大学是不现实的，也不是只有上了大学才能成为人才。三百六十行，行行出状元。"所以，"对于不能进入高等教育行列进行学习的城乡学生和其他群众，应通过大办各级职业技术学校，广泛吸收他们学习一门或几门生产技术与管理、服务方面的技能"[2]。他还强调"努力办好各级各类职业技术教育，是一篇大文章。现在，中等职业技术教育虽然有了发展，但总体上说，还刚刚开始做。各地各部门要狠狠抓它十年、二十年，必会大见成效"[3]。

2002 年 7 月，在第四次全国职业教育工作会议上，朱镕基指出，"职业教育的特殊性决定着必须把它摆在更加重要的位置。职业教育与一般教育不同，是教育事业中与经济社会发展联系最直接、最密切的部门，担负着培养高素质劳动者和各类具有专门技能的人才，为城乡新增劳动力、下岗失业人员、在职人员、农村劳动力和其他社会成员提供多种形式、多种层次的职业培训的繁重任务。……要积极为职业教育的改革与发展创造有利条件。各级政府要把职业教育纳入当地经济和社会发展的总体规划，作为实施科教兴国的大事来抓"[4]。

---

① 参见教育部、财政部组编，俞启定、和震主编，俞启定、楼世洲执行主编：《中国职业教育发展史》，193 页。

② 转引自王振川主编：《中国改革开放新时期年鉴（2000 年）》，159 页，北京，中国民主法制出版社，2014。

③ 转引自《2002 年第四次全国职业教育工作会议》，载《职业技术教育》，2006(9)。

④ 转引自《2002 年第四次全国职业教育工作会议》，载《职业技术教育》，2006(9)。

这次会议产生了《关于大力推进职业教育改革与发展的决定》，重新确立了职业教育在我国社会主义现代化建设中的重要地位。该决定明确了"十五"期间职业教育改革和发展的目标：为初、高中毕业生和城乡新增劳动者、下岗失业人员、农村劳动者及其他社会成员提供多种形式、多种层次的职业学校教育和职业培训。该决定提出"初步建立起适应社会主义市场经济体制，与市场需求和劳动就业紧密结合，结构合理、灵活开放、特色鲜明、自主发展的现代职业教育体系"。该决定还提出要以中等职业教育为重点，保持和普通高中的比例大体相当，扩大高等职业教育的规模。关于继续深化职业教育管理体制改革方面，该决定提出"建立并逐步完善在国务院领导下，分级管理、地方为主、政府统筹、社会参与的职业教育管理体制"。要求深化办学体制改革、教育教学改革和经费投入体制改革，采取切实措施加快农村和西部地区职业教育发展，严格实施就业准入制度和职业资格证书制度，该决定为职业教育事业发展开辟了新的前景。[1]

自 2002 年起，在国家各项政策的有力推动下，中等职业教育全面回升。当年全国中等职业学校招生 455 万人，比 2001 年增加近 60 万人，增长 15%[2]，在校生重新超过千万，2003 年便恢复到历史最高水平。2004 年全国中职学校招生近 530 万人，创招生规模历史新高。中等职业教育在经历了一番风雨洗礼后，又迎来了晴空。

五、中等职业教育改革

2004 年 6 月，第五次全国职业教育工作会议在江苏省顺利召开。会后，教育部等七部门印发了《关于进一步加强职业教育工作的若干意见》，一系列有关中等职业教育改革的举措开始逐步推进，比如该意见强调要强化市(地)

---

① 参见王振川主编：《中国改革开放新时期年鉴(2002 年)》，652～655 页，北京，中国民主法制出版社，2014。

② 参见仇方迎：《2003 中等职业学校招生：力争与普高规模相当》，载《科技日报》，2003-04-02。

政府统筹职业教育的作用，每个市(地)原则上要重点办好一所高等职业技术院校和若干所中等职业技术学校；为进一步提升职业院校的办学质量和特色，中等职业学校不再升格为高等职业院校或并入高等学校，专科层次的职业院校不再升格为本科院校，这项政策对稳定职业教育的办学起到重要保障作用。①

（一）国家级重点中等职校的调整认定和示范专业建设

教育部从 2003 年开始分两批开展了国家级重点中等职业学校的调整认定工作，共公布 1504 所国家级重点中等职业学校。教育部决定从 2005 年开始，每年开展一次国家级重点中等职业学校调整认定工作。教育部职成教育司还组织专家对原"国家级重点中等职业学校评估指标体系"进行了调整和修订。通过调整和确认，到 2005 年全国共有国家级重点中等职业学校 1633 所。②

在开展职业学校示范专业的建设工作方面，2002 年 11 月，教育部印发《关于公布全国中等职业教育首批示范专业(点)和加强示范专业建设的通知》。该通知公布了中等职业学校数控技术应用等 20 个示范专业的 176 个专业点。教育部要求各地教育行政部门把示范专业建设与当地中等职业学校专业结构调整结合起来，实现职业教育专业教育资源的合理配置，淡化部门界限和学校类型界限，提高专业教育资源的整体效益。③

（二）中职师资培训与干部培训的广泛开展

为促进中等职业教育师资队伍建设，根据《面向 21 世纪教育振兴行动计划》提出的重点建设 50 个职业教育专业教师和实习指导教师培养培训基地的要求，教育部于 2002 年确定了全国重点建设 52 个职业教育师资培养培训基

---

① 参见《教育部等七部门关于进一步加强职业教育工作的若干意见》，载《中华人民共和国教育部公报》，2004(11)。

② 参见教育部、财政部组编，俞启定、和震主编，俞启定、楼世洲执行主编：《中国职业教育发展史》，194 页。

③ 参见教育部、财政部组编，俞启定、和震主编，俞启定、楼世洲执行主编：《中国职业教育发展史》，194 页。

地、6 个职业教育师资技能培训示范单位。据不完全统计，全国重点建设职业教育师资培养培训基地，2002 年共培养培训专业课教师和实习指导教师 40000 多人，完成校长和管理干部培训任务 3000 人。这一成果对全面提高中等职业学校教育教学水平起到了促进作用。2002 年，圆满完成了"跨世纪园丁工程"中等职业学校骨干教师和校长国家级培训任务，共培训教师 799 名、骨干校长 75 名。[①]

《面向 21 世纪教育振兴行动计划》还提出要努力实现高中阶段教育的教师和校长获硕士学位者应达到一定比例的要求。为促进中等职业教育教师和校长积极进行自我提升，教育部、国务院学位委员会于 2000 年 5 月联合发出了《关于开展中等职业学校教师在职攻读硕士学位工作的通知》。从 2000 年到 2005 年，平均每年有 1000 余名中职的职业教育教师获得攻读硕士学位的机会，参与培养的学校由 22 所增加到 29 所，年度招生计划也逐年递增，2004 年的年度招生计划由原来的 1560 人增加到 2240 人。[②] 此项政策的提出大力促进了中等职业学校在职教师的职业发展，为他们提供了便利的深造机会，培养出了一支高素质、高学历的中职师资队伍。

（三）改革课程与教材

教育部于 2000 年 9 月颁发了《中等职业学校专业目录》，把中等职业学校的专业分为农林、资源与环境、能源、土木水利工程、加工制造、交通运输、信息技术、医药卫生、商贸与旅游、财经、文化艺术与体育、社会公共事务和其他 13 个大类，共设有 470 个专业。[③] 减少了原有几类中等职业学校专业设置的数量，调整、合并了原有的面向较窄的专业，拓宽了专业业务范围和教学内容。为推动职业教育国家规划教材的建设，相关部门制订了

---

① 参见王振川主编：《中国改革开放新时期年鉴（1999 年）》，33～39 页。

② 参见教育部、财政部组编，俞启定、和震主编，俞启定、楼世洲执行主编：《中国职业教育发展史》，194 页。

③ 参见大漠：《教育部颁布〈中等职业学校专业目录〉和〈关于中等职业学校专业设置管理的原则意见〉》，载《中国职业技术教育》，2000(12)。

中国职业教育
改革与发展研究
1949—2021

《2004—2007 年职业教育教材开发编写计划》，截至 2005 年年底，已出版 1000 多种教材。

2004 年 8 月，教育部印发了《关于在职业学校逐步推行学分制的若干意见》，提出逐步建立与实行学分制相适应的职业教育课程体系，为学习者自主选课并顺利完成所选定的课程目标创造条件；探索和建立职业学校学分累积与转换信息系统（"学分银行"），为学习者转换学分、取得学历、终身学习和就业提供服务。[①]

（四）建设实训基地

2004 年 4 月，教育部、财政部在《关于推进职业教育若干工作的意见》中，决定实施职业教育实训基地建设项目，提出采用中央财政资金引导的方式，推动各地职业教育实训基地建设，促进职业教育改革不断深入。计划用 4 年左右的时间，在全国分期分批建设一批条件较好、适应技能型人才培养培训需要的职业教育实训基地。主要涉及的专业领域有数控技术、汽车维修技术、计算机应用与软件技术、电工电子技术、建筑技术等。[②]

2004 年 9 月，国家发展改革委员会、教育部、劳动和社会保障部联合印发《关于组织制订推进职业教育发展专项建设计划的指导意见》，提出专项建设的目标是，"用 4 年左右时间，经过中央和地方的共同努力，加强 1000 所左右市、县级骨干中等职业学校的建设，形成一批设施、设备条件基本满足技能型人才培养要求和农村劳动力转移培训要求的职业教育基地"[③]。截至 2004 年年底，初步确定了第一批专项建设项目学校 255 所。

（五）职业学校实施职业资格证书制度

2002 年，经国务院同意，劳动和社会保障部、教育部、人事部联合印发

[①]　参见习岑：《教育部颁发关于在职业学校逐步推行学分制的若干意见》，载《中国职业技术教育》，2004(25)。

[②]　参见《中国教育年鉴》编辑部编：《中国教育年鉴(2005)》，922～925 页，北京，人民教育出版社，2005。

[③]　《国家发展改革委　教育部　劳动和社会保障部关于组织制订推进职业教育发展专项建设计划的指导意见》，载《中华人民共和国教育部公报》，2004(12)。

了《关于进一步推动职业学校实施职业资格证书制度的意见》，要求各地劳动保障行政部门积极做好职业学校毕业生职业技能鉴定工作。经劳动保障和教育行政部门认定，职业学校所设专业的教学内容与国家职业标准要求相符合的，其毕业生申请参加中级以下(含中级)职业技能鉴定时，理论课考试成绩合格者可视为鉴定理论考试合格，按照职业技能鉴定有关规定只进行操作技能考核。对于培养学生符合技能的专业，除考核所需的基本职业理论和技能外，增加应用能力等综合能力的考核。[①]

国家级重点职业学校以及少数教学质量高、社会声誉好的省级重点中等职业学校和高等职业学校的主体专业，经劳动保障和教育部门认定，其毕业生参加理论和技能考核合格并取得职业学校学历证书者，视为职业技能鉴定合格，发给相应的中级职业资格证书。同时，各地劳动保障、人事和教育行政部门统筹规划，合理布局、择优建站，充分发挥和利用职业学校的优势，选择具备条件的职业学校建立职业技能鉴定所，促进职业学校学生职业技能鉴定工作的开展。

高等职业教育借着高校扩招的"东风"进入了跨越式发展阶段。而高校扩招带来的普通高中升学率剧增和人们接受高等教育意愿的增加，使得中等职业教育生源质量和学生数量都大幅下降，进一步影响财政拨款和学校办学经费，办学经费短缺又造成办学质量下降，这样的恶性循环对中等职业教育的开办形成了致命的打击，引发了中等职业教育是否应该"高移"的争论。后来，党和国家对职业教育的发展重新做出布局和调整，2002年中等职业教育开始重返"上坡路"，与高等职业教育一同继续稳步发展。

第二节　职业教育战略地位的确立

职业教育在改革开放后进入了高速发展阶段，国家先后出台了一系列有

---

① 参见《中国教育年鉴》编辑部编：《中国教育年鉴(2003)》，831～832 页，北京，人民教育出版社，2003。

关职业教育办学的指导文件，表现出对职业教育的高度重视。1985 年发布的《中共中央关于教育体制改革的决定》强调要大力发展职业技术教育，社会各界逐步关注到职业教育在教育领域的"分流"作用以及职业教育对促进经济发展和改善就业的作用。1993 年发布的《中国教育改革和发展纲要》指出，职业技术教育是现代教育的重要组成部分，肯定了职业教育在现代教育中的重要地位。虽然当时强调的是大力加强基础教育，积极发展职业技术教育、成人教育和高等教育，但已经把提高劳动者素质，培养初、中级人才摆到突出的位置。进入 21 世纪后，随着义务教育的基本普及和高等教育规模的急剧扩大，人才培养结构的问题更加突出，国民教育体系建构迎来了新的挑战。截至 2005 年，职业教育作为教育发展战略重点的地位正式得以确定。①

一、确立职业教育作为战略重点的发展地位

2005 年年初，温家宝总理在一次谈话中提出，"农村教育和高水平大学建设已经是教育的两个战略重点，教育工作还应该有一个战略重点，就是职业教育"②。2005 年的全国职业教育工作会议上，温家宝总理再次强调："大力发展职业教育，是推进我国工业化、现代化的迫切需要。……是促进社会就业和解决'三农问题'的重要途径……也是完善现代国民教育体系的必然要求。"③这一表述全面体现了职业教育对建设社会主义现代化中国的重要作用。

这次会议还产生了《关于大力发展职业教育的决定》，强调要"落实科学发展观，把发展职业教育作为经济社会发展的重要基础和教育工作的战略重点"，这是历史上首次从整体国民教育事业发展的高度确定职业教育的重要地位，是职业教育在 21 世纪之初迎来的新机遇。④ 由此，当前中国教育的三

---

① 参见教育部、财政部组编，俞启定、和震主编，俞启定、楼世洲执行主编：《中国职业教育发展史》，197 页。

② 转引自教育部、财政部组编，俞启定、和震主编，俞启定、楼世洲执行主编：《中国职业教育发展史》，197 页。

③ 温家宝：《大力发展中国特色的职业教育——在全国职业教育工作会议上的讲话（2005 年 11 月 7 日）》，载《中华人民共和国国务院公报》，2006(1)。

④ 参见《国务院关于大力发展职业教育的决定》，载《中国职业技术教育》，2005(33)。

大战略要点为"普及和巩固义务教育、大力发展职业教育、提高高等教育质量"[1]。职业教育重点战略发展地位的确立，意味着职业教育已不再是教育体系的"配角"，不再是主干教育的分流，也不再是无法进入普通高中或者大学学生"不得已"的选择，而是实实在在地成为"三足鼎立"的一个支柱了，发展职业教育成为完善现代国民教育体系的必然要求。

过去很长一个时期，教育与文化连在一起，合为文教战线，属于上层建筑，甚至就是强调教育为无产阶级政治服务，职业教育自然被放在次要位置，甚至本身是否应该作为专门领域存在都是问题。进入新时期后，教育更多的是与科技连在一起，强调科教兴国，甚至提过教育就是生产力，此时职业教育受到高度重视，不过，无论把教育看作上层建筑还是经济基础，都是从促进国家政治经济发展的角度来定位的。2007年9月，胡锦涛在党的十七大报告中，则是将教育放在"以改善民生为重点的社会建设"的类别中，这是一个突出的转变，亦即从国本到民本，教育就是要为改善民生服务。党的十七大报告强调"就业是民生之本"，职业教育正是以就业为导向，它成为教育发展战略重点也就是必然的了。

温家宝总理在2007年3月两会的政府工作报告中指出："要把发展职业教育放在更加突出的位置，使教育真正成为面向全社会的教育，这是一项重大变革和历史任务。"[2]可谓意味深长。

2007年，党的十七大进一步明确了"优化教育结构，促进义务教育均衡发展，加快普及高中阶段教育，大力发展职业教育，提高高等教育质量"的战略方针。

二、职业教育的纵深发展

职业教育确立为重点发展战略，必然需要切实有效的政策依据和措施保

---

① 《胡锦涛同志在全国优秀教师代表座谈会上的讲话》，载《上海教育》，2007(18)。
② 尹中卿主编：《全国人民代表大会年鉴(2007年卷)》，5页，北京，中国民主法制出版社，2007。

中国职业教育
改革与发展研究
1949—2021

障，这都充分体现在 2005 年国务院发布的《关于大力发展职业教育的决定》中。该决定总体上明确了职业教育改革发展年度的目标，是"进一步建立和完善适应社会主义市场经济体制，满足人民群众终身学习需要，与市场需求和劳动就业紧密结合，校企合作、工学结合，结构合理、形式多样，灵活开放、自主发展，有中国特色的现代职业教育体系"。此外，还要继续完善"政府主导、依靠企业、充分发挥行业作用、社会力量积极参与，公办与民办共同发展"的多元办学格局和"在国务院领导下，分级管理、地方为主、政府统筹、社会参与"的管理体制。[1]

对于职业教育的推广和普及，该决定明确"职业教育要遍布城乡，每个市(地)都要重点建设一所高等职技术学院和若干中等职业学校。每个县(市、区)都要办好一所起骨干示范作用的职业教育中心(中等职业学校)"。乡镇要通过中小学、农民文化技术学校及其他培训机构等形式来开展职业教育和培训；社区要大力开展职业教育和服务培训；企业要建立健全现代企业培训制度；学校要大力推行工学结合、校企合作的培养模式，加强"双师型"教师队伍建设，建立职业教育教师到企业实践制度。[2]

该决定还具体提出"十一五"期间要实施"四大工程"，即国家技能型人才培养培训工程、国家农村劳动力转移培训工程、农村实用人才培训工程、以提高职业技能为重点的成人继续教育和再就业培训工程；要实施"四项计划"，即职业教育实训基地建设计划、县级职业教育中心专项建设计划、职业教育示范性院校建设计划、职业院校教师素质提高计划。[3] 国家财政和地方财政对"四大工程"和"四项计划"给予了高度的重视，比如"十一五"期间，中央财政为职业教育基础建设安排 100 亿元专项资金，地方财政也给予了不同力度的配套投入，职业教育经费投入力度之大可以说是前所未有的。

---

[1] 《国务院关于大力发展职业教育的决定》，载《中国职业技术教育》，2005(33)。
[2] 参见《国务院关于大力发展职业教育的决定》，载《中国职业技术教育》，2005(33)。
[3] 参见《国务院关于大力发展职业教育的决定》，载《中国职业技术教育》，2005(33)。

（一）职业教育实训基地建设计划

2005 年 6 月，教育部、财政部印发了《中央财政支持的职业教育实训基地建设项目支持奖励评审试行标准》，进一步加大专项资金投入力度，在全国引导性奖励、支持建设一批能够资源共享，集教学、培训、职业技能鉴定和技术服务为一体的职业教育实训基地。中央财政用于支持职业教育实训基地建设的专项资金将采取以奖代补的方式下达，主要用于职业教育实训基地购置设备。2005 年 12 月，财政部决定安排 7.4 亿元，对涉及数控、计算机、汽修、护理、电工电子、建筑技术、煤矿安全、生物技术 8 个专业类别的 392 个职业教育实训基地项目给予奖励支持。截至 2006 年年底，共支持了 763 个实训基地建设，与 2004 年年底的 255 所相比有了指数式的增加。[1]

2004 年以前，中央财政支持的职业教育实训基地项目更多倾向于高职，而从 2005 年以后，职业教育实训基地的经费支持明显倾向中职，对改善中职办学条件、提升教学质量发挥了重要作用。（表 5-1[2]）

表 5-1　2004—2009 年中央财政支持的职业教育实训基地统计表

各项		中央资金投入（万元）			立项数量（个）		
		总数	高职	比率	总数	高职	比率
年度	2004	11870	7880	66.39%	50	32	64.00%
	2005	74130	30210	40.75%	392	169	43.11%
	2006	50000	20620	41.24%	320	126	39.38%
	2007	50000	17500	35.10%	313	106	33.87%
	2008	50000	16330	32.66%	320	103	32.19%
	2009	50000	17310	34.62%	320	109	34.06%
合计		286000	109900	38.43%	1715	645	37.61%

---

[1]　参见《教育部　财政部关于印发〈中央财政支持的职业教育实训基地建设项目支持奖励评审试行标准〉的通知》，载《中华人民共和国教育部公报》，2005(9)。

[2]　参见教育部、财政部组编，俞启定、和震主编，俞启定、楼世洲执行主编：《中国职业教育发展史》，199 页。

（二）县级职业教育中心建设计划和职业教育示范性院校建设计划

2006 年，国家发改委安排 50 亿元，支持"县级职业教育中心建设计划"和"高水平示范性中等职业学校建设计划"，并由财政部安排 50 亿元，支持"职业教育实训基地建设计划""高水平示范性高等职业院校建设计划"和"职业院校师资素质提高计划"。同年，中央财政的 20 亿元专项资金，共支持了171 个县级职业教育中心、218 所示范性中等职业学校、317 个职业教育实训基地。① 教育部、财政部先后印发了《关于实施国家示范性高等职业院校建设计划加快高等职业教育改革与发展的意见》和《关于实施中等职业学校教师素质提高计划的意见》。各级地方财政也加大了对职业教育基础能力建设工作的支持力度。据不完全统计，2006 年各地安排用于职业教育基础能力建设的资金达到 30 多亿元，为 2006 年中等职业学校完成继续扩大招生 100 万人的任务提供了保障。②

（三）职业院校教师素质提高计划

2006 年 12 月，教育部、财政部印发《关于实施中等职业学校教师素质提高计划的意见》，该计划的主要内容有以下三方面。

一是实施专业骨干教师国家级培训。重点支持 3 万名中等职业学校专业骨干教师参加国家级培训，时间为 2 个月。参培教师先在国家公布的培训机构进行 1 个月的专业理论和教育教法培训，然后到对口企业进行 1 个月的企业实践活动。从 2007 年开始，教育部每年从经过国家级培训的教师中选拔250 名成绩优异者赴国外深造 1～2 个月，重点学习国外先进的职业教育教学理念和专业教学法。除了国家级的培训计划，各省（区、市）要针对教师实际培训需要，通过"基地培训""企业实践"或"基地培训＋企业实践"等灵活多样的方式，完成中等职业学校专业骨干教师省级培训 12 万人。培训时间原则上

---

① 参见教育部、财政部组编，俞启定、和震主编，俞启定、楼世洲执行主编：《中国职业教育发展史》，199 页。

② 参见教育部、财政部组编，俞启定、和震主编，俞启定、楼世洲执行主编：《中国职业教育发展史》，199 页。

应不少于 1 个月。

二是开发重点专业师资培养培训方案、课程和教材。中央财政安排专项资金，支持全国重点建设职业教育师资培养培训基地和全国职业教育师资专业技能培训示范单位，开发 100 个重点专业、紧缺专业的师资培养培训方案、课程和教材，完善这些专业的教师培养培训项目体系，满足新师资培养、教师继续教育和校长培训等不同层次和类型的培养培训需求。

三是实施中等职业学校紧缺专业特聘兼职教师资助计划。中央财政安排专项资金，支持一批发展势头良好、社会声誉较高、专业师资紧缺的中等职业学校从社会上聘请在职或退休的专业技术人员、高技能人才兼职任教，以弥补学校专业课和实习指导教师的不足。该计划自 2007 年全面展开，中央财政投入 5 亿元，三项计划到 2010 年基本完成。[①]

（四）职业院校学生助学制度

2005 年全国职业教育工作会议决定，为做好中等职业教育贫困家庭学生助学工作，中央财政"十一五"期间将安排共计 40 亿元资金专项用于资助贫困家庭学生接受中等职业教育，努力推进覆盖整个中等职业教育的贫困家庭学生助学制度的建立和完善。2006 年相继出台两项举措：一是通过半工半读试点实现免费接受职业教育，每个省将选择 2～3 个示范性院校作为试点院校；二是建立贫困家庭学生资助体系，明确了中等职业教育贫困家庭学生助学工作的制度设计，使中等职业教育贫困家庭学生助学工作步入了制度化、规范化的轨道。[②] 这在一定程度上缓解了一部分学生接受职业教育时背负的经济压力。

2007 年，国务院颁发了《关于建立健全普通本科高校高等职业学校和中等职业学校家庭经济困难学生资助政策体系的意见》，规定自 2007 年起，国

---

① 参见《中国教育年鉴》编辑部编：《中国教育年鉴(2009)》，214 页，北京，人民教育出版社，2009。

② 参见《2005 第六次全国职业教育工作会议》，载《职业技术教育》，2006(9)。

家助学金资助所有全日制中等职业学校在校一二年级家庭经济困难学生(每生每年 1500 元)。国家助学金由中央和地方按比例分担。三年级学生则通过工学结合、半工半读、顶岗实习获得一定报酬。① 2007 年，国家资助学生 150 亿元，其中近 2/3 用于中职学生，受助学生占中职在校生总数的 90%。从 2007 年到 2010 年，各级财政共安排资金约 400 亿元用于资助家庭经济困难学生接受中等职业教育，中等职业学校学生受资助面达到 90%。高等职业院校学生享受国家奖学金、助学金和助学贷款，受资助面超过 20%。

2008 年 11 月，《中共中央关于推进农村改革发展若干重大问题的决定》，提出要对农村中等职业教育逐步实现免费。2009 年，政府工作报告中提出逐步实行中等职业教育免费，当年先从农村家庭经济困难学生和涉农专业做起。

（五）中等职业学校教学改革

在课程设置方面，2008 年 12 月，教育部印发《关于中等职业学校德育课课程设置与教学安排的意见》和《中等职业学校德育课课程教学大纲》，将必修课课程由过去的"职业道德与职业指导""法律基础知识""哲学基础知识""经济与政治基础知识"调整为"职业生涯规划""职业道德与法律""经济政治与社会""哲学与人生"。选修课增加了心理健康教育、时事政策教育、预防艾滋病教育、拒绝毒品教育、环境教育、廉洁教育、安全教育等内容。总学时从 206～228 学时减少到 192～208 学时，其中必修课减少了 48～54 个学时，选修课增加了 34 个学时。2009 年 1 月，教育部印发《关于制定中等职业学校教学计划的原则意见》，规定中等职业学校课程设置分为公共基础课程和专业技能课程(包括实习实训)两类，其中专业技能课的学习时间一般占总学时的三分之二，选修课程学时数占总学时的占比应不少于 10%，周学时一

---

① 参见王振川主编：《中国改革开放新时期年鉴(2007 年)》，461 页，北京，中国民主法制出版社，2007。

般为 28 学时，顶岗实习一般按每周 30 小时(1 小时折合 1 学时)安排。[①] 必修课减少的学时大部分移到了选修课，选修课的丰富性得到提升的同时时长也大幅增加，学生们拥有更多选课的自由，可以根据自己的兴趣和爱好选择自己喜欢的课程，这在一定程度上是利于学生多元化发展的。

在教学理念方面，2008 年 12 月，教育部印发《关于进一步深化中等职业教育教学改革的若干意见》，强调"坚持以服务为宗旨、以就业为导向，进一步更新教育教学思想和观念"。该意见指出，要正确处理学生综合素质提高和职业能力培养的关系，正确处理学生文化基础知识学习与职业技能训练的关系；关注学生职业生涯持续发展的实际需要，培养他们具有良好的职业道德，掌握必要的文化知识和熟练的职业技能，德、智、体、美全面发展；要面向就业市场，根据产业结构调整的实际，建立符合行业企业人力资源需求、与区域经济结构相适应的专业结构。[②]

在办学规模方面，2010 年 7 月，教育部发布《中等职业学校设置标准》，规定了中职办学规模。学校的学历教育在校生数应在 1200 人以上，专任教师一般不少于 60 人，师生比达到 1∶20。专任教师中具有高级专业技术职务人数不低于 20％。专业教师数应不低于本校专任教师数的 50％，其中"双师型"教师不低于 30％，聘请有实践经验的兼职教师应占本校专任教师总数的 20％左右。新建学校的建设规划总用地面积不少于 40000 平方米，校舍建筑面积不少于 24000 平方米，生均校舍建筑面积指标不少于 20 平方米。另外，《中等职业学校设置标准》还对图书阅览室、仪器设备、实习训练基地等规定了具体指标。[③]

---

① 参见教育部、财政部组编，俞启定、和震主编，俞启定、楼世洲执行主编：《中国职业教育发展史》，200 页。

② 参见《中国教育年鉴》编辑部编：《中国教育年鉴(2009)》，978～980 页。

③ 参见教育部、财政部组编，俞启定、和震主编，俞启定、楼世洲执行主编：《中国职业教育发展史》，200 页。

（六）高等职业院校教学改革

2006 年，教育部发布《关于全面提高高等职业教育教学质量的若干意见》，引导高等职业院校切实把建设和发展重点放到强化办学特色、全面提高教学质量上。同年，教育部、财政部启动实施了"国家示范性高等职业院校建设计划"，通过中央财政资金支持建设 100 所国家示范性高职院校、9 所培育扶持高职院校和 40 个专业，有效推进了高职院校的教育教学改革和整体办学水平的提升。[1]

2007 年，教育部为高等职业教育精品课程制定了评审标准，将高等职业院校和行业企业作为课程开发的双主体，二者凸显各自的优势，合力构建具有高等职业教育特色，能够培养学生职业技能的高等职业教育精品课程。有数据显示，截至 2009 年年底，各类院校和企业累计建设高职国家精品课程800 余门，几乎覆盖高等职业教育所有专业。教育部还启动了国家共享型专业教学资源建设项目，项目包含专业教学资源库建设、公共服务平台建设。专业教学资源库建设包括专业教学资源建设及其结构设计，而公共服务平台则是充分利用网络媒介，为高职院校学生、教师和社会学员提供丰富的学习资源和开放的学习平台。

2008 年 4 月，教育部发布了《高等职业院校人才培养工作评估方案》，按照"贯彻、推动、形成"的指导思想，坚持"通过评估引导学校的办学方向、推进教学改革、推进人才培养模式改革"的原则，形成以学校为核心、教育行政部门为引导、社会参与的教学质量保障体系。

2010 年，以单独招生为主要形式的高职教育招生考试改革试点工作已扩展到 23 个省（自治区）的 73 所高等职业院校。各试点院校通过单独或联合行业、企业组织考试，采用"笔试＋面试"的形式，建立"高中学业水平考试成绩＋综合素质测试"的选拔机制，获得广泛的社会支持，平均报考人数达到

---

① 参见《中国教育年鉴》编辑部编：《中国教育年鉴（2008）》，949～952 页，北京，人民教育出版社，2008。

计划招生数的 5.3 倍，具有高职特色的招生考试制度初步建立。

教育部职业技术教育中心研究所发布的《中国职业教育发展报告（2002—2012）》显示，10 年来，我国各级各类职业院校毕业生达 7265 万人，职业教育对我国主要劳动人口平均受教育年限增长的贡献率为 21％。[1] 10 年间，我国建立了世界上最大规模的职业教育体系。2011 年，我国中等职业学校和高等职业学校在校生总数超过 3000 万人，依托学校和教育机构开展的各类培训达 6000 多万人次，探索出行业企业办学、集团化办学、行业与学校协作等职业教育办学模式，确立了覆盖广泛的职业教育学生资助体系。[2]

同时，职业教育的发展对于就业能力的提升和教育结构的优化都发挥了显著作用。中等职业学校的毕业生初次就业率连续 6 年在 95％以上，高等职业学校的毕业生就业率在 87％以上；中等职业学校的招生数占高中阶段教育招生数的 48.89％，高等职业学校的招生数占普通高等教育招生数的 47.67％，初步实现了中央提出的普通教育和职业教育规模"大体相当"的目标。[3]

总之，进入 21 世纪之后，国家先后出台了一系列有关职业教育办学的指导文件，指出"职业技术教育是现代教育的重要组成部分"，肯定了职业教育在现代教育中的重要地位。2005 年，职业教育被确定为中国教育的战略发展目标，形成了基础教育、职业教育和高等教育"三足鼎立"的局面。之后的 10 多年里，国家相继出台一系列后续的支持政策，从办学理念、办学模式、课程设置、实习就业等多个方面为职业教育的开展保驾护航。职业教育想要成为民众普遍看好、乐于接受的教育形式，这就要求职业教育要本着"以服务为宗旨、以就业为导向"的办学方针，把学生培养成社会所需的高级技能型人才，办好学生成才、家长满意、社会受益的高质量职业教育。

---

① 参见赵婀娜：《高职毕业生就业率超 87％》，载《人民日报》，2012-10-30。

② 王振川主编：《中国改革开放新时期年鉴（2012 年）》，902 页，北京，中国民主法制出版社，2015。

③ 参见赵婀娜：《高职毕业生就业率超 87％》，载《人民日报》，2012-10-30。

第三节　中高职衔接培养技术技能型人才

我国要实现完善现代职业教育体系的宏伟目标，就必须首先促进中高职协调发展。现代职业教育体系的基本特点就是中等职业教育与高等职业教育两个层次之间的相互衔接与协调发展。

一、中高职衔接体系的发展历程

在国家政策法规上，确立了中高职衔接是现代职业教育体系构建的关键。有人认为，自改革开放以来至 2002 年，是构建职业教育体系与中高职衔接发展阶段。"这一阶段，我国颁布的大量重要的教育和职业教育政策文件提出了建立职业(技术)教育体系的要求。在提出体系内实施分流制度的同时，提出了不同级别职业技术教育之间要相互衔接、职业教育与其它各类教育之间要相互沟通的要求——构建人才成长'立交桥'的要求。这期间，实现不同级别职业技术教育之间相互衔接的主要政策是高职对口招收中职毕业生。"①

我国中高等职业教育衔接起始于 1985 年《中共中央关于教育体制改革的决定》的颁布。但是，中高职衔接的急迫性源自它与普通高等教育的关系。1999 年，中等职业教育受到高校扩招的冲击，中职招生数量急剧下降。为稳定普职比，拉动中等职业教育的发展，教育部出台了支持职业教育发展的《试行按新的管理模式和运行机制举办高等职业教育实施意见》。该文件完善了职业教育的发展体系，并成为我国高等职业教育发展进程中具有里程碑意义的一份文件。

1999 年，国务院批转了教育部拟定的《面向 21 世纪教育振兴行动计划》。该计划继承了以往政策性文件中的初等、中等、高等职业教育要相互衔接的内容。但是，该计划首次提出了"立交桥"的概念。"立交桥"这一概念的提

---

① 刘育锋、陈鸿：《中高职课程衔接：我国职业教育政策的历史诉求——上世纪八十年代以来我国重大教育和职业教育政策文件制度分析》，载《职教论坛》，2012(1)。

出，打破了职业技术教育局限于内部发展，缺乏与普通高等教育之间的沟通协调的弊端，使中职毕业生不仅可以进入高职接受继续教育，而且还可以接受普通高等教育。这实质上已将对中等职业教育与高等职业教育衔接的这一政策要求，延伸到了职业教育与普通高等教育衔接方面。①

教育部在 2001 年提出，大力发展我国高中阶段的职业教育，截至 2005 年至少 15％的中等职业学校毕业学生可以进一步升入高等职业院校学习。

2002 年，国务院发布的《关于大力推进职业教育改革与发展的决定》为高职发展提出了战略性发展思路，即"力争在'十五'期间初步建立起适应社会主义市场经济体制，与市场需求和劳动就业紧密结合，结构合理、灵活开放、特色鲜明、自主发展的现代职业教育体系"。该决定提出要"加强中等职业教育与高等职业教育，职业教育与普通教育、成人教育的衔接与沟通，建立人才成长'立交桥'"。它首次提出了现代职业教育体系和五年制高职的概念，首次明确提出了"中等职业教育与高等职业教育相衔接的课程体系"的要求，并且扩展了"立交桥"概念的内涵。教育部再次强调，提高中职毕业生的升学百分比，适当提高高职专科毕业生升入本科大学的百分比；初中五年制高职大专适度发展。

2004 年，教育部等部门出台了《关于进一步加强职业教育工作的若干意见》，提出"从现在起到 2007 年……中等职业学校不再升格为高等职业院校或并入高等学校"，这是中高职衔接的一个转折点。

2005 年，国务院发布的《关于大力发展职业教育的决定》指出："进一步建立和完善适应社会主义市场经济体制，满足人民群众终身学习需要，与市场需求和劳动就业紧密结合，校企合作、工学结合，结构合理、形式多样，灵活开放、自主发展，有中国特色的现代职业教育体系。"

2010 年，《国家中长期教育改革和发展规划纲要（2010—2020 年）》提

---

① 参见刘育锋、陈鸿：《中高职课程衔接：我国职业教育政策的历史诉求——上世纪八十年代以来我国重大教育和职业教育政策文件制度分析》，载《职教论坛》，2012(1)。

中国职业教育
改革与发展研究
1949—2021

出，到 2020 年要形成适应经济发展方式转变和产业结构调整要求、体现终身教育理念、中等和高等职业教育协调发展的现代职业教育体系，满足人民群众接受职业教育的需求，满足经济社会对高素质劳动者和技能型人才的需要。①

2010 年，国务院办公厅下发了《关于开展国家教育体制改革试点的通知》。通知决定在北京市、天津市、甘肃省部分市开展"改革职业教育办学模式，构建现代职业教育体系"的专项改革试点，在天津市、辽宁省、河南省、四川省开展包括"促进中等职业教育与高等职业教育协调发展"内容在内的职业教育综合改革试点。

2010 年，教育部还发布了《中等职业教育改革创新行动计划(2010—2012年)》，提出要重点实施"十大计划"。"中等职业教育宏观政策与制度建设计划"和"中等职业学校专业与课程体系改革创新计划"是其中两大计划。这两个计划实施的任务是构建"中等职业学校学生成长发展的立交桥"和"推进中等职业学校课程改革"。

2011 年，教育部发布了《关于推进中等和高等职业教育协调发展的指导意见》。该意见提出"构建灵活开放的终身教育体系，努力做到学历教育和非学历教育协调发展、职业教育和普通教育相互沟通、职前教育和职后教育有效衔接，为形成学习型社会奠定坚实基础"，"合理确定中等和高等职业学校的人才培养规格……注重中等和高等职业教育在培养目标、专业内涵、教学条件等方面的延续与衔接"，"完善职业学校毕业生直接升学和继续学习制度……探索中等和高等职业教育贯通的人才培养模式"。这是我国第一个指导中等和高等职业教育协调发展的专门的教育政策文件。在总结以往我国教育与职业教育关于中高职建设关系内容基础上，该意见全面、系统地提出了中高职协调发展的意见，把中等职业教育发展提高到新的高度，也从政策层

---

① 参见王振川主编：《中国改革开放新时期年鉴(2010 年)》，683～697 页，北京，中国民主法制出版社，2015。

面倡导中职毕业生以就业为主要发展方向。

2012 年年初，各省相继制定并公布了关于推进中高职一体化人才培养模式改革的工作方案，对中高职协调发展提出了更高更新的要求和发展思路，中高职一体化办学的探索与实践在全国范围内全面展开。

2014 年，国务院发布的《关于加快发展现代职业教育的决定》指出："系统培养、多样成才。推进中等和高等职业教育紧密衔接，发挥中等职业教育在发展现代职业教育中的基础性作用，发挥高等职业教育在优化高等教育结构中的重要作用。加强职业教育与普通教育沟通，为学生多样化选择、多路径成才搭建'立交桥'。"并明确提出"到 2020 年，形成适应发展需求、产教深度融合、中高职衔接、职业教育与普通教育相互沟通，体现终身教育理念，具有中国特色、世界水平的现代职业教育体系"的目标任务。[①]

可见，推动中等职业教育和高等职业教育的衔接，构建中高职一体化的现代职业教育体系，有深厚的政策基础，它既是新时代职业教育体系建构的新方向、新目标，也是产业转型升级对职业教育事业发展的必然要求。

二、中高职衔接模式

近年来，我国很多地区都积极探索中等和高等职业教育的衔接模式，各自取得了不同的成果，为推进中高职协调发展积累了丰富的经验。从总体上看，中高职衔接的发展还没有进入课程和能力目标衔接的层面，各种衔接模式的差异主要体现在选拔方式和学制设计上，不同的衔接模式在实践过程中都显现出不同程度的优势与不足，在选用时需要结合地区实际情况来确定。

1. 初中起点的五年一贯制模式

所谓五年一贯制模式是指，由中等职业学校或高等职业学院直接招收初中毕业生入学，在课程、教学等方面统筹安排、整体设计，在校连续学习五年，毕业时取得高等教育专科文凭的中高职衔接模式。根据举办学校性质的

---

① 参见上海市教育委员会编：《2015 上海教育年鉴》，19～23 页，上海，上海人民出版社，2015。

中国职业教育
改革与发展研究
1949—2021

不同，五年一贯制模式分为中职举办和高职举办两种。[1]

中职的五年一贯制模式是江苏部分地区的试点模式，对中等职业学校的办学能力要求较高。这种中高职衔接的办学模式在经济发展较快的地区呈现出良好的发展势头，学校的办学积极性高，生源状况比一般的中等职业学校好，主要原因在于这种模式适应了区域经济对高技能人才的需求，同时解决了中职学生升学的问题。江苏通过强化五年制高职课程体系建设，统筹安排文化、专业基础和实训课程，提高五年制专业的教学质量，从而在规模上保持两个"大体相当"，即全省中等职业学校在校生数与普通高中大体相当，高职院校在校生数与本科院校招生规模大体相当。

高职的五年一贯制模式，是指由高等职业院校直接招收初中毕业生。这种模式从1985年开始试点，规模在持续发展，是我国五年一贯制模式的主体，以浙江等省的探索为典型代表，甘肃省也采取这种模式。但是高职举办的五年一贯制模式正面临挑战，办学积极性不高，学生管理、学生资助以及教育教学过程都出现了很多问题。

2. 中高职分段衔接模式

所谓分段贯通式，是指中等职业教育和高等职业教育作为两个相对独立的阶段分别开展教学，在完成了中等职业教育教学任务后，经过选拔认定合格的学生进入高等职业院校继续学习，毕业后取得高等教育专科文凭的中高职衔接模式。分段贯通式有时又被称为独立结构模式，根据进入高职阶段的选拔方式不同，又可以分为对口升学、自主招生和高考招生，其中对口升学是主要形式。[2]

对口升学指完成三年中等职业教育的学生可以通过"3＋X"招生考试及推

---

① 参见董绿英：《中、高等职业教育衔接的制约因素及发展对策》，硕士学位论文，广西师范大学，2004。

② 参见董绿英：《中、高等职业教育衔接的制约因素及发展对策》，硕士学位论文，广西师范大学，2004。

荐入学的方式，到专业对口的高等职业学院学习2～3年，最后取得高等职业教育文凭。对口升学的学制形式以"3＋2""3＋3""4＋2"为主，突出特点是强调专业对口衔接，但是并未实现课程层面的衔接，有应试教育的倾向。

自主招生指普通高中或中职毕业生，通过高职院校自主选拔的方式，到高等职业院校学习2～3年的中高职衔接模式。自主招生的主要优点是增强了高职招生的自主权，但是未实现课程的衔接，同时专业对口性差。

高考招生指普通高中或中职毕业生，通过参加全国统一高考，到高等职业院校学习的衔接模式。高考招生模式基本上没有考虑专业对口和课程的衔接。

3. 职业教育园区化发展模式

职业教育园区化发展主要体现了"主体开放性、资源共享性、功能多重性、后勤社会化、信息网络化、管理法制化、专业集约化、布局人性化"的特点，形成了职业教育教学链、行业链、利益链的全面融合。天津以海河教育园区为平台，统筹中高职集约化办学，已有5所高职院校、2所中职学校入驻教育园区。山东青岛、湖南长沙、江苏无锡等地的职业教育园区发展也进行了探索，积累了丰富的经验。

4. 职业教育集团化发展模式

建立职业教育集团促进行业内中高职衔接发展。天津以行业为依托，建立了10个中高职业教育学相衔接、学历教育与职工培训相结合的集约化、规模化行业职业教育集团，每个职业教育集团的学生规模都要在10000人以上。上海、河南等地相继探索建立了若干行业职业教育集团，促进了行业内职业教育资源的有效整合。

建立区域性职业教育集团促进区域内中高职衔接发展。天津在市内6区，以城市职业学院为龙头，以各区社区学院为核心，整合区内中职学校，组建6个以社区教育为主的区域性职业教育集团，从而为中高职有效衔接培养高端技能型人才奠定了基础。北京昌平也建立了区域性的职业教育集团，促进了区域内部的中高等职业教育衔接发展。①

三、中高职衔接培养技术技能型人才

技术技能人才是我国人才队伍的重要组成部分，在加快产业优化升级、提高企业竞争力、推动技术创新和科技成果转化等方面具有不可替代的重要作用。

这一时期，我国已经进入经济转型升级的关键阶段，走新型工业化道路、优化产业结构和转变经济发展方式，关键在于人才，不仅需要有一大批开发核心技术的拔尖创新人才和懂经营、会管理的专门技术人才，更需要数以千万计的高素质技术技能人才。然而，与优化产业结构和转变经济发展方式的要求相比，高技能人才总量短缺、结构不尽合理、领军人才匮乏并呈老龄化趋势等问题仍然十分突出，成为制约我国产业结构升级、发展方式转变的主要因素。

"十一五"期间，在各项政策措施的大力推动下，我国高技能人才建设取得了明显成效。以四川省为例，2010年年底，四川省技能人才达到223万人，其中，高技能人才达到53.5万人，分别比2005年年底增长13%和18.9%，高技能人才占技能劳动者比重已从2005年的22.8%提高到了2010年的24%，年龄结构、知识结构和专业结构进一步改善。② 从2005年到2010年的技师数量来看，四川省技能人才培养的确取得了不小的进步，但是仍远远落后于北上广以及沿海一带城市。从自身数量结构上看，初级、中级和高级技工的比例也不尽合理。

因此，伴随着经济社会发展对高技能人才的需求日益强劲以及对高技能人才素质培养提出的新要求，职业教育作为与社会经济联系最密切的一种教

---

① 参见董绿英：《中、高等职业教育衔接的制约因素及发展对策》，硕士学位论文，广西师范大学，2004。

② 参见教育部、财政部组编，俞启定、和震主编，俞启定、楼世洲执行主编：《中国职业教育发展史》，202页。

育类型，承担着为社会进步和经济发展培养高素质技术技能人才的使命，承担着提高劳动者素质、推动经济社会快速发展的重任。

（一）加强师资队伍建设

2011 年 12 月 24 日，教育部发布了《关于进一步完善职业教育教师培养培训制度的意见》，明确提出，要构建校企合作的职业教育教师培养培训体系，建设高质量的职业教育师资队伍，实现中等职业教育与高等职业教育的衔接与沟通。从中等职业教育到高等职业教育，培养目标上有了层次上的实质性提升，不仅包括深度和广度，更应强调教学能力。因此，学校必须通过抓教育管理和学校文化建设，为教师的专业发展创设良好的外部环境。[①] 为此要做好以下几方面的工作。

1. 拓宽中职师资引进渠道，坚持专、兼职教师协调发展

根据《中等职业学校教师专业标准(试行)》对高素质专业化师资队伍的规定，在教师的招聘、任用过程中，严把入口关，选拔符合专业标准的人员从事职业教育工作，做到优者从教，教者从优。中职学校可以面向非师范类毕业生和社会技术人员公开招聘专业教师和实习指导教师，允许招聘的教师在试用期内就取得相应的教师资格，这在一定程度上可以缓解中职学校师资严重不足的问题。

另外，要注重培养一批中青年骨干教师和专业带头人。同时，加大高层次人才的引进力度，可从对口高职院校教师和企业的技术人员中吸纳一批优秀的硕士研究生和有实践经验的校外专家、学者、专业技术人员以及有特殊工艺、技艺或专门技能的"能工巧匠"来校担任专、兼职教师，以改善教师队伍的结构，适应中职重点专业、精品专业建设的需要，从而弥补专职教师数量上的不足。[②]

---

① 参见《进一步完善职业教育教师培养培训制度的意见出台》，载《中国电力教育》，2012(3)。

② 陕西省教育厅编：《陕西教育年鉴 2014》，507～509 页，西安，三秦出版社，2014。

2. 加大政策保障力度，完善师资管理机制

教师的学历水平是胜任工作、履行职责的基础，因此，中等职业教育教师队伍应该是具有本科以上学历的群体。中职学校应鼓励教师尤其是年轻教师攻读非全日制研究生或脱产研究生，或到重点高校进修学习，以此提高中等职业教育教师的整体学历和综合专业素质。为提高教师的学历层次，职业学校可采取积极的措施，制定有关制度，对教师进修学习提供经济上的补偿。

学校要提高一线教师收入水平，把教师作为立校之本，实行一系列人性化师资管理举措，增强教师的认同感，加强培养中青年骨干教师队伍，加强专业带头人、骨干教师队伍建设，建立相应的职称评、聘、考核以及收入分配机制，适当向专业带头人、骨干教师、高学历和高技能的一线教师倾斜，做到感情留人、政策留人。

同时，学校教育管理机构还应成为从外部促进教师专业发展的必要力量。在教育教学实践中，针对教师的不同发展阶段应当采用不同的管理方法。而面对成熟的教育教学骨干，则可以采用参与式或授权式的管理方式，以尊重教师的专业地位和专业发展方式。教师的晋升、职称评聘中的一些硬性规定，对促进教师的专业发展也会产生一定的积极作用。[1]

3. 加强"双师型"教师的培养，提升教师专业技能

中高职教育的学生毕业后将进入不同行业工作，在校期间他们不仅要学习理论知识，更重要的是还需要掌握扎实的专业技能，灵活运用所学技能解决工作中的实际问题，这就要求中高职院校要把"双师型"师资队伍建设排在师资队伍培养的首位，要为教师创造良好的"双师型"培养环境。一方面，要在本校创设各种有利条件，如请本校或对口高职院校有经验的优秀教师向青年教师传授经验；为实践能力较弱的教师组织好传、帮、带的培训工作；在

---

① 参见黄浩怡：《产教融合在广州市中职学校人才培养模式中的应用研究》，硕士学位论文，广东技术师范大学，2019。

校内组织各类教学水平或专业技能类的竞赛，促进教师自我提高；在政策上或经济上向"双师型"教师倾斜，激励教师自主学习；组织教师参加相应的职业技能考试，获得对应的职业资格证书等。另一方面，要为教师提供实践锻炼的机会，加强校企合作、产学研结合，鼓励教师走入企业实习，把理论与企业锻炼学到的知识技能相融合，提高专业技能。建立专业课教师和实训指导教师定期实践锻炼制度。组织教师定期到对口行业、企业进行岗位生产实践锻炼；鼓励教师积极参与企业的技术改造、技术开发活动，提高教师技术开发能力以及指导学生实践的能力，促进教师向"双师"素质转化。①

4. 加强教育科研，促进教师专业发展

教师专业发展的途径很多。进行教育研究是提高教师专业发展水平的最基本、最有效的途径。对处于基层的教师来说，提倡切合实际的、旨在改善教育教学行为的教育研究，如进行个案研究、反思教学行为，从而促进教师专业发展。

教师专业发展过程，实质上就是教师专业素质的提高过程，因为教师的知识水平是其从事教育教学工作的前提条件。教师自主发展的意识是其成长的最关键因素，因此从教师个人层面来讲主要应从以下两方面做起：一是要树立终身学习的信念，不断学习丰富专业知识；二是要利用教学研究实践活动提高自身专业能力。②

（二）加快中高职衔接的技能考核体系建构

中职教育与高职教育是两个不同层级的职业教育。两者之间的互通互融对职业教育发展至关重要。2011 年，教育部《关于推进中等和高等职业教育协调发展的指导意见》明确提出："根据社会人才需求和技能型人才成长规律，完善职业学校毕业生直接升学和继续学习制度，推广'知识＋技能'的考

① 参见黄浩怡：《产教融合在广州市中职学校人才培养模式中的应用研究》，硕士学位论文，广东技术师范大学，2019。
② 参见黄浩怡：《产教融合在广州市中职学校人才培养模式中的应用研究》，硕士学位论文，广东技术师范大学，2019。

试考查方式。"①

当时，中高职教育衔接在实践层面取得了一定的进展，但形势依然严峻，问题颇多，比如专业设置不对口，职业资格证书与课程联系不密切，教学评价机制不完善，校企合作方式单一等。因此，完善以培养学生职业技能为核心的中高职教育体系至关重要，只有中高职衔接体系中存在的问题得到有效解决，职业教育的吸引力才能增强，从而实现中高职教育的真正发展。

1. "一体化"人才培养方案

各地市的中高职管理条块分割。中等职业学校分别归属于市教育局、市人社局、县(区)教育局及行业企业。地方高职院校属于"省市"共管，这样就极大地阻碍了中高等职业教育的统筹发展和衔接发展。要真正实现中高职衔接贯通教育发展，必须遵循"一体化"管理。即把中职和高职的管理机构进行统一，减少管理的层次和复杂性，有效地促进中高职在专业设置、课程体系等方面的衔接。如果暂时不改变教育行政部门对中高职的管理分工，就要明确一个部门负责中高职衔接的统筹管理和运作。

课程标准"一体化"。随着中高职衔接工作的快速推进，原有的中高职衔接的各种教学、课程标准难以衔接的矛盾日益凸显，迫切需要规范、权威且适应企业需要的教学和课程标准。为此需要省级及以上政府教育主管部门发挥统筹管理作用，制定统一的专业教学标准和课程标准，保证课程的前后衔接。第一，要明确中高职不同层次的人才培养目标定位。第二，专业课程内容要参照企业不同岗位及层级的职业活动，根据真实工作任务、过程和职业能力要求来选取教学内容，制定相互衔接的课程标准，实现中高职课程内容的对接。第三，"一体化人才"培养方案的制订要体现中高职两个阶段职业技能培养、职业技能鉴定、职业技能考试内容等方面的衔接关系、互补关系及提升关系。第四，在制订中高职衔接的专业教学计划时，既要考虑中职学生

---

① 《中国教育年鉴》编辑部编：《中国教育年鉴(2012)》，1082页，北京，人民教育出版社，2013。

的升学问题，也要考虑部分中职学生的就业问题，因为总有部分学生由于各种原因不能升入高职院校学习。这样就能避免课程重复开设与授课内容重复，从而确保实践技能有明显提升。

教学资源一体化。中高职学校开展衔接教育的同时，在"专业建设指导委员会"指导下，立足行业企业人才需求，找准专业培养定位，明确人才技能要求，研究、确定能使中高等两个层次的职业教育在专业上得到较好衔接的专业目录。联合开展人才培养方案实施过程中的监督与协调，在具体操作层面，建议建立教学资源共享机制，促进中高职进行资源整合和优化。高职院校要充分发挥资源优势，为中职学校提供支持，建立共享式实训基地，全面提高中职毕业生质量，为学生升入高职院校学习打下基础。[1]

2. 完善中高职"双证书"制度

实行"双证书"制度，是中高等职业教育自身的特性和实现培养目标的要求。学历证书、职业资格证书是实用性人才知识、技能、能力和素质的综合体现。

在实施"双证书"制度的过程中，要树立双证理念，将"双证书"制度纳入人才培养方案中，这就需要统一职业资格体系。目前，国家已建立了一个等级分明、较为完善的职业资格证书体系，各中高职院校的各专业在制订其人才培养方案时，只需列举出需获取的相对应的职业资格证书的名称及等级。这样不仅能够防止出现中职教育高职化和高职教育中职化，还能将学生获取毕业证与职业资格证挂钩，使中高职学生有较强的紧迫感。当然，职业教育教师应根据学生的水平，引导其合理考证，在考取证书的过程中提升自身职业技能。[2]

---

① 参见杨雪梅、衡代清：《中高职衔接的理论分析与实践探索》，载《教育与职业》，2013(24)。
② 参见杨雪梅、衡代清：《中高职衔接的理论分析与实践探索》，载《教育与职业》，2013(24)。

3. 加强中高职技能考核体系的连贯性与层次性

中职与高职的衔接，是构建现代职业教育体系的主要内涵之一，是技能型人才类型和层状结构科学化的必然要求，也是推进中职、高职健康持续发展的重要举措。

中职与高职同属于职业教育，但两者的教育内容在广度与深度上都存在着显著差异，因而也就决定了其培养层次的不同。在2011年度全国职成教工作会议上，时任教育部副部长的鲁昕指出："中等职业教育重点培养技能型人才，发挥基础性作用；高等职业教育重点培养高端技能型人才，发挥引领作用。"①而依照等级分段教学正是中高职业教育因材施教的重要依据。中职阶段的技能培训目标定位于中级职业资格证书为四级职业技能鉴定，注重相关职业的基本技能训练，为高职的学习打下基础。高职阶段的技能培训目标定位于高级职业资格证书为三级职业技能鉴定，注重拓宽专业面和先进技能的学习，突出专业核心技能，强调完成综合性的工作任务。

因此，中高职院校应将办学理念、人才培养模式、技能考核与教学结合起来，成立中高职技能考核委员会，让第三方根据不同层级的学生制定不同的考核标准，以评估中高职学生的职业技能水平。同时，量化中高职技能考核指标，按照"难度适中、理论知识够用、操作熟练"的原则构建层次分明、连贯性强的技能考核体系。教师应有计划、有重点、有步骤地操练学生的职业技能。

技能考核体系的有效衔接是中高职教育教学改革的成果。学校要力求摆脱传统教育的影响，转变教育观念，认清中高职教育的区别与联系，构建起衔接合理的技能考核体系，为学生发展提供更为广阔的空间。②

---

① 张祺午、程宇：《鲁昕：努力提高服务国家战略能力 教育部召开2012年度全国职成教工作视频会议》，载《职业技术教育》，2012(12)。
② 参见杨雪梅、衡代清：《中高职衔接的理论分析与实践探索》，载《教育与职业》，2013(24)。

4. 完善中职招生考试制度

中高职技能考核体系的衔接应从招生开始。从职业教育发展的现实来看，急需拓宽中职毕业生通往高职的途径，扩大高职的办学规模。具体措施：改革中职毕业生进入高职院校的方式。在招生中提高专业课考试成绩的比重，适当增加深度和难度，增加实践操作部分内容。采取多种方式对专业技能进行考核和认定，对在技能大赛中获奖或取得有关资格证书的学生，可以直接认定为专业技能成绩合格。拓宽优秀中职毕业生免试进入高职的渠道，或采用技能鉴定机制高考化的方式录取。①

所谓技能鉴定机制高考化就是借鉴高考运行机制，深化技能鉴定制度改革，将中等职业教育各类传统技能鉴定统一到中高职衔接考试上来，做到考点集中、异地监考、考试严格、过程严密、考场严肃、纪律严明；在命题、考试、考评、统计、录取等环节，全面推行高考机制。改革完善技能鉴定机构职能，融合中高职衔接考试组织职能，纳入省级考试院管理。建立技能鉴定数字化平台，大力推行网络考试制度。

第四节　产教融合、校企合作办学模式

从产教结合的提出到产教融合的深入发展，职业教育中教育与生产相结合的构想经历了一个漫长的发展过程，才形成现代职业教育中成熟的校企合作办学模式。产教融合政策的核心要义就是促进产业、行业、企业与职业教育的人才培养、社会服务、交流合作等全过程融合发展，打破企业与学校、生产与教学间的壁垒，密切彼此关系，对接彼此需要。② 本节先就产教融合政策的多样化创新阶段的重要文件政策做出解读，为读者呈现该时期产教融

---

① 参见杨雪梅、衡代清：《中高职衔接的理论分析与实践探索》，载《教育与职业》，2013(24)。

② 参见祁占勇、王羽菲：《改革开放 40 年来我国职业教育产教融合政策的变迁与展望》，载《中国高教研究》，2018(5)。

合发展的侧重点，然后在理论探索层面列举了四川现代教育集团校企合作办学的一系列文件成果，在实践探索层面列举校企合作办学的案例，从个案分析的角度全面剖析产教融合思想指导下的校企合作办学模式。

一、产教融合进入多样化创新阶段

1978 年，十一届三中全会召开，中国的文化教育事业百废待兴。1979 年，国家劳动总局颁布《技工学校工作条例(试行)》，该条例指出，生产实习的教学工作应该尽量和生产活动相结合，学校应着重培养学生的基本操作技能和解决实际问题的能力，学校的主管部门必须安排好有关企业专责协助学生的实习。后续有关教学与产业结合开办的各项方案也被广泛提出，在一系列相关文件政策的指导下，在一次次实践办学的探索中，产教结合逐渐走向更加深入的产教融合模式，职业教育的合作办学模式开始走向成熟，为后期职业教育的深化发展奠定了良好的基础。[①]

20 世纪末至 21 世纪初是我国社会主义现代化建设的关键期，经济社会发展对高技能型人才的需求不断增多，对职业教育结构与类型的要求日益多样化。产教融合作为职业教育的重要办学模式，其开展路径也进入了一个多样化、创新化的发展阶段。1996 年，《职业教育法》这一具有职业教育史上里程碑意义的文件一经出台，立即引发了一系列促进产教融合的政策的颁布，比如 2002 年的国务院《关于大力推进职业教育改革与发展的决定》和 2005 年的国务院《关于大力发展职业教育的决定》。

多样化创新阶段最主要的特点是产教融合多元办学格局的构想。1996 年，第三次全国职业教育工作会议上，李鹏总理发表了重要讲话，要求加强对职业教育工作的统筹管理，形成部门、行业、社会共同兴办职业教育的格局，产教融合需要部门和行业多方面的支持与帮助。在此基础之上，国务院《关于大力推进职业教育改革与发展的决定》继续提出深化职业教育办学体制

---

① 参见祁占勇、王羽菲：《改革开放 40 年来我国职业教育产教融合政策的变迁与展望》，载《中国高教研究》，2018(5)。

改革，形成政府主导、依靠企业、充分发挥行业作用、社会力量积极参与的多元办学格局。国务院《关于大力发展职业教育的决定》要求，在"十一五"期间完善与巩固"政府主导、依靠企业、充分发挥行业作用、社会力量积极参与，公办与民办共同发展"的多元办学格局。

多样化创新阶段的第二个特点体现在对教师的职业定位上。传统的教育教学中一贯需要的是具备教育知识、能力与情操的专职教师，而1996年出台的《职业教育法》规定："职业学校和职业培训机构可以聘请专业技术人员、有特殊技能的人员和其他教育机构的教师担任兼职教师。"此外，《职业教育法》还为教师和学生到企业进行实习提供了法律依据，确保产教融合顺利运行。2000年，教育部出台的《关于加强高职高专教育人才培养工作的意见》也十分重视师资队伍的建设，要求积极从企事业单位聘请兼职教师，实行专兼结合，改善学校师资结构。职业教育教师队伍建设的创新性构想与实践为职业教育开展提供了丰富的人才资源，同时也是产教融合、校企合作办学的重要途径。

多样化创新阶段的第三个特点是转变了人才培养模式，积极落实了"以就业为导向"的办学方针，开创了"订单式"培养模式。2000年出台的《关于制订高职高专教育专业教学计划的原则意见》明确要求，企业要根据实际需要举办职业学校和职业培训机构，强化自主培训功能；企业要和职业学校加强合作，实行多种形式联合办学，开展"订单式"培训。2004年，教育部发布《关于以就业为导向深化高等职业教育改革的若干意见》，要求积极开展"订单式"培养模式，建立产学研结合的长效机制。第六次全国职业教育工作会议上首次提出"大力推行工学结合、校企合作的人才培养模式，逐步建立和完善半工半读制度"，促使人才培养模式结构合理、形式多样。2008年的《职业教育与成人教育司工作要点》也指出，要以就业为导向，密切与企业的联系，实行"订单式"培养模式。

多元化创新的第四个特点是开启了"产学研"结合的职业教育发展新道

路。1999 年，《面向 21 世纪教育振兴行动计划》要求加强产学研合作，提出了"产学研"三位一体的结合模式，为"产教融合"注入了新的内涵。2004 年，教育部发布的《关于以就业为导向深化高等职业教育改革的若干意见》也指出"以服务为宗旨，以就业为导向，走产学研结合的发展道路"。2009 年，《关于加快推进职业教育集团化办学的若干意见》进一步阐明了产业、专业、企业间的内在联系，以产业发展促进专业建设，鼓励学校依托专业举办企业产业，以专业教学促进产业发展，为"产学研"三位一体的发展走向提供了广阔的合作平台。

在这十多年里，我国创新性地实施了一系列职业教育产教融合政策并取得了诸多成果：大力推进职业教育与外部需求的对接，逐步建立健全政府主导、行业指导、企业参与的办学机制[1]，汇集多领域力量参与职业教育的人才培养，职业教育与产业对话机制已基本形成；产教融合政策中企业的主体性地位越加凸显并确立，职业教育与企业越加成为休戚与共、互促发展的共同体。[2]

二、四川现代教育集团的校企合作理论探索

四川现代教育集团(以下简称集团)具有丰富的校企合作办学经验，集团负责人在校企合作的实践探索过程中制定了一系列标准化管理文件，包括《职业学校校企合作实施办法》《职业学校"订单式"人才培养实施办法》《职业学校实训基地建设标准》《职业学校学生实习实训管理办法》《职业学校教师到企业实践管理规定》等文件。这些文件既是指导集团开展校企合作的指南，也是其办学理念和实践的升华，代表着现代教育集团职业教育的丰硕成果。

（一）职业学校校企合作实施办法

为了创新人才培养模式，促进职业学校与行业、企业的交流合作，提高

---

[1] 参见刘立新：《德国职业教育产教融合的经验及对我国的启示》，载《中国职业技术教育》，2015(30)。

[2] 参见祁占勇、王羽菲：《改革开放 40 年来我国职业教育产教融合政策的变迁与展望》，载《中国高教研究》，2018(5)。

教育教学质量，根据国家有关政策法规精神，结合实际，集团制定了《职业学校校企合作实施办法》。该实施办法从校企合作的内容、要求、组织管理、保障机制方面对校企合作的实施过程进行了全面的阐释①，实施办法具体内容如下。

1. 校企合作的内容

校企合作开展"订单式"人才培养模式。学校主动了解本地区和区域内各大企事业单位的用人需求，积极主动地与企事业单位沟通协商，使学生直接学习用人单位所急需的职业岗位(群)知识和技能，达到供需共识，签订半年至三年的"订单"培养协议书；明确双方职责，学校负责招生，根据企业用工要求，制订切合培养目标的教学计划和开课计划并与企业共同组织实施教学，对学生进行定向培养；企业提供实习教学条件并投入一定资金，用于学校添置必需的教学设施、实习实训场地建设、改善食宿等办学条件和学生专项奖学金等；学生毕业并取得相应的职业资格证书后到协议企业就业。

校企合作承担学生顶岗实习。学校与企业签订学生校外实习协议，学生从第五学期起，根据企业需求工种和用工条件，在企业和学校实践教师指导下进行顶岗实习，以"准员工"身份进入企业工作，熟悉企业环境，感受企业文化熏陶，完成毕业设计，学生实习结束毕业时，企业可优先选择录用学生补充生产一线人员。校企合作还负责学生的见习，学校与相关企业衔接，每学期安排学生到企业行业参观和见习两周以上，让学生了解企业、了解生产流程和设备设施工作原理，学习企业文化，体验企业生活。

校企合作承担职业学校教师实践锻炼和企业在职职工培训及继续教育工作。对学校教师而言，学校每年安排一定数量的专业课教师到合作企业实践。实践时间一般为两个月，利用假期进行。对于合作企业职工而言，学校利用师资、设备、技能鉴定等教育资源，为企业培训在职职工，帮助企业提

---

① 参见苏华主编：《职业教育标准化管理探索与实践》，259～263 页，北京，科学出版社，2013。

中国职业教育
改革与发展研究
1949—2021

高职工素质。培训专业、培训目标由企业确定，培训计划和内容由企业与学校共同商定，培训师资由学校安排或企业委派，教材由学校提供。

校企合作开展生产经营。学校利用实习厂（场）与企业联合生产产品，或发挥场地和其他资源优势与企业合作进行相关的项目投资经营，或以场地或其他现有资源作为股份参与投资。利用企业生产经营的优势，创新学校人才培养模式，以生产项目带师生实训，弥补学校办学经费的不足。

校企合作开发课程、教材。校企共同制订课程的教学计划、实训标准，共同研制、开发相关教材。课程开发体现课程结构模块化、内容综合化、实施一体化、评价开放化等特点，基础理论课和专业理论课由学校负责完成，学生的生产实习、顶岗实习在企业完成，课程实施过程以工学结合、顶岗实习为主。教材开发聘请行业专家与学校专业教师针对专业课程特点，结合学生在相关企业一线的实习实训环境，编写针对性强的教材。

校企合作成立专业教学指导委员会或教学咨询委员会。学校根据专业、课程特点，聘请企业行业专家与学校教师组建专业教学指导委员会或教学咨询委员会，共同商讨确定各专业的培养目标、教学计划、教学改革、实训基地建设、就业安置等工作。

校企合作实施"双进计划"。大力实施企业家进校园、教师进企业计划。学校选派骨干教师深入企业一线顶岗锻炼并管理学生，增加教师在企业工作的经历，使学校的教育教学活动与企业密切接轨。同时，学校每年聘请有较高知名度的企业家来校为学生讲课、做专题报告，让学生了解企业的需要，感受企业文化，培养学生的企业意识，尽早为就业做好心理和技能准备。

校企合作解决部分专业教师紧缺的问题。学校与企业联系，并制订具体方案，由企业每年适当安排中高级专业技术人员或技术专家到学校任课，指导充实专业课教学，弥补师资的不足。

企业实质性参与举办职业教育，可以设备、场地、技术、师资、资金等多种形式与学校开展合作办学，举办股份制学校或者独立分校等，也可以由企业直接投资建设校内实训基地(对外可以是一个独立工厂)和研发机构,由企业经营管理,为学校教育教学服务。此外,还可通过联谊活动、校企互访、联办文体比赛、工学技术比武等方式加强校企合作,以增进双方感情,密切校企关系,促进教学教研和学用结合,提高人才培养质量。

2. 校企合作的要求

职业学校必须全面实行校企合作办学制度,选择既能满足企业需要又能发挥自身优势的合作伙伴。集团同 100 家有影响的企业建立紧密型合作关系。国家级重点职业学校确定的合作企业应不少于 50 个,省级重点职业学校确定的合作企业不少于 30 个,其他学校应不少于 20 个,每个市级重点以上专业都要有 3～5 个相应的合作企业,既可以一校多企,也可以一企多校。

职业学校应全面推行"订单式"培养,省级以上重点职业学校"订单式"培养的学生应不少于 70%,其他学校不少于 50%。新设置专业必须以就业为导向,充分调查和预测行业发展的趋势,在初步确定专业后,应邀请相关行业、企业、用人单位的专家和工程技术人员进行论证,以增强专业设置的科学性和现实应用性。

各专业的教学计划、课程设置与教学内容的安排和调整等教学工作应征求企业或行业的意见,使教学计划、课程设置及教学内容同社会实践紧密联系,使学生在校期间所学的知识能够紧跟时代发展步伐,满足企业发展的需要。省级重点以上职业学校每 3 年内必须实施 1～2 门校企合作开发课程、教材建设等工作。

各学校每学年要组织专业教师、实习指导教师到企业一线参加两个月以上的实践锻炼,重点提高教师的专业能力和实践教学能力。同时,各学校每学年至少聘请或调进 5 个以上生产和服务第一线的专业技术人员或能工巧匠充实教师队伍。

3. 校企合作的组织管理

职业学校应建立校企合作委员会或校企合作中心,统筹负责校企合作工作，由学校领导、相关职能部门与专业部负责人等组成。主要职责是：第一，负责学校校企合作的总体规划，制定校企合作各项管理制度，完善校企合作工作的运行与管理体系。第二，指导和督促各专业部、项目部对校企合作工作开展情况的调查研究，并及时总结，提出学校关于校企合作项目建设的建议，提供校领导班子决策。第三，组织对学校校企合作项目的评价和资助，加快校企合作向广度与深度发展。每学年年末组织一次全校校企合作项目的验收和评审工作，对于完成好的项目给予一定额度的资金扶持。第四，协调校内各部门校企合作工作，整合资源，促进校际、行业企业之间的合作，组建"校企联盟""校校联盟"等组织，加大学校服务社会、服务企业的力度。第五，积极探索多种形式的校企合作模式，及时总结和推广各种校企合作先进经验。

学校校企合作委员会(中心)下设校企合作办公室，对口管理校企合作具体事宜。主要职责是：第一，积极协助校内相关部门做好各类校企合作工作。第二，做好校企合作工作的过程检查、资金使用、验收与评价等工作。第三，建立校企合作网络平台，建成校企合作资源库，整合学校各部门校企合作信息资源、校友资源、行业资源及合作企业资源，及时发布相关信息，实现校企合作的信息与资源共享。第四，定期编发学校校企合作简报，将校企合作的动态、信息等及时向校内各部门、专业部、项目部和相关行业企业进行通报，实现校企合作信息共享。第五，积极做好校企合作有关的各类文书档案资料的收集、整理、积累、立卷和归档工作。

各专业部、项目部负责本专业、本项目校企合作工作。主要任务是：第一，制定本部门的校企合作实施意见，明确本部门校企合作项目方案可行性论证议事程序。每学期制订工作计划，定期召开校企合作工作会议，建立工作台账，做好会议记录，规范合作协议等档案管理。第二，提出本单位校企合作实训基地、培训基地、合作项目的方案，供学校决策，积极探索多种形式的校企合作模式，做好工学结合的人才培养模式的创新工作。第三，负责本单位校企合作项目的联系、申报、运作、管理、成果的统计、总结、推广等工作，并接受学校校企合作委员会(中心)对本单位开展校企合作的协调、指导、监督及对本单位校企合作项目的效益评价。第四，负责本单位在校企合作项目实施期间，学校资产的保值增值。明确学校资产的权属，明列仪器设备清单。属于合作企业承诺或书面约定赠予学校的仪器设备，及时办理入账手续。第五，负责本单位校企合作中的各项经费管理，各项收入及时上交财务处(室)，其费用支出、收入以及对外服务收入中学校的收益部分等，严格按财务规定执行。

4. 校企合作的保障机制

校企合作保障机制方面。首先，建立明确的责任制，集团内校企合作实行校长负责制，校内实行专业部负责制及项目负责人制。其次，积极争取政府支持，学校要经常向政府及有关部门汇报情况，大力宣传，以引起重视，争取政府在企业协调、师资配备和教学设备购置等方面给予政策和资金支持。最后，还需要建立有效的激励机制。集团每年对校企合作工作进行检查考核，每年召开一次总结表彰会，对校企合作成效显著的单位和个人给予物质奖励和精神鼓励。凡获得产、学、研成果(包括发表论文、专著、专利)，可按协议署合作双方名称，纳入科技成果管理。专业课教师校企合作开展的情况和效果将同职称评定、职务晋升、评选优秀教师等挂钩。

集团和学校还创造条件设立校企合作专项基金，基金来源除专项拨款外，可以从校企合作收益中提取，接受企业、校友及社会等各方面捐赠。基金采用项目立项的形式进行运作，严格实行项目管理，必须专款专用，主要用于人才培养模式创新、学生顶岗实习、科研与技术服务、国内外行业企业合作办学、职业培训与技能鉴定、学生创业与就业等各项校企合作工作中所产生的费用。

此外，依法履行协议是校企合作最重要的保障机制，即加强校企合作合同管理，规避合作风险。所有校企合作项目都要依法签订合作协议，明确职责，规范双方的行为。在协议实施中，学校要保证人才培养的质量，保证企业用人的优选权，为企业提供培训、技术等方面的支持。

（二）职业学校"订单式"人才培养实施办法

"订单式"人才培养是指用人单位与培养单位签订用人协议，双方共同制订人才培养计划，充分利用双方的有利资源，共同参与人才培养过程，实现预定的人才培养目标，最后由用人单位按照协议约定安排学生就业的合作办学模式。"订单式"人才培养是校企合作双赢的新型人才培养模式，有利于增强职业学校人才培养的针对性，实现人才培养与人才使用的零距离接轨。"订单式"人才培养要坚持以职业学校为主体，以用人单位需求为方向，以优势骨干专业为依托，以校企合作双赢为目的，以用人单位满意为标准，妥善处理素质教育与职业技能教育的关系，学生短期就业和长远发展的关系，学校教学现状和企业需求的关系。集团制定了《职业学校"订单式"人才培养实施办法》[①]对"订单式"的人才培养模式进行阐释，从"订单"的确定到如何实施，以及实施过程的保障机制，该实施办法都做了详细的介绍。

1."订单"的确定

职业学校要加强与企业的广泛接触和密切联系，充分收集和深入调研企业对职业学校人才的需求情况，为双方签订"订单"打下基础。在大量收集信息的基础上，学校要建立用人需求信息库，并从中筛选出规模大、信誉高、效益好的单位作为合作的备选单位。对于规模在 500 人以上、一次性用人 50人以上且专业又比较对口的企业，学校要主动上门沟通，寻求合作。学校沟通困难的，可以提请集团或者请求有关政府部门帮助协调。

在校企双方自愿合作的前提下，学校要与企业正式签订"订单式"人才培养协议，明确学校、企业及学生三方的职责。协议的主要内容应包括：双方协商确定的培养目标，培养的数量、质量及时间，双方统筹制订教学计划，

① 参见苏华主编：《职业教育标准化管理探索与实践》，263～265 页。

联合开展培养工作，分工实施教学任务，共同监管教育质量，学生顶岗实习，学生就业去向及大致薪资标准，可能涉及的法律责任等。

学校与企业签订的培养协议应符合国家的法律法规，不得有损于学校和学生的利益。所签的协议应当履行公正，并报集团备案。

2. 协议的实施

学校与企业签订联合培养协议后，应当及时在校园网及有关媒体公布，以便在当年招生时按照企业要求组织招生，实施定向培养。在招生过程中，坚持学校宣传动员、学生自愿报名，必要时可由用人单位与学校共同组织考试和面试，符合条件者学校招收为定向培养的新生。对于已入校的学生，可以商请企业进校召开人才招聘会，面试通过后，再编班实行针对性教学。

"订单式"人才培养的班级组织，可以根据企事业单位的要求，设立独立的专业或班级，冠以相关企事业单位的名称。

"订单式"人才培养的实施性教学计划及课程设置，在遵循国家规定的基本原则的基础上，由学校和用人单位共同制订。教学计划先由学校根据人才培养方案，制定公共基础平台课程及行业基础平台课程，然后和企业协调制定专业基础平台和订单专业课程。在制订教学计划的过程中，要充分发挥由行业、企业、学校参加的专业教学指导委员会的作用，对相关行业人才需求、毕业生发展前景、人才培养目标、教学计划安排、主干课程设置、能力结构要素、专业开发条件以及专业建设的可利用社会资源进行广泛调研、评议和论证。

职业学校要建立规范化、标准化的"订单"教学管理制度，确保"订单"教育质量。在师资配备上，学校选派合格教师，并选好专业、学科带头人；在实训条件上，学校要完善校内仿真实训基地，按照企业岗位要求加强教学实训工作；在教学内容上，按照计划开齐课程、开足课时，加强实用性校本教材开发；在教学方法上，把课堂传授间接知识与现场获取实际经验结合起来，大力推行"教、学、做"相结合的教学模式。

中国职业教育
改革与发展研究
1949—2021

职业学校要积极渗透企业文化,加强教学的针对性。要让学生在校期间适时、适量地了解未来单位的文化因素,形成正确的价值取向,努力使学生的思维、品性、技能等符合企业的要求。学校尤其要注重培养学生的综合素质,让学生具有"特别能吃苦,特别能忍耐,特别能拼搏,特别能奉献,特别能合作"的优秀品质。学校应当充分利用企业资源,组织学生到企业现场参观和实践锻炼。

学校要实行"双证"制度,强化专业技能教学和考核,确保学生毕业时取得相应的职业资格证书。在学生就业时,学校应认真组织推荐学生就业。"订单式"人才培养出来的学生,毕业后原则上应按同企业签订的协议到相关企业工作。

在"订单式"人才培养过程中,对于信誉好的企业,学校应寻求长期合作。对于不履行协议,或者学生到企业工作发现情况与协议相差太大的企业,学校应依法追究有关企业的责任,维护学校和学生的合法权益,必要时终止与该企业的合作。

3."订单式"人才培养的保障机制

第一,学校应加强领导,落实责任。学校可成立以校长为组长,分管教学副校长为副组长及相关职能部门负责人为成员的领导小组及工作小组,具体负责"订单式"人才培养的相关工作。

第二,学校要加强专业建设,优化专业结构。学校要面向市场设置专业,加强骨干专业、特色专业建设,努力适应社会及用人单位的需要。

第三,学校应探索建立能使学校、企业、学生实现"三赢"的长效机制,拓宽产学研结合的途径,建立科学的管理体制和内部运行机制。

第四,建立完善考核、评估、激励机制。集团将"订单式"培养工作纳入目标考核内容和学校及专业评估内容,对于工作成效明显的学校给予物质奖励和精神鼓励。

(三)职业学校实训基地建设标准

实训基地是指为提高职业学校学生的实践能力和动手能力,由职业学校单独举办或与企业联合举办的实验、实习场所。职业学校实训基地分为校内实训基地和校外实训基地。校内实训基地是指以学校为主体建设的、以教学为目的的实训基地或校办企业，包括由政府或集团建设的、多个职业学校共用的公共实训基地。校外实训基地是指允许学校开展教学活动但以生产为目的的行业企业(不含校办企业)。实训基地建设是职业学校基础能力建设不可缺少的重要组成部分，同时实训基地也是培养高素质技能型人才的必备条件。职业学校必须遵循教育教学基本规律，按照统筹规划、多元共建、资源共享、突出特色、注重效益的原则，多渠道、多形式筹措资金，开展多层次、多样化、多功能的实训基地建设。

为加强实训基地建设，充分发挥实训基地在提高教育质量和效益方面的重要作用，集团根据国家、省、市教育行政部门的有关规定，结合自身办学实际，制定了《职业学校实训基地建设标准》①，规定了实训基地的基本功能、建设要求、设备配置和管理，还专门对校外实训基地的建设进行了阐释。

1. 实训基地的基本功能

实训基地基本功能主要有承担职业教育实践教学任务，面向社会开展职业技术技能培训；为专业技术技能鉴定考核工作提供服务；进行专业研究、技术开发生产及新技术的应用推广等。

实训基地的主要任务是：第一，根据专业教学计划的要求和专业岗位(群)的技术技能要求，制订实训计划和方案，制定专业技术技能培养教学大纲。第二，按照专业岗位(群)的需要和教学大纲规定，对学生组织实施专业岗位培养，使学生达到相应的技能等级要求。第三，根据相关专业培养目标的要求组织编写实训教材。第四，积极创造条件，开展专业技术应用研究，实现产学研相结合，开发、推广新技术、新工艺和新材料。第五，组织进行专业技术等级和职业资格鉴定工作。第六，承担专业教师实践教学的培训任务，促进"双师型"职业教育师资队伍建设。第七，根据科技发展、岗位需求

---

① 参见苏华主编：《职业教育标准化管理探索与实践》，265～269 页。

变化及学生就业岗位的变化，开发新的职业技术技能培训项目与培训内容。

2. 实训基地的建设要求

实训基地由职业学校负责建设。各职业学校要本着必须、实用的原则，统筹规划、量力而行，在自力更生建设实训基地的同时，积极申报国家、省、市级实训基地建设项目，广泛与企业合作开展实训基地建设。

实训基地建设采用申请立项的形式进行。职业学校根据专业发展规划及专业实训教学需求，提出实训基地建设项目申请，同时将专业实训基地建设规划、论证报告及相关的经费预算和配套项目建设资料呈报集团总部，由集团组织有关专家进行评审后，提交集团董事会批准实施。实训基地建设要严格按立项内容进行，如需要变更内容，须向集团提交相应的申请报告和论证材料，变更项目的建设资金必须控制在专项经费范围内，并由集团董事会批准。

实训基地要坚持开放式建设，借鉴吸收国内外先进建设经验，引进国内外优质教育资源，打破学校界限和产权归属，与社会开展多层次、多形式的协作，实现不同学校、不同实训基地之间的共建共享。

实训基地应以专业实验室、专业实训室和专业教室的建设为核心，结合学校专业建设规划和专业教学要求，合理设置实训教学场所。专业实验实训室建设应体现专业特色，具有先进性和实用性，符合环境保护要求，能满足实训和培训教学任务。同时，实训基地应重视实训环境建设。要借鉴和再现企业文化，尽量按企业车间、工段及生产线营造真实的工作环境和氛围。

实训基地要加强信息化建设，充分利用计算机等现代信息技术，开发虚拟仿真平台，建立内部信息管理系统，努力实现智能化、数字化、网络化。

实训基地要重视指导师资队伍建设。实训基地主任应具有高级职称，指导教师必须具备相应的职业资格或专业技术资格。通过实行固定岗位与流动岗位相结合、专职与兼职相结合的用人制度，聘请企业事业单位的管理、技术骨干、技术能手和能工巧匠为实训基地的兼职教师，兼职教师应占指导教师总数的 20% 以上。

实训基地要开展实训课程的建设与改革工作。要建立适应高素质技能型人才培养目标要求的，基本技能、专业技能、综合实践能力有机结合的，相对独立的实践教学体系。要改变实践教学过分依附于理论教学现状，增加工艺性、设计性、综合性的项目式实验实训课程，设计系列的、递进的专业技术与技能项目，积极实施与专业培养目标相匹配的职业技术的考核鉴定标准。

实训基地要加强实践教学文件与可实训教材建设。凡教学计划中设置的实践教学环节，都应有相对应的实践教学大纲和明确的技能培养目标，并开发相配套的实训教材。

实训基地应具有适应高素质技能型人才培训需要的图书资料室，备有一定数量的专业图书、专业期刊和技术培训资料。

3. 实训基地的设备配置

场地与环境要求方面：第一，实训基地应根据师生的健康、安全和设备配置要求，确定其使用面积符合国家相关规定。原则上，实验实训场所(含各专业共用实训室)的总建筑面积不低于 1000 平方米。实训室学生人均使用面积能满足学生独立操作的教学要求，与职业活动环境接近。第二，专业实验、实训室的数量应达到教育部专业教学指导方案课程设置要求或实训基地建设要求，专业核心技能课程或工种均应设置专门的实训室、专业基础实训室，专业教室数量、专业教室结构配置合理。第三，实训室消防、安全设施及配置应符合国家标准，无危险隐患。第四，实训室的通风、照明、控温等设施齐备，水、电、气管道布置安全、规范，达到设计规定的各项标准。第五，实训室干净整洁，有三废(废气、废渣、废液)处理设施，育人环境良好。

仪器设备配置要求方面：第一，实训仪器设备应符合标准化要求，各种仪器设备的设计、安装、使用应符合国家或行业标准，并尽可能与国际标准接轨，达到国家教育行业标准合格级及以上配置要求，并具有相应的产品质量证明。无国家教育行业标准的，按照教育部相关专业设置标准的要求配置专业实训教学设备，设备种类要求齐全。其中，由中央财政支持的职业教育实训基地建设项目，实训室数及仪器设备按教育部和财政部推荐的标准配置齐全。第二，实训仪器设备应符合仿真性要求，保持与企业生产使用设备水平相一致，与现代化企业的生产实际紧密结合，能够创设与企业大体相同的环境，帮助学生自主学习，培养学生创新能力。实训基地70%以上的仪器设备具有先进性和较高仿真程度，可与企业兼容生产产品。第三，实训仪器设备的选择要具有通用性、实用性、超前性，综合考虑设备、使用、维护成本与当地企业生产基本同步，大型实训设备应首先考虑和选用生产型的。第四，各实训室仪器设备的配置数量，应能满足50人(一个教学班)同时进行实训。第五，实训室教学仪器设备维修、保养、更新的经费有稳定的来源和可靠的保证。

仪器设备的经费投入应达到市级及以上重点(骨干)专业建设的标准。原则上，工科类专业的专业基础实训仪器设备总值不少于300万元；文科类专业的专业基础实训仪器设备总值不少于100万元；仿真系统软件或大型技术应用软件不少于10万元。其中，由中央财政支持的职业教育实训基地建设项目，实训基地的教学仪器设备总值，工科类专业不低于550万元，文科类专业不低于300万元。

4. 实训基地的管理

学校要对实训基地实行归口统一管理。实训基地原则上为相对独立的教学单位。各职业学校要建立相应的组织领导机构，配备合格的管理人员，制定科学、有效的管理制度，有明确的岗位职责及工作细则，有严格的考核办法和奖惩制度。

各职业学校要成立由企事业等有关单位领导、行业技术专家和职业培训专家组成的实训基地建设工作指导委员会(可与专业教学指导委员会合并)，负责实训基地建设和管理的有关业务咨询、指导等工作。

实训基地应建立健全科学、严格的实践教学制度。实训基地应制订并严格实施教学计划、教学大纲、教学规程等教学文件；建立职业基本技能、职业综合能力、职业素质有机结合的实训教学体系，并完善体系实施的各项规章制度；建立教学质量检查、监督、保障、调控体系，并具有规范的教学过程运行管理制度；不断开发新的实训项目，更新教学内容，改进教学方法，以保证教学质量与教学水平的不断提高。

实训基地要建立完善的设备设施及物资管理制度，做到账、物、卡相符，仪器设备维修及时，设备完好率在95%以上。建立仪器设备专人管理和技术档案制度，实现现代化管理，不断提高设备设施的利用率。

实训基地要实行"开放、共享、竞争"的运行机制。集团职业学校实训基地尽量避免重复建设，积极鼓励互通有无、资源共享，不断提高实训基地利用率。职业学校间可按照合作协议，适当收取管理费，互相利用实训基地开展教学、科研及相关服务活动。实训基地应积极为当地行业、企业提供人员培训、技术、智力和生产服务，要面向社会开展短期的非学历教育和职业技能培训，努力为社会提供全方位服务。

实训基地要严格遵守国家有关法规、规章，建立实训环境和劳动保护的管理制度、安全操作规程和文明生产措施，落实安全管理责任和制度。实训前，实训基地的教师应认真组织学员学习，督促学员遵守相关规定，确保学员人身安全和基地财产安全。

5. 校外实训基地的建设

学校应根据不同专业性质，有目的、有计划、有步骤地选择能满足实习实训教学条件的企事业单位，共同建立校外实习基地。其中，市级及以上重点(骨干)专业的校外实训基地数量不少于三个。

校外实训基地应专业对口、相对稳定，并尽可能就地就近。所选择的企业一般要求规模大、效益好，具备先进的生产手段、技术装备和科学的经营管理方式，拥有一支素质较高的技术人员队伍；热心支持职业教育，接受学

中国职业教育
改革与发展研究
1949—2021

校有关专业教师与学生开展实习实训；能为学校教学计划规定的实习实训提供场地和指导人员，满足实习实训学生学习、劳动保护和卫生等方面的条件，与"产、学、研"一体化相结合。

校外实训基地建设坚持互惠互利、共同建设、共同管理的原则，在当地政府统筹协调下，学校与企业充分协商，签署合作协议，并共同制定规章制度。例如，可冠"四川现代教育集团××职业学校校外实训基地"名称，签订校外实训基地合作协议。其基本要求有：第一，学校与实训基地双方有合作意向，在符合建立实训基地条件的基础上，经协商可由学校与基地所在单位签订建立实习实训基地协议书（一式三份），实训基地和学校、集团各执一份。第二，实训基地协议合作年限根据双方需要协商确定，一般为3～5年，因特殊情况需要撤销或调整需经双方同意。第三，协议书内容包括双方合作目的，基地建设目标与受益范围，双方权利和义务，实习实训师生食宿、学习、交通等安排，协议合作年限，违约责任等。

校外实训基地承担学生安全管理责任。如合作单位不能落实，则由学校派专人管理。学生实训前，学校、实训基地与学生及家长之间应签订实训安全协议。

（四）职业学校学生实习实训管理办法

实习实训教学是教学计划的重要组成部分，是使学生获得生产实际知识和管理知识，培养学生理论联系实际、独立工作能力的重要环节。实习实训可以帮助学生获得良好的职业道德，掌握就业所必需的操作技能和初步的技术经验，达到中等职业学历教育培养目标的要求，使学生取得学历证书的同时，取得对学生就业有实际帮助的、相应的职业资格证书或培训证书，提高就业能力，成功就业。因此，职业学校必须高度重视，认真组织好学生的实习实训。

四川现代教育集团为了加强中等职业学校学生实习实训管理，增强学生的就业、创新和创业能力，根据有关教育政策法规精神，结合办学实际，制定了《职业学校学生实习实训管理办法》①。

1. 学生实习实训基本要求

学校认真做好实习实训前的准备工作。具体工作内容包括以下几点。第一，为学生提供相对稳定的实习实训基地和安全健康的场所。第二，按实习实训地点分别组成实习实训队，设队长和组长。第三，学校、实习单位和学生本人或家长应当签订书面协议，明确各方的责任、权利和义务，学生在校内参加教学实习是否签订书面协议由学校根据情况确定。第四，选派有经验的教师担任实习实训指导教师，做好实习期间的管理和相关服务工作。第五，做好动员工作，向学生讲清实习实训的目的、要求、组织、纪律、考核、安全等事项，做到人人清楚。第六，做好实习实训的物资、车辆和其他后勤保障工作。第七，学校安排学生赴国（境）外实习的，应当根据需要通过国家驻外有关机构了解实习环境、实习单位和实习内容等情况，必要时可派人实地考察。

学校认真制定实习实训文件。实习实训计划内容包括实习实训的目的和标准，实习实训的时间、地点及人数，实习实训的组织领导机构，实习实训的组织纪律。实习实训的内容应严格按照实习实训大纲的要求制定，实习实训大纲应严格按照教学文件管理的要求制定。

学校应该认真加强实习实训指导。实习实训指导教师应根据实习实训大纲的要求收集资料，准备指导提纲，明确实践能力培养的内容及方法。实习实训指导着重于基本操作训练，让学生跟班操作，并配合基本理论讲授，达到熟练掌握操作技能的目的。实习实训指导主要通过典型生产工艺的实例剖析、设备的专题调查，丰富学生的实际生产知识，深化巩固专业知识。它的指导形式可采用师徒合同、岗位劳动、实物观察、操作记录、专题调查等方式。实习实训期间学生必须填写实习实训手册，手册上应有实习实训单位指导教师的评估及考核意见，实习实训结束后交专业部存档。

---

① 参见苏华主编：《职业教育标准化管理探索与实践》，269～271 页。

此外，学校还应认真加强学生的各类教育。

第一，加强学生的职业道德教育。加强"爱岗敬业、诚实守信、办事公道、服务群众、奉献社会"的思想教育，坚持把职业能力培养与职业道德培养紧密结合起来，把德育课程教学和实践教学紧密结合起来，着力培养学生良好的思想政治素质、职业道德、健康心理和创新精神。

第二，加强学生的纪律教育。实习学生必须严格遵守国家的法律、法规以及学校和实习单位的规章制度，服从安排管理；严格遵守作息时间和请销假制度，不得旷工，未经学校批准，不准擅自离开实习单位，对擅自离开实习单位和连续旷工 3 天以上或累计旷工 7 天以上的学生，实习成绩以零分计；严格遵守操作工规程和安全规定，不得自行在外联系住宿，因本人原因酿成的安全事故责任自负；违反实习纪律的学生，应接受指导教师、学校和实习单位的批评教育，情节严重的，学校可责令其暂停实习，限期改正。

第三，学校还应加强学生安全教育。学校不得安排一年级学生到企业等单位顶岗实习；不得安排学生从事高空、井下、放射性、高毒、易燃易爆、国家规定的第四级体力劳动强度以及其他具有安全隐患的实习劳动；不得安排学生到营业性娱乐场所实习；不得安排学生每天顶岗实习超过 8 小时；不得通过中介机构代理组织、安排和管理实习工作。学校和实习单位应当共同制定安全工作预案和有关规章制度，加强对实习学生的劳动安全教育和安全常规管理，为实习学生购买中等职业学校学生实习责任保险等相关保险。实习期间学生人身伤害事故的赔偿，依据《学生伤害事故处理办法》和有关法律法规处理。

实习实训结束后，各层级要做好实习实训总结。要求每个学生写出书面实习实训报告，交专业部保存，内容应包括思想、业务两个部分。指导教师也应及时写出实习实训情况总结，交专业部保存。各专业部应在当年度实习实训结束后写出本专业部实习实训情况年度总结交实训处、教务处备案。此外，指导教师必须对学生进行考核，考核方式可以是笔试、口试、技术操作等。指导教师在考核基础上，参照学生完成实习实训作业、报告以及在实习实训过程中的政治表现、纪律表现和劳动表现等，按"优秀""良好""及格""不及格"四个等级综合评定学生实习实训成绩，并写出评语，报专业部、实训处和教务处保存，作为衡量学生毕业条件的重要内容。对在实习实训中表现突出、成绩显著的指导教师、实习学生，学院应该给予表彰奖励。

2. 学校各部门管理职责与分工

学生实习实训由学校和实习单位共同组织和管理。学校和实习单位在安排学生实习时，要共同制订实习计划，开展专业教学和职业技能训练，组织参加相应职业资格考试；要建立辅导员制度，定期开展团组织活动，加强思想政治教育和职业道德教育；要维护学生的合法权益，确保学生在实习期间的人身安全和身心健康。学校还应协调实习单位向实习学生支付合理的实习报酬。

学校应建立实习实训领导小组、管理机构，建立实习实训工作制度，加强实习指导教师队伍建设，建立学生实习管理档案，定期检查实习情况，处理实习中出现的有关问题，确保学生实习工作的正常秩序。

学校设立不同的部门分管不同的工作。如招生就业处（或实训处）负责实习实训基地建设，制定实习实训规章制度和实习实训工作计划，联系实训单位、选择实训场地，组织、培训实训指导教师，与专业部一起做好实训动员、过程管理、总结考核等工作。教务处负责审核实习实训计划、大纲，下达实习实训任务，将实习实训纳入教学管理重要内容，做好学生实习实训成绩的管理。专业部则根据实习实训教学计划拟订实习实训大纲，制订本专业部实习实训计划，编写实习实训教材（或实习实训指导书），负责本专业部实习实训的组织实施，做好实训动员、过程管理、总结考核等工作。财务处和总务处负责实习实训经费预算、划拨及后勤保障。

学校实习实训指导教师队伍应在实习前两周组建完毕，原则上由学校教师和企业师傅两部分组成。带队教师、指导教师一般按实习学生数的5%配备。指导教师主要职责有：贯彻和讲授实习实训大纲内容和要求，按实习实训工作计划组织实施各项实习实训项目，完成各项实习实训教学任务；负责检查、答疑、批改实习实训报告(或作业)，严格考核、评定学生成绩；加强日常管理，严格考勤，全程指导，既教书又育人，不断提高实习实训质量。

（五）职业学校教师到企业实践管理规定

专业实践能力是中等职业学校专业教师重要的核心能力。教师到企业实践，有利于熟练掌握本专业技术要领，提升岗位素质，提高专业实践能力。同时，职业学校教师到企业实践是教师继续教育的重要内容，是培养"双师型"教师的重要措施。集团职业学校所有专业课教师都要按规定到企业实践锻炼和接受培训，文化基础课教师和管理干部应不定期到企业见习。

为加强"双师型"教师队伍建设，提高职业学校教师的专业实践能力，集团根据教育部发布的《关于建立中等职业学校教师到企业实践制度的意见》等文件精神，制定了《职业学校教师到企业实践管理规定》[①]，主要包括教师到企业实践的内容和形式、任务和要求以及保障措施，对职业学校教师的企业实践做了全方位的部署。

1. 内容和形式

教师到企业实践的主要内容有：了解企业的生产组织方式、工艺流程、产业发展趋势等基本情况；熟悉企业相关岗位(工种)职责、操作规范、用人标准及管理制度等具体内容；学习所教专业在生产实践中应用的新知识、新技能、新工艺、新方法；学习课本中缺少的新鲜知识和企业生产经营的新变化，不断丰富和完善自己的教学内容，改进教学手段和方法，开发校本课程和教材；了解企业文化和职业道德标准，有针对性地开展教育教学工作。

教师到企业实践可根据实际采取灵活多样的形式，比如到企业生产现场考察观摩，接受企业组织的技能培训，在企业生产或培训岗位上操作演练，

---

① 参见苏华主编：《职业教育标准化管理探索与实践》，272~274 页。

参与企业产品开发和技术改造，带学生顶岗实习等。

教师到企业实践要坚持"工教结合"，可以采用集中与分散两种方式：每学年的暑假、寒假进行两周及以上的生产实践锻炼；脱产3～5个月的生产实践锻炼；其他非教学时间的生产实践锻炼，由教师本人(或专业部)联系与自己本专业相同或相近的企业(行业)生产第一线进行生产实践锻炼。而文化基础课教师和管理人员可以采取更加灵活的方式，以现场考察观摩为主。深入企业考察，了解企业需求和发展状况，为深化文化基础课教学改革提供依据，使文化课教学能够突出职业教育特点，围绕职业教育的培养目标进行改革。

2. 任务和要求

职业学校专业课教师和实习指导教师，每两年必须有两个月以上的时间到与专业相关的企业或生产服务一线参加实践活动。从事专业课教学的新教师(应届大学毕业生)在上岗前应利用假期或在学习期间到相关的企事业单位进行不少于一个月的专业实践训练，并与岗前的理论、政策、法规等培训有机结合起来，经过考核或鉴定合格后方可正式上岗任教。文化基础课教师和相关管理人员每年要有一周的时间到企业考察观摩和见习。各职业学校要认真制定教师到企业实践的规划和实施计划，落实到具体企业和具体人员，保证在企业实践的时间。

教师到企业实践期间要以企业员工和学员的双重角色，严格遵守企业和学校的相关规定，认真履行职责，保持与所在教学部门的联系，主动汇报实践工作情况。专业部和实训处要加强教师实践工作的指导管理，做好与企业的沟通协调工作。

各职业学校还应建立教师到企业实践的考核登记制度，将到企业实践情况记入教师业务档案，计入教师继续教育的课时总量，作为教师职务聘任、考核和晋级的重要指标。凡是两年内未能按照要求到企业实践或实践时限不足的教师，不得参加高一级专业技术职务评聘。连续4年没有到企业实践的教师，学校不再聘任该教师工作。为了打消教师到企业实践的顾虑，《职业学校教师到企业实践管理规定》提到教师在企业实践期间工资福利待遇不变，并按每周12～20课时的酬劳标准给予补贴，培训费、差旅费等相关费用的支付，按照有关规定执行。

教师到企业实践工作的管理流程为学校专业部先在每学期期末提出下学期教师到企业实践的计划，学校实训处汇总制订全校教师到企业实践的实施方案，然后学校校长办公会审定列入学校工作计划，最后由学校实训处和专业部按照计划具体组织实施。

3. 保障措施

第一，加强领导。各职业学校校长要亲自负责该项工作，并列入校长年度工作目标和年终考核内容。集团要加强对教师到企业实践工作的专项检查，并作为学校年终考核、评优的重要条件。

第二，建立基地。要积极争取政府及有关行业部门的支持，充分发挥专业教学指导委员会的作用，建立稳定的教师实践基地。集团在政府支持下，由发展部牵头，协调整合各职业学校资源，建立规范的职业教育实践教学基地。

第三，加大投入。要切实保障教师到企业实践的经费来源。集团和学校将教师到企业实践的经费纳入教师培训经费预算，并采取多渠道筹措资金，确保该项工作的正常开展。

第四，加强考核。各职业学校要把教师到企业实践，作为对教师考核评优的条件。考核由企业和专业部双方进行，考核内容包括出勤、实践培训任务完成情况及业务方面收获等内容。学校根据教师实践任务完成情况和学习成果按"优秀""合格""不合格"三个等次进行考核。优秀的条件为：模范遵守学校和企业各项规章制度；全面履行岗位职责，出色完成实践任务，具备较好的业务素质；成绩突出，受到企业表彰、奖励。合格的条件为：自觉遵守各项规章制度；能履行所任岗位职责，工作积极努力，按时完成实践任务。

不合格的条件为：遵守学校和企业规章制度较差，履行岗位职责较差，未能完成实践任务，工作记载弄虚作假，给企业造成损失等。

第五，严格奖惩。集团对开展教师到企业实践工作成绩突出的学校给予表彰奖励。学校对先进单位和个人给予物质奖励和精神鼓励，对于工作不力的单位和个人要适当给予处罚，可以酌情扣减责任人绩效工资，具体办法由学校制定。

集团对校企合作办学进行了积极探索，在总体层面详尽地阐述了校企合作办学的内容、办学的各类要求以及组织管理的实施细则。此外，集团还为学生和教师两类重要群体制定了相应的管理办法，对师生提出相应职责要求，对职业学校提出相应的管理建议；对能够实现校企合作双赢的新型人才培养模式——"订单式"人才培养的实施过程和保障机制进行提炼总结；对职业教育重要组成部分之一的实训基地建设提出基本建设要求，并明确基地内实训设施的配备标准，确保学生能有合格的实训基地进行操练。集团将校企合作办学中取得的经验和成果绘制成了标准化的管理文件，规范和指导集团的职业教育办学，同时也为其他各类职业学校的校企合作办学提供了借鉴和参考。

三、职业教育中的校企合作实践探索

2005 年，国务院颁布的《关于大力发展职业教育的决定》明确指出："进一步建立和完善适应社会主义市场经济体制，满足人民群众终身学习需要，与市场需求和劳动就业紧密结合，校企合作、工学结合，结构合理、形式多样、灵活开放、自主发展，有中国特色的现代职业教育体系。"校企合作是职业教育办学实践的重要途径，关乎学校办学、学生实践、企业发展三方面的长足发展。学生的实践离不开企业的支持，企业的发展需要职业教育的支持，学校和企业虽然有着不同的利益诉求，但却有着互补的资源和优势，为职业教育的校企合作提供了先行条件。从 20 世纪初期开始，不少职业技术院校开始与企业携手，开展探索校企合作的实践办学模式。

中国职业教育
改革与发展研究
1949—2021

（一）四川省射洪市职业中专学校"三合作"办学模式

1. 校企合作的背景

四川省射洪市职业中专学校"三合作"校企办学模式是在地理、经济、政策、办学经验等多个背景因素的综合影响下提出的。

（1）区域经济落后

该校地处四川丘陵地区，经济发展比较缓慢。职业教育是一项高成本教育，实训场地、实训设备等硬件对于一个西部的农村职业学校来说，不是一件小事。缺少合格过硬的实训条件，学生的专业技能在实训中就得不到充分培养，学校教学质量难以真正提高。虽然经过教职员工几年的共同努力和不懈进取，学校在各方面都有所进步，但由于区域经济发展缓慢所带来的实训设备不到位、实训实习薄弱等一系列问题仍是制约学校规模化发展的重要原因。

（2）政策支持

在学校苦于发展之际，国家颁发的一系列重视职业教育的相关政策性文件给学校提供了办学新思路。2005年10月，国务院颁布《关于大力发展职业教育的决定》，该决定明确规定："大力推行工学结合、校企合作的培养模式。与企业紧密联系，加强学生的生产实习和社会实践，改革以学校和课堂为中心的传统人才培养模式。中等职业学校在校学生最后一年要到企业等用人单位顶岗实习……为顶岗实习的学生支付合理报酬。逐步建立和完善半工半读制度。"[1]

2006年3月，教育部出台《关于职业院校试行工学结合、半工半读的意见》，该意见规定："各地要将积极推进职业院校实行工学结合，逐步建立和完善半工半读制度，实现学生免费或低费接受职业教育，作为今后深化职业教育改革的长远目标。"[2]同年10月，教育部发出《关于部分职业院校开展半

---

① 《国务院关于大力发展职业教育的决定》，载《中国职业技术教育》，2005(33)。

② 《教育部关于职业院校试行工学结合、半工半读的意见》，载《中华人民共和国教育部公报》，2006(9)。

工半读试点工作的通知》，四川省射洪市职业中专学校被教育部确定为全国一百所、四川省三所之一半工半读试点院校。该通知规定："试点院校可以在部分专业试点，也可以在所有专业开展半工半读。在工学交替的具体形式上，学生可以在学校集中学习一段时间，然后到企业实习；可以在学校和企业实行工学多次交替的学习方式，学生边学习边工作，完成学业。"①

（3）办学经验丰富

四川省射洪市职业中专学校有着良好的校企合作基础，为顺利实施半工半读提供了有利条件。该学校一直与数家企业建立长期合作的关系。

在国家政策的指导下，结合自身办学经验和生源经济状况，四川省射洪市职业中专学校决定实施"银行贷款读书，企业实习还贷，读满三年学制，免费成人成才"的学校、银行、企业"三合作"办学模式。

2. 校企合作的主体

"三合作"办学模式的主体有学校、银行、企业，三者协同助力职业教育。在学校的帮助下，在银行与企业的支持下，学生可以接受职业教育，用知识改变命运，用教育成就未来。

在"三合作"办学模式中，四川省射洪市职业中专学校负责专业技能教学、企业实习学生的管理、半工半读学生和就业前学生岗前培训以及校企双方的协调工作等。射洪市农村信用社则负责提供贷款服务，为贫困学生提供学费。该学校与射洪市农村信用社订了《银校合作协议》，由县政府贴息，学校出面担保。凡是子女就读该校，家庭经济条件又相比困难的，可以凭学校开具的贷款通知单到当地信用社借贷子女的学费。校企合作中的企业遍布全国，与学生的实习需求和择业就业相挂钩，2006 年首批合作的企业主要有浙江海宁蒙努集团等，2007 年学校还在北京、广州、上海设立了就业办事处，派专人负责学生的就业、安置工作和半工半读的管理工作以及校企合作中的

---

① 《教育部关于在部分职业院校开展半工半读试点工作的通知》，载《中华人民共和国教育部公报》，2007(3)。

协调工作，建好实习基地，选择与专业相适应的规模大、效益好、用工规范的企业作为学校长期联合办学的伙伴。

3. 校企合作的动因

四川省射洪市职业中专学校校长提出了"创新职教办学模式，培养技能型人才"的方针。在校企合作中让银行参与进来，实行学校、企业、银行"三合作"办学。

对于"三合作"办学模式的提出，学校领导班子也是做了充分的论证分析，从多角度进行思考。对学生而言，半工半读可以让他们学习到书本上没有的知识和技能，在教师的带领下提前接触社会和企业，养成良好的职业习惯，体会工作的艰辛，养成吃苦耐劳的精神，回校后安心学习，将来为就业、择业、创业打下坚实基础。对家长而言，校企合作有政府贴息、学校担保，只要学校认真组织、宣传动员，做好解释工作，家长们也会支持的。且该模式向企业输送了专业对口的初、中级技术人才。对国家教育大局而言，在 21 世纪大力发展职业教育之际，学校通过抢抓机遇、开拓创新，以转变办学模式的实际行动来贴近国家教育发展和经济建设的脉搏，增强学校自身的造血功能，助力教育强国的实现。

4. 校企合作的模式

(1)组织运行

学校成立以校长为主任、校区负责人(副校长)为副主任的半工半读工作委员会，负责学校半工半读工作的组织实施。下设学生半工半读指导办公室，由就业办主任具体负责。另外，经县人民政府批准，在合作企业当地设立就业办事处，校企共同管理学生的实习和就业，确保校企合作、半工半读工作持续、健康发展。学生及学生家长与学校、银行、企业之间共同签订了具有法律效力的《半工半读合同》《助学贷款偿还合同》《就业合同》及《缴费合同》，这些合同把家长、学生、学校各自的利益以及应遵守的承诺都予以充分明确。

（2）教学创新

为强化学校教学与企业操作的有效衔接，学校适时地提出"读书就是工作，上课即是上班"的职教新理念，并制订实施学分制和弹性学分制的方案。采用"三段式"育人的新举措，实行"六合一"教学模式，并根据中职专业技能实训课的教学实践，参考市场与企业实际提出了"备""组""讲""范""训""评""理"七字教学环节。针对企业岗位实际，学校强化学生的专业技能培训和职业习惯养成，极大地提升了学生的生存发展能力，将"体力型"劳动力转变成"技能型""智能型"劳动者，成功地将人才资源转化为人才资本。学校还采用多元评价方式，以专业特点为切入口，推进并拓展了三种半工半读的模式。

（3）实训管理

为了配合企业对实习生的管理工作，学校按50名学生配备一名管理教师的标准，安排实习驻厂管理学生的教师。在驻厂指导教师的安排上，原班主任必须到企业管理学生，全面教育、指导、管理实习学生，和企业一道做好学生的稳定、协调工作，实习期满后，组织学生安全返校。此外，学校还安排专业技能教师随班到企业负责指导学生在实习期间的学习。

在指导教师方面，设立组长负责制，安排认真负责的中层干部或骨干教师当组长管理好企业实习指导教师（班主任和专业技能指导教师）；在学生方面，根据学生上岗实习的阶段管理要求重新建立班委会，把学校办到企业去。

（4）校企协调

学校与以上企业签订了半工半读协议，明确了校企双方的权利、义务和责任，共同制订了实习计划和管理办法，并严格执行。学校不断加强校企双方的协调工作，及时解决"三合作"中出现的新问题。

5. 校企合作的成果

学校的"三合作"办学模式在实施过程中不断探索，办学模式持续健康发展，家长主动、积极，而且严格按照学校规定的程序要求办理，校企合作更加深入、规范，半工半读试点工作顺利推进。

到 2009 年年底，学校在校企合作的具体程序上，在半工半读的组织动员、企业管理、学生返校后与半工半读的衔接上已经总结出一套比较成熟的做法，探索出了学生在半工半读期间教育教学的管理办法。学校还先后制订并实施了一系列方案、制度、合同，提出"三段式"育人模式、"一期一项技能"技能教学总要求、"六合一""七字教学环节"等技能教学方法，编写校本教材 18 本，教学科研成果丰硕。借助校企合作这一平台，学校还培养了 20 余位"双师型"教师，多位学生和教师获得国家级、省级、市级技能大赛奖项，学生就业率达 98％。"三合作"办学模式的实施成就了学校发展的多赢局面。①

（二）成都市工业职业技术学校与成都铁路局的校企合作

1. 校企合作的背景

成都市工业职业技术学校与成都铁路局的合作有以下三方面的先决条件和优势。

（1）地理优势

首先，成都市工业职业技术学校铁运校区地处成都市火车北站地区，紧邻成都铁路局机关，校企双方可以经常对人才培养规格、质量、教学计划和教学内容等进行探讨和沟通，这样学校就能及时掌握成都铁路局在技术、设备、管理上的新变化和新要求，并随时到现场实习、实训，大大增强了人才培养的针对性、实效性和适应性。其次，学校中来自四川的学生约占 85％，来自成都的学生约占 20％，人才本土化在很大程度上可消除文化、习俗的隔

---

① 参见国家教育行政学院职业教育研究中心组编：《中国职业教育——名校/名校长创新管理评析·校企合作卷》，195～208 页，重庆，西南师范大学出版社，2012。

阔，促进企业内部的沟通，增强员工的认同感和责任感，从而为企业的经营创造良好的外部环境，有助于保持人员的相对稳定。最后，利用本地的人力资源，可以降低成都铁路局的人力资源成本。

（2）专业优势

成都市工业职业技术学校的铁道运输与管理专业、铁道施工与养护专业是铁道部及四川重点专业，师资学术水平高，综合能力强。

学校的专任教师中，从事铁道运输与管理专业教学的专业教师有 16 人，其中高级讲师 9 人，讲师 6 人，助理讲师 1 人，"双师型"教师 12 人，研究生学历的教师 6 人。从事铁道施工与养护专业教学的专业，其中高级讲师 14 名，讲师 9 名，"双师型"教师 18 人，研究生学历的教师 2 人。这些教师中，担任铁道部铁道运输与管理专业教学指导委员会委员 1 人、工程专业教学指导委员会委员 1 人、工程专业教学指导委员会课程组组长 1 人、四川省重点专业评估专家 2 人、成都市学科带头人 1 人。同时，成都铁路局为该校提供了一支稳定的高素质兼职教师队伍，共计 11 人，为培养合格的铁路建设、运营管理和维护人才提供了保证。

在实训设备和基地上，学校的铁道运输与管理，铁道施工与养护专业有演练基地 4 个、设备总值 359 万元，可为成都铁路局职工培训、技能鉴定和技术比武提供服务。成都铁路局为该校提供了 5 个铁道运输专业校外实习基地、6 个铁道施工与养护专业校外实习基地，保证了学生实习，教师现场实践的需要。

（3）历史优势

成都市工业职业技术学校铁运校区原隶属成都铁路局管理，校企双方关系密切，合作畅通。几十年来，一直为铁路的建设和发展输送人才。学校的铁道运输与管理、铁道施工与养护、桥梁与隧道专业作为铁道部的重点专业，共培养各种专业人才 35000 多人，短期培训各类人员 33000 余人，积累了丰富的铁道运输人才培养经验，教学水平和毕业生质量也经受了长久的考验，得到了铁路企业的充分肯定和社会各界的广泛认同。

2. 校企合作的动因

成都市工业职业技术学校与成都铁路局的合作来源于学校和企业两方面的共同需求，两种不同的发展需求如果能够互补且相互成就，这种合作需求就可以付诸实践，为学校办学和企业发展提供平台。

(1)学校方面的需求

第一个需求是合理调整资源分配。成都市工业职业技术学校作为一所中职院校，其办学目的主要是帮助学生掌握某一项专业技能，专业技能的习得又离不开实训课程的有力支撑，所以实训基地成为职业院校必备的基础硬件设施。但是修建一个实训基地的花费非常高，对于办学经费短缺的职业技术学校来说，自建实训基地似乎有些不切实际。再者如果学校将精力和财力过多投入实训方面，学校基础教学设施的建设又会难以兼顾。所以，在这种两难的情况下，学校寻找到了与企业合作的办法，学校借用企业的场地作为学生的实训基地，企业也从中缓解了用工短缺的问题，还可以借此机会物色优质的学生作为企业的后备人才资源。实训基地的资源共享，是校企合作的常见形式，也是一种于学校、于企业均有裨益的合作模式。

第二个需求是缓解学生就业压力。市场经济的发展要求职业教育必须按社会发展的要求调整自身的目标与价值导向。职业学校培养的人才，实质上反映了职业学校的专业设置和培养目标是否与企业的发展有着紧密的关联。铁道运输与管理、铁道施工与养护专业是成都市工业职业技术学校的骨干专业和支柱专业。该专业学生的质量如何、就业如何，对学校发展影响重大。与成都铁路局的密切合作，不仅能有效地解决人才培养的针对性和有效性问题，而且能充分保障学生的就业。

第三个需求是提高教师实践能力。职业教育是培养既有知识理论，又有较高专业技能人才的教育，具有其特殊的教育规律和教学规律。其人才培养的特殊性，也决定了其师资队伍的特殊性，也就是需要一批既有教学专长又有生产实践能力的"双师型"师资队伍。首先，教师个体既要有知识理论，又要有实践。其次，随着经济的发展，新工艺、新技术、新材料不断应用，整个教师群体需要不断更新知识，而目前绝大多数的职业学校的师资状况显然与上述要求还有很大的距离。成都市工业职业技术学校现有铁道运输与管理、铁道施工与养护专业教师42人。因此，进行校企结合，加强师资队伍建设，培养一支既有理论知识又有实践能力的"双师型"教师队伍显得至关重要。

(2)企业方面的需求

第一，铁路企业的快速发展对职工队伍素质提出了更高的要求。全国铁路经过多次提速改造，特别是第六次大面积提速调图，动车组、大功率机车、无渣轨道等新技术装备投入运用，带来运输生产指挥、生产作业方式、设备养护维修、劳动组织结构的巨大变化，这种情况下迫切需要一支高素质的人才队伍。人才短缺已成为铁路企业技术创新和应用的制约因素，提高队伍素质已经迫在眉睫。

2008年，成都铁路局职工代表大会指出，高素质的职工队伍是铁路现代化的根本保障。要大力实施"人才强局"战略，加快高层次专业技术和创新型人才队伍建设。要严格落实"五个百分百"培训考试要求，抓好铁路"四新"技术、新规章培训和施工管理、应急救援等专项培训及演练。认真搞好复退军人专业学历教育。要进一步深化"职工培训考核与使用待遇一体化机制"，激发广大职工学技术、练硬功、钻业务的内在动力。根据铁道部制定并实施的《"十一五"铁路职工教育培训规划》，对铁路职工的职业教育学历提出了要求，要严把新进人员文化素质关，受过中等及以上职业教育的员工占比要达到40%以上(其中铁路运输业技术工种岗位新接收的复员退伍军人，须100%进行中专以上职业教育，取得中专及以上专业学历；动车组客运乘务人员，一等及以上车站值班员等100%达到中专及以上学历)。

第二，铁路企业快速扩张需要补充大量新员工。根据铁路建设规划，

中国职业教育
改革与发展研究
1949—2021

"十一五"期间，成都铁路局管辖内新增铁路 1200 千米。按照铁道部统计中心公布的全国铁路 2007 年的统计数据，我国铁路目前每千米营业线需要的运输专业从业人员为 19 人、铁路维修作业人员约 4.2 人，"十一五"期间由于经营扩张需新增铁路维修作业人员 27800 人。同时，考虑现有职工的自然减员情况，按此计算，"十一五"期间成都铁路局需新增员 35000 人左右。按照铁路局的人力资源规划，新增人员中 80％为技能型人才，也就是说 5 年中需要补充 28000 名技能型人才，数量很大。加之铁路岗位属于特殊工种，对从业人员的技能有特殊要求，所以必须从具有培养条件的职业学校中招聘。在新员工补充数量达到要求且渠道有限的情况下，企业与学校合作成为企业的必然选择。

从以上分析可以看出，成都铁路局对技能型人才的需求是巨大的，校企合作的最大结合点就在人才输送上，包括补员、新接复退军人专业学历教育、在职职工培训等。

3. 校企合作的模式

双方的合作模式是联盟合作，即校企双方以联合培养面向生产的技能型人才为目的，以提高学生的实践能力和创新能力为主要任务而进行的合作，以合作教育作为主要内容和特征。

第一，联合培养，建立由企业专家参加的专业指导委员会，制订切实可行的专业教学计划，按岗位群的分类，确定专业能力结构和非专业能力素质的群体要求，根据企业的需要进行订单培养。

第二，工学交替模式，就是把顶岗实习与就业相结合，学习与工作实践交替进行的"2+1"和"2＋0.5＋0.5"等校企联合培养模式。

第三，职工培训与继续教育，采取"请进来教"与"送出去学"相结合、长期进修与短期培训相结合的方法，对企业的管理人员、工程技术人员和职工进行全方位、多形式的培训。

第四，校企联合办学，包括联办专业、冠名班。

第五，校企共建教学实践、工程实践的综合性实践基地，学校和企业共同对学生实习、实践负责。

第六，校企人员双向流动和互相兼职，例如，学校聘请企业高级工程技术人员和管理人员担任学校兼职教师，让他们承担一定的教学任务，学校教师也可去企业挂职接受工程实践训练。

4. 校企合作的成果

第一，企业获得急需的合格人才。

成都铁路局与成都市工业职业技术学校合作，铁路企业获得了稳定的、合格的急需人才。从 2005 年到 2007 年，成都市工业职业技术学校为成都铁路局输送铁路运输与管理专业、铁路施工与养护专业的毕业生共计 536 人。

第二，企业在职职工得到专业的培训。

在职职工普遍能够得到专业的培训，通过在职职工技能鉴定的人也越来越多，在职职工中拥有中专学历、本专科学历的比例也在逐年增加。

第三，学校为企业提供技术服务。

成都市工业职业技术学校为成都铁路局开发了铁路干部继续教育考试管理系统、地理信息系统(GIS)，编写了职工教育 DUCAM 模块及教材，制作了运输、工务类职工培训多媒体课件 22 种；对成都铁路局直属机关 11 平方千米用地、马角坝铁路 6.3 平方千米的土地进行工程测量。

第四，学校参与企业的春运服务。

从 2003 年起，学校利用寒假组织学生参加铁路春运，铁道运输与管理专业已把春运时学生的顶岗实习纳入教学计划。3 年中，共 2228 名学生参加了春运顶岗工作。学生不仅提高了专业技能，而且磨炼了意志，强化了吃苦耐劳的精神，增强了责任感。

第五，企业为学校培养师资、建设校外实训基地。

铁道运输与管理、铁道施工与养护专业教师 3 年累计参与生产实践 75 人次，参与为企业技术服务与开发 25 人，在国家级、省部级刊物上发表论文 19

篇，编写公开发行教材 11 本。教师的科研能力、专业实践能力、学术能力得到全面加强和提高。"双师型"教师占比由 55.6% 上升到 76.7%。校企共建校外实训基地的数量由 2007 年的 7 个上升到 2010 年的 11 个。2010 年，铁道施工与养护专业申报国家级实训基地成功，争取到国家及地方财政拨款 260 万元。

成都市工业职业技术学校与成都铁路局的校企合作集中体现在合作教育层面，以技能型人才培养为根本目的，以"协议式"人才培养、"订单式"人才培养等为基本形式。其特征是人才培养产销对路，合作比较容易实施，能把理论教学与实践教学有机结合，教学与企业生产实际直接融合；实训基地与就业岗位双向对应，培养目标明确；课程和教学针对性强，专业符合市场要求；实践环境和技术含量高，强化了人才培养的针对性和适应性，有效地解决了职业学校办学资金短缺、资源不足、教学针对性差、实践环节薄弱及教师实践技能弱、学生就业安置难等问题。同时，合作教育有效解决了铁路企业的人力资源补充的问题，供需结合保持了一定阶段、一定程度的吻合度和一定的功能互补性，形成了互惠双赢的格局。但双方的合作关系相对松散，教育资源和生产资源整合度低，协作过程受多重因素制约，成长性、贡献度仍需要加强。

第五节 四川省职业教育的"9+3"办学模式

四川省是全国第二大藏族聚居区(简称藏区)，四川省藏区地域辽阔，人口 213 万。大力发展民族地区教育，是推动教育均衡发展、促进教育公平、加快民族地区经济社会发展的一项重大战略性任务。四川省委、省政府高度重视民族地区教育事业发展，坚持把"发展藏区教育、全面提高人口素质"作为推动藏区实现跨越式发展的根本之策，把加强藏区教育特别是职业教育摆在特殊重要的位置。而高中阶段教育是提高国民素质、培养创新人才、实现民族地区教育跨越式发展的根本保障和重要标志，所以省委、省政府将目光聚焦到了职业教育。

一、"9+3"办学模式简况

（一）"9+3"免费教育计划启动构想

2009 年 1 月 18 日，刘奇葆参加省十一届全国人大二次会议甘孜代表团讨论时，进一步强调要着力保障改善藏区民生，全力促进和谐稳定。加快发展、改善民生是四川省民族地区各族人民的根本利益和共同愿望，也是各级党委、政府义不容辞的责任。在此次会议上，刘奇葆代表省委、省政府首次提出在四川省藏区实施免费职业教育，帮助民族地区初中毕业生到内地重点中职学校接受职业教育，全免学费、住宿和生活费，并尽力帮助实现就业。

教育、医疗、住房等与藏区群众息息相关的民生问题。四川省藏区"三大民生工程"之一便是通过实施"9+3"免费教育计划①提高藏区教育发展水平。藏区"三大民生工程"重点解决了老百姓看病难、住房难、求学难问题，推动藏区经济发展和社会进步，为藏区跨越式发展和长治久安增添动力。四川省民族地区面积大，地理位置特殊，"稳藏安康"战略地位十分重要。四川省委、省政府把"三大民生工程"纳入藏区经济社会发展的总体规划。四川省决定实施藏区"9+3"免费教育计划，主要基于以下三点考虑。

一是实现藏区跨越发展，人才是关键。这是当时的刘奇葆书记、蒋巨峰省长在中央提出藏区跨越式发展要求后，把人才培养定位为藏区跨越式发展的关键。四川省藏区矿产、水能、农业、旅游等资源丰富，但教育落后，经济发展滞后，人民生活水平较低。以传统思维发展藏区职业教育，必须考虑师资、办学条件，这是一个漫长的过程，而直接把学生转移到内地职业教育学校，特别是国家级、省级示范中职学校接受三年优质职业教育，效果来得更快。这是一项科学的、经济的、举全省之力的重大举措。"9+3"免费教育计划让藏区学生到内地职业学校学习，让学生学会一技之长并实现长远就

---

① 2009 年，《四川省人民政府办公厅关于藏区免费职业教育的实施意见》（川办函〔2009〕156 号）首次提出藏区免费职业教育计划这一概念，随着工作的推进，藏区免费职业教育计划又称为藏区"9+3"免费教育计划，后被简称为"9+3"计划。

业，可以整体提升藏区群众科学文化素质，培养藏区各类急需人才，增强藏区自我发展造血功能，为藏区跨越式发展提供人才和技术支撑。把这一轮的藏区跨越式发展定格在"人才是关键"上，着力培养藏区急需的各类人才，这样就把传统对藏区输血式的扶贫支援，转变为着力促进藏区力量内生的功能造血。

二是彻底改善藏区的教育民生。由于经济滞后，产业不发达，义务教育后的藏区青年欠缺一技之长，难以实现就业。四川省依托内地重点中职学校优质教育资源，大规模实施"9＋3"免费教育，既能保证更多藏区青少年"应读尽读"、平等享有接受教育的权利，又能为广大藏区青少年放飞理想、找到更多新的就业出路，找到人生价值的发展方向，从而兑现"同在一片蓝天下，共沐一路幸福阳光"的教育理念。通过高技能、高素质人才的培养，帮助藏区青少年找到适合的职业，是藏区青少年生命价值的体现，也能提高藏区群众的生活水平。通过这样的智力扶贫，既体现了教育民生工程对促进学生发展的价值，也能带动藏区提升家庭生活水平。

三是巩固党在藏区的执政地位，促进藏区长治久安。四川省藏区的稳定发展，事关全省和全国稳定大局。大规模组织藏区青少年到内地接受"9＋3"免费教育，着力培养一大批政治合格、业务精良的社会主义建设者和接班人；培养党在藏区的执政骨干、夯实执政基础。所以，"9＋3"免费教育计划不是一个简单的教育问题，更是站在国家稳定发展大局上创新性的谋篇布局。

（二）"9＋3"免费教育计划试点筹备

从2009年开始，在全面实施九年义务教育的基础上，我国在藏区率先实行免费中等职业教育，有计划、分期分批地将藏区初中毕业生和未升学的高中毕业生组织到内地省级重点中职学校免费接受三年职业教育，推进藏区职业教育发展实现质的飞跃，由此四川省率先启动实施了四川省藏区"9＋3"免费教育计划。2009年年初，省委、省政府组织有关部门深入调研，细化工作方案，积极筹备"9＋3"免费教育计划试点工作。

2009年，四川省教育厅厅长涂文涛在讲话中特别指出，2009年全省教育工作任务艰巨，责任重大。非常之时，要有非常之为；非常之事，要尽非常之责。要进一步坚定信心，迎难而上，全面贯彻党的十七大和十七届三中全会精神，全面落实省委、省政府的决策部署，以科学发展观为指导，发扬抗震救灾伟大精神，抓住机遇，开拓奋进，确保完成各项目标任务，为实现四川省教育的恢复、发展和振兴而努力奋斗。

2009年1月22日，四川省教育工委、省教育厅下发了《四川省2009年教育工作要点》，正式将藏区"9＋3"免费教育计划纳入全省教育系统年度工作计划统筹安排，统一部署。该工作要点明确要求全省积极推进免费中职教育试点，在落实现有资助政策和省政府对七类中职学生免除学费基础上，做好相关准备工作，按照国家统一部署，扩大免费中职教育范围，逐步对农村中职学生免费。

2009年2月4日，四川省教育厅召开甘孜、遂宁、乐山、眉山等市(州)教育局和相关学校会议，征求意见，研讨选送和接受藏区学生到内地入学的可行性和相关具体工作。2009年2月4—6日，四川省教育厅按照省委、省政府"反复论证、试点先行、把好事办好"的工作部署，深入藏区，听取民意。四川省教育厅副厅长姜树林和职业教育与成人教育处、政策法规处负责人，分两组赴甘孜、阿坝开展加快藏区职业教育发展专题调研，听取州县两级党政部门、中等学校负责人及乡村干部和农牧民群众的意见和建议。

2009年2月12日，四川省政府召开藏区异地免费职业教育招生宣传动员工作会议，研究部署藏区"9＋3"免费教育计划试点工作。四川省委教育工委书记、省教育厅厅长涂文涛受黄彦蓉副省长的委托，在会上做重要讲话，明确了省委、省政府实施藏区"9＋3"免费教育计划的重大意义，安排部署了试点工作的目标任务、工作措施和相关政策。确保2009年9月1日前第一批学生入学是这次会议的重点内容。时间紧迫，责任重大，任务艰巨，四川省

中国职业教育
改革与发展研究
1949—2021

教育厅根据省委、省政府安排部署，周密组织，加快步伐，按照倒计时安排制订工作计划，层层分解落实各项任务。

四川省教育厅肩负重任，带领全省教育战线齐心协力、全力以赴，紧锣密鼓地开展各项筹备工作。一是加强宣传，制定宣传方案并组织实施，形成轰轰烈烈的立体宣传之势。在州县政府统筹领导下，充分利用电视、广播等多种工具，开展集中宣传。既宣传党和政府对民族地区和农牧民群众的关心、关怀，又宣传职业教育对当地经济社会发展和群众脱贫致富的积极作用，帮助民族地区群众树立新的就业、择业、创业和成才观念。二是及时展开调研摸底。深入学校、乡村和农牧民家庭，确保初中学校和农牧区家庭全覆盖。在工作初始阶段，既着力引导和满足较落后的牧区农牧民子女的求学愿望，又统筹发挥基础较好的农牧区老百姓观念易于接受的引领作用。三是确定内地职业学校，完善与藏区青少年就业相适应的课程设置，开展师资培训。四是建立健全组织机构和工作体系，明确牵头单位和相关部门职责任务，各司其职，各负其责。五是按照省委、省政府的统一安排，到藏区宣传"9＋3"免费教育政策。

2009 年 2 月 19 日，四川省藏区牧民定居行动计划暨帐篷新生活行动启动仪式在甘孜州康定县(今康定市)塔公乡隆重举行。四川省人民政府在现场进行"藏区'9＋3'免费教育计划"展板宣传，展出展板 33 个，印制藏汉双语宣传提纲 5000 多份，并由姜树林副厅长和五所拟首批试点任务学校的校长担任现场讲解员。这次活动受到前来视察参观的刘奇葆、蒋巨峰等省领导的充分肯定，展出的展板在与会代表及农牧民群众中产生了积极影响。

2009 年 3 月 2 日，省教育厅按照省委、省政府工作安排，开始藏区"9＋3"免费教育计划试点工作，拉开了藏区"9＋3"免费教育计划启动实施的序幕。3 月 2 日上午，在康定情歌广场，四川省藏区"9＋3"免费教育计划甘孜州首批 300 名藏族农牧民子女赴内地中职学校免费就读启动仪式隆重举行。省教育厅和甘孜州委、州政府领导、承担试点工作的 5 所学校师生代表和当地群众参加仪式。这是一个激动人心的时刻：藏区迈出免费职业教育的步伐，着力解决多年来藏族农牧民子女"学技术难"的问题，使藏区农牧民学生在接受完义务教育的基础上可以通过"零缴费"和"无障碍入学"方式到内地接受中等职业教育，实现历史性跨越。

时任四川省教育厅副厅长姜树林在启动仪式上指出，省委、省政府高度重视民族地区经济社会又好又快发展，高度重视努力提高广大农牧民群众生活水平，高度重视不断提高民族地区青年一代的现代文化水平，决定从今年开始实施牧民定居、帐篷新生活、藏区"9＋3"免费教育计划三大民生工程。这是四川省委、省政府富民安康、促进藏区发展稳定的重大战略举措，特别是实施"9＋3"免费教育计划，激励引导藏区农牧民子女初中毕业后到内地接受职业教育，是巩固藏区"普九"成果，加快发展高中阶段教育的一个重要途径，也是帮助广大农牧民家庭从根本上脱贫致富的惠民工程；充分体现了党和政府对藏区经济社会发展的关心，对广大农牧民群众的关怀，受到了广大农牧民的衷心拥护和积极响应。各级教育部门和相关学校一定要充分认识实施藏区"9＋3"免费教育计划的重大意义，认真履行好职责，更加关心关爱藏区孩子的成长，为推动藏区教育的发展做出新的贡献。

（三）"9＋3"免费教育计划全面推行

伴随着试点工作，四川省教育厅一方面周密组织，强化管理，积极做好首批300名"9＋3"学生的入学工作和教育培养工作，帮助他们学有所成，让学生家长放心；另一方面，进一步细化工作方案，强化宣传，优选办班学校，优化专业设置，开展师资培训，制定完善相关制度措施，确保2009年9月1日前完成转移1万名藏区学生到内地就读任务的各项准备工作。

2009年4月24日，四川省教育厅召开"9＋3"免费教育计划专题会议，交流、总结试点工作经验，梳理存在的问题，研究秋季招生计划及全面实施"9＋3"免费教育计划工作方案。2009年6月4日，四川省实施藏区"9＋3"免费教育计划工作会议决定，组织1万余名藏族学生到内地80所省级以上重点中职学校免费学习。6 月 30 日，四川省政府印发了《关于藏区免费职业教育的实施意见》，明确"9＋3"免费教育计划的重大意义、发展目标、政策措施、工作要求，"9＋3"免费教育政策正式出台。《关于藏区免费职业教育的实施意见》指出，"9＋3"免费教育计划的发展目标为：从 2009 年起，每年组织 1 万名藏区初中毕业生和未升学的高中毕业生到内地免费接受职业教育；支持藏区办好本地中职学校，加快发展藏区职业教育。截至 2013 年，藏区初中毕业生升学率由 70％提升到 95％，中职学校与普通高中的招生比由 2.6：7.4 提升到 6：4，基本普及高中阶段教育，为提高藏区人口的文化技能水平和实现藏区长治久安奠定坚实基础。主要政策措施是：对到内地接受免费职业教育的藏区学生，每人每年免除学费 2000 元；在校学习前两年每年生活补助 3000 元，第三年生活补助 1500 元；每年补助交通、住宿、书本等杂费 1500 元。对在藏区就地就读学生同等免除学费，补助生活费标准减半。在校学习期间，藏区学生享受与当地城镇居民同等的医疗保障。

2010 年 11 月、12 月，四川省委、省政府先后颁布《四川省中长期教育改革和发展规划纲要(2010—2020 年)》和《四川省民族地区教育发展十年行动计划(2011—2020 年)》，进一步提出深入实施"9＋3"免费教育计划，加快发展藏区教育特别是职业教育，从而使"9＋3"免费教育计划的目标写进文件，成为全省人民关注的大事。

2014 年，比照藏区"9＋3"免费资助政策，四川省又启动实施了大小凉山彝区"9＋3"免费教育计划，数万名彝族青少年也因此改变了人生轨迹。自 2016 年起，四川省将"9＋3"免费教育计划的有关资助政策逐步惠及全省其他集中连片特困地区。宜宾市已在屏山县职业技术学校启动本地"9＋3"免费教育计划，宜宾市少数民族及 13 个少数民族乡户籍的应往届初高中毕业生可享受免费职业教育。该计划实施范围覆盖藏区和大小凉山彝区 45 个深度贫困县。

四川省藏区"9＋3"免费教育计划，是贯彻落实党的十七大精神和科学发展观的生动实践，是推动民族地区教育和经济社会发展的重大举措，不仅为民族地区青少年找到了一条成长、成才的道路，也为加快发展民族地区教育特别是职业教育、促进民族地区跨越式发展和长治久安探索出了新路子。

自 2010 年到 2020 年，"十年来，超 8 万个民族地区家庭受惠于'9＋3'免费教育计划，已有 4.2 万名藏区和大小凉山彝区学生毕业，毕业生初次就业率均超 98％"。中央和省级财政投入 20.73 亿元用于"9＋3"免费教育计划，内地先后有 100 余所中职学校承担该任务，累计招收藏区学生 5 万余人和大小凉山彝区学生近 3 万人，惠及的 8 万余个民族地区家庭中，来自偏远、贫困的农牧民家庭子女占 90％以上。[①]

四川省"9＋3"免费教育计划取得学生满意、家长放心、社会认同的良好效果，形成可推广的经验。四川省成立 15 个省级部门组成的工作领导小组，省政府与各市(州)政府签订目标责任书，全省上下职责明确、分工合作、工作有序，形成各级协同支持机制。坚持德育为先、突出技能培养、强化实习实训，创新培养模式，促进学生全面成长成才。健全保障体系，财政部门落实专项经费，用于改善学校办学条件、免除学费、提供生活补助、冬装补助、医疗保障及顶岗实习工作经费等；建立专门的教育管理队伍，先后选派近千名藏区、彝区优秀干部教师入驻内地"9＋3"学校，全面参与"9＋3"学生教育管理，建立完善的就业促进体系。

四川省持续加大对民族地区教育的投入和政策支持力度，加快民族地区职业教育发展步伐，让民族地区更多家庭享受到教育发展带来的实惠。办好民族地区职业教育，做到统筹政策资源、统筹学校布局、统筹专业布局、统筹生源布局、统筹资源保障，制定加大高等学校招收民族地区中职学生比例等政策，优化完善"9＋3"免费教育计划政策支撑。

----

① 参见李丹：《惠及 8 万余个民族地区家庭》，载《四川日报》，2020-01-06。

中国职业教育
改革与发展研究
1949—2021

二、"9＋3"职业教育模式的特色

"9＋3"计划是四川省造就藏区新一代优秀建设者和可靠接班人的重大战略，是四川教育史上的伟大创举。在各方共同努力下，四川省培育出了一大批藏区新型劳动者和技能人才，提升了中职学校教育管理水平，形成了独具特色的四川省"9＋3"教育模式。

第一，"9＋3"免费教育计划从藏区经济社会发展实际出发，建立起适应民族地区发展的职业教育模式。改革开放以来民族地区发展的经验表明，依靠科技和教育，从培养人才、提高劳动者素质入手，是少数民族和民族地区经济振兴的必由之路。发展职业教育是少数民族和民族地区实现两个根本性转变、提高劳动者素质的必要而有效的手段。而职业教育发展必须坚持一切从实际出发的原则，必须从少数民族和民族地区生产力发展水平及经济结构、产业结构的需求出发，用科学实效的办法建立起能适应民族地区经济社会发展需要的职业教育体系。"9＋3"免费教育计划在专业设置上优先设置藏区自身急需的专业，满足藏区大力发展现代农牧业、文化旅游业和加快发展教育、卫生等社会事业，以及加强生态建设的本土人才需求，有效地推进了藏区经济发展，促进了藏区优秀文化传统的传承与发扬。

第二，"9＋3"免费教育计划从藏区教育发展实际出发，建立起科学高效的职业教育模式。从实际出发，省委、省政府做出实施藏区"9＋3"免费教育计划的战略决策，将藏区完成义务教育的青少年直接吸纳到内地一批国家级示范、省级重点职业学校就读，既开辟了藏区孩子接受内地职业教育的新出路，又丰富了藏区教育体系，拓展了藏区教育的外延。这是一个费省效宏的科学决策，也是一个让藏区青少年能有效掌握一技之长、早日脱贫致富的重大举措。

第三，"9＋3"免费教育计划从藏区青少年渴望成才的实际出发，建立起人人成才的职业教育模式。教育的本质是培养人的社会活动，规定着人的发展方向，特别是学校教育，通过专门的教师予人以全面、系统和深刻的影响。教育对人的发展，特别是对年轻一代的发展起着主导作用。藏区青少年也有着成才的梦想，也渴望有一技之长，渴望实现自我价值。但是长期以来由于认识的偏差，藏区多数青少年和农牧民群众对中职学校认可度较低，加之藏区中职学校数量少、基础薄，缺乏吸引力和竞争力，藏区学生报读中职学校者寥寥无几。"9＋3"免费教育模式，保证更多藏区青少年"应读尽读"、平等享有接受教育的权利，又能为广大藏区青少年放飞理想、找到更多新的就业出路，找到人生价值的发展方向。

第四，"9＋3"免费教育计划从藏区社会实际出发，建立起维护藏区稳定发展大局的职业教育模式。参加"9＋3"免费教育计划的学生大都来自普通农牧民家庭，计划的实施有力地巩固了藏区义务教育，加快了高中阶段教育普及，初中毕业生升学率由 2008 年的 70％提高到 91.5％，高中阶段招生职普比达到 4.8：5.2，接近四川省平均水平。受教育程度的提高，有力地促进了藏区社会的稳定与发展；同时，藏区学生行为意识、文明习惯、文化技能等发生明显变化，政治上积极进步，专业能力明显提高，为藏区经济社会发展提供了有力的人才支撑。特别是近 2000 名优秀毕业生进入藏区基层公务员和事业单位队伍，为藏区的长治久安和跨越式发展打下了坚实的基础。①

第五，"9＋3"免费教育计划从中等职业学校建设的实际出发，建立起内涵式发展的职业教育模式。教育培养好藏区学生，既是对四川省职业教育的新挑战，也是加快改革创新，提高办学水平的重大机遇。各地各校坚持"德高技强"培养目标，积极探索办学规律，加强党团建设，努力在制度建设和内部管理上花大力气，下真功夫，教育管理水平长足进步。在全省中职学校"内务管理示范学校"创建活动中，经市(州)初评合格的 117 所学校中有 71 所是参与计划的学校，占 60％以上。② 实践证明，参与计划的学校通过多年的

---

① 参见涂文涛主编：《四川藏区"9＋3"教育模式探索》，12 页，北京，人民出版社，2012。

② 参见涂文涛主编：《四川藏区"9＋3"教育模式探索》，12 页。

努力，教育水平明显提高，管理能力明显增强，为全省职业教育改革发展发挥了示范和引领作用。

三、出台帮扶措施助力学生成才

参与"9＋3"免费教育计划的学生顺利就业，关系藏区跨越式发展的希望，承载着藏区群众的期盼，是"9＋3"免费教育计划成败的关键。全省上下倾力帮扶，力求实现参与计划的学生有效就业、高效就业。

（一）出台政策措施，拓展就业渠道

2011 年 3 月 22 日，四川省委、省政府制定发布《关于促进藏区"9＋3"免费教育计划学生就业的意见》，确立了"就业有出路、创业有帮扶、升学有渠道"的促进"9＋3"免费教育计划学生就业的指导思想，明确了遵循"劳动者自主择业、市场调节就业、政府促进就业"的方针，把支持大学生就业、下岗职工再就业等优惠政策都用到支持"9＋3"免费教育计划学生就业上。要求国有大中型企业和新批建项目拿出岗位，鼓励有条件的民营企业履行社会责任，对录用"9＋3"免费教育计划学生的企业给予税收、担保贷款、保险补贴等优惠。对自主创业的"9＋3"免费教育计划学生，减免工商行政管理等行政事业性收费和提供小额担保贷款，对创业成功后吸纳就业的还给予高达 10 万元的奖励。四川省教育厅结合构建中高职贯通"立交桥"试点，实施帮助"9＋3"免费教育计划学生继续升学的高职院校单独招生政策，共有 1074 人报名，613 人被正式录取。[1] 结合培养藏区基层干部的需要，四川省委组织部、省军区、省教育厅开启选征优秀学生训练入伍工作，共有 1740 人报名，584 人应征入伍。[2] 四川省又专门出台面向"9＋3"免费教育计划学生招录藏区基层公务员和事业单位人员政策，经过省委组织部、省人社厅和省教育厅的共同努力，共有 1947 名学生被招录（聘）。[3] 省直部门加强联动，在执业资格获

---

[1] 参见涂文涛主编：《四川藏区"9＋3"教育模式探索》，7 页。
[2] 参见涂文涛主编：《四川藏区"9＋3"教育模式探索》，7 页。
[3] 参见涂文涛主编：《四川藏区"9＋3"教育模式探索》，7 页。

取、就业岗位提供、住房保障等方面积极出台帮扶措施。各地强化政府责任、加大政策支持、畅通就业渠道、强化技能培训、鼓励自主创业、提升就业服务等多种措施,确保"9＋3"免费教育计划学生就业有出路、创业有帮扶、升学有渠道。

（二）加强就业指导,提高就业能力

针对藏区学生就业观念存在的突出问题,四川省教育厅组织力量及时编印《四川省中职学校就业教育指南》,要求各校将就业指导纳入教学计划,对学生进行系统化、全程化的就业指导。各"9＋3"免费教育计划学校在学生进校开始就进行就业意愿摸排和引导,加强就业教育和指导,帮助学生转变就业观念,正确认识国家基本就业政策和形势,树立"先就业后择业""干一行,爱一行""行行出状元"的观念,逐步规划职业生涯。深化校企合作,健全学生实习管理制度,充分发挥顶岗实习的作用,引导学生正确认识自我、认识企业、认识社会,提高就业能力,努力让尽量多的学生在顶岗实习单位实现就业。加强顶岗实习期间党团建设,尽力将党团员学生送到党团组织健全的企事业单位实习。

（三）完善工作机制,落实责任主体

各级党委政府成立由分管负责人牵头、人社部门主要负责的"9＋3"免费教育计划学生就业促进工作协调小组,建立健全工作机制,并与各市(州)政府、省级行业主管部门签订目标责任书,实行专项目标管理,量化分解各地各部门年度目标任务,使就业促进工作有组织、有机构、有目标、有措施,确保每个"9＋3"免费教育计划学生都享受到相应的就业服务,并按属地原则落实后续责任。落实学校主体责任,严格督促检查和绩效考核,建立完善顶岗实习和就业工作旬报制度,督促建立就业实名台账,加强学生跟踪指导,做到"一生一策",有针对性地促进学生就业。同时,通过编发简报、周报、月报等多种形式及时报告推进情况,确保就业促进工作有序开展。在财政部门的支持下,四川省人社厅增设就业促进专项经费每生3600元,四川省教育厅增拨毕业班顶岗实习专项工作经费每生 500 元、共计 4000 万元，由各地"9＋3"免费教育计划学校按有关规定统筹使用。

（四）加强宣传引领，营造良好氛围

通过制定专题宣传方案，组织优秀学生及就业典型巡回宣讲、邀请主流新闻媒体采访等多种形式，藏区与内地相互联动，大力宣传学生追求进步、勤奋学习、钻研技能、爱岗敬业的先进事迹，宣传企业接收学生就业的先进典型，进一步营造全社会关心支持藏区学生就业的良好氛围，引导全社会关心支持"9＋3"免费教育计划学生就业。2012 年 9 月和 10 月，四川省委宣传部、省教育厅、省人社厅共同组织 16 名优秀毕业生组成"感恩奋进、励志成才藏区'9＋3'免费教育计划首届毕业生报告团"奔赴全省各市(州)进行巡回报告，赢得所有"9＋3"免费教育计划学生和家长以及社会各界的高度关注，受到普遍好评。①

四、推进教育公平，提供四川经验

"9＋3"免费教育计划如春风化雨，为藏区带来了又一个明媚的春天，标志着四川省及民族地区教育进入又好又快发展的新的历史阶段。

（一）推进区域间的教育公平

教育公平，首先是机会的均等，是办学条件的均衡。依托内地优质中职教育资源，大规模实施"9＋3"免费教育计划，大大提高了藏区中等教育水平，有力地保障了藏区青少年平等受教育权利。大山再也挡不住知识，知识的阳光照进了祖国的每个角落，教育成就了亿万孩子的人生理想。甘孜的一位家长在给刘奇葆书记的信上写道："省委、省政府的英明决策，为藏区农牧民子女提供了第二次就学机会，为他们将来就业多提供了一条门路，为孩子们实现自己的梦想提供了一个平台。"藏族的第一位地铁女司机肖芳说："免费中职教育的政策改变了我的命运，如果没有这样的机会，我的生活肯

---

① 参见涂文涛主编：《四川藏区"9＋3"教育模式探索》，7～8 页。

定不像现在这样。这一切都要感谢党和政府的政策，感谢你们给了我和像我一样的无数藏家儿女改变命运的机会。"

（二）提升人民群众的教育满意度

"9＋3"免费教育计划，不仅破除了"读书无用论"，助飞了藏区青少年成才的梦想，更为民族地区青少年找到了一条成长、成才的道路，收到了学生满意、家长放心、社会认同的良好效果。广大农牧民群众的教育观念显著转变，求知识、求进步、求文明和送子女入学的积极性空前高涨，实现了"要我读书到我要读书"的根本性转变。不少学生纷纷写信给省委、省政府和省教育厅的领导，汇报他们的学习生活情况，字里行间充满成长成才的信心和决心，充满对党和政府的感恩之情。学生志玛说："有点残疾的我都能找到工作，要感谢党的好政策，感谢老师对我的培养。……如果没有'9＋3'免费教育计划政策，我就不会到外面读书，没有党对我们就业的支持，我很难找到好工作，没有学校老师的鼓励，我就不会找到自信。"

（三）促进藏区社会和谐稳定

职业教育既是国民素质教育，更是国民就业生存教育。"9＋3"免费教育计划不仅切断藏区贫困的代际传递，确保有志青少年都能学技能增素质，也点燃了广大农牧民群众脱贫致富的梦想，改善了藏区的民生，是构建和谐社会和社会主义新农村建设的一项基础性、战略性工程。通过"9＋3"免费教育计划的实施，民族地区广大干部群众发自肺腑地说："我们深深感受到了党和政府的关怀和温暖，看到了民族地区经济社会发展和教育的光明前景。"可以预见，随着越来越多青少年接受"9＋3"免费教育计划并实现有效就业，他们必将成为推进四川省现代化建设、构建和谐社会的生力军。

（四）为欠发达地区教育创新提供了成功范例

在自身发展极不平衡的西部省份中，四川省率先运用政府体制，通过实施重大工程，大力推动经济欠发达地区教育发展，全面实现免费职业教育。

中国职业教育
改革与发展研究
1949—2021

"9＋3"免费教育计划取得的成绩，为全国特别是民族地区和欠发达地区全民教育的发展做出了应有的贡献，得到了中央政府和兄弟省市的认可和好评。截至 2012 年，"9＋3"免费教育计划作为成功范例，其经验已上升为国家意志，教育部多次召开会议专门推广四川省经验，其模式已纳入国家教育体制改革试点重大项目继续试点。①

---

① 参见涂文涛主编：《四川藏区"9＋3"教育模式探索》，13～14、251 页。

第六章
新时代职业教育的深化与改革（2012—2021）

第一节　习近平关于职业教育的重要指示

职业教育是服务经济社会发展需要，面向经济社会发展和服务生产一线，培养高素质劳动者和技术技能型人才并促进全体劳动者可持续职业发展的教育类型。党的十八大以来，习近平总书记在立足国情的基础上对职业教育做出了一系列深刻论述，涵盖了许多关于职业教育发展的新理念、新思想和新观点。习近平关于职业教育的重要指示，指明了当前和今后一个时期我国职业教育改革发展的方向和路径，也对现代职业教育体系的建设完善和"中国制造 2025"战略的实施具有重要指导作用。

一、习近平关于职业教育重要指示的精神实质

2014 年 6 月 23 日，国务院召开全国职业教育工作会议，习近平总书记在会议上，系统回答了职业教育"怎么看"和"怎么办"两大根本问题，明确了发展职业教育的重大意义、工作方针、根本任务、办学方向、支持重点、党政职责等重大问题。习近平总书记关于职业教育的重要指示，为新形势下加快发展现代职业教育指明了总方向，提出了新要求。[①]

（一）深刻回答了职业教育"怎么看"问题

第一，习近平总书记指出，"职业教育是国民教育体系和人力资源开发的重要组成部分"。明确了职业教育的重要定位，深刻阐明了职业教育的跨界特性以及在国民教育体系和人力资源开发领域的重要地位。第二，习近平

[①]　习近平关于职业教育的重要指示，引自《习近平就加快发展职业教育作出重要指示》，载《人民日报》，2014-06-24，此后不一一注明。

总书记指出，职业教育"是广大青年打开通往成功成才大门的重要途径"。明确了职业教育的重要作用。第三，习近平总书记指出，职业教育"肩负着培养多样化人才、传承技术技能、促进就业创业的重要职责"。明确了职业教育的重要职责。第四，习近平总书记指出，发展职业教育是"为实现'两个一百年'奋斗目标和中华民族伟大复兴的中国梦提供坚实人才保障"。明确了职业教育的重大使命，深刻阐明了加快发展现代职业教育的重大意义。①

（二）深刻回答了职业教育"怎么办"问题

第一，习近平总书记在深刻阐述职业教育重要定位、作用和职责的基础上明确指出，职业教育"必须高度重视、加快发展"。"高度重视、加快发展"成为新时期我国职业教育发展的工作方针。

第二，深刻阐述了职业教育"培养什么人、怎么培养人"问题。对于职业教育培养什么人，习近平总书记指出，"努力培养数以亿计的高素质劳动者和技术技能人才"。对于职业教育怎么培养人，习近平总书记指出，"要树立正确人才观，培育和践行社会主义核心价值观，着力提高人才培养质量，弘扬劳动光荣、技能宝贵、创造伟大的时代风尚，营造人人皆可成才、人人尽展其才的良好环境"。

第三，深刻阐述了"办什么样职业教育、怎么办职业教育"问题。对于办什么样职业教育，习近平总书记指出，"努力建设中国特色职业教育体系"。也就是说，要办中国特色职业教育，要建设现代职业教育体系。对于怎么办职业教育，习近平总书记指出，"要牢牢把握服务发展、促进就业的办学方向，深化体制机制改革，创新各级各类职业教育模式，坚持产教融合、校企合作，坚持工学结合、知行合一，引导社会各界特别是行业企业积极支持职业教育"。系统地阐明了发展职业教育的办学方向、改革重点、创新任务、办学原则和办学力量。

---

① 参见王继平：《加快发展现代职业教育的行动指南——学习习近平总书记关于职业教育的重要论述》，载《中国职业技术教育》，2016(25)。

第四，深刻阐述了职业教育工作的支持重点和价值追求。习近平总书记指出，"要加大对农村地区、民族地区、贫困地区职业教育支持力度，努力让每个人都有人生出彩的机会"。

第五，对各级党委和政府提出了明确要求，一是要"把加快发展现代职业教育放在更加突出的位置"；二是要"更好支持和帮助职业教育发展"。①

习近平总书记关于职业教育的重要指示是改革开放以来党和国家专门对职业教育工作所做的最全面、最系统的指示，内涵丰富，意蕴深邃，体现了党和国家对职业教育工作的空前重视，是新时代我国职业教育改革发展的根本遵循。

二、习近平关于职业教育重要指示的理论内涵

（一）职业教育办学方向论

办学方向是办学实践中必须首先明确的根本性问题，是一定时期内办学的前进方向，决定着办学的根本目标。不同的教育类型有不同的办学方向和目标，职业教育作为一种有别于普通教育的教育类型，有其特定的办学方向。习近平总书记站在我国经济社会发展全局，从促进人的价值实现着想，明确了新时期我国职业教育的办学方向，那就是"服务发展、促进就业"。

"服务发展"是指职业教育要为经济社会发展服务。虽然我国职业教育培养了大批技术技能型人才，为推动经济社会发展做出了重要贡献，但还不能完全适应经济新常态，突出表现为"人才培养结构不尽合理，人才培养质量有待提高"②的现实矛盾。因此，新时代的职业教育必须适应经济新常态，为经济社会发展服务，为全面建成小康社会服务。发展职业教育是扩大中等收入群体的关键，是实现全面建成小康社会的重要保障。发展职业教育必须坚

---

① 参见王继平：《加快发展现代职业教育的行动指南——学习习近平总书记关于职业教育的重要论述》，载《中国职业技术教育》，2016(25)。

② 钟世潋：《论习近平系列讲话与职业教育发展》，载《职业技术教育》，2017(16)。

中国职业教育
改革与发展研究
1949—2021

持"服务发展"的办学方向。

"促进就业"是指职业教育要为人的成功、成才服务。2014 年 6 月 23 日，习近平总书记在给全国职业教育工作会议的重要批示中明确指出，职业教育"是广大青年打开通往成功成才大门的重要途径"。2016 年 4 月 30 日，习近平总书记在知识分子、劳动模范、青年代表座谈会上的讲话中又特别强调"素质是立身之基，技能是立业之本"[①]。职业教育培养技能型人才，青年因为有了一技之长而得以安身立命，广大青年通过高质量职业教育寻得一份满意的工作，这才是职业教育办学的最终诉求。

（二）职业教育重大使命论

职业教育的使命是什么？习近平总书记在全国职业教育工作会议的重要指示中强调职业教育要"为实现'两个一百年'奋斗目标和中华民族伟大复兴的中国梦提供坚实人才保障"，这就是新时期职业教育的新使命。

实现"两个一百年"奋斗目标和中华民族伟大复兴的中国梦，要依靠高质量的职业教育。2015 年 4 月 28 日，习近平总书记在庆祝"五一"国际劳动节大会上的讲话中强调，"全面建成小康社会，进而建成富强民主文明和谐的社会主义现代化国家，根本上靠劳动、靠劳动者创造"[②]，并热情鼓励广大劳动者要勤奋工作、扎实工作，锐意进取、勇于创新，在实现"两个一百年"奋斗目标的征程上再创新的业绩，以劳动托起中国梦。显然，高素质的劳动者是实现"两个一百年"奋斗目标和中华民族伟大复兴的中国梦的坚实人才保障，而高素质劳动者的培养离不开高质量的职业教育。

实现"两个一百年"奋斗目标和中华民族伟大复兴的中国梦，还要弘扬伟大的劳动精神，而"工匠精神"是劳动精神的升华。"工匠精神"就是一种精益求精、追求极致的执着精神，这也是习近平总书记赋予新时期职业教育的新使命。当前，我国正面临着经济结构大变革，加上新科技革命的兴

---

① 《在知识分子、劳动模范、青年代表座谈会上的讲话》，载《人民日报》，2016-04-26。
② 《习近平在庆祝"五一"国际劳动节大会上的讲话》，载《人民日报》，2015-04-28。

起，尤其是"中国制造 2025"时代的到来，迫切要求职业教育培养大批具有"工匠精神"的技术技能型人才，才能成就精品经典、书写大国传奇、实现强国梦。可见，习近平总书记关于职业教育使命的重要指示，把职业教育与国家的命运与民族的未来紧紧相连，目标高远、内涵深刻、意义重大，指明了新时期职业教育的重大使命，深刻表达了习近平总书记的职业教育使命观。

（三）职业教育根本任务论

职业教育应该培养什么样的人？2014 年 6 月，习近平总书记在全国职业教育工作会议的重要指示中给予了明确回答。习近平总书记指出，职业教育"要树立正确人才观，培育和践行社会主义核心价值观，着力提高人才培养质量，弘扬劳动光荣、技能宝贵、创造伟大的时代风尚，营造人人皆可成才、人人尽展其才的良好环境，努力培养数以亿计的高素质劳动者和技术技能人才"。习近平总书记深刻回答了新时代职业教育的根本任务，那就是要以"立德树人"为根本，培养德能兼备的高素质劳动者和技术技能人才。

职业教育必须树立德能兼备的人才观，特别是要把社会主义核心价值观这个"大德"[①]融入技术技能人才培养，在传授技术技能的同时，还要把学生价值观的塑造置于首要位置，将职业道德、职业精神融入技术技能人才培养体系，使广大青年学生勤学、修德、明辨、笃实，成为社会主义核心价值观的弘扬者，成为职业道德和职业精神的践行者。

2014 年，全国职业教育工作会议的召开是近代职业教育的转折点，会议明确了新时期职业教育的战略地位、时代重任、发展方向、支持重点和各方职责。各级党委和政府要以实现"两个一百年"奋斗目标和中华民族伟大复兴的中国梦为使命，把加快发展现代职业教育摆在更加突出的位置，更好支持

---

① 参见宋凌云、王嘉毅：《教育改革发展的新理念新思想新要求——学习习近平总书记关于教育工作的重要论述》，载《教育研究》，2017(2)。

和帮助职业教育发展，为社会发展提供坚实人才保障。① 正如习近平总书记所指出的那样，职业教育要"努力让每个人都有人生出彩的机会"。

总之，习近平总书记关于职业教育的重要指示深刻回答了中国职业教育"怎么看"和"怎么办"两大问题。在中国职业教育"怎么看"的问题上，习近平总书记关于职业教育的重要指示明确了职业教育的重要地位、重要作用、重要职责和重大使命；在中国职业教育"怎么办"的问题上，习近平总书记关于职业教育的重要指示明确了中国职业教育的工作方针、办学方向、办学原则、办学力量、改革重点和价值追求。习近平总书记关于职业教育的重要指示"深刻回答了新时期'如何看职业教育''为谁办职业教育''办什么样的职业教育'以及'怎样办好职业教育'的根本问题"，"主要包括职业教育战略意义论、办学方向论、重大使命论、根本任务论、改革发展论"。②

三、习近平在全国职业教育大会上的重要指示

2021 年 4 月 12—13 日，全国职业教育大会在京召开，会上传达了习近平总书记重要指示。习近平总书记强调，加快构建现代职业教育体系，培养更多高素质技术技能人才、能工巧匠、大国工匠。他指出，在全面建设社会主义现代化国家新征程中，职业教育前途广阔、大有可为。要坚持党的领导，坚持正确办学方向，坚持立德树人，优化职业教育类型定位，深化产教融合、校企合作，深入推进育人方式、办学模式、管理体制、保障机制改革，稳步发展职业本科教育，建设一批高水平职业院校和专业，推动职普融通，增强职业教育适应性，加快构建现代职业教育体系，培养更多高素质技术技能人才、能工巧匠、大国工匠。各级党委和政府要加大制度创新、政策供给、投入力度，弘扬工匠精神，提高技术技能人才社会地位，为全面建设社会主义现代化国家、实现中华民族伟大复兴的中国梦提

---

① 参见《2014 年全国职业教育工作会议在北京召开》，载《当代职业教育》，2014(7)。
② 转引自韩雪军：《习近平总书记关于职业教育重要论述研究的述评与展望》，载《呼伦贝尔学院学报》，2020(5)。

供有力人才和技能支撑。① 习近平总书记关于职业教育的重要指示为新时代职业教育改革发展指明了前进方向、提供了根本遵循。

四、习近平的职业教育考察

习近平总书记十分关心职业教育工作，在多次重要会议上和视察中强调要发挥职业教育和培训的作用。2014 年，习近平总书记在全国职业教育工作会议上指出，要更好地支持和帮助职业教育发展，为实现"两个一百年"奋斗目标提供人才保障。② 习近平总书记强调，职业教育是国民教育体系和人力资源开发的重要组成部分，是广大青年打开通往成功、成才大门的重要途径，肩负着培养多样化人才、传承技术技能、促进就业创业的重要职责，必须高度重视、加快发展。

习近平总书记关于职业教育的重要指示明确了新时期职业教育的战略地位、时代重任、发展方向、支持重点和各方职责，强调了"要牢牢把握服务发展、促进就业的办学方向，深化体制机制改革，创新各层次各类型职业教育模式，坚持产教融合、校企合作，坚持工学结合、知行合一，引导社会各界特别是行业企业积极支持职业教育，努力建设中国特色职业教育体系。要加大对农村地区、民族地区、贫困地区职业教育支持力度，努力让每个人都有人生出彩的机会"。这一指示对职业教育发展及人才培养给出了一系列重要论断，成为职业教育人才培养的根本遵循。

自 2014 年 12 月在江苏考察调研时明确提出"四个全面"战略布局以来，习近平总书记多次在重要场合强调"职业教育是我国教育体系中的重要组成部分，是培养高素质技能型人才的基础工程，要上下共同努力进一步办

---

① 参见《加快构建现代职业教育体系　培养更多高素质技术技能人才能工巧匠大国工匠》，载《人民日报》，2021-04-14。

② 参见《更好支持和帮助职业教育发展　为实现"两个一百年"奋斗目标提供人才保障》，载《人民日报》，2014-06-24。

中国职业教育
改革与发展研究
1949——2021

好"①。职业教育为一部分群体提供了教育保障乃至就业保障，为社会输送了一大批"下得去、用得上"的技术技能人才。我国处于经济转型升级速度加快的阶段，对优秀技能型人才的需求比以往任何时候更为迫切。在新形势、新业态下，习近平总书记认为"建设知识型、技能型、创新型劳动者大军"②，是职业教育的办学定位。

2015年6月，习近平总书记在贵州考察期间，重点询问了贵州省"9+3"免费教育计划实施情况、职业教育城规划建设和教育扶贫情况，并肯定他们重点招收贫困学生入学，通过技术培训、学历教育、职业指导、校企合作等方式支持农村脱贫的实践。在参观清镇职业教育城贵州省机械工业学校时，习近平总书记再次强调"职业教育是我国教育体系中的重要组成部分，是培养高素质技能型人才的基础工程"③，重申了职业教育在国民教育体系中的重要地位和基础性作用。在习近平总书记的殷切嘱托下，贵州省职业教育走向了跨越式发展。

2017年，十九大报告中明确提出必须把教育事业放在"优先位置"，加快教育现代化。从之前的"战略地位"到现在的"优先位置"，说明了党和国家对教育事业的重视更加具体化和清晰化。④ 优先发展教育的一条重要举措就是要做好教育事业发展规划，办好职业教育。随着经济社会转型，对技术人才的需求越来越迫切，技术成为当前社会需求的新趋向。习近平总书记强调"要牢牢把握服务发展、促进就业的办学方向，深化体制机制改革，创新各层次各类型职业教育模式，坚持产教融合、校企合作，坚持工学结合……努

---

① 《习近平在贵州调研时强调：看清形势适应趋势发挥优势　善于运用辩证思维谋划发展》，载《人民日报》，2015-06-19。

② 《习近平：决胜全面建成小康社会　夺取新时代中国特色社会主义伟大胜利——在中国共产党第十九次全国代表大会上的报告》，中华人民共和国中央人民政府网站。

③ 《习近平在贵州调研时强调：看清形势适应趋势发挥优势　善于运用辩证思维谋划发展》，载《人民日报》，2015-06-19。

④ 参见刘德林：《习近平总书记关于教育工作重要论述的内在理路与三层意蕴》，载《井冈山大学学报(社会科学版)》，2019(5)。

力建设中国特色职业教育体系"①。

2019 年 8 月，习近平总书记在甘肃考察山丹培黎学校时呼吁发展职业教育。8 月 20 日下午，习近平总书记考察了张掖市山丹培黎学校时强调，西北地区因自然条件限制，发展相对落后。区域之间发展条件有差异，但在机会公平上不能有差别。要解决这个问题，关键是要发展教育，特别是职业教育。我国经济要靠实体经济支撑，这就需要大量专业技术人才，需要大批大国工匠。因此，职业教育大有可为。他说："希望你们继承优良传统，与时俱进，大有前途。我支持你们！"②

职业教育培养出大批专业技能型人才，助力我国实体经济发展。在制定新的用人政策时，要大胆向技能型人才倾斜，引导社会崇尚技能，坚决纠正"学历主义"倾向。

正是基于对历史和现实的深刻洞察，出于对国内经济发展大局的深谋远虑，习近平总书记先后通过指示、讲话、谈话、贺信、回信等方式，深刻阐释了职业教育的重大战略意义，在这一过程中其关于职业教育的思想也逐渐明晰。推动职业教育发展，不仅应立足于教育系统抓好职业教育，也要跳出教育系统看职业教育和办好职业教育。习近平总书记关于职业教育的重要指示继承和创新了马克思主义教育理论，是中国特色社会主义教育理论的最新成果，也是习近平新时代中国特色社会主义思想的重要组成部分。

第二节　现代职业教育体系建设的政策推进

一、《国家中长期教育改革和发展规划纲要（2010—2020 年）》

党的十七大提出"优先发展教育，建设人力资源强国"的战略部署。2010

---

① 《弘扬劳动光荣技能宝贵创造伟大的时代风尚》，载《光明日报》，2014-06-24。
② 参见《习近平：发展职业教育，我支持你们！》，中华人民共和国中央人民政府网站。

年，国家出台《国家中长期教育改革和发展规划纲要（2010—2020年）》，对2010—2020年国家教育事业的发展规划方向，设定目标。职业教育方面，该纲要做出了以下要求。

（一）大力发展职业教育

发展职业教育是推动经济发展、促进就业、改善民生、解决"三农"问题的重要途径，是缓解劳动力供求结构矛盾的关键环节，必须摆在更加突出的位置。职业教育要面向人人、面向社会，着力培养学生的职业道德、职业技能和就业创业能力。截至2020年，形成适应发展方式转变和经济结构调整要求、体现终身教育理念、中等和高等职业教育协调发展的现代职业教育体系，满足人民群众接受职业教育的需求，满足经济社会对高素质劳动者和技能型人才的需要。政府切实履行发展职业教育的职责，把职业教育纳入经济社会发展和产业发展规划，促使职业教育规模、专业设置与经济社会发展需求相适应。统筹中等职业教育与高等职业教育发展，健全多渠道投入机制，加大职业教育投入。把提高质量作为重点，以服务为宗旨，以就业为导向，推进教育教学改革。实行工学结合、校企合作、顶岗实习的人才培养模式，坚持学校教育与职业培训并举，全日制与非全日制并重，加强"双师型"教师队伍和实训基地建设，提升职业教育基础能力。制定职业学校基本办学标准，完善符合职业教育特点的教师资格标准和专业技术职务（职称）评聘办法。建立健全职业教育质量保障体系，吸收企业参加教育质量评估，开展职业技能竞赛。

（二）调动行业企业的积极性

建立健全政府主导、行业指导、企业参与的办学机制，制定促进校企合作办学法规，促进校企合作制度化。鼓励行业组织、企业举办职业学校，鼓励委托职业学校进行职工培训。制定优惠政策，鼓励企业接收学生实习实训和教师实践，鼓励企业加大对职业教育的投入。

（三）加快发展面向农村的职业教育

加强职业教育是服务新农村建设的重要内容。加强基础教育、职业教育和成人教育统筹，促进农科教结合。强化省、市（地）级政府统筹职业教育发展的责任，健全县域职业教育培训网络，根据需要办好县级职业教育中心。强化职业教育资源的统筹协调和综合利用，推进城乡、区域合作，增强服务"三农"能力。加强涉农专业建设，加大培养适应农业和农村发展需要的专业人才力度。支持各级各类学校积极参与新型农民、进城务工人员和农村劳动力转移培训。

（四）增强职业教育吸引力

完善职业教育支持政策，逐步实行中等职业教育免费制度，完善家庭经济困难学生资助政策。改革招生和教学模式，积极推进"双证书"制度，推进职业院校课程标准和职业技能标准相衔接。完善就业准入制度，执行"先培训、后就业""先培训、后上岗"的规定。建立健全职业教育课程衔接体系，鼓励毕业生在职继续学习，完善职业学校毕业生直接升学制度，拓宽毕业生继续学习通道。提高技能型人才的社会地位和待遇，加大对有突出贡献高技能人才的宣传表彰力度，形成"行行出状元"的良好社会氛围。

以往的政策文件强调"加快发展职业教育"，但2010年后政府的政策文件开始改用"加快发展现代职业教育"。"现代职业教育"的首次提出是2010年《国家中长期教育改革和发展规划纲要（2010—2020年）》。该纲要提出截至2020年，形成适应经济发展方式转变和产业结构调整要求、体现终身教育理念、中等和高等职业教育协调发展的现代职业教育体系。

二、《关于加快发展现代职业教育的决定》

2012年，党的十八大再次强调要发展现代职业教育。虽然近年来我国职业教育事业快速发展，为社会和企业培养了大批中高级技能型人才，为提高劳动者素质、推动经济社会发展和促进就业做出了重要贡献。但当前职业教育还存在着结构不尽合理，质量有待提高，办学条件薄弱，体制机制不畅等问题。为加快发展现代职业教育，2014年，国务院召开全国职业教育工作会议，会议印发了《关于加快发展现代职业教育的决定》和《现代职业教育体系建设规划(2014—2020 年)》，对我国未来几年职业教育的发展目标与核心内容做了部署。

《关于加快发展现代职业教育的决定》提出的总目标为："到 2020 年，要形成适应发展需求、产教深度融合、中职高职衔接、职业教育与普通教育相互沟通，体现终身教育理念，具有中国特色、世界水平的现代职业教育体系。"①在加快构建现代职业教育体系方面，该决定做出如下安排。

（一）巩固提高中等职业教育发展水平

各地要统筹做好中等职业学校和普通高中招生工作，落实好职普招生大体相当的要求，加快普及高中阶段教育。鼓励优质学校通过兼并、托管、合作办学等形式，整合办学资源，优化中等职业教育布局结构。推进县级职业教育中心等中等职业学校与城市院校、科研机构对口合作，实施学历教育、技术推广、扶贫开发、劳动力转移培训和社会生活教育。在保障学生技术技能培养质量的基础上，加强文化基础教育，实现就业有能力、升学有基础。有条件的普通高中要适当增加职业技术教育内容。

（二）创新发展高等职业教育

专科高等职业院校要密切产学研合作，培养服务区域发展的技术技能人才，重点服务企业特别是中小微企业的技术研发和产品升级，加强社区教育和终身学习服务。探索发展本科层次职业教育。建立以职业需求为导向、以实践能力培养为重点、以产学研结合为途径的专业学位研究生培养模式。研究建立符合职业教育特点的学位制度。原则上中等职业学校不升格为或并入高等职业院校，专科高等职业院校不升格为或并入本科高等学校，形成定位清晰、科学合理的职业教育层次结构。

（三）引导普通本科高等学校转型发展

采取试点推动、示范引领等方式，引导一批普通本科高等学校向应用技术类型高等学校转型，重点举办本科职业教育。独立学院转设为独立设置高

---

① 《国务院关于加快发展现代职业教育的决定》，中华人民共和国教育部网站。

等学校时，鼓励其定位为应用技术类型高等学校。建立高等学校分类体系，实行分类管理，加快建立分类设置、评价、指导、拨款制度。招生、投入等政策措施向应用技术类型高等学校倾斜。

（四）完善职业教育人才多样化成长渠道

健全"文化素质＋职业技能"、单独招生、综合评价招生和技能拔尖人才免试等考试招生办法，为学生接受不同层次高等职业教育提供多种机会。在学前教育、护理、健康服务、社区服务等领域，健全对初中毕业生实行中高职贯通培养的考试招生办法。适当提高专科高等职业院校招收中等职业学校毕业生的比例、本科高等学校招收职业院校毕业生的比例。逐步提高高等职业院校招收有实践经历人员的比例。建立学分积累与转换制度，推进学习成果互认衔接。

（五）积极发展多种形式的继续教育

建立有利于全体劳动者接受职业教育和培训的灵活学习制度，服务全民学习、终身学习，推进学习型社会建设。面向未升学初高中毕业生、残疾人、失业人员等群体广泛开展职业教育和培训。推进农民继续教育工程，加强涉农专业、课程和教材建设，创新农学结合模式。推动一批县(市、区)在农村职业教育和成人教育改革发展方面发挥示范作用。利用职业院校资源广泛开展职工教育培训。重视培养军地两用人才，退役士兵接受职业教育和培训，按照国家有关规定享受优待。

职业教育的发展不仅需要现代化职业教育体系作为支撑，同时也离不开多种多样的办学形式，只有各种办学力量百花齐放才能激发多样化的办学活力，职业教育才能充满旺盛的生命力，为学生提供优质的学习平台。该决定明确指出，支持社会力量、民间资本参与兴办职业教育；创新民办职业教育办学模式，积极支持各类办学主体通过独资、合资、合作等多种形式兴办民办职业教育；探索发展股份制、混合所有制职业院校，允许以资本、知识、技术、管理等要素参与办学并享有相应权利。探索公办和社会力量举办的职业院校相互委托管理和购买服务的机制。引导社会参与教学过程，共同开发课程和教材等教育资源。社会力量举办的职业院校与公办职业院校具有同等法律地位，依法享受相关教育、财税、土地、金融等政策。健全政府补贴、购买服务、助学贷款、基金奖励、捐资激励等制度，鼓励社会力量参与职业教育办学、管理和评价。

该决定还鼓励多元主体组建职业教育集团。研究制定院校、行业、企业、科研机构、社会组织等共同组建职业教育集团的支持政策，发挥职业教育集团在促进教育链和产业链有机融合中的重要作用。鼓励中央企业和行业龙头企业牵头组建职业教育集团，探索组建覆盖全产业链的职业教育集团。健全联席会、董事会、理事会等治理结构和决策机制，开展多元投资主体依法共建职业教育集团的改革试点。

三、《现代职业教育体系建设规划（2014—2020 年）》

改革开放以来，我国职业教育改革发展取得了巨大成就，中高等职业教育快速发展，职业院校基础能力显著提高，产教结合、校企合作不断深入，行业企业参与不断加强，中高职衔接呈现良好势头。但是，必须清醒地看到，我国职业教育仍然存在着社会吸引力不强、发展理念相对落后、行业企业参与不足、人才培养模式相对陈旧、基础能力相对薄弱、层次结构不合理、基本制度不健全、国际化程度不高等诸多问题。因此，国家要抓住发展机遇，站在经济、社会和教育发展全局的高度，以战略眼光、现代理念和国际视野建设现代职业教育体系，加快发展现代职业教育。

2014 年制定的《现代职业教育体系建设规划（2014—2020 年）》的总体目标是：牢固确立职业教育在国家人才培养体系中的重要位置，到 2020 年，形成适应发展需求、产教深度融合、中职高职衔接、职业教育与普通教育相互沟通，体现终身教育理念，具有中国特色、世界水平的现代职业教育体系，建立人才培养立交桥，形成合理教育结构，推动现代教育体系基本建立、教育现代化基本实现。①

实现总体目标具体又分两步走：到 2015 年，初步形成现代职业教育体系框架。现代职业教育的理念得到广泛宣传，职业教育体系建设的重大政策更加完备，人才培养层次更加完善，专业结构更加符合市场需求，中高等职业教育全面衔接，产教融合、校企合作的体制基本建立，现代职业院校制度基本形成，职业教育服务国家发展战略的能力进一步提升，职业教育吸引力进一步增强。到 2020 年，基本建成中国特色现代职业教育体系。现代职业教育理念深入人心，行业企业和职业院校(中等职业学校和高等职业学校的统称，下同)共同推进的技术技能积累创新机制基本形成，职业教育体系的层次、结构更加科学，院校布局和专业设置适应经济社会需求，现代职业教育的基本制度、运行机制、重大政策更加完善，社会力量广泛参与，建成一批高水平职业院校，各类职业人才培养水平大幅提升。(表 6-1)②

表 6-1　现代职业教育体系建设量化目标

目标	单位	2015 年	2020 年
中等职业教育在校生数	万人	2250	2350
专科层次职业教育在校生数	万人	1390	1480
继续教育参与人次	万人次	29000	35000
职业院校职业教育集团参与率	％	85	90
高职院校招收有实际工作经验学习者的比率	％	10	20
职业院校培训在校生(折合数)相当于学历职业教育在校生的比率	％	20	30
实训基地骨干专业覆盖率	％	50	80

① 参见《现代职业教育体系建设规划(2014—2020 年)》，中华人民共和国教育部网站。
② 参见《现代职业教育体系建设规划(2014—2020 年)》，中华人民共和国教育部网站，表 6-1 仅取 2015、2020 年数据。

目标	单位	2015 年	2020 年
有实践经验的专兼职教师占专业教师总数的比率	%	45	60
职业院校校园网覆盖率	%	100	100
数字化资源专业覆盖率	%	80	100

《现代职业教育体系建设规划(2014—2020 年)》还依据终身教育理念，提出了服务需求、开放融合、纵向流动、双向沟通的现代职业教育的体系框架和总体布局。(图 6-1①)

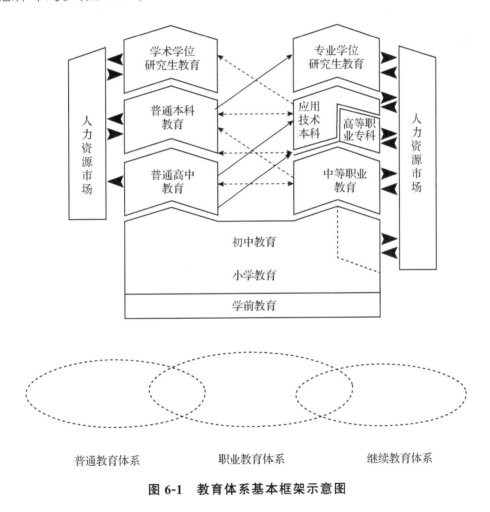

图 6-1 教育体系基本框架示意图

---

① 参见《现代职业教育体系建设规划(2014—2020 年)》，中华人民共和国教育部网站。

（一）职业教育的层次结构

初等职业教育。在有需要的地方继续办好初等职业教育学校。各类职业院校、培训机构和用人单位内部开展实用技术技能培训，使学习者获得基本的工作和生活技能。

中等职业教育。中等职业教育在现代职业教育体系中具有基础作用，为初高中毕业生开展基础性的知识、技术和技能教育，培养技能人才。中等职业教育是职业教育发展的重点，今后一个时期总体保持普通高中和中等职业学校招生规模大体相当。

高等职业教育。在办好现有专科层次高等职业(专科)学校的基础上，发展应用技术类型高校，培养本科层次职业人才。应用技术类型高等学校是高等教育体系的重要组成部分，与其他普通本科学校具有平等地位。高等职业教育规模占高等教育的一半以上，本科层次职业教育达到一定规模。建立以提升职业能力为导向的专业学位研究生培养模式。根据高等学校设置制度规定，将符合条件的技师学院纳入高等学校序列。

（二）职业教育的终身教育体系

职业辅导教育。普通教育学校为在校生和未升学毕业生提供多种形式职业发展辅导，普通高中根据需要适当增加职业技术教育内容，职业院校和普通教育学校开展以职业道德、职业发展、就业准备、创业指导等为主要内容的就业教育和服务。

职业继续教育。各类职业院校是继续教育的重要主体，通过多种教育形式为所有劳动者提供终身学习机会。企事业单位举办职工教育，建立制度化的岗位培训体系。社会培训机构是职业继续教育的重要组成部分，依法自主开展职业培训和承接政府组织的职业培训。

劳动者终身学习。增强职业教育体系的开放性和多样性，使劳动者能够在职业发展的不同阶段通过多次选择、多种方式灵活接受职业教育和培训，促进学习者为职业发展而学习，使职业教育成为促进全体劳动者可持续发展

中国职业教育
改革与发展研究
1949—2021

的教育。

（三）职业教育的办学类型

政府办学、企业办学和社会办学。建立政府、企业和其他社会力量共同发挥办学主体作用，公办和民办职业院校共同发展的职业教育办学体制。政府实行统一的准入制度，办好骨干职业院校，支持社会力量办学。各类主体兴办的职业院校具有同等法律地位，依法公平、公开竞争。

全日制职业教育与非全日制职业教育。增加非全日制职业教育在职业教育中的比重，发展工学交替、"双元制"、学徒制、半工半读、远程教育等各种灵活学习方式的职业教育。通过改革学制、学籍和学分管理制度，实现全日制职业教育和非全日制职业教育的统筹管理。

学历职业教育与非学历职业教育。职业院校同时开展学历职业教育和非学历职业教育，满足行业、企业和社区的多样化需求。职业院校和职业培训机构开展的非学历职业教育可以通过质量认证体系、学分积累和转换制度、学分银行和职业资格考试等进行学历认证。

（四）职业教育的开放沟通

职业教育体系。系统构建从中职、专科、本科到专业学位研究生的培养体系，满足各层次技术技能人才的教育需求，服务一线劳动者的职业成长。拓宽高等专科职业学校招收中等职业学校毕业生、应用技术类型本科高等学校招收高等专科职业院校毕业生通道，打开职业院校学生的成长空间。在确有需要的职业领域，可以实行中职、专科、本科贯通培养。

职业教育与普通教育。建立职业教育和普通教育双向沟通的桥梁，普通学校和职业院校可以开展课程和学分互认。学习者可以通过考试在普通学校和职业院校之间转学、升学。普通高等学校可以招收职业院校毕业生，并与职业院校联合培养高层次应用型人才。

职业教育与人力资源市场。职业院校按照经济社会发展的需求确定人才培养的规格层次、专业体系、培养方式和质量标准。畅通一线劳动者继续学习深造的路径，增加有工作经验的技术技能人才在职业院校学生中的比重，建立在职人员学习—就业—再学习的通道，实现优秀人才在职业领域与教育领域的顺畅转换。

从《现代职业教育体系建设规划(2014—2020年)》的表述来看，我国现代职业教育体系的基本规划是：按照终身教育的理念，形成服务需求、开放融合、纵向流动、双向沟通的现代职业教育的体系框架和总体布局。为此，2014年我国提出600多所地方本科高校向应用技术大学转型的教育政策，要求有条件和愿意转型的地方本科院校改变原有的学术型发展道路，向应用技术大学转变，发展本科层次的职业教育。

四、《高等职业教育创新发展行动计划（2015—2018年）》

为了进一步落实2014年国务院颁发的《关于加快发展现代职业教育的决定》，创新发展高等职业教育，2015年10月，教育部发布了《高等职业教育创新发展行动计划(2015—2018年)》。该计划提出"通过三年建设，高等职业教育整体实力显著增强，人才培养的结构更加合理、质量持续提高，服务中国制造2025的能力和服务经济社会发展的水平显著提升，促使高等教育结构优化成效更加明显，推动现代职业教育体系日臻完善"[①]的总目标。

该计划制定了五个主要任务与举措：扩大优质教育资源、增强院校办学活力、加强技术技能积累、完善质量保障机制、提升思想政治教育质量。为了主要任务得到有效落实，该计划还提出了加强组织领导、强化管理督查、营造良好环境三条保障措施，为任务的展开与落实保驾护航。该计划最后附上了高等职业教育创新发展行动计划任务、项目一览表，对完成的任务项目做出了详细的要求，包括开展和完成的时间规划，任务的具体内容，项目的数量等。

在扩大优质教育资源方面，要开展优质学校建设，"坚持以示范建设引

---

① 《教育部关于印发〈高等职业教育创新发展行动计划(2015—2018年)〉的通知》，载《中华人民共和国教育部公报》，2016(Z1)。

领发展，鼓励支持地方建设一批办学定位准确、专业特色鲜明、社会服务能力强、综合办学水平领先、与地方经济社会发展需要契合度高、行业优势突出的优质专科高等职业院校，持续深化教育教学改革、大幅提升技术创新服务能力、实质性扩大国际交流合作、培养杰出技术技能人才，增强专业教师和毕业生在行业企业的影响力，提升学校对产业发展的贡献度，争创国际先进水平"[①]。职业教育创新发展行动计划项目一览表中明确要求并确定了31个省级教育行政部门"建设200所左右优质专科高等职业院校"的任务，还要求在2016年出台措施，2018年年底前完成。优质的教育资源不单单指学校建设，还需要一支高素质的教师队伍。

该计划强调要加强教师队伍建设，兼顾专任教师与兼职教师队伍建设。职业院校专任教师的培养方面，推进高水平大学和大中型企业共建"双师型"教师培养培训基地，探索"学历教育＋企业实训"的培养办法；完善以老带新的青年教师培养机制；建立教师轮训制度；专任教师每五年企业实践时间累计不少于6个月，增强职业技术师范院校的职业教育师资培养能力。兼职教师队伍建设方面，加强以专业技术人员和高技能人才为主，主要承担专业课程教学和实践教学任务的兼职教师队伍建设。支持专科高等职业院校按照有关规定自主聘请兼职教师，学校在编制年度预算时应统筹考虑经费安排；加强兼职教师的职业教育教学规律与教学方法培训；支持兼职教师或合作企业牵头教学研究项目、组织实施教学改革；把指导学生顶岗实习的企业技术人员纳入兼职教师管理范围。将企事业单位兼职教师任教情况作为个人业绩考核的重要内容。

该计划还强调要完善高等职业教育结构，"推进高等学校分类管理，系统构建专科、本科、专业学位研究生培养体系"。[②] 加快专科高等职业院校改

---

① 《教育部关于印发〈高等职业教育创新发展行动计划（2015—2018年）〉的通知》，载《中华人民共和国教育部公报》，2016(Z1)。

② 《教育部关于印发〈高等职业教育创新发展行动计划（2015—2018年）〉的通知》，载《中华人民共和国教育部公报》，2016(Z1)。

革步伐，深化人才培养模式改革，提升应用技术创新服务能力，拓展社区教育和终身学习服务；持续缩减本科高校举办的就业率(不含升学)低的专科高等职业教育规模，推动部分地方普通本科高等学校转型发展，引导一批独立学院发展成为应用技术类型本科高校，重点举办本科层次职业教育；推动产学研结合培养专业学位研究生，强化实践能力培养；开展设立专科高等职业教育学位的可行性研究。从专科到本科再到专业学位研究生的教育结构，彻底打破了传统职业教育"断头教育"的窘境，给那些想进一步学习深造的学生带来了希望，拓宽和完善职业教育学生继续学习的通道。

该计划还明确了推动职业教育集团化发展，鼓励中央企业和行业龙头企业、行业部门、高等职业院校等，围绕区域经济发展对人才的需求，牵头组建职业教育集团，并按照属地化管理原则在省级教育行政部门备案。开展多元投入主体依法共建职业教育集团的改革试点，通过人员互聘、平台共享，探索建立基于产权制度和利益共享机制的集团治理结构与运行机制；建立基于学分转换的集团内部教学管理模式。支持有特色的专科高等职业院校以输出品牌、资源和管理的方式成立连锁型职业教育集团。积极吸收科研院所及其他社会组织参与职业教育集团。鼓励职业教育集团与跨国企业、境外教育机构等开展合作。职业教育创新发展行动计划项目一览表提出要建设一批骨干职业教育集团(180个左右)，遴选10个省份开展多元投入主体依法共建职业教育集团的改革试点，此外还要建设一批连锁型职业教育集团(20个左右)。

在增强院校办学活力方面，该计划提出要广泛吸纳各类学生，增加生源的多元活力。因此，具体措施是推进分类考试招生，健全"文化素质＋职业技能"的考试招生办法，根据不同生源特点和培养需要，规范实施专科高等职业院校以高考为基础的考试招生、单独考试招生、综合评价招生、面向中职毕业生的技能考试招生、中高职贯通招生、技能拔尖人才免试招生等。研究制订职业院校应届毕业生进入高层次学校学习的办法，拓宽和完善职业教

中国职业教育
改革与发展研究
1949—2021

育学生继续学习通道。逐步扩大高等职业院校招收有实践经历人员的比例，适度提高专科高等职业院校招收中等职业学校毕业生的比例，本科高等职业学院特别是应用技术类型本科高校，招收专科职业院校毕业生的比例。此外，还要增强办学主体的活力，探索混合所有制办学。深化办学体制改革，鼓励社会力量以资本、知识、技术、管理等要素参与公办高等职业院校改革。试点社会力量通过政府购买服务、委托管理等方式参与办学活力不足的公办高等职业院校改革。鼓励民间资金与公办优质教育资源嫁接合作，在经济欠发达地区扩大优质高等职业教育资源。鼓励企业和公办高等职业院校合作举办适用公办学校政策、具有混合所有制特征的二级学院。鼓励专业技术人才、高技能人才在高等职业院校建设股份合作制工作室。支持成立混合所有制高等职业院校联盟。鼓励行业企业办和民办高等职业院校建立教师年金制度。支持营利性民办高等职业院校探索建立股权激励机制。

加强技术技能积累和对内在人才培养方面，该计划提出要开展现代学徒制培养，支持地方和行业引导、扶持企业与高等职业院校联合开展"现代学徒制"培养试点。校企共同制定和实施人才培养方案，试点学校主要负责理论课程教学、学生日常管理等工作，合作企业主要负责选派工程技术人员（能工巧匠）承担实践教学任务、组织实习实训；校企联合保障学生权益、保证合理报酬，按照国家有关规定落实学生责任保险和工伤保险。地方应允许符合条件的高等职业院校采用单独考试招生的办法从企业员工中招收符合当地高考报名条件的学生，使学生兼具企业员工身份；国家急需专业经教育部同意可进行跨省招生试点。

完善技术兵种与专科高等职业院校联合招收定向培养直招士官的组织方式和支持政策，支持技术兵种全程参与人才培养。新型职业农民培育也是该阶段人才培养的重点，建立公益性农民培养培训制度，扶持涉农专科高等职业院校的发展和专业建设。提高涉农专科高等职业院校为三农服务的能力，围绕农业产业链、流通链培养培训适应科技进步和农业产业化需要的学生及新型职业农民，创新招生就业、人才培养、农学结合、校企合作、顶岗实习、社会服务等工作机制，推进农科教统筹、产学研合作；支持高等职业院校与涉农企业共建农业职业教育集团；构建覆盖全国、服务完善的现代职业农民教育网络。对外要有交流和输出意识，支持优质产能"走出去"，扩大职业教育国际影响。

配合国家"一带一路"倡议，助力优质产能走出去，扩大与"一带一路"沿线国家的职业教育合作。主动发掘和服务"走出去"企业的需求，培养具有国际视野、通晓国际规则的技术技能人才和中国企业海外生产经营需要的本土人才。支持专科高等职业院校将国际先进工艺流程、产品标准、技术标准、服务标准、管理方法等引入教学内容；与积极拓展国际业务的大型企业联合办学，共建国际化人才培养基地；发挥专科高等职业院校专业优势，配合"走出去"企业面向当地员工开展技术技能培训和学历职业教育。

广泛参与国际职业教育合作与发展，加强与职业教育发达国家的政策对话，探索对发展中国家开展职业教育援助的渠道和政策。积极参与职业教育国际标准与规则的研究制定，开发与之对应的专业标准和课程体系，扩大国际话语权、增强国家软实力。提高高等职业院校专业教师的外语交流能力，鼓励示范性和沿边地区高等职业院校利用学校品牌和专业优势吸引国(境)外学生来华学习，并不断扩大规模；支持专科高等职业院校到国(境)外办学，为周边国家培养熟悉中华传统文化以及当地经济发展急需的技术技能人才。推进全国职业院校技能大赛国际化。

完善质量保障机制方面，首先要提高经费保障水平，落实生均拨款政策，建立多渠道筹资机制，提高经费保障水平。各地应引导激励行政区域内各地市级政府(单位)建立完善以改革和绩效为导向的专科高等职业院校生均拨款制度，保证学校正常运转、保障基本教学条件、提升内涵建设水平、支撑院校综合改革。生均拨款制度应当覆盖当地所有独立设置的公办高等职业院校；举办高等职业院校的有关部门和单位，应当参照院校所在地公办高等职业院校的生均拨款标准，建立完善所属高等职业院校生均拨款制度。2017年，本省专科高等职业院校年生均财政拨款平均水平不低于12000元。学费收入优先保证学校基本教学方面的支出。

为完善质量保障机制，该计划提出改进高等职业教育教师管理。完善教师专业技术职务(职称)评聘办法，将师德表现、教学水平、应用技术研发成果与社会服务成效等作为高等职业院校教师专业技术职务(职称)评聘和工作绩效考核的重要内容，有条件的地方可以实行单独评审。鼓励高等职业院校制定和执行反映自身发展水平的"双师型"教师标准(不低于2008年《高等职业院校人才培养工作评估方案》规定的标准)。根据职业教育特点、比照本科高等学校核定公办专科高等职业院校教职工编制；新增教师编制主要用于引进具有实践经验的专业教师。推动教师分类管理、分类评价的人事管理制度改革；全面推行按岗聘用、竞聘上岗；制订体现高等职业教育特点的教师绩效评价标准，绩效工资内部分配向"双师型"教师适当倾斜。原则上55岁以下的教授、副教授每学期至少讲授一门课程。

提升思想政治教育质量方面，要加强以职业道德培养和职业素质养成为特点的高等职业教育学生思想政治教育工作，着力培养既掌握熟练技术，又坚守职业精神的技术技能人才。

2019年7月1日，教育部发布了《〈高等职业教育创新发展行动计划(2015—2018年)〉项目认定结果的通知》，包括认定的骨干专业、生产性实训基地、优质专科高等职业院校、"双师型"教师培养培训基地、虚拟仿真实训中心、协同创新中心、技能大师工作室等项目名单，该行动计划布局实施的65项任务和22个项目成效显著。

五、《职业学校校企合作促进办法》

2018年，教育部等六部门颁布了《职业学校校企合作促进办法》。这是我国推行校企合作以来第一个以校企合作为对象的政策文件。该办法提出要形成"校企主导、政府推动、行业指导、学校企业双主体实施的合作机制"①。

该办法规范了校企合作开展的七种合作形式：根据就业市场需求，合作设置专业、研发专业标准，开发课程体系、教学标准以及教材、教学辅助产品，开展专业建设；合作制定人才培养或职工培训方案，实现人员互相兼职，相互为学生实习实训、教师实践、学生就业创业、员工培训、企业技术和产品研发、成果转移转化等提供支持；根据企业工作岗位需求，开展学徒制合作，联合招收学员，按照工学结合模式，实行校企双主体育人；以多种形式合作办学，合作创建并共同管理教学和科研机构，建设实习实训基地、技术工艺和产品开发中心及学生创新创业、员工培训、技能鉴定等机构；合作研发岗位规范、质量标准等；组织开展技能竞赛、产教融合型企业建设试点、优秀企业文化传承和社会服务等活动；法律法规未禁止的其他合作方式和内容。

该办法对于学生的各项权益也给予了充分保障，例如，学生拥有知识产权的技术开发、产品设计等成果，可依法依规在企业作价入股；职业学校与企业就学生参加跟岗实习、顶岗实习和学徒培养达成合作协议的，应当签订学校、企业、学生三方协议，并明确学校与企业在保障学生合法权益方面的责任；企业应当依法依规保障顶岗实习学生或者学徒的基本劳动权益，并按照有关规定及时足额支付报酬；推动建立学生实习强制保险制度，职业学校和实习单位应根据有关规定，为实习学生投保实习责任保险，职业学校、企业应当在协议中约定为实习学生投保实习责任保险的义务与责任，健全学生权益保障和风险分担机制。

该办法对职业教育人才培养的根本遵循——"产教融合、校企合作"进行了顶层设计和工作部署。为探索中国特色的职业教育指明了努力方向，开辟了发展道路，职业教育人才培养迈入了质量发展的黄金阶段。

---

① 《教育部等六部门联合印发〈职业学校校企合作促进办法〉的通知》，中华人民共和国教育部网站。

六、《国家职业教育改革实施方案》

党的十九大报告为职业教育发展指明方向，"坚定实施科教兴国战略、人才强国战略"，"完善职业教育和培训体系，深化产教融合、校企合作"。[①] 2019 年 1 月 24 日，国务院发布了《国家职业教育改革实施方案》[②]（下称"职业教育 20 条"），进一步明确职业教育是国民教育体系和人力资源开发体系的重要组成部分，职业教育与普通教育是两种不同的教育类型，二者具有同等重要的地位，"职业教育 20 条"的颁布标志着职业教育发展驶入了"快车道"。

（一）"职业教育 20 条"的主要内容

"职业教育 20 条"的总体要求是"把职业教育摆在教育改革创新和经济社会发展中更加突出的位置"，"完善职业教育和培训体系"，"鼓励和支持社会各界特别是企业积极支持职业教育"，力求"经过 5—10 年左右时间，职业教育基本完成由政府举办为主向政府统筹管理、社会多元办学的格局转变，由追求规模扩张向提高质量转变，由参照普通教育办学模式向企业社会参与、专业特色鲜明的类型教育转变……为促进经济社会发展和提高国家竞争力提供优质人才资源支撑"。

"职业教育 20 条"的具体指标是：到 2022 年，职业院校教学条件基本达标，一大批普通本科高等学校向应用型转变，建设 50 所高水平高等职业学校和 150 个骨干专业(群)，建成覆盖大部分行业领域、具有国际先进水平的中国职业教育标准体系；企业参与职业教育的积极性有较大提升，培育数以万计的产教融合型企业，打造一批优秀职业教育培训评价组织，推动建设 300 个具有辐射引领作用的高水平专业化产教融合实训基地；职业院校实践性教

---

① 《习近平在中国共产党第十九次全国代表大会上的报告》，载《人民日报》，2017-10-28。

② 《国务院关于印发国家职业教育改革实施方案的通知》，载《中华人民共和国教育部公报》，2019(Z1)。本书所引《国家职业教育改革实施方案》均出自此处。

学课时原则上占总课时一半以上，顶岗实习时间一般为 6 个月；"双师型"教师(同时具备理论教学和实践教学能力的教师)占专业课教师总数超过一半，分专业建设一批国家级职业教育教师教学创新团队；从 2019 年开始，在职业院校、应用型本科高校启动"学历证书＋若干职业技能等级证书"制度试点(以下称"1＋X"证书制度试点)工作。

"职业教育 20 条"的要求如下：

(一)完善国家职业教育制度体系

1. 健全国家职业教育制度框架。

2. 提高中等职业教育发展水平。

3. 推进高等职业教育高质量发展。

4. 完善高层次应用型人才培养体系。

(二)构建职业教育国家标准

5. 完善教育教学相关标准。

6. 启动"1＋X"制度试点工作。

7. 开展高质量职业培训。

8. 实现学习成果的认定、积累和转换。

(三)促进产教融合校企"双元"育人

9. 坚持知行合一、工学结合。

10. 推动校企加强深度合作。

11. 打造一批高水平实训基地。

12. 多措并举打造"双师型"教师队伍。

(四)建设多元办学格局

13. 推动企业和社会力量举办高质量职业教育。

14. 做优职业教育培训评价组织。

（五）完善技术技能人才保障政策

15. 提高技术技能人才待遇水平。

16. 健全经费投入机制。

（六）加强职业教育办学治理督导评价

17. 建立健全职业教育质量评价和督导评估制度。

18. 支持组建国家职业教育指导咨询委员会。

（七）做好改革组织实施工作

19. 加强党对职业教育工作的全面领导。

20. 完善国务院职业教育工作部际联席会议制度。①

方案出台后，在教育部召开的新闻发布会上，教育部职业教育与成人教育司司长王继平对方案进行了解读，他还强调职业教育和普通教育是不同类型、同等重要的两类教育。可以说，"职业教育20条"是新时代中国职业教育改革与发展的顶层设计与规划蓝图。

（二）职业教育发展转向

1. 学校：普通本科高校向应用型转变

"职业教育20条"指出，要完善学历教育与培训并重的现代职业体系，推动具备条件的普通本科高校向应用型转变，开展本科层次职业教育试点。让本科高校向应用型转变，也是教育领域人才供给侧结构性改革的重要内容。教育部发展规划司副巡视员楼旭庆介绍，2015年，教育部等部委就出台了相关指导意见，对高校转型改革进行了顶层设计。2019年，300多所地方本科高校参与改革试点，大多数是学校整体转型，部分高校通过二级学院开展试点。除了推动普通本科高校转型发展，楼旭庆表示，在本科层面，2018年及今后新升格的本科院校将主要定位在本科层次的职业教育，同时独立学院转

---

① 摘编自《国务院关于印发国家职业教育改革实施方案的通知》，载《中华人民共和国教育部公报》，2019(Z1)。

设也要向应用型本科高校发展；而在高职或专科层次，按照高校设置有关制度和规定，也可支持符合条件的技师学院升格为高等职业院校。这些都是优化高等教育结构、扩大各级应用型人才培养规模和质量的举措。①

此外，一项宏大的计划正在酝酿中——"职业教育20条"指出，要启动实施中国特色高水平高等职业学校和专业建设计划，也就是"特高"计划。这是涉及中国职业教育往何处走，办成什么样，具有什么样地位的一个大问题。"特高"计划的核心任务，一是集中力量建成一批高素质技术技能人才培养培训基地，二是建成一批技术技能创新服务平台。要把学校建成"当地离不开""业内都认同""国际可交流"的院校。

"职业教育20条"提出，建立"职业教育高考"制度，完善"文化素质＋职业技能"的考试招生办法，提高生源质量，为学生接受高等职业教育提供多种入学方式和学习方式。在学前教育、护理、养老服务、健康服务、现代服务业等领域，扩大对初中毕业生实行中高职贯通培养的招生规模。启动实施中国特色高水平高等职业学校和专业建设计划，建设一批引领改革、支撑发展、中国特色、世界水平的高等职业学校和骨干专业(群)。

2. 企业：产教融合更加深入

"职业教育20条"提出，到2022年，企业参与职业教育的积极性有较大提升，培育数以万计的产教融合型企业，打造一批优秀职业教育培训评价组织，推动建设300个具有辐射引领作用的高水平专业化产教融合实训基地。②

产教融合型企业一定程度上借鉴了德国的"教育型企业"。德国是职业教育"双元制"的典范。教育部职业技术教育中心研究所高等职业教育研究中心主任姜大源曾介绍，德国只有五分之一到四分之一的企业有资格做教育，这

---

① 参见张盖伦：《让每个人都有人生出彩的机会——解读〈国家职业教育改革实施方案〉》，载《科技日报》，2019-02-21。
② 参见张盖伦：《让每个人都有人生出彩的机会——解读〈国家职业教育改革实施方案〉》，载《科技日报》，2019-02-21。

中国职业教育
改革与发展研究
1949—2021

些企业被命名为"教育企业"，能够享受与学校一样的社会待遇。这些教育企业与学生签订的合同是教育合同。当企业需要职业人才时，企业是需方，学校是供方，当学校需要企业提供新的技术、实训基地、实训教师时，学校是需方，企业是供方。但在我国，产教难以顺畅融合恰恰是职业教育发展最大的难点。学校很愿意与企业合作，但"剃头挑子一头热"，因为很多企业还没有认识到自己也是人才培养的主体之一。

"职业教育20条"为产教融合型企业提出了激励机制。其中提出，在开展国家产教融合建设试点基础上，建立产教融合型企业认证制度，对进入目录的产教融合型企业给予"金融＋财政＋土地＋信用"的组合式激励，并按规定落实相关税收政策。试点企业兴办职业教育的投资符合条件的，可按投资额一定比例抵免该企业当年应缴教育费附加和地方教育附加。

"职业教育20条"还提出，发挥企业重要办学主体作用，鼓励有条件的企业特别是大企业举办高质量职业教育，各级人民政府可按规定给予适当支持。完善企业经营管理和技术人员与学校领导、骨干教师相互兼职兼薪制度。2020年初步建成300个示范性职业教育集团（联盟），带动中小企业参与。支持和规范社会力量兴办职业教育培训，鼓励发展股份制、混合所有制等职业院校和各类职业培训机构。

3. 教师：参加"双师型"教师国家级培训

2019年，我国职业院校专任教师133.2万人，其中，中职学校"双师型"教师占比达31.5％，高职院校"双师型"教师的占比达39.7％。"双师型"是指同时具备理论教学和实践教学能力的教师。要有好教师，就要下大力气培养职业院校教师的后备军。同济大学等高校牵头，实施了10个卓越中职教育教师培养综合改革项目，建设23门职业教育特色的教师教育精品课程资源；北京理工大学等50多所高校开展"职业技术教育领域"教育硕士培养试点工作。教育部还支持全国重点建设职业教育师资培养培训基地中的本科院校成立职业技术教育学院或者职业技术师范学院，每年培养职业技术教育师范生2.4

万人。①

建设高素质"双师型"教师队伍是现代职业教育发展的关键和难点。时任教育部教师工作司副司长的黄伟说，教育部开展了"双师型"教师国家级培训，实施新一周期职业院校教师素质提高计划。一组数据能够说明情况：2017—2018 年，中央财政计划投入 13.5 亿元，设置 300 多个专业培训项目，累计组织 14.4 万专业骨干教师参加国家级培训和企业实践。而截至 2018 年，各地省级财政列出专项经费用于支持兼职教师聘用，累计投入 8.2 亿元，支持中高等职业院校设立 1.6 万个专业点，聘请 4.4 万名兼职教师，一批企业工程技术人员、高技能人才、能工巧匠等到学校兼职任教。②

4. 学生：自主选择参加职业技能考核

"职业教育 20 条"还指出要探索"1＋X"证书制度试点工作，即学历证书＋职业技能等级证书制度试点。该制度鼓励学生在获得学历证书的同时，积极取得多类职业技能等级证书。职业技能等级证书是"1＋X"证书制度设计的重要内容，是一种新型证书，分为初级、中级和高级。③ 职业技能等级证书的开发与实施，将面向社会招募培训评价组织，实行目录管理，建立退出机制。此外，学生自主选择参加职业技能等级证书培训与考核，不将其作为学生毕业的限制条件。时任教育部职业技术教育中心研究所所长王扬南认为，这一试点是促进技术技能人才培养培训模式和评价模式改革、提高人才培养质量的重要举措，对构建国家资历框架、推进教育现代化、建设人力资源强国具有重要意义。

"职业教育 20 条"要求，人社部门和教育行政部门在职责范围内分别负责

① 参见张盖伦：《让每个人都有人生出彩的机会——解读〈国家职业教育改革实施方案〉》，载《科技日报》，2019-02-21。
② 参见张盖伦：《让每个人都有人生出彩的机会——解读〈国家职业教育改革实施方案〉》，载《科技日报》，2019-02-21。
③ 参见张盖伦：《让每个人都有人生出彩的机会——解读〈国家职业教育改革实施方案〉》，载《科技日报》，2019-02-21。

监督、考核院校外和院校内职业技能等级证书的实施，实行目录管理，各类职业技能等级证书具有同等效力，持有证书人员享有同等待遇。①

"1＋X"证书制度建设是一个系统工程，要从试点做起，稳步推进。下一步要在部分省份和学校，围绕先进制造业、现代服务业和战略性新兴产业技术技能人才紧缺领域，部署启动试点工作，开展教师全员培训，即全面落实教师 5 年一周期的全员轮训，探索建立新教师为期 1 年的教育实习和为期 3 年的企业实践制度。实施职业院校教师境外培训计划，分年度、分批次选派职业院校骨干教师校长赴德国研修。

试点工作于 2019 年 3 月启动，从 5 个领域的证书开始，年内陆续启动 10 个左右，在部分地区遴选符合条件的院校开展试点。2020 年下半年进行试点工作的总结，为全面实施做好准备，2021 年以后在总结推广试点经验的基础上逐步在更多职业技能领域，在全国范围内实施"1＋X"证书制度。

总之，透过教育的视角，审视职业教育的当下，相比党的十七大"大力发展职业教育"和党的十八大"加快发展现代职业教育"，党的十九大对职业教育的提法有了重大改变：完善职业教育和培训体系，深化产教融合、校企合作，办好继续教育，加快建设学习型社会，大力提高国民素质。2014 年，第七届全国职业大会的召开为新时代职业教育发展带来了新的转机，会后相继出台《关于加快发展现代职业教育的决定》和《现代职业教育体系建设规划（2014—2020 年）》，部署我国未来几年职业教育的发展目标与核心内容。此后几乎每一年都有关于职业教育的文件出台，可以说在党的十八大之后的职业教育在"快车道"上奋起直追，努力赶超普通教育。近年来职业教育的飞速发展取得了引人瞩目的新成就，面对人民群众的热切期盼，面对新形势下党和国家赋予职业教育的高要求、新使命，唯有坚持不懈地全面加快推进职业教育现代化，才能不负历史重托。

---

① 参见张盖伦：《让每个人都有人生出彩的机会——解读〈国家职业教育改革实施方案〉》，载《科技日报》，2019-02-21。

七、《职业教育专业目录（2021 年）》

专业目录是职业教育的基础性教学指导文件，是职业教育国家教学标准体系和教师教材教法改革的龙头，是职业院校专业设置、用人单位选用毕业生的基本依据，也是职业教育支撑服务经济社会发展的重要观测点。随着中国进入新发展阶段，实现职业教育高质量发展，对优化专业设置、推动专业升级和数字化改造提出新的更高要求。

1.《职业教育专业目录(2021 年)》的颁布

2021 年 3 月，教育部印发《职业教育专业目录(2021 年)》(以下简称《目录》)。《目录》按照"十四五"国家经济社会发展和 2035 年远景目标对职业教育的要求，在科学分析产业、职业、岗位、专业关系基础上，对接现代产业体系，服务产业基础高级化、产业链现代化，统一采用专业大类、专业类、专业三级分类，一体化设计中等职业教育、高等职业教育专科、高等职业教育本科不同层次专业，共设置 19 个专业大类、97 个专业类、1349 个专业，其中中职专业 358 个、高职专科专业 744 个、高职本科专业 247 个。

自 2021 年起，职业院校拟招生专业设置与管理工作按《目录》及相应专业设置管理办法执行。教育部要求各省级教育行政部门要依照《目录》和办法，结合区域经济社会高质量发展需求合理设置专业，并做好国家控制布点专业的设置管理工作。中等职业学校可按规定备案开设《目录》外专业。高等职业学校依照相关规定要求自主设置和调整高职专业，可自主论证设置专业方向。教育部指导符合条件的职业院校按照高起点、高标准的要求，积极稳妥设置高职本科专业，避免"一哄而上"。

教育部将根据《目录》陆续发布相应专业简介，组织研制相应专业教学标准；要求各地要指导职业院校对照《目录》和专业简介等，全面修(制)订并发布实施相应专业人才培养方案；要求各职业院校要根据《目录》及时调整优化师资配备、开发或更新专业课程教材，以《目录》实施为契机，深入推进教师教材教法改革。

教育部要求做好衔接工作，根据经济社会发展等需要，教育部将动态更新《目录》，完善专业设置管理办法。目前，全国职业学校开设 1300 余个专业，覆盖了国民经济各领域，专业布点 10 余万个，每年培养 1000 万左右的高素质技术技能人才。在现代制造业、战略性新兴产业和现代服务业等领域，一线新增从业人员 70％以上来自职业院校毕业生，职业教育社会认可度显著提升。

2.《职业教育专业目录(2021 年)》的特点

坚持服务发展、促进就业的导向，全面体现职业教育专业升级与数字化改造理念，落实教育供给侧结构性改革新要求，主要有以下特点。

一是强化类型教育特征，服务技能型社会建设。《目录》全面覆盖联合国产业分类中所列全部 41 个工业大类以及国家发布的新职业，对接岗位群需求，兼顾学科分类，在厘清产业、职业、岗位、专业间关系的基础上，科学确定不同层次的专业定位。

二是中高本一体化设计，体现融通贯通理念。职业教育中、高、本各层次之间，同类专业之间纵向贯通、横向融通。面向职业岗位群逐层提升，培养目标和规格逐层递进，人才定位有机衔接。

三是对接现代产业体系，提升人才供给质量。对接"十四五"时期新形势，重点服务制造业强国建设、破解"卡脖子"关键技术等，面向战略性新兴产业重点领域，面向生产性服务业向专业化和价值链高端延伸，面向生活性服务业向高品质和多样化升级等，系统梳理新职业场景、新职业岗位对技术技能人才的新需求，以《目录》为引领推进职业教育供给侧结构性改革。

四是推进数字化升级改造，构建未来技术技能。优化和加强 5G、人工智能、大数据、云计算、物联网等领域相关专业设置。适应数字化转型、产业基础高级化趋势，面向不同行业的数据驱动、人机协同、跨界融合、共创分享的智能形态等，从专业名称到内涵全面进行数字化改造。

五是遵循职业教育规律，服务终身学习需求。统筹处理传统专业和现代专业、一体化设计与特色设计、分段培养与系统培养、教育主导设计和行业指导设计、新兴产业发展与传统产业升级之间的关系。兼顾不同职业院校、不同工作岗位对专业口径宽窄的不同需求，兼顾系统培养学生和学生终身学习、全面发展需要。充分考虑中高职贯通培养、高职扩招、面向社会承接培训、军民融合发展等需求。

第三节　新时代催生的产教融合发展

国家的发展离不开人才培养，尤其是具有创新精神和实践能力的人才培养。职业教育作为一种教育类型是国民教育体系和人力资源体系中的重要组成元素，数以亿计的高素质劳动者和实践性人才通过职业教育输送。随着近年来国际经济形势的持续变化，推动产业结构升级转型已成为各国经济发展的重要共识，职业教育与社会经济发展、产业结构调整息息相关，在经济社会转型的大背景下，职业教育的人才培养也面临着新的机遇与挑战，产教融合成为当前推进人力资源供给侧结构性改革的迫切要求。

一、产教融合发展的重要性

（一）推进人力资源供给侧结构性改革的迫切要求

2015 年，在中央财经领导小组第十一次会议上，"供给侧结构性改革"在经济领域首次被提了出来。"供给侧结构性改革"作为我国经济新常态的重大战略决策，职业教育与经济发展的密切联系的本质属性决定了职业教育必须为社会经济发展服务，社会经济供给侧结构性改革也要求职业教育必须进行供给侧改革。2017 年 12 月，国务院办公厅发布《关于深化产教融合的若干意见》，成为我国首个关于产教融合的法规性专项文件，产教融合作为促进经济社会发展的支撑点，在新时代被赋予了新内涵，是对以往产教融合要求的进一步提升。该意见提出，深化产教融合是当前推进人力资源供给侧结构性改革的迫切要求，并将产教融合作为经济社会协调发展的重要举措。习近平总书记在党的十九大报告中强调指出，要着力加快建设实体经济、科技创新、现代金融、人力资源协同发展的产业体系，并曾多次强调"人才是创新的根基"，必须要把人才作为促进发展的第一资源，并且明确指出，创新驱动实质上就是人才驱动。而产教融合发展是人力资源供给侧改革的重要途径，为经济社会的发展提供了强有力的人才与智力支撑。

（二）构建现代职业教育体系的重要途径

20 世纪 80 年代末 90 年代初，我国就出现了产教融合的办学思想。2013 年，党的十八届三中全会通过的《中共中央关于全面深化改革若干重大问题的决定》，提出"加快现代职业教育体系建设，深化产教融合、校企合作，培养高素质劳动者和技能型人才"；2014 年《关于加快发展现代职业教育的决定》以国家层面的文件的角度进一步提出"深化产教融合、校企合作"；教育部等六部门联合印发的《现代职业教育体系建设规划(2014—2020 年)》指出到 2015 年产教融合、校企合作的体制基本建立，到 2020 年，基本建成产教融合的中国特色现代职业教育体系；2019 年，国务院印发的《国家职业教育改革实施方案》强调，"没有职业教育现代化就没有教育现代化"，为"大幅提升新时代职业教育现代化水平"，要"促进产教融合校企'双元'育人、推动校企全面加强深度合作"；十九大报告也再次强调要完善职业教育的现代化教育和培训体系，应深化产教融合、校企合作。

这一系列政策文件表明了深化产教融合对于提升新时代职业教育现代化水平的重要意义，深化产教融合，强调产业系统与教育系统相融合、生产实践与职业教育相结合、人才培养与社会需求相匹配，是新时代我国发展现代职业教育的重要举措，是构建我国现代职业教育体系的重要途径。

二、产教融合进入深化发展阶段

十八大以来，中国制造以转方式调结构引领新常态。中国制造业规模跃居世界第一，载人航天、高铁装备等一批重大技术装备取得突破，居世界前列。一些快速转型的企业已在提质增效，一批敢于创新的企业已跃上时代潮头。中国制造正一步一步向"中国创造""中国质量"和"中国品牌"转变。"神威·太湖之光"超级计算机，实现包括处理器在内的核心部件全部国产化，多次荣获全球超级计算机冠军，为世界树立"中国创造"的新高度。非洲首条电气化铁路——亚吉铁路，全部采用中国标准，把设计、建设、装备、运营全产业链带到非洲，向世界展示中国质量新形象。

然而，一连串值得骄傲的成就背后，中国制造从未像今天这样既充满希望也充满尴尬，长板很长，短板太短。中国制造全球70%的手机，使用自主芯片不到3%；高端装备关键基础材料和核心基础零部件等严重依赖进口，很多企业陷入"要卖包子先种麦子"的被动局面。

面对中国制造发展不平衡的难题，我们要"看清"中国制造的现实，但不能"看轻"中国制造的未来。要完成中国制造由大变强的战略任务，人才是第一资源。要培养一大批高素质、创新型技术技能人才，关键在产教融合。只有深化产教融合，才能切实抓好人才与创新这两个促进中国制造加快发展的源头活水。

2010年以来，职业教育发展的核心主题变为产教融合应该如何深化发展。2017年，国务院办公厅颁发了《关于深化产教融合的若干意见》，认为产教融合能更好发挥教育对产业转型升级支撑引领作用，进一步推动教育与经济社会协调发展。党的十九大也明确提出要完善职业教育和培训体系，深化产教融合、校企合作。产教融合政策不断走向深入，达成社会共识，指引着未来职业教育的走向。①

产教融合的深化发展，首先要在人才培养机制上下功夫。一是建立协同育人的机制。2014年出台的《现代职业教育体系建设规划(2014—2020年)》提出了创新校企协同的技术技能积累机制，建立重点产业技术积累创新联合体。2015年，教育部《关于深化职业教育教学改革　全面提高人才培养质量的若干意见》提出了"完善产教融合、协同育人机制"的总体要求。《关于深化

---

① 参见祁占勇、王羽菲：《改革开放40年来我国职业教育产教融合政策的变迁与展望》，载《中国高教研究》，2018(5)。

产教融合的若干意见》也提出了全面推行校企协同育人的目标。二是建立融入职业教育的参与机制。2011 年，教育部《关于充分发挥行业指导作用　推进职业教育改革发展的意见》提出，开展校企联合招生、联合培养的现代学徒制试点，推进校企一体化育人，并建立健全职业教育质量保障体系，吸收企业参加教育质量评估。2014 年，国务院《关于加快发展现代职业教育的决定》提出要遵循产教融合、特色办学的基本原则，研究制定促进校企合作办学有关法规和激励政策，发挥企业重要办学主体作用。三是完善校企合作、工学结合的培养机制。2014 年，《现代职业教育体系建设规划（2014—2020年）》要求完善校企合作的现代职业院校治理结构，其中包括完善校企合作各项制度以及校企合作办学法规，使人才培养真正与企业生产服务流程和价值创造过程相融合。2015 年，教育部《关于开展现代学徒制试点工作的意见》也明确了专业设置与产业需求对接的核心意义，将现代学徒制融入职业教育人才培养机制。2016 年，中共中央印发的《关于深化人才发展体制机制改革的意见》提出，推进人才培养支持机制，建立产教融合、校企合作的技术技能人才培养模式。

产教融合的深化发展，其重要途径还有加快推进"双师型"教师队伍的建设。《中共中央关于全面深化改革若干重大问题的决定》指出，建设职业教育"双师型"教师队伍是加快现代职业教育体系建设的关键举措之一，同时，校企共建师资队伍也是现代学徒制试点工作的重要任务。建设"双师型"教师队伍，一要共建"双师型"教师培养基地。《国家中长期教育改革和发展规划纲要（2010—2020 年）》要求，要加大职业院校教师培养培训力度，依托相关学校和企业，合力共建"双师型"教师培养培训基地。二要完善"双师型"教师培训制度。《国家中长期教育改革和发展规划纲要（2010—2020 年）》探索职业教育师资定向培养制度和"学历教育＋企业实训"的培养办法，建立职业院校教师轮训制度以促进职业院校教师专业化发展。三是完善人事制度。落实职业院校用人自主权，聘任（聘用）具有实践经验的专业技术人员、企业管理人员、工程技术人员和能工巧匠担任专、兼职的职业教育教师。

职业教育人才培养集团化也是产教融合深入发展的重要举措。《国家中长期教育改革和发展规划纲要(2010—2020 年)》提出，到 2020 年要把职业教育纳入经济社会发展和产业发展规划，使职业教育和经济社会与产业发展相互促进、协同发展。同时，《现代职业教育体系建设规划(2014—2020 年)》还鼓励多元主体组建职业教育集团，发挥职业教育集团在促进教育链和产业链有机融合中的重要作用。后续的文件对于职业集团办学主力军提出了不同的构想，《国家中长期教育改革和发展规划纲要(2010—2020 年)》站在国际视野的高度，鼓励职业教育集团与跨国企业等开展合作；而《高等职业教育创新发展行动计划(2015—2018 年)》则是鼓励中央企业和行业龙头企业、高等职业院校等牵头组建职业教育集团；《制造业人才发展规划指南》鼓励重点企业与职业学校共同组建一批深度融合、特色鲜明、效益显著的先进制造业职业教育集团，并以此促进产业链、岗位链、教学链深度融合。

职业教育信息化是产教融合发展的必然趋势，信息化的推进可以实现优质职业教育资源的共享，促进学校之间、校企之间优势互补，合作发展。2017 年，刘延东副总理在推进职业教育现代化座谈会上指出，深化教育链和产业链的有机融合，为实现中国制造"三步走"战略目标奠定坚实人才基础，主动服务动能转换和产业升级。同年，《进一步推进职业教育信息化发展》要求加大云计算、大数据、人工智能等新技术的应用，鼓励行业、企业和社会参与职业教育信息化建设，鼓励各类信息技术企业、专业机构、行业组织等积极有序平等参与职业教育信息化建设，为推进职业教育信息化着力完善各项保障措施。《关于深化产教融合的若干意见》鼓励教育培训机构、行业企业联合开发优质教育资源，支持"互联网＋教育培训"发展。[1]

在这一时期，国家在政策制定的过程中将深化产教融合放在供给侧结构

---

① 参见祁占勇、王羽菲：《改革开放 40 年来我国职业教育产教融合政策的变迁与展望》，载《中国高教研究》，2018(5)。

性改革和促进就业大背景中布局谋篇，实施产教融合发展工程，吸引社会力量投入，紧跟产业变革创新人才培养模式。

三、产教融合存在的困境

产教融合服务经济社会发展能力和社会吸引力不断增强，随着我国产业升级和结构调整不断加快，各行各业对技术技能人才的需求日益紧迫，产教融合的意义越来越凸显。然而，有研究者通过调研职业院校、企业、政府相关部门，发现当前产教融合的发展存在诸多问题。[①]

（一）产教融合政策措施缺乏针对性

合理的政策措施对高职教育产教融合的发展具有重要的引领作用，我国政府制定了以《关于深化产教融合的若干意见》为主的众多政策，但是具体来说，当前高职教育产教融合仍然缺乏具有针对性的政策措施。

（二）企业参与高职教育产教融合的动力不足

企业是高职教育产教融合的重要参与者，没有企业的积极参与，高职教育产教融合就无法正常开展，更无法取得良好的融合效果。通过对高职院校产教融合相关人员的访谈可以看出，在提及企业时，"企业热情不高""中小企业不愿意合作""企业动力不足""企业缺乏激励措施"这样的表达频繁出现，几乎所有被访者的回答都指向企业参与高职教育产教融合的动力不足。究其原因主要有以下几点：第一，学生的培养周期较长，企业的短期利益得不到满足，具有较大的风险性；第二，企业参与高职教育产教融合培养的人才不一定会留在相应企业，企业的投入得不到回报与保障；第三，高职教育产教融合政策未向企业倾斜，缺乏对企业参与高职教育产教融合的引导和补偿政策。

（三）高职院校推进产教融合的准备不充分

高职院校也是产教融合的重要参与者，在高职教育产教融合中扮演着重

[①] 参见刘晶晶：《基于协同理论的高职教育产教融合机制及优化策略研究》，硕士学位论文，华中师范大学，2019。

要的角色，企业的参与动力不足固然是一个阻碍高职教育产教融合发展的现实困境，但高职院校推进产教融合的准备不够充分也是一个现实问题。

（四）高职教育产教融合深度不够，缺乏有效的协同机制

高职教育产教融合并不是通过实训实习等方式进行简单机械的合作，而是要根据校企共同的发展目标进行全方面、多领域的融合探索。大部分高职院校都在进行产教融合的探索，但融合的深度仍然不够。协同不够、深度不够成为高职教育产教融合的重要现实困境，究其原因是缺乏有效的协同机制，高职院校和企业无法协同发展取得共赢，导致产教融合浮于表面、流于形式。

（五）高职教育产教融合缺乏强适切性的理论指导

当前我国高职教育产教融合实践性研究的发展速度要快于理论性研究，理论性研究仍显匮乏且缺乏强适切性的理论指导，导致高职教育产教融合过程中出现高职院校准备不充分、企业参与动力不足、融合深度不够等问题。高职教育产教融合的理论性研究匮乏主要表现在以下两个方面。首先，关于高职教育产教融合自身的理论性研究匮乏，我国早在 2013 年的相关政策文件中就明确提出产教融合的职业教育发展方针，但时至今日，关于产教融合的逻辑起点、内涵界定、本质特征、内在规律等理论基础研究仍显不足，学术界仍没有统一的标准与具体的阐述，这无疑在一定程度上给高职院校推进产教融合的实践带来了困惑。其次，高职教育产教融合借鉴其他学科发展的理论性研究较浅。通过文献分析可以看出，我国学者尝试从多种理论角度对高职教育产教融合的问题进行研究，如利益相关理论、治理理论等，但研究程度普遍不高，具体措施偏向宏观，理论对实践指导的适切性仍待加强。由此可以看出，高职教育产教融合的发展仍需强适切性的理论指导。

综上所述，笔者发现高职教育产教融合面临一定的现实困境。其中，政策措施缺乏针对性、企业参与动力不足、高职院校融合准备不充分、产教融合深度不够、缺乏强适切性的理论指导是其发展的重要桎梏。高职教育产教

融合是一个涉及多元主体参与的复杂系统，政府、高职院校、企业是主要的参与者，如何协调参与主体之间的关系，使其在各司其职的基础上有的放矢、协同合作、共赢发展，对高职教育产教融合的纵深发展至关重要。

四、职业教育产教融合的部分国内经验

（一）杭州市职业教育产教融合经验

1. 政府注重职业教育产教融合的顶层设计

为发展职业教育产教融合，杭州市政府成立了由市政府主管、副市长任组长，含人社、发改、教育和财政等12个职业教育相关政府部门组成的杭州市职业教育联席会，负责从市级层面上对职业教育产教融合、校企合作进行管理。该组织的成立为政府、学校和企业构建了一个沟通交流的平台，并通过联席会议实行例会和专题会议制来指导、管理和协调。杭州市的职业教育产教融合在杭州市职业教育联席会的领导下，创新了职业教育产教融合、校企合作的激励评价机制、经费保障机制、合作信息沟通机制和优秀人才聘用机制，杭州市政府采取专项经费和奖励性补助经费两种不同的经费投入方式，并将产教融合中的学生实习经费、专业教师进企业实践经费、日常工作经费、外聘兼职教师经费以及校企合作的奖励经费等列入政府的财政预算中，从学校和企业两个不同的层面，制定不同的标准来构建激励评价机制，打通校企人才互通渠道，并开发了"杭州市中等职业教育校企互通网络"平台，实现人才与企业的完美对接。

2. 增强行业企业在产教融合中的话语权

为进一步强化行业企业在职业教育产教融合中的话语权，杭州市针对职业教育集团和专业指导委员会专门出台了《关于进一步加强我市职业教育集团工作指导意见》和《关于进一步加强我市中等职业教育专业指导委员会工作的指导意见》，明确职业教育集团和专业指导委员会的组织属性及组织任务，从法律的层面规范了职业教育集团和专业指导委员会的工作。

（二）天津市职业教育产教融合经验

1. 政府重视职业教育相关组织机制的建立

天津市政府重视职业教育相关组织和机制的构建，创建了天津市职业教育部门联席会议制度，负责领导与协调天津的职业教育。同时，天津市还积极打造职业教育产教融合的平台，组建各种类型的职业教育集团，坚持依靠行业办学，充分发挥行业办学在产教融合过程中的重要作用，突出行业在职业教育产教融合中的主体地位。

2. 不断完善职业教育产教融合的条件保障制度

首先，天津市政府深知职业教育产教融合、校企合作持续稳定地发展离不开完善的经费保障机制，因此天津市政府不断完善职业教育的多元投资体制，增加公共财政对职业教育的投入，鼓励企业及个人投资职业教育，鼓励企事业单位、社会团体和个人，通过非营利的社会团体和国家机关向职业教育资助和捐赠，并享有相应的优惠政策。其次，天津市政府还设立了职业教育专项基金，重点支持校企合作项目，实施产教融合收入的税收优惠政策，并成立了天津市职业教育投资专家评审委员会，负责对学校申报项目进行评审，并提出论证意见。

（三）甘肃省职业教育产教融合的经验

1. 发展职业教育集团，促进产教深入融合

高职教育集团既有混合所有制，也有股份制。甘肃省依托6所高职院校共同组建行业型、区域型、专业型三种类型的6个职业教育集团。职业教育集团成立后，主要通过集团内院校与企业实行各类型长短期结合的合作形式，提高学生的就业率、创业能力和就业质量。

2. 以"项目"为载体，开展科技开发和技术服务

甘肃省高职院校注重以项目为纽带，积极开展科技开发和技术服务。例如，甘肃畜牧工程职业技术学院与铸陇机械厂合作申报的《山地农作物旋耕起垄机具的研制开发与成果转化》项目被国家科技部列为国家级农业科技成

中国职业教育
改革与发展研究
1949—2021

果转化资金项目;《多拉菌素纳米乳剂的研制与应用》项目被省财政厅、省农牧厅列为甘肃省农业生物技术研究与应用开发计划项目,获得经费 10 万元。

3. 以"社会培训"为抓手,助推地方经济发展

甘肃省各类高职院校以"社会培训"为抓手,助推地方经济发展,针对社会需求,创新培训模式,积极开展企业岗位技能培训、继续教育培训和职业技能鉴定取证培训,为区域经济发展提供多元化服务。

五、产教融合的"四驱"办学格局构想

十九大以来,中国进入了特色社会主义建设的新时代。就经济建设而言,"中国制造"已逐渐撕掉了"低端"的标签,向着"中国创造""中国质量"和"中国品牌"一步步进行转变。在不断进步的同时,"中国制造"仍存在着一些短板,核心基础零部件、战略性新材料和一些关键技术仍要受制于人。这样的局面,应该如何解决?笔者认为,要促进中国制造加快发展,关键在于对高素质、创新型技术技能人才的培养,而只有深化产教融合,才能切实抓好人才与创新这两个促进中国制造加快发展的源头活水。

关于如何促进产教融合,笔者提出了推进产教融合的"四驱"办学格局构想。① "职业教育由过去靠职业学校这台'独轮车',到政府加学校的'双轮车',将来要形成'政府、行业、企业、学校'四轮驱动,四个轮子就能走得既稳健又快速。"②只有"政府、行业、企业、学校"四轮驱动,让行业企业成为职业教育多元办学格局的重要力量,校企协同育人,才能谱写出中国制造的和谐乐章。

具体推进产教融合的"政府、行业、企业、学校"四轮驱动路径如下。

(一)增强政府引导职能

第一,政府要变主导为引导。加快《职业教育法》修法进程,明确行业企业在职业教育中的主体作用和功能定位,政府根据第三方评价对职业院校拨

---

① 苏华:《深化产教融合 形成"政行企校"四轮驱动》,经济日报-中国经济网,2018-03-10。
② 苏华:《深化产教融合 形成"政行企校"四轮驱动》,经济日报-中国经济网,2018-03-10。

付生均经费。完善企业技术人员、高技能人才到职业院校担任兼职教师的相关政策。将企业开展职业教育的情况纳入企业社会责任报告。

第二，发挥政府的引导职能，"上接天线"。把产教融合与制定实施产业发展、重大生产力布局同步，整体上保证职业教育与经济社会产业实现中长期的同步和协调发展。地方政府引导企业主动承担本地区行业技术人才标准制定、人才需求预警发布等公共职能，鼓励其不断创新，深度参与职业教育发展与其他产业链的对接，积极挖掘其他相关企业参与到职业教育发展事业中来，共同致力于产教融合的区域化发展。

第三，推动院校专业建设与区域产业转型升级相适应，"下接地气"。实现专业设置与产业需求的衔接，在专业设置前对市场的人才需求质量和结构做科学的判断以及预期；在设置专业时考虑区域产业结构特点、当地支柱产业的发展状况、区域经济的发展趋势以及学生的发展需求；建立专业动态调整机制，在专业建设完成后需要进行不断的评估与调整，以适应区域产业转型升级及自身健康发展。

（二）提升行业评价权威

第一，行业要变指导为评价。建立以行业为主导的职业教育质量第三方评价机制，构建职业教育质量评价体系。将行业调研、行业规划、职业资格标准、技能等级考核等纳入行业协会职能范围。

第二，成立专门的产教融合评价组织部门。由政府部门牵头，形成学校、企业、行业等多方参与的产教融合评价组织部门，积极支持社会第三方机构开展产教融合效能评价，提升行业评价权威。

第三，制定全面的考核评价内容。建立量化考核的评价方式，对校企双方合作进行周期性实地考察，采用调查统计方法对考核内容进行数量统计与分析。

第四，强化考核结果的作用。合理设置细化各项考核内容指标，考核结果将与评选先进、奖金发放挂钩，有效激励执行主体开展产教融合的积极性。

中国职业教育
改革与发展研究
1949—2021

（三）形成校企一体格局

第一，企业要变被动为主动。国家可通过财政支持、减免税收等措施，鼓励企业尤其是大型国企率先参与产教融合。推动企业成为职业教育供给侧改革的供给者，实现从开放办学到校企共建生态系统转变，从订单模式向共建互动平台转变，实现生产过程教学化。大力弘扬胸怀产业报国理想、勇于创新创造的企业家精神。

第二，学校要变独行为同行。积极引企入校，通过购买服务、减税降费等方式，吸引企业与学校共建共享生产性实训基地。要把企业引入校园、产品引入实训、工程师引入课堂；要让教师进入车间、学生进入工段、教学进入现场。支持具备产业化条件的公办职业院校开展股份制营利性学校试点，引进包括国企在内的多元办学主体，实现从开放办学到校企共建生态系统转变，从订单模式向共建互动平台转变，实现教学过程生产化。通过"三引三进"，把教学、实训、研发相融合，把崇尚劳动、敬业守信、精益求精、敢于创新的工匠精神和立德树人要求贯穿教育教学全过程，培养职业技能和职业精神高度融合的高素质技术技能人才，造就一批教学名师、学科领军人才和教育家。

第三，搭建校企人才交流平台。允许高校与企业间人才的流动，制定细则允许相互聘用，为高校与企业间搭建科研与实践相互转化和融合的人才交流平台。

第四，构建发展共同体。立足产业功能区及园区，大力推动学校、政府、企业对接合作，构建共同建立研究机构或工作室模式，鼓励各方主体参与共建共管、产业发展、项目引进、企业培育、成果研究等，构建利益绑定机制，打造发展共同体。

（四）降低校企合作成本

要研究制定产教融合型企业的奖励办法，把职业院校学生实习实训纳入工伤保险保障范围，解决用人单位后顾之忧。建立企业、学校、学生各方主体参与校企合作的补贴机制，完善直补个人、直补企业的政府补助方式。在财政、土地、金融、税收等多个方面降低校企合作成本，提高企业积极性，对企业与职业院校合作开展实训基地建设给予优惠政策，对校企合作企业在用地、用水、用电、用气方面给予财政补贴，对职业院校的生产性实训基地在法人工商登记等方面给予便利，保护院校生产性实训基地各类收入的合法权益，并给予税收优惠。

构建产教融合人才培养体系。建立以市场化思维为导向的人才培养体系，找准产业优化升级和人才培养之间的结合点，根据人才规格需求变化以及针对企业岗位群结构为基础来确定专业设置和培养目标。立足于区域发展特色，找准区域发展定位，与相关科技园、产业园、工业园建立紧密联系并逐渐形成合作关系，通过"订单式"培养、顶岗实习、工学交替等多种模式推进产教融合的发展。

构建产教融合社会服务互动平台。将融合成果用于区域的社会服务，构建互动平台，立足于区域、服务于区域，推动高职院校产教融合与区域发展的优势互补。

总之，建设制造强国，要多元主体形成合力。要突出行业、企业办学主体作用，深化教育链、产业链融合，主动对接和服务动能转换、产业升级和创新创业，完善产教融合、校企合作机制，深化教育链、人才链与产业链、创新链融合，有效促进教育领域主动对接和服务国家"加快建设制造强国"战略，实现政府、行业、学校、企业同心同德"大合唱"，大力培养支撑中国制造、中国创造的高技能人才队伍。

第四节　农村职业教育迅速发展

一、新时代农村职业教育进入创新发展阶段

新时代农村职业教育面临着全新的发展机遇。2014 年，《关于加快发展现代职业教育的决定》重新强调了加大农村和贫困地区职业教育支持力度。

中国职业教育
改革与发展研究
1949—2021

提出建立公益性农民培养培训制度，大力培养新型职业农民等内容，呼应了这一时期我国农村职业教育发展面临的两项重大任务：服务精准扶贫战略与乡村振兴战略。

2016年，教育部等六部门印发《教育脱贫攻坚"十三五"规划》，提出"人人有技能"的目标，重点任务包括"加快发展中等职业教育。……优化中等职业学校布局结构，在人口集中和产业发展需要的贫困地区建好一批中等职业学校"，"重点支持贫困地区每个地级市(州、盟)建设好至少一所符合当地经济社会发展需要的中等职业学校(含技工学校)"，"实施中等职业教育协作计划和技能脱贫千校行动，支持建档立卡等贫困家庭初中毕业生到省(区、市)外经济较发达地区接受中等职业教育"。[①] 此后，《深度贫困地区教育脱贫攻坚实施方案(2018—2020年)》《贯彻落实〈职业教育东西协作行动计划(2016—2020年)实施方案〉》等配套政策文件出台和实施，提升了农村职业教育服务精准扶贫战略的水平。

2018年，中共中央、国务院《关于实施乡村振兴战略的意见》重新定位了"农村职业教育"，明确要健全覆盖城乡的公共就业服务体系，大规模开展职业技能培训，促进农民工多渠道转移就业，提高就业质量，推动农村职业教育服务新型职业农民培养，实施新型职业农民培育工程，支持新型职业农民通过弹性学制参加中高等农业职业教育。乡村振兴战略是今后一段时期内我国农村发展的重要指导，也是农村各项事业走向全面现代化的重大机遇，农村职业教育作为乡村振兴战略的重要力量，既要充分发挥服务功能，更要抓住发展机遇，提高发展水平，逐步实现自身现代化。[②]

二、培养新型职业农民

职业教育是以培养高素质技术技能人才为目标的教育类型。由于农业现

---

① 《教育部等六部门关于印发〈教育脱贫攻坚"十三五"规划〉的通知》，中华人民共和国教育部网站。

② 参见唐智彬、石伟平、匡瑛：《改革开放40年我国农村职业教育发展回顾与展望》，载《职业技术教育》，2018(19)。

代化既需要农业技术、设备等物质要素的现代化，也需要农民素质、能力等人力资本要素的现代化。依托职业教育培育新型职业农民，将"文化素质教育"和"现代农业技能培训"有机结合，可以有效增加农村技术技能人才精准有效供给，还可把有一定文化素质、懂技术、会经营的职业农民培养成建设现代农业的主导力量，从而摆脱对传统农业劳动力密集、效率低下、知识技术含量低的刻板印象，挖掘农村改革发展的潜力，增强农业现代化和新型城镇化的发展动力，迅速提高农村贫困人口素质，真正变"输血"式扶贫为"造血"式精准扶贫，阻断农村地区贫困代际传递。

（一）从传统农民到新型职业农民

所谓新型职业农民，顾名思义，是指把务农作为一种职业的人。根据美国人类学家沃尔夫的经典定义，传统农民主要追求维持生计，他们是身份有别于市民的群体；而新型职业农民则充分地进入市场，将农业作为产业，并利用一切可能的选择使报酬极大化。如果把新型职业农民称为新型农民的话，与他们相对应的就是传统农民。截至 2003 年，传统农民在我国至少还占60％。而像种植大户、专业大户、养殖大户、农民经纪人、小型农业企业家这样的农民仍然是凤毛麟角。①

一方面，伴随着新型城镇化进程加快，中国农村"空心化"倾向越来越严重，相当多的青壮年进入城市，不愿回乡务农，广袤农村留守种地的农民以妇女和中老年为主，文化程度不高，素质相对较低。另一方面，我国农业竞争力持续下降，耕地撂荒现象严重，而对粮食的需求却不断增长，已经从农业出口国变为了农业进口国。"十年后谁来种地""怎样种地"的问题和粮食安全不得不引人关注和忧思。

从理论上说，农民要成为一种职业，必须同时具备以下四个重要条件：一是农民这种职业是由经营者或劳动者自主选择的，并能够充分就业、自由流动；二是从事农民这一职业的人员能够取得社会平均甚至更高的收益；三

---

① 参见邓事文：《从传统农民到职业农民》，载《中国经济快讯》，2003(37)。

是作为一种独立的职业，从事农民这一职业的人员能够得到公正的社会待遇；四是从事农民这一职业的人员必须具有较强的专业技术技能及市场经营能力、社会责任感。

新型职业农民与传统农民相比，因掌握先进的耕作技术和经营管理技术，拥有较强的市场经营能力，善于学习先进的科学文化知识，因而更能适应和推动农业的产业化发展。2007年1月，《中共中央　国务院关于积极发展现代农业扎实推进社会主义新农村建设的若干意见》首次正式提出，培养"有文化、懂技术、会经营"的新型职业农民。有关专家指出，新型职业农民将通过土地流转、土地托管等方式，实现农村人力、土地、资金、技术、市场的优化组合。他们懂得如何增加土地的资本投入，还会广泛应用一些新技术成果，有利于提高土地利用率，有利于科技成果转化为现实生产力，规模种植还使大量农村劳动力解放出来。2007年10月，新型职业农民的培养问题写进党的十七大报告。新型职业农民等概念的提出是当前新农村建设理论和实践领域的重大创新。

党的十九大报告提出实施乡村振兴战略，培育新型农业经营主体，支持和鼓励农民就业创业。事实证明，只有让农民职业化，才能从根本上提高农业的内在活力和发展动力，才能有更富的农民、更美的农村、更强的农业。农民职业化是农业现代化的必然要求，培养造就新型职业农民是深化农村改革的必然选择，是解决"三农"问题的关键一步。通过培育新型职业农民，培养造就一大批懂技术、会经营的以农业为职业的新型人才，并由他们带动我国现代农业和农村发展，助推乡村振兴。[①]

（二）新型职业农民的培养

习近平总书记指出："中国要强，农业必须强；中国要美，农村必须美；

---

① 参见苏华：《培养新型职业农民　带动现代农业发展》，载《人民政协报》，2014-04-02。

中国要富，农民必须富。"①中国的广大根基在农村，农村的主力军是农民，农民掌握了现代化的农耕技术才有可能成为职业化的新农民，农村职业教育也必将收获新的丰硕成果。

以凉山地区为例展示中国传统农民向新型职业农民转化的过程和初步成果。大小凉山地区是全国最大的彝族聚居区，其贫困范围、贫困程度堪称全国之最。笔者曾去过凉山彝族自治州的甘洛县、越西县、喜德县等地，通过进山村、入农户、走上田间地头的调研，得到了宝贵、翔实、直观的资料。

甘洛县是"中国黑苦荞之乡"。黑苦荞是甘洛县的名特农产品，种植历史悠久，营养价值和保健价值高，深受人们喜爱。当地便围绕黑苦荞产业化培养新型职业农民。农技人员及时了解村民需求，进行现场技术示范，边讲解边操作，让农民能学到技术。把发展特色产业的任务分解到县、乡、村三级干部身上，并加强农业管理方面的教育培训，让农民做事有方向。通过"公司＋农户"的合作模式，建设了近 10 万亩的黑苦荞示范性种植基地，让农民有事做。培育大家的市场意识，发展出黑苦荞面、黑苦荞酒、黑苦荞茶等周边产品，还导入"黑苦荞花节""百名画家凉山人文写生创作行"等文化旅游项目，实现了黑苦荞的产业化，让农民收入有保障。种植黑苦荞的技术水平不知不觉就提高了，能挣到钱了，干活的热情也高，生活水平得到改善，出去读书、盖新房子都有了底气，村里出的大学生、新盖的房子更多了。

甘洛县黑苦荞的模式正是我国培养新型职业农民的过程中所需要的模式。从传统农民到新型职业农民的转化，不可能一蹴而就，一方面是农村发展到一定程度后应运而生，另一方面就是要依靠培训大量催生。农民职业化是农业现代化的必然要求，培养造就新型职业农民是深化农村改革的必然选择，是解决"三农"问题的关键一步。地方政府和农业部门要牵头，做好对乡

---

① 《中央农村工作会议在北京举行　习近平李克强作重要讲话》，载《人民日报》，2013-12-25。

镇主管干部、村干部、大学生村官在现代农业经营管理方面的培训，加强农技专家的培养，加大对种养专业大户、农场主、农业合作社负责人的扶持、引导和培养培训力度，扩大投入，寻找渠道，形成"干部带头、专家指导、机制灵活、产销两便"的农业管理格局。中高职院校要发挥教学、培训、技术推广、资格认证等环节的主体作用，针对农民，形成初级、中级、高级的职业资格证书体系，加强农村职业教育院校的实训基地建设，编写形式生动、语言浅显、通俗易懂、简洁明了的农业技术、经营管理方面的教材、手册，以便于农民学知识、长技能。此外，通过加强对农民进行认知改造、心理疏导、法制教育，帮助农民消除"种地不如打工""种粮倒贴钱""农民低人一等""村里一栋房不如城里一张床"等误区，帮助农民提高自身素质。同时，还要培育、引进、留住一批有文化、懂技术、会经营、善管理的农业人才，使他们成为新农村建设的中坚力量和致富带头人，带动更多人加入新型职业农民的队伍中来，共同奔小康。事实证明，只有让传统农民成功转型为新型职业农民，才能从根本上提高农业的内在活力和发展动力，才能有更富的农民、更美的农村、更强的农业。①

培养新型职业农民可以从以下六个方面入手。

第一，大力提高农民的地位，增强新型职业农民的吸引力。中国农村的发展必须进一步解放和发展农村生产力。提高农民的社会、经济地位，是发展农村生产力的根本途径。要按照十八届三中全会通过《中共中央关于全面深化改革若干重大问题的决定》的要求，"形成以工促农、以城带乡、工农互惠、城乡一体的新型工农城乡关系，让广大农民平等参与现代化进程、共同分享现代化成果"。要尽快完善土地流转机制、提供金融支持、提高社会地位，鼓励、引导更多的劳动者终身从事农业，成为扎根农村的新型职业农民。当前要坚决改变盲目转移和无序分流农村劳动力的做法。政府要切实为职业农民的培养培训提供政策扶持，尽快出台在工商登记、项目审批、技能

---

① 参见苏华：《培养新型职业农民 带动现代农业发展》，载《人民政协报》，2014-04-02。

培训、土地、税费、融资等方面的优惠政策。

第二，大力发展农村职业教育，高标准建设县级职业教育中心。大力发展农村职业教育是有效开发农村人力资源，培养造就新型职业农民的重要举措。县级职业教育中心在培养新型职业农民方面具有不可替代的作用。目前在我国农村，一些县(市、区)没有一所职业学校或职业教育中心，或者名存实亡，这种现象不利于农村发展。现在需要把建好办好县级职业教育中心重新提上重要议事日程。要明确县级职业教育中心的办学方向就是为"三农"服务，办学任务就是培养新型职业农民，专业结构和教学内容决不能脱离农村实际。建立县级职业教育中心，必须实行政府统筹，打破行业、部门及学校类别的界线，通过合并、联办、划转、转制、置换等多种方式，对县域内的各类中等职业学校、成人学校和培训机构实行有效整合，做到职前教育与职后教育、学历教育与非学历教育同时并举，真正成为一个教学、科研、生产、经营、服务一体化的办学实体。从中央政府到地方政府都要加大县级职业教育中心的统筹力度、投入力度和扶持力度，充分发挥教育、农业、人力资源等各部门的协同效应。

第三，加强农村学习型社会建设，全方位构建职业农民终身教育体系。建设学习型社会已经成为我国全面建设小康社会的重要内容，成为教育中长期发展的重要目标。毋庸讳言，农村学习型社会的建立还处于起步阶段。一方面，由于在农村的从业者基本上学习动力不足，学习能力又不强；另一方面，针对农民的终身教育体系很不健全，农民要就近学知识、学技能还很困难。要解决这个问题，必须建立和发展农村成人教育体系，构建县、乡、村三级培训网络，同时采取鼓励政策，激发农民的学习热情。

第四，全面深化农村教育改革，增强农村教育的针对性和实效性。一是要加快推进县域内义务教育均衡发展，提高农村义务教育保障水平，重点解决好农村留守儿童、进城务工人员子女、贫困家庭子女、"三残"儿童少年等弱势群体平等接受高水平义务教育的问题，切实提高农民的整体文化素质。二是要改革农村职业教育的办学机制、模式，大力实施"农村实用人才培训工程""农村劳动力转移培训工程"，积极推广"学校＋农户＋基地＋公司"的模式，把促进农民就地致富和转移致富有机结合起来，瞄准农村产业发展和劳务市场的需要，适时调整专业和教学内容，努力培养用得着、留得住、输得出的农村实用人才。三是加大农村贫困家庭子女接受教育的扶持力度，认真落实国家对农村义务教育阶段学生的各项优惠政策，保证每个贫困家庭子女都有接受更高层次教育的机会，及时解决农村"留守儿童"在思想、学习、生活等方面存在的问题和困难，建立农村贫困家庭子女接受职业教育和培训的长效机制。[1]

第五，建立健全新型职业农民培养培训、管理、激励体制。从国家层面讲，要制定新型职业农民的素质、技能标准，围绕标准编制培训大纲，并组织开发相应的课程和教材，制定考核、发证办法。地方政府要积极动员组织行业、部门、学校、企业和社会力量开展培训工作，具体落实国家的政策措施，确保培训质量。县级政府要实行目标管理，协调落实培训阵地、经费、师资、教材、收费、考核等工作，对经培训、考核合格的人员发放"新型职业农民证书"，并建立新型职业农民创业发展的相关档案。

新型职业农民培养培训是一项社会系统工程，涉及面广，任务艰巨，必须建立起统筹有力、分工明确、协调一致的组织机构，在全国范围内有力有序地推进。国务院应加强领导，落实牵头部门，建立部际联席会议制度，明确各有关部门的工作职责，搞好顶层设计，统筹制订总体规划、年度计划和相关政策，检查督促各地落实情况。各地方政府尤其是县、乡政府要建立新型职业农民培养培训工作领导小组，具体组织实施培养培训工作。

建立新型职业农民培养培训表彰奖励和督查问责机制，对于工作成绩显著的单位和个人予以表彰，对于工作任务没有完成的单位予以批评和问责。

---

① 参见苏华：《培养新型职业农民 带动现代农业发展》，载《人民政协报》，2014-04-02。

充分调动农民参加培训的积极性，对于取得"新型职业农民证书"的人员，允许在农村土地流转、重大项目承包、信贷支持中获得优先权利，并作为农村入党积极分子重点培养，列入村、组后备干部培养的重点对象。对于在新农村建设中做出了突出成绩的"新型职业农民"，要通过媒体进行大张旗鼓的宣传。

第六，培养本土"三农"工作人才。职业教育在培养本土"三农"人才方面具有得天独厚的优势。由于历史和现实原因，来自农村家庭的学生在各级各类职业院校中占比很大。广大农村不但是职业院校的生源地，也应当成为职业院校人才培养的"服务地"和"就业地"。在乡村振兴战略实施中，本土人才不但熟悉本地情况，而且培养成本低、进入角色快，避免了引进人才存在的周期长、不稳定等弊端。加快发展面向农村的职业教育，有助于培养能够留得住、用得上的"永久牌"本土人才，是农村职业教育的重中之重。培养本土"三农"工作人才可以从以下三个方面来落实。①

第一个方面，大力支持农村职业院校加强基础能力建设。力争通过三年的努力，补足农村职业学校在基本办学条件、实训基地建设、教学信息化等方面的短板。保障农村职业学校教师合理工资待遇，稳定教师队伍。通过对农村职业院校教师开展在职攻读硕士、博士和定期企业挂职锻炼等方式，提升教师队伍专业能力。建立高等院校、科研院所等事业单位专业技术人员到农村职业学校挂职、兼职和离岗创新创业制度。通过购买服务、委托管理等形式，鼓励、支持社会力量参与办学活力不足的公办农村职业院校办学，并根据人才培养规模给予相应财政补助，给予税费减免。

第二个方面，大力支持农业职业院校和涉农专业产教融合发展。深化农业职业院校股份制、混合所有制改革，支持农业农村实用人才和农、林、牧、副、渔、水利等企业单位以技术、管理、资金、场地、设备等各类要

---

① 参见苏华：《大力发展面向农村的现代职业教育 培养服务本土"三农"人才》，人民政协网，2018-08-24。

素参与学校办学并享有相应权利。同时，支持这类学校改制为营利性学校，举办各方依法取得办学收益。支持民办中高职农业职业院校以现有办学资源为基础，提升办学条件，符合条件的可升格高职和本科层次的农业职业院校。

第三个方面，做好新型职业农民培育。整合农业职业学校、农业技术推广服务中心、科技科普示范园区等各类教育培训资源，发挥中高职院校在教学、培训、技术推广、资格认证等环节的主体作用，汇聚项目、资金，明确教育部门作为牵头部门，避免撒胡椒面式的投入。并形成初级、中级、高级的职业资格证书体系，推行新型职业农民以证就业，以证创业。政府对获得新型职业农民资格证的农民在务工上岗、信用贷款、项目资金等方面给予扶持帮助。建立城乡、区域、校地之间人才培养合作与交流机制，为干部人才队伍"加油充电"，提升能力水平。

人才成长需要环境，发挥作用需要舞台。大力发展面向农村的现代职业教育，把本土人才发现好、培养好，使用好，让本土人才找到自己的位置、体现自己的价值，才能沉下心来干工作，心无旁骛钻业务，才能遇到挫折撑得住，关键时刻顶得住，扛得了重活，打得了硬仗，经得住磨难，真正把家乡建设好。

三、职业教育与新型城镇化

职业教育与新型城镇化建设的相关问题需要加大职业教育改革力度，充分发挥职业教育在新型城镇化建设中的关键作用。①

城镇化是我国全面建成小康社会的重大战略步骤和现代化建设的历史任务，也是扩大内需的最大潜力所在。近年来，尽管我国城镇化已取得了举世瞩目的成绩，但同时也出现了农业转移人口不能合理分享城镇化成果、收入分配差距拉大等一系列深层次问题。究其原因，关键在于我国农业转移人口

---

① 参见苏华：《高质量城镇化建设离不开职业教育》，载《中国劳动保障报》，2013-04-17。

市民化的严重滞后制约了城镇化质量的提高。

新型城镇化的核心任务是"有序实现人的城镇化"。高质量的城镇化不仅是要提高人口构成中城镇人口所占比例，更重要的是让新移居城镇的居民在生活方式上适应城镇化，在职业技能上推动城镇化，在生活圈子上融入城镇化；让新移居城镇的居民在就业上找到出路，在创业上找到门路；让新移居城镇的居民在心理上获得认同，在情感上找到归宿。从而真正在城镇扎根，真正融入城镇生活，成为城镇主流。新型城镇化的目标在于让城镇和乡村的居民都可以享受更高水平的生活质量。

"有序实现人的城镇化"的关键在于大幅提高新进入城镇居民的职业能力、就业能力、创业能力。21世纪以来，职业教育在我国经济发展、促进社会进步和助推科技创新方面的重要作用日益显现，是我国工业化、信息化、城镇化和农业现代化同步推进的重要支撑，在促进就业创业、推进区域经济发展、贫困群体脱贫致富等方面效果显著。同时，职业教育在人口综合素质的城镇化、人口技能水平的城镇化和人才结构的城镇化方面具有独特的优势，在推进我国高质量城镇化的过程中，可以为城镇长期、稳定、有序、健康发展注入内在活力，发挥关键性作用。

但是，我国现阶段职业教育还面临许多问题。职业教育资源配置很不均衡，不利于城镇化的整体推进；职业院校专业设置与城镇化所需产业发展不适应，专业设置趋同，与支柱产业、新兴产业适应性不强；培养培训模式单一，对在职人员培训机会较少。为此，应该进一步加大职业教育改革力度，让职业教育在推进我国城镇化建设中发挥更大的作用。

第一，把发展职业教育同本区域的城镇化发展结合起来。新型城镇化道路不是强迫农民离开土地，背井离乡涌入大城市，而是就地融入星罗棋布的城镇，从而加快这些城镇的新型工业化、信息化和农业现代化建设。要大力发展区域职业教育，优化区域职业教育资源配置，着力向农村地区、边远贫困地区和民族地区倾斜。在我国职业学校的布局上，有必要强调绝大多数县

(市、区)都应该办好至少一所中等职业学校。通过职业学校的合理布局，实现农民就地培训、就地转移、就地创业、就地致富，使农民在家乡能够力有所使、才有所用、心有所归、身有所属，为本地经济发展做贡献。

第二，把发展职业教育同增强农业转移人口的就业能力结合起来。实现稳定就业是城镇吸纳农业转移人口的关键，只有让农业转移人口在城市实现高质量的就业、稳定的就业，才能奠定农业转移人口市民化的坚实基础，才能真正从农业向第二、三产业转变。职业教育能够提供多种多样的技能培训课程，不仅适用于适龄学生，也适应各个年龄阶段和学历层次的人群，充分满足人民群众多样化的教育培训需要。要通过大力发展面向农村的职业教育，大力发展非学历继续教育，以提高科技素质、职业技能和经营能力为核心，打造服务农村经济社会发展、数量充足的农村实用技术人才队伍和适应产业转型升级的高素质产业队伍。农村职业教育要根据新的形势和任务，合理调整原有的培养目标，从原来主要培养在当地从事农业生产和家庭经营的"新农民"转为主要培养脱离农村进城务工经商的"创业者"，兼顾培养"新农民"。职业学校要在按照职业群设置专业的基础上，强化大类专业的通用性技术课程，适当增加金融、保险、税务、营销、管理、公关、礼仪、法律等方面的社会人文课程，努力使受教育者成为有宽泛知识和综合能力的"复合型"劳动者和创业者。我国农村职业教育过去基本上是长周期、全日制和学历化的正规教育类型，今后要积极创新办学模式，把原来以学历教育为主的方针转变为学历教育与短期培训并重、以短期培训为主的方针，同时有计划、步骤地实施学分制和弹性学制对传统的学历教育模式进行改革，使农村职业教育真正成为我国终身学习体系的有机组成部分。

第三，把发展职业教育同产业结构转型升级结合起来。把农民转变为符合当代产业发展要求的新型产业工人，是推进新型城镇化建设的必然要求。职业教育必须加快改革，尽快适应我国产业结构调整与升级的需要。一是要促进专业结构、课程结构更加科学合理，增强专业设置和课程开发的前瞻性、针对性、实效性；二是着力推进高等职业教育分类考试招生改革，促进中高职有机衔接和协调发展；三是深化产教结合、校企结合，充分发挥行业、企业办职业教育的积极性；四是改革职业教育质量评价体系，建立以能力为核心、以职业资格标准为重点、以用人单位为主体的职业教育评价体系。

第四，把发展职业教育同农业转移人口平等享受城市公民公共服务结合起来。为确保进城务工人员充分享受到同城镇人口同等的教育、医疗、就业、社会保障等公共服务，要把职业教育纳入政府公共服务体系建设内容。加大对农村、边远、贫困、民族地区职业教育的支持力度，提高条件保障能力，持续改善办学条件。

总之，农村稳定则国家安定，农民富裕则国家富裕，农业兴盛则国家强大。只有着力培养造就数量充足的懂现代农业、能够扎根农村的新型职业农民，成为统筹农村稳定与农业发展的纽带和桥梁，才能确保乡村振兴战略得到高质量的实施。农民是人口基数较大的群体，且普遍文化程度不高，可见农村职业教育开展是具有一定的挑战的。虽然本章就新型职业农民培养提出了诸多建议，但是在实践层面仍需要下一番功夫，根据实际情况因势利导开展新型职业农民培训。

四、职业教育与乡村振兴战略

务农重本，国之大纲。党的十九大报告首次提出实施乡村振兴战略，重申"坚持农业农村优先发展"，必须建设知识型、技能型、创新型劳动者大军，重点培育新型农业经营主体，实现小农户和现代农业发展有机衔接，彰显了党中央对农业人才培养的高度关注与战略智慧。[1]

（一）乡村振兴战略为职业教育指明方向

实施乡村振兴战略，走中国特色社会主义乡村振兴道路，让农业成为有

---

① 参见董海燕、何正东：《农业职业教育发展 70 年：历程、成就与展望》，载《中国职业技术教育》，2019(36)。

奔头的产业，让农民成为有吸引力的职业，让农村成为安居乐业的美丽家园。覃礼涛在《助推乡村振兴，农职院校大有可为》一文中提出"乡村振兴战略既吹响了决胜小康的号角，也给农类职业院校办学指明了方向"①。他认为随着乡村振兴战略的不断深入，农职院校要立足实际，增强"贴农"意识、加大"惠农"力度、注入"援农"力量、开展"校农"结合、传播"兴农"文化，助推乡村振兴，服务"三农"发展。增强"贴农"意识，理清服务思路。农村的快速发展、农业的现代化建设，对于农职院校来说，是一个千载难逢的发展机遇。农职院校要以乡村振兴为己任，增强"贴农"意识，理清服务"三农"思路，围绕乡村振兴战略，进一步优化涉农专业设置、扩大农类招生比例，实施"精准招生、精准培养、精准资助、精准就业"工程，确保每一名家庭经济困难学生有学上、上好学、有业就、就好业。

贵州省铜仁职业技术学院立足实际，开展"聚焦'三农'传真经，扶贫扶志动真情"系列扶贫活动，探索校、村"共建、共管、共用、共育"的育人模式，开展"一户一人"技术培训，培养了一大批技能人才和致富能手，实现"职业教育一人、脱贫一户、幸福一家"，走一条科技兴农之路。

第一，加大"惠农"力度，促进创新发展。农职院校要积极参与深化农业供给侧结构性改革，特别是在服务农村产业革命上下功夫，鼓励广大教师深入乡村，按照"百姓家中做文章，田间地里出成果"要求，根据村情做科研、围绕产业搞服务，把汗水洒在乡村大地。同时，农职院校还要注意成果转化，通过完善支持农村发展政策，更好地提升农业农村发展的质量、效率和竞争力，提高农民的积极性、主动性、创造性。在农产品上，注重突出区域品牌，延长产业链条，拓展农资、加工、物流等多种社会化服务业务，大力推进构建现代农业产业体系、生产体系、经营体系，推动乡村振兴战略、"促进农业创新发展""促进农村一二三产业融合发展"的成功践行，走一条质量第一的兴农之路。

---

① 参见覃礼涛：《助推乡村振兴，农职院校大有可为》，载《中国教育报》，2018-09-04。

第二，注入"援农"力量，激活内生动力。农职院校要发挥职业教育在乡村振兴战略中的育人作用，更加注重激活贫困户致富的内生动力，通过驻村书记、培训队、博士团、教授组等多种形式，注入"援农"强大力量，为乡村发展问诊把脉。大力培养"爱农业、懂农业、善管理、会经营"的新型职业农民，支持创新创业、人才实训基地建设等。同时，选派骨干教师积极参与各级乡村振兴规划的编制和实施，充分发挥高校"智囊团"作用，发挥统筹城乡生产空间、生活空间、生态空间的引领作用，更好引导乡村振兴，走一条规划引领的兴农之路。

第三，开展"校农"结合，实现农民增收。2018 年是全国决战脱贫攻坚的关键之年，实践证明，职业教育扶贫是最快、最有效的方式。为了创新服务方式、提高服务质量，我们应以"校农结合"为教育脱贫攻坚战的突破口，按照面上推进、点上突破、点面结合、不断深化的工作思路，制定出台相关措施，以"校农结合"助推产业发展与脱贫攻坚，实现购买数量增加、产业调整推进、扶志扶智同步，确保打赢教育脱贫攻坚战。通过扶持鼓励贫困农户订单种植、养殖农产品，实现学生营养计划"企业＋基地＋贫困农户"模式，使更多贫困农户逐步实现增收致富的梦想，走一条特色兴农之路。

第四，传播"兴农"文化，提升乡村文明。农职院校要主动承担农耕文明传授任务，通过建立乡村文化馆、乡贤馆等阵地，加大农村文化建设力度，提升乡村文明，增添农民的精神食粮。为了强化农业历史教育，铜仁职院设立了 500 平方米的农耕文化馆，让当代学生了解"三农"发展史；通过开展"三下乡"活动，丰富农民精神生活，不断提升农民的获得感、幸福感、安全感，走一条文化致富的兴农之路。

乡村振兴战略既是机遇，又是挑战，农职院校需要不断增强"贴农"意识、加大"惠农"力度，在实施乡村振兴战略中发挥"五大兴农"作为，助推百姓长期稳定增收、安居乐业。①

---

① 参见覃礼涛：《助推乡村振兴，农职院校大有可为》，载《中国教育报》，2018-09-04。

（二）职业教育服务乡村振兴战略

2019 年，国务院印发《国家职业教育改革实施方案》，强调提升职业教育现代化水平，以适应经济社会发展对技术技能人才和高素质劳动者的需求。《国家职业教育改革实施方案》提出职业院校需落实学历教育与培训并举的法定职责，围绕现代农业、现代服务业等面向全社会成员开展职业培训，为广大农村培养新型职业农民，招收农村地区初高中毕业未升学人员、在乡农民和返乡农民工、回乡退转军人、下乡从事农业生产经营人员接受中等职业学历教育，同时做好中高等农业职业教育的有机衔接。[①] 主动服务国家乡村振兴战略，实现职业院校从规模扩张到内涵建设的转变，这是新时期职业教育肩负的时代使命与责任担当，是自身高质量可持续发展的需要。

职业教育有利于实施乡村振兴战略，全面建成小康社会。乡村振兴是包括产业振兴、人才振兴、文化振兴、生态振兴、组织振兴的全面振兴。要把"乡村振兴"这盘大棋走好，乡村人才队伍建设是关键。乡村振兴不能依赖外来者，必须依靠"生于斯、长于斯"的本地人，这种乡土情感能够避免乡村发展中只追求经济发展、不考虑生态环境保护的弊端。乡村"空心化"现象的出现，一方面源于乡村人才的流失，即乡村走出去的大学生有意愿返乡创业和建设村庄的比例较低，一些返乡大学生也在实践层面遭遇到资金、创业环境和个人创业知识和技能等方面的阻碍；另一方面源于乡村当地农民专业技术能力和综合素质的欠缺。深究"空心化"现象背后的原因，可以归纳为乡村群体流失与乡村人才培养机制的不健全，导致人力资本短缺，进而造成乡村的"人才短板"。

国家和社会治理现代化要求村庄带头人不仅要具备现代化的管理能力，还要具有较高的文化素质，掌握专业的技术能力。除了对农业科技人才的广泛需求外，乡村发展中出现的各种新业态，也在民俗旅游、电子商务、生态

---

① 参见《国务院关于印发国家职业教育改革实施方案的通知》，载《中华人民共和国教育部公报》，2019(Z1)。

保护等方面对专业技术人才提出了新的需求。而职业教育可以提升农村人口的观念素质，可以促进公共服务体系的完善、提升人力资本，实现数量优势的"人口红利"向质量为主的"人口二次红利"转变，推动乡村经济社会的全面振兴。①

实现乡村振兴的关键是人才支撑，职业教育在人力资本开发和培养方面扮演着重要的角色。乡村人才供给一方面来自"大学生村官""驻村第一书记""返乡青年"等引入群体，另一方面需要大力开展农民职业教育，形成新型职业农民群体。职业院校可发挥自身人才、科研、成果等优势，与地方政府、企事业单位在新型职业农民培训、产业发展、农副产品生产加工营销、乡村旅游开发设计、农村电商等领域开展多种形式合作，推动政府、学校、企业三者合作，在共建现代农业产业园、农业信息化服务平台、乡村振兴示范基地和农村基础党团建设方面给予大力支持。通过培养、培训乡村治理人才，培训有市场意识、懂经营、会管理、有技术的现代职业农民，实现农业强、农村美、农民富的农业农村现代化目标。

职业教育为乡村振兴打开了一扇门，我们相信职业教育的推行不仅能够实现乡村的人才振兴，也能整体推动乡村的振兴与发展。职业教育在服务乡村振兴国家战略的同时迎来自身改革发展的良机，二者形成协调发展的互惠互利机制。

第五节　职业教育与教育扶贫

一、习近平关于教育扶贫的重要指示

当前，我国经济发展进入新常态，发展新经济、培育新动能势头良好，人均国民总收入已接近中等偏上收入国家平均水平，但中西部一些省区贫困

---

① 参见曾阳：《乡村振兴战略下职业教育服务城乡融合发展的路径研究》，载《国家教育行政学院学报》，2019(2)。

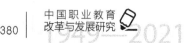

群体规模依然较大，相对贫困问题不断凸显，其中，教育发展滞后、受教育程度偏低是老少边穷地区贫困的主要症结之一。对此，2013年11月，习近平总书记在湖南湘西考察时，提出了"精准扶贫"的理念，并在全国职业教育工作会上以"努力让每个人都有人生出彩的机会"为题，从劳动者个体价值实现角度对职业教育的"扶贫"功能进行了强调，凸显了职业教育的社会功能。习近平总书记从个体价值实现角度对职业教育"扶贫"功能进行强调，从现实维度表明，发展现代职业教育是实施精准扶贫的有力支撑。①

根据诺贝尔经济学奖获得者阿马蒂亚·森的观点，教育的缺失是"能力剥夺的贫困"，是比收入贫困更深层的贫困，其会引发"贫困的代际传递"，而通过教育提高贫困地区的人口素质，进而从根本上消除贫困，已成为世界各国的普遍共识。② 对此，2016年年初，习近平总书记在重庆考察时指出："扶贫开发成败系于精准，要找准'穷根'、明确靶向，量身定做、对症下药，真正扶到点上、扶到根上。"③这表明，"精准扶贫"的关键在于扶贫的效果。与基础教育、高等教育等教育类型相比，在"精准扶贫"效果上，职业教育受教育者能更快融入工作，并获得就职初期的较高收入，且职业教育设置的多是应用类型专业，注重专业性的技术教育和技能培养，操作性强且紧跟时代步伐，更适合基础知识相对薄弱又急需获得工作收入的人群。因此，接受职业教育的贫困受教育群体能够以相对较少的教育投入，在相对短的时期内获得较好的扶贫效果。

"精准扶贫"的关键还在于提升人力资源的价值。我国是传统意义上的农业大国，农业人口多、底子薄、务农人口老龄化趋势明显，现代农业发展面临诸多困境。对此，习近平总书记认为，全面建成小康社会，关键在于贫困

① 参见钟世潋：《论习近平系列讲话与职业教育发展》，载《职业技术教育》，2017(16)。

② ［印度］阿马蒂亚·森：《贫困与饥荒——论权利与剥夺》，王宇、王文玉译，43～47页，北京，商务印书馆，2001。

③ 《习近平：落实创新协调绿色开放共享发展理念　确保如期实现全面建成小康社会目标》，载《人民日报》，2016-01-07。

地区的脱贫致富，依托职业教育培养新型职业农民成为实施"精准扶贫"战略，破解当前农业发展困境的重要保障。[1]

习近平总书记从实施"精准扶贫"战略的现实维度出发，论述了职业教育在消除贫困、阻断农村地区贫困代际传递上的重要作用，强调职业教育是实施"精准扶贫"战略的有力支撑，这构成了其职业教育观的主要内容，对于全面消除贫困人口、推进经济社会包容性发展具有重要意义。[2]

二、职业教育扶贫进入精准扶贫阶段

我国始终高度重视贫困问题，在减贫、扶贫、脱贫上取得了举世瞩目的新成就，充分体现了社会主义共同富裕的本质要求。教育扶贫是我国扶贫开发总体战略的重要组成部分，抓好教育是扶贫开发的根本大计，是阻断贫困代际传递的关键举措。[3] 职业教育扶贫是教育扶贫的重要组成部分，是实施精准扶贫的重要途径。从 2011 年开始，我国职业教育扶贫进入精准扶贫阶段。[4]

2011 年 12 月，《中国农村扶贫开发纲要（2011—2020 年）》出台，作为我国农村扶贫开发的重要指引性政策，其目标是 2020 年全面建成小康社会，消除绝对贫困。党的十八大以来，"精准扶贫"作为新时期我国扶贫开发工作的理论与实践创新，被纳入"全面建成小康社会"的战略布局。党的十九大把打赢脱贫攻坚战、区域协同发展、乡村振兴等列入国家战略。在此背景下，通过实行区域精准（连片特困地区、贫困县、贫困村）和个体精准相结合的方式推进扶贫工作。[5]

---

① 参见《习近平：落实创新协调绿色开放共享发展理念　确保如期实现全面建成小康社会目标》，载《人民日报》，2016-01-07。
② 参见钟世潋：《论习近平系列讲话与职业教育发展》，载《职业技术教育》，2017(16)。
③ 参见代蕊华、于璇：《教育精准扶贫：困境与治理路径》，载《教育发展研究》，2017(7)。
④ 参见汤婷婷、谢德新：《改革开放 40 年我国职业教育扶贫政策的回顾与前瞻》，载《中国职业技术教育》，2018(33)。
⑤ 参见汪三贵、殷浩栋、王瑜：《中国扶贫开发的实践、挑战与政策展望》，载《华南师范大学学报（社会科学版）》，2017(4)。

职业教育作为扶贫开发的重要组成部分，是实施精准扶贫的重要途径，通过"扶智""扶志""扶技"相结合，注重扶贫的可持续发展，能有效阻断贫困的代际传递。扶贫开发工作进入攻坚期，职业教育在打赢脱贫攻坚战的地位更突出，作用更显著。新时期的职业教育扶贫更注重发挥自身的特色优势，强调扶贫脱贫的精准度。其主要体现在以下两方面。

一是"扶职业教育之贫"和"依靠职业教育扶贫"，继续大力扶持贫困地区职业教育的发展，更加强调职业教育扶贫的精准度，彰显其阻断贫困代际传递的贫困治理功能。2013 年 7 月，《关于实施教育扶贫工程的意见》强调要提高职业教育促进脱贫致富的能力。2014 年 5 月，《建立精准扶贫工作机制实施方案》要求地方相关部门"提升贫困户新成长劳动力就业技能和创业能力，稳就业、拔穷根，阻断贫困代际传递"。2014 年 6 月，《关于加快发展现代职业教育的决定》要求加快发展民族地区的职业教育，加大对农村和贫困地区职业教育发展的支持力度。紧接着，《现代职业教育体系建设规划(2014—2020 年)》进一步重申，要充分发挥职业教育在扶贫开发中的重要作用，加大对贫困地区、革命老区、民族地区、边疆地区职业教育的扶持和支援力度，提升职业教育服务脱贫致富的能力，提高职业教育扶贫的精准度。2015 年 6 月，《关于加强雨露计划支持农村贫困家庭新成长劳动力接受职业教育的意见》指出，把职业教育作为实现精准扶贫的一项硬任务，引导和支持贫困家庭劳动力接受职业教育，通过提素质、学技能，达到稳就业、增收入，从而实现脱贫致富，阻断贫困的代际传递。2015 年 11 月，《中共中央 国务院关于打赢脱贫攻坚战的决定》指出，重点支持革命老区、民族地区、边疆地区、连片特困地区发展符合自身实际需要的职业教育，加大职业技能培训工程的实施力度，着力提高培训的针对性和有效性，确保贫困家庭劳动力至少掌握一门致富技能，实现靠技能脱贫。2016 年 11 月，《"十三五"脱贫攻坚规划》针对贫困家庭中有转移就业愿望劳动力、已转移就业劳动力、新成长劳动力的特点和就业需求，开展差异化技能培训，提高贫困家庭农民工职业技能培训精准度。2016 年 12 月，《教育脱贫攻坚"十三五"规划》指出，鼓励职业院校面向建档立卡等贫困家庭开展多种形式的职业教育和技术技能培训，全面提升贫困地区人口就业创业、脱贫致富能力，确保贫困家庭劳动力掌握实用技术技能。2017 年 1 月，《国家教育事业发展"十三五"规划》强调，加大职业教育脱贫力度，突出精准扶贫，确保建档立卡的贫困家庭劳动力至少掌握一门实用技能，提升自我发展的"造血"能力。可见，职业教育扶贫脱贫能力、职业教育精准扶贫、职业技术技能培训成为职业教育扶贫政策的关键词。这既是积极响应国家全面建成小康社会的战略需要，也是贯彻落实精准扶贫政策的具体化行动。

二是继续开展职业教育对口支援和帮扶，更加注重实施专项的职业教育东西协作行动计划。2014 年 1 月，《关于创新机制扎实推进农村扶贫开发工作的意见》指出，鼓励东部地区对口支援贫困地区职业院校，实施中等职业教育协作计划，支持贫困地区初中毕业生到经济较发达地区接受中等职业教育。2016 年 12 月，《关于进一步加强东西部扶贫协作工作的指导意见》开展职业教育东西协作行动计划和技能脱贫"千校行动"，积极组织引导贫困家庭子女到东部省份的职业院校、技工学校接受职业教育和职业培训。2017 年 5月，《贯彻落实〈职业教育东西协作行动计划（2016—2020 年）〉实施方案》要求发挥职业教育在精准脱贫中的特殊优势，以教育促产业、以产业助脱贫，完善职业教育扶贫工作机制，以职业教育助推精准脱贫，以精准脱贫带动职业教育发展。同年，《职业教育东西协作行动计划滇西实施方案（2017—2020年）》要求发挥职业教育在"五个一批"中的精准扶贫和脱贫攻坚作用，完善滇西职业教育东西协作的内容和模式，进一步增强脱贫致富的能力，实现滇西地区贫困人口就业脱贫与东部劳动力缺口补充的有效对接。2018 年 1 月，为了攻克深度贫困堡垒，我国率先在"三区三州"实施职业教育东西协作行动计划，《深度贫困地区教育脱贫攻坚实施方案（2018—2020 年）》再次强调，要全面落实东西职业院校协作全覆盖行动、东西协作中职招生兜底行动和职业院

中国职业教育
改革与发展研究
1949——2021

校参与东西劳务协作，广泛开展公益性职业技能培训，实现脱贫举措与技能培训的精准对接。可见，国家通过专门的行动计划和具体的实施方案，加快推进职业教育扶贫的东西协作模式，更加聚焦深度贫困地区的贫困治理问题。

在这一时期，党和政府把扶贫开发摆到治国理政的重要位置，把精准扶贫、精准脱贫作为扶贫开发的基本方略，纳入决胜全面建成小康社会的战略布局进行决策部署。在打赢教育脱贫攻坚战中，职业教育具有"治愚""扶智""扶志"的独特优势，它在消除绝对贫困、缩小相对贫困、消解能力贫困、消除文化贫困、阻断贫困代际传递等方面具有重要价值。[1] 党和政府大力实施和推进职业教育扶贫政策，以国家扶贫开发工作重点县、集中连片特困地区以及建档立卡的贫困人口为重点，精确瞄准职业教育最薄弱领域和最贫困群体，加大对深度贫困地区职业教育发展的扶持和支援，开展职业教育东西协作行动，实现"扶职业教育之贫"的同时，加大职业教育脱贫力度，提高职业教育促进脱贫致富的能力，为贫困地区、贫困人口提供职业技能培训和职业教育，确保掌握实用技能，促进就业，从而更好地"依靠职业教育扶贫"。为此，如果说"扶职业教育之贫"是现行职业教育扶贫的制度安排，那么"依靠职业教育扶贫"则是职业教育扶贫政策的具体实施。[2] 这一时期，职业教育扶贫政策，无论是深度贫苦的区域瞄准、贫困对象的识别上，还是行动计划、实施方案的贯彻落实上都充分体现出精准扶贫的特征。

三、贫困地区的职业教育扶贫

（一）民族贫困地区的职业教育扶贫

"职教一人，就业一人，脱贫一家"成为阻断贫困代际传递见效最快的方

---

① 参见谢德新、陶红：《职业教育扶贫与反贫困研究：实然之境与应然之策》，载《职教论坛》，2017(16)。

② 参见谢德新：《职业教育精准扶贫的理论基础、含义阐释和功能定位》，载《职教论坛》，2018(3)。

式。在民族地区，贫困人口的脱贫内生动力不足。"进一步在民族贫困地区发挥职教扶贫作用，有利于确保贫困家庭子女等特殊困难群体能够顺利完成学业，成功就业，也有利于阻断贫困代际传递，提高贫困家庭脱贫致富能力。"[1]职业教育扶贫成为解决扶贫脱贫"最后一公里"难题的重要手段。民族贫困地区的职业教育扶贫大致可以在以下四个方面有所作为。

第一，把职业教育扶贫与民族文化传承创新结合起来。将民族传统工艺、传统技艺、传统医药、特色饮食、文化艺术等的产业发展与职业教育扶贫结合起来，依据年龄、兴趣爱好、技能基础等因素，组织深度贫困群众参加特色项目培训。"可聘请民间非物质文化传承人担任专兼职教师，加大民族文化人才的培养力度，推动民族文化创业产业发展。"[2]

第二，把职业教育扶贫与乡村振兴结合起来。探索设立"乡村振兴战略"民族地区职业教育专项基金，在有条件的中高职院校建设"乡村振兴学院"，组织贫困地区乡村干部参加培训，培养服务民族地区的本土"三农"工作人才，让愿意留在乡村、建设家乡的人留得安心、过得舒心、更有信心，激励各类人才在乡村形成人才、土地、资源、产业汇聚的良性循环。

第三，把职业教育扶贫与民族地区企业提质增效结合起来。依托贫困地区现有的村办企业等产业基础，大力发展"校企双制、工学一体"的办学模式，学校和企业一体化办学，学校的学员即企业的员工，学校的教师即企业的干部，让贫困群众"学中做，做中学"。

第四，把职业教育扶贫与职业教育招生改革结合起来。扩大地方中职学校学生入学比例，鼓励、引导贫困地区初中毕业生更多进入中职学校学习，力争将中职录取率提高到 60% 以上，提高生均补助标准。深化中高职衔接，降低民族地区高职学院入学门槛，开展高职院校实施面向普通高中和中等职

---

① 转引自《全国政协委员苏华建议：在民族贫困地区深入实施职教扶贫》，载《工人日报》，2020-05-25。

② 转引自《全国政协委员苏华建议：在民族贫困地区深入实施职教扶贫》，载《工人日报》，2020-05-25。

业学校的毕业生注册入学的招生录取模式。

（二）连片特困地区的职业教育扶贫①

21世纪以来，国家把扶贫开发纳入国民经济和社会发展总体规划，制定和实施有利于农村贫困地区发展的政策措施，把扶贫投入作为公共财政预算安排的优先领域，把贫困地区作为公共财政支持的重点区域，不断加大对贫困地区的扶持力度，提高扶贫政策的执行力，贫困地区经济得到全面发展，中国农村居民的生存和温饱问题得到基本解决。

我国扶贫攻坚的任务仍然繁重。根据《中国农村扶贫开发纲要（2011—2020年）》，六盘山区、秦巴山区、武陵山区、乌蒙山区、滇桂黔石漠化区、滇西边境山区、大兴安岭南麓山区、燕山—太行山区、吕梁山区、大别山区、罗霄山区等区域的连片特困地区和已明确实施特殊政策的西藏、四川省藏族聚居区、新疆南疆三地州，是扶贫攻坚的主战场。

抓好新时期扶贫开发工作，让贫困地区群众与全国人民同步实现全面小康，是我国的重大的政治任务和战略任务。从根本上增强我国连片特困地区扶贫对象自我发展能力，是我国扶贫工作的战略重点，其对策、途径很多，但大力发展职业教育不失为上上之策。

第一，把"职业教育扶贫"作为新时期扶贫工作的重要抓手。造成一个地区贫穷的根源，除了地理、资源、交通等客观条件外，教育发展滞后、人口文化素质低、生产方式落后等也是重要原因。职业教育能够有效改善人口文化素质，提高劳动者专业技能，增强就业创业能力，对于振兴我国连片特困地区经济具有现实意义和长远意义。"培养一名技工，致富一个家庭"，已被大量事实所证明。从我国实际情况看，连片特困地区也是职业教育发展较为薄弱的地区。把"职业教育扶贫"作为重要抓手，不仅可以改善这些地区的教育结构，提升教育整体水平，而且可以把"文化教育"和"技能培训"有机结合

---

① 参见苏华：《关于在我国连片特困地区开展职教扶贫的建议》，载《人民政协报》，2013-03-03。

起来，从"思想观念""综合素质""就业技能"等诸方面来迅速提高贫困人口素质，真正变"输血"为"造血"，从而促进贫困地区资源开发、产业建设和劳务输出，从根本上帮助贫困群众自立自强，尽快脱贫致富。建议各级政府应把"职业教育扶贫"摆上重要议事日程，从统筹规划、政策导向、资源配置、运行机制等方面，加大贫困地区职业教育发展力度，使这些地区职业教育的办学规模、办学质量有明显的改观。国家有关部门和各级政府应该深化认识，形成共识，认真贯彻落实国家中长期教育改革和发展规划纲要，采取切实有效的措施推进贫困地区职业教育的改革发展，争取在较短的时间内，改变这些地区职业教育薄弱的现状。

第二，大力加强连片特困地区职业教育的基础能力建设。通过加大政府投入力度、积极引导民间资金投入、加快资源整合等措施，进一步增加职业教育的资源配置，尽快解决校舍、设施设备及实训条件严重不足的问题。要重点解决连片特困地区职业教育师资严重短缺的问题，建议根据这些地区职业教育事业发展的需要，及时调整、增加职业教育师资编制，省级财政每年设立不少于 500 万元的贫困地区职业教育师资培训专项资金，加快培养培训一大批有志于职业教育扶贫事业的骨干师资和"双师型"教师，同时采取对口帮扶的办法，解决职业教育师资的燃眉之急。

第三，进一步完善扶贫助学机制。加大贫困学生扶持力度，增加贫困地区中职学生免费政策的补助标准。现有扶持标准仍然偏低，应提高扶持标准，以保障大面积贫困地区学生能够接受中等职业教育。

第四，积极扶持重点学校和专业建设。推进连片特困地区职业教育的科学发展，需要建设一批示范效应好、辐射能力强的职业学校。建议各省、自治区、直辖市制定一套科学的评估指标体系，对贫困地区中职学校进行综合评估，遴选出一批重点学校，作为职业教育改革发展的"省级示范校"或"国家级示范校"备选学校，并从实训基地建设、特色专业建设、设施设备购置等方面给予经费支持。重点加快对生产、服务一线急需的技能型人才的培养，特别是现代制造业、现代服务业紧缺的高素质技能人才的培养。

（三）精准扶贫工程中的职业教育扶贫

要完成党中央提出的"精准扶贫、精准脱贫"任务，关键是要做到精准对策、精准推进、精准落地。精准扶贫离不开教育扶贫，特别是职业教育，职业教育在精准扶贫中的作用更为明显和直接。进一步发挥职业教育扶贫的重要基础作用和高校人才、培训、科研等扶贫优势，有利于确保贫困家庭子女等特殊困难群体能够顺利完成学业，成功就业；有利于阻断贫困代际传递，提高贫困家庭脱贫致富能力，变"输血"为"造血"，是打赢扶贫攻坚战，实现精准扶贫、精准脱贫的重要保障。贫困是物质的贫乏，但归根结底是知识和技能的缺乏。贫困地区教育发展水平不高导致劳动者素质偏低，形成了"打工没技术、创业没思路、务农没出路"的状况。所以，在开展精准扶贫、实施"五个一批"工程中，让贫困地区的孩子们接受良好的教育，既是"扶智"更是"扶志"，"家有良田万顷，不如一技傍身""授人以鱼，不如授人以渔""培养一名技工，致富一个家庭"，各级党政机关应把发展教育脱贫作为一项重要工程来抓，真正推进教育强民，技能富民，为全面建成小康社会奠定坚实基础。

精准扶贫工程中的职业教育扶贫，主要为鼓励和引导行业企业与贫困地区职业院校开展校企合作。通过税费减免、贴息贷款等形式引企入校，鼓励行业组织、优秀企业按照校企双方共建、共享、共赢的原则深化合作等。

总之，习近平总书记在讲话中多次提到"要把发展教育扶贫作为治本之计"，奠定了教育扶贫在我们战胜贫困，实现全面小康中的重要战略地位。抓好教育是扶贫开发的根本大计，是阻断贫困代际传递的关键举措，而职业教育扶贫又是教育扶贫的重要组成部分，因此职业教育扶贫是实施精准扶贫的重要途径。改革开放以来，我国职业教育扶贫政策不断地发展与完善，结合具体的时代背景发挥着其独特的作用。在一系列有关职业教育扶贫文件的统领下，各地政府、企业、学校积极落实办学实践，职业教育扶贫取得了显著的成效。教育可以帮助学生获得知识、习得技能，对于身处贫困边缘的人而言，职业教育为他们带来谋生的本领甚至是发家致富的秘诀，同时也为下一代积累家庭文化资本，在很大程度上阻断代际间的贫困传递，是具有深远效用的扶贫之举。

第六节　职业教育国际化

随着世界经济一体化和信息化的发展，职业教育国际化已经成为发达国家教育发展的共同趋势。伴随中国全面融入经济全球化的不断进展，在"一带一路"倡议、中国企业走出去等一系列谋略的深入推进下，中国职业教育的国际化趋势和国际化需求日益增长。同时，随着中国对外开放程度的不断提高，中国劳动力的国际化程度也日益提高，技术技能人才参与全球劳动力市场竞争并向海外输出亦是不可避免的趋势。我国的职业教育发展已从规模化的阶段走向高质量发展的轨道，技术技能人才参与国际竞争和向世界输出高质量人才将逐渐成为常态，这也就要求我国的职业教育在发展过程中必须要有国际视野。

一、我国职业教育国际化的政策促进

我国职业教育国际化进程与对外改革开放的进程密切相关。党的十一届三中全会，以及 1979 年由国务院批转的《高等学校科学研究工作会议纪要》，就已出现了"博采各国高等教育之长"的共识。到 1983 年，邓小平提出了"教育要面向现代化、面向世界、面向未来"的观点，这其中的教育国际化思想已非常明显。1993 年发布的《中国教育改革和发展纲要》明确提出"进一步扩大教育对外开放，加强国家教育交流与合作。大胆吸收和借鉴世界各国发展和管理教育的成功经验"要求，并提出"加强我国高等学校同外国高等学校的交流与合作，开展与国外学校或专家联合培养人才、联合开展科学研究"的办学方针。20 世纪 90 年代中期以后，中国政府对大学的改革开放和国际化进程又采取了多方面的推进措施，并从法律上保证高等教育国际化的发展。

1995年通过的《中华人民共和国教育法》，其中明确规定了"国家鼓励开展教育对外交流与合作"的条款，鼓励"中国境内公民出国留学、研究、进行学术交流或者任教"。1998年通过的《中华人民共和国高等教育法》又明确规定："高等学校按照国家有关规定，自主开展与境外高等学校之间的科学技术文化交流与合作。"这些更进一步促进了我国高职教育国际化的发展进程。进入21世纪后，中国高等职业教育国际化的进程进一步加快。特别是加入世界贸易组织，意味着中国要在更深的层次上参与经济全球化，而高等职业教育国际化则是经济全球化及世界经济、科技一体化进程的必然要求与结果。根据《服务贸易总协定》的精神，我国已对高等教育、成人教育、高中阶段教育、学前教育和其他教育做出了开放市场的承诺，允许其他成员在来华开办的合作办学机构中控股；外籍个人教育服务提供者可以受聘于中国学校和教育机构，可以到中国提供教育服务。这为高等职业教育的国际化发展创造了良好的政策条件，同时也对我国高等职业教育本身提出了挑战。

2013年，"一带一路"倡议的提出促使职业教育国际化政策得到全面升华，主要体现在政策理念、政策目标、政策价值和政策保障方面。首先，在政策理念上，注重职业教育内涵发展，例如，《国家教育事业发展"十三五"规划》强调，注重"优化教育对外开放布局"及"提升教育开放层次和水平"，这种理念上的转变是基于中国职业教育质量不断提升、国际竞争力和影响力不断提升的必然结果。其次，在政策目标上，注重职业教育的国际话语权，例如，《高等职业教育创新发展行动计划（2015—2018年）》提出，"扩大国际话语权、增强国家软实力"，同时提出了切实有效的路径，比如积极参与职业教育国际标准和国际规则制定、开发国际性的专业标准和课程体系等。这表明，职业教育国际化不但要引进国外优质职业教育资源、培养培训留学生及师资，而且要把中国职业教育变成职业教育国际标准、国际规则、国际体系的参与者、制定者和主导者。再次，在政策价值上，职业教育国际化政策在强调职业教育自身国际化的同时，也把助力"一带一路"建设、助力中国企业"走出去"等作为职业教育国际化政策制定的主要目标。① 2015 年,《关于深入推进职业教育集团化办学的意见》提出,"要服务国家'一带一路'倡议",其中特别提出鼓励和支持职业院校、行业企业、科研院所等组成职业教育集团"走出去",通过在国外独立办学或合作办学,提升中国职业教育国际影响力和产业国际竞争力。最后,在政策保障上,注重政策治理的实效性,如在《学校招收和培养国际学生管理办法》中对国际学生的招生管理、教学管理、校内管理、社会管理和监督管理做出了相关规定,极大地提高了国际学生管理的效率。新时代国家和办学主体对职业教育国际化政策的认知逐渐加深,职业教育领域内世界各国交流与合作的理念越来越成熟。

2019 年年初颁布实施的《国家职业教育改革实施方案》对于我国职业教育标准体系的国际化、职业资格证书的国际化、复合型技术技能人才培养培训的国际化等均提出了明确要求,其目标在于培养具有国际视野、具备国际竞争力和通用技术技能的高层次现代产业技术工人,这也要求职业教育在办学过程中、人才培养过程中要有国际化眼光和国际化标准,大力提升人才培养的质量和能力,为我国相关产业的国际竞争和参与全球技术技能人才竞争源源不断地输送高质量人才。

因此,大力发展我国的职业教育,积极推进我国职业教育国际化进程,既是适应经济全球化和世界职业教育国际化发展的必然要求,也是深化我国职业教育改革与发展的迫切需要。

二、我国职业教育迈向国际化进程

我国职业教育走向国际化的起步阶段处于被动状态,主要表现为我国成为发达国家教育贸易输出的目标市场。20 世纪 60 年代以后,科学技术迅猛发展,高新技术不断进入生产领域和工作现场,一方面产生了一大批新的技术岗位;另一方面技术岗位的智能成分日益提升,因而社会对它本身所需求

---

① 参见王忠昌:《改革开放 40 年我国职业教育国际化政策的变迁及展望——基于 42 份国家层面政策文本的分析》,载《职业技术教育》,2018(21)。

中国职业教育
改革与发展研究
1949—2021

的人才结构不断提出了新的要求，并由此催生了对教育结构新的要求。在这样的背景下，世界上许多国家积极回应这一需求，在发展中等职业技术教育的基础上，通过不同途径和多种形式，发展了中学后的职业技术教育，即高等职业技术教育。这一轮世界范围的高等教育国际化是以发达国家的教育输出作为标志的。这种教育输出以追求经济效益为首要目标。因此，发达国家开始转向与发展中国家的国际贸易，接收留学生和境外办学是高等教育国际贸易的主要方式。其中，我国成为他们重要的目标市场。于是，我国的职业教育走上了以向发达国家派遣留学生和引进课程为主的国际化道路。①

众多的国外高等职业教育经验，首先进入我国视野的是德国的"双元制"。德国重视实践应用、重视手工艺、尊重技能型人才，这对于中国传统的"学而优则仕"的观念产生一定冲击。德国职业教育由政府、企业、社会共同办学的多元化主体为中国教育体制改革提供了一种思路。1983年，由中国国家教委牵头开展了中德第一个合作项目——南京市教育局与德国汉斯·赛德尔基金会合作建设的南京建筑职业技术教育中心（现名为南京高等职业技术学校，举办三年制中职和五年制高职学历教育）。此后，中德两国在职业教育领域进行了一系列卓有成效的合作。由国家教委批准的苏州、无锡、常州、沈阳、沙市、芜湖六个中心城市借鉴德国"双元制"职业教育经验进行的改革试验工作；借助实体项目的中心辐射作用，在全国100多个单位推广了"双元制"的职业教育经验，初步形成了一个学习借鉴、推广成果的网络；中德各层次职业教育代表团参观互访，进行学术交流研讨，中方派遣专业人员赴德进修，德方专家来华讲学和开展咨询工作、德国派遣长驻专家指导等。20世纪80年代中期，为推动高等职业技术教育的发展，国家曾从世界银行争取到3500万美元的贷款，集中支持17所职业大学的发展。这在当时中国教育经费严重短缺的情况下，对于提升学校的硬件设施和教师的职业教育水

---

① 参见姜维：《目前我国高职教育国际化路径的问题与对策》，载《中国高教研究》，2006（5）。

平起到了关键作用。可以看出，项目援助是这一阶段高职院校国际交流与合作的主要方式。高职院校的国际交流与合作从一开始就与普通高校不同，不是从学生的国际流动开始，而是通过参与政府项目开始的。①

职业教育的发展与国际化的拓展。在党的十四大提出建立社会主义市场经济新体制的要求下，各方面都进一步加快了改革的步伐。《中国教育改革和发展纲要》明确提出要"进一步扩大教育对外开放，加强国际教育交流与合作。大胆吸收和借鉴世界各国发展和管理教育的成功经验"。一方面，在出国留学方面，此阶段公派出国留学除了国家公派，还包括单位公派，高等学校开始越来越多地自主派出人员赴国外学习。出国留学的方针由"按需派遣、保证质量、学用一致"转向"支持留学、鼓励回国、来去自由"。自费出国留学的政策也更加灵活，沿海地区自费出国留学人数逐年攀升。大量出国留学人员促进了来华留学教育的发展。教育部不再把接收留学生的权利限制在少数重点院校，凡是教育部批准的实施全日制高等学历教育的普通高等学校，具有必备的教学和生活条件，教学科研和管理水平，原则上都可以接受外国留学生。更多的高校开始主动地招收来华留学生。另一方面，"不出国的留学"——中外合作办学开始发展起来，这种全新的办学形式在引进国外优质教育资源，培养国内空白、急需专业人才，满足国内旺盛的高等教育需求，缓解教育投入不足，减轻学习者经济负担等方面显示出明显的优势。1995年正式颁布实施的《中外合作办学暂行规定》标志着中外合作办学走上了依法办学的轨道。为了更加全面、深入地推动大学教育的国际化，1999年，《面向21世纪教育振兴行动计划》提出了更为具体的要求："加强国际学术交流。除继续派遣短期访问学者外，选拔高级访问学者，有针对性地到国外一流大学进行研修交流。邀请海外知名学者来华进行短期讲学和研究，鼓励留学人员回国服务"，"在高职教育的发展阶段，其国际化以项目推动为主导，政府在高职教育

---

① 参见杨小燕：《使命的召唤：高等职业教育国际化发展研究》，24页，成都，西南交通大学出版社，2013。

国际化的进程中起到了主要的导向和桥梁作用"。①

例如，中德项目、中英项目、中加项目、中澳项目、世行资助、基金项目等。

中德项目。1994年7月，中德两国政府发表了《中华人民共和国政府和德意志联邦共和国政府关于加强职业教育领域合作的联合声明》，这是我国政府与外国政府专门就发展职业教育问题签署的第一个双边协议。

中英项目。2001年6月24日，我国劳动和保障部职业技能鉴定中心与英国伦敦城市行业协会在北京举行职业资格证书合作项目续约签字仪式。这是中英双方自1998年首次合作以来，为继续扩大合作项目的考试规模和职业范围，加强双方对项目的管理和推动力度而再次签订的新协议。

中加项目。在这一阶段，有代表性的中加项目是中国加拿大高中后职业技术教育合作项目（简称"CCCL"项目）。该项目系原国家教委、国家经贸部与加拿大国际发展署的合作项目。加方提供专项援款，协助我国有关院校发展高中后职业技术教育，采取中加双方组成院校网络的合作形式组织实施。

中澳项目。中国和澳大利亚两国政府在职业教育领域迄今最大的交流与合作项目——"中澳（重庆）职业教育项目"，于2002年3月开始，2007年8月结束。项目的资助重点是重庆市5所职业技术学校。

世行资助。1990年，我国政府与世界银行签订的《中国职业技术教育项目贷款协定》，为我国职业技术教育的发展筹集了5000万美元的资金，为全国17个省（市）及劳动部门所属的74所职业技术院校、中专、技校和职业技术教育中心进行硬件支持、技术援助、人员培训等。贷款的绝大部分集中投放在北京、上海、天津、辽宁、江苏五个工业高度发展的省市。

基金项目。2009年，我国财政部与欧佩克国际发展基金签署了"云南职业教育项目"贷款协议，这是我国与欧佩克国际发展基金合作的第一个项目。

---

① 转引自杨小燕：《使命的召唤：高等职业教育国际化发展研究》，26页。

该项目总投资 4.92 亿元人民币，利用国外优惠贷款 3200 万美元，国内配套资金 2 亿多元人民币。云南四所高等职业院校成为受益者，分别是昆明冶金高等专科学校、云南机电职业技术学院、昆明工业职业技术学院、云南文化艺术职业学院。这些贷款资金将用于这四所高等职业院校的教学楼、图书馆和实验室等设施建设。

总之，我国职业教育的国际化经历了职业教育的孕育与国际化的开端、拓展、滞后、蓬勃以及突起阶段。在一系列政策措施的推动下，展现出国际化的范畴从零星到普遍，国际化的进程从缓慢到突进，国际化的角色从以输入为主到输入输出并重的发展特点，职业教育的"中国名片"逐渐呈现。

三、我国职业教育国际化的优势表征

职业教育作为一种独立的教育类型，其生存领域与发展空间在于其"职业属性"充分挖掘，基于其特定人才培养目标而形成的类型优势、比较优势和后发优势，成为职业教育国际化升华的重要突破口。

类型优势即充分挖掘职业教育作为一种独立教育类型的优势，基于"校企合作、工学结合"的办学模式，挖掘跨国企业合作、技术标准输出、专业技术服务等方面的优势，融入跨国企业文化、吸纳和输出国际标准、建立海外实训基地、承接跨国技术服务项目，走出具有职业教育特色的国际化发展道路。

比较优势即基于国际比较的视野，充分发挥我国在教育消费、社会环境和制度环境的优势，增强我国职业教育的吸引力。通过差异化战略，开发具有比较优势的国际合作项目来推动我国职业教育的输出。我国的传统文化、工艺制作等领域在世界范围内具有显著的比较优势，相关专业完全可以培育成职业教育的重点输出项目。

后发优势即采取跨越发展战略，扬长避短，在国际交流中，基于"追赶"的心理动力，以先行成功者的优秀经验为我所用，缩短自然发展所需要的长

中国职业教育
改革与发展研究
1949—2021

期历程，可以从国家层面、区域层面和学校层面积极吸纳国际职业教育先进经验，通过国际经验的"本土化"，站在巨人的肩膀上，以"世界水准"为目标，实现职业教育的跨越式发展。①

四、新时代中国职业教育国际化的行动

进入新时代，中国职业教育的视野将更加开阔，目光更加远大。2016年，教育部印发《推进共建"一带一路"教育行动》，该文件提出了共商共建区域性职业教育资历框架，逐步实现就业市场的从业标准一体化以及探索建立沿线各国教师专业发展标准的愿景，我国职业教育逐渐从原来的适应转变为迎合经济结构调整和助力外向型经济的发展。自2016年起，教育部陆续与18个省(区、市)签署了部、省(区、市)推进共建"一带一路"教育行动国际合作备忘录。我国已与24个"一带一路"沿线国家签署高等教育学历学位互认协议，共有60所高校在23个沿线国家开展境外办学，16所高校与沿线国家高校建立了17个教育部国际合作联合实验室。②

中国职业教育不断迈出新的步伐，从积极承办世界性职业教育会议，到打造"一带一路"职业教育共同体；从接纳来华留学生，到设立职业教育领域的孔子学院——鲁班工坊。通过一系列务实举措，中国职业教育将输送源源不断的专业人才，给中国乃至全球经济发展持续提供人才动力，为世界提供着越来越多的中国实践、中国经验、中国智慧。

（一）国际职业技术教育大会与《唐山声明》

国际职业技术教育大会由联合国教科文组织主办。1987年，第一届国际职业技术教育大会在德国柏林举办，确立了职业教育的重要性及其在教育中的重要地位；1999年，第二届国际职业技术教育大会在韩国汉城(今首尔)举办，确立了职业教育作为终身教育的一部分，是通向未来的桥梁；2012年，

---

① 参见杨小燕：《职业教育国际化：使命、表征与升华》，载《教育科学论坛》，2019(11)。

② 参见姜朝晖：《以供给侧改革引领高等教育发展》，载《重庆高教研究》，2016(1)。

第三届国际职业技术教育大会在中国上海举办，进一步明确了在新时代背景下，如何改革和发展职业教育，以确保所有青年和成人均能获得工作和生活所需的技能。①

2017年，国际职业技术教育大会在唐山召开，主题为"不断变化的技能：全球趋势与本土实践"，由联合国教科文组织、中华人民共和国教育部、德国联邦教育与研究部、河北省人民政府、中华职教社共同主办。中国连续两次积极承办国际性职业教育大会，表明中国在职业教育发展上的坚定决心，也展现出目前中国职业教育所取得的积极成果得到了世界各国和国际组织的广泛认可。聚焦中国，职业教育成就令世界瞩目。2012年以来，中国积极落实"上海共识"及各项决议，拓展国际交流合作，职业教育发展日新月异。目前，中国已建成世界上规模最大的职业教育体系，基本覆盖了国民经济的各个领域，有1.2万多所职业学校，在校生超过2600万人，具有中国特色、世界水平的现代职业教育体系日臻完善，初步构建起人才成长的"立交桥"。与联合国教科文组织合作举办国际职业技术教育大会，中国也能广泛学习借鉴国际职业技术教育改革发展的先进经验，借此推进中国职业教育的科学发展。

会议通过了标志性成果文件《唐山声明》，这是继2012年在中国达成的《上海共识》后，国际职业技术教育大会通过的又一份重要文件。《唐山声明》议程围绕更好利用技能就业创业、发展惠及全民的技能、资格框架助推技能流动、注重技能需求预测评估四个方面进行讨论并提出详细建议。《唐山声明》明确世界各国和国际社会合作的战略方向，为今后的职业技术教育发展奠定新的基础。

河北唐山举办的国际职业技术教育大会，让世界了解了中国职业教育改革与发展的特色与成绩，更了解了中国职业教育界推动职业教育更好地造福人类社会和世界的国际情怀。

---

① 参见贠涛、吕春莹：《唐山将办职业教育国际盛会》，载《人民日报》，2017-04-24。

2017 年，联合国教科文组织与北京曹妃甸国际职业教育城签约，将在北京曹妃甸国际职业教育城设立世界职业教育培训基地。这不仅是对北京曹妃甸国际职业教育城职业教育发展水平、空间的肯定，更是对其的鼓励。北京曹妃甸国际职业教育城自建立以来，一直走国际化高端路线，与多个国家的教育机构、知名学府达成战略合作协议，促进国际化办学与国际交流，引进国际先进教学理念与教育成果，优化中国职业教育。同时，致力于将中国职业教育推向世界，扩大中国职业教育的影响力。世界职业教育培训基地的设立，将进一步推动北京曹妃甸国际职业教育城的国际化进程，促进北京曹妃甸国际职业教育城职业教育水平向深层次提高，也使其在国内、国际的影响力不断扩大。[1]

（二）走出去：职业领域的孔子学院——鲁班工坊

鲁班工坊的出现是为了落实国家"一带一路"倡议所提出的加快现代职业教育发展理念，其主要表现形式是紧紧围绕"一带一路"建设发展需要，以天津"国家现代职业教育改革创新示范区"的优质资源为基础，以校企深度合作的技术培训为载体，以研发适合国际化发展的专业课程为依据，搭配工程实践创新项目，将我国优质的职业教育与产品技术输出国门与世界分享。[2] 其核心内涵便是以职业教育和职业培训的国际合作交流为主要载体，配合我国的国际产能合作和企业"走出去"，为当地的技术技能人才培养提供技术指导，通过技术产品和技术服务输出，培养当地熟悉中国技术、中国产品和中国品牌的技术技能型人才。这不仅能促进当地职业教育和社会经济的发展，而且能提升我国职业教育的内涵，更能搭建我国职业教育与世界进行对话的实体桥梁。

鲁班工坊所承载的主要任务：一是合作国社会经济发展所需的技术技能

---

① 参见负涛、吕春莹：《唐山将办职业教育国际盛会》，载《人民日报》，2017-04-24。

② 参见吕景泉：《服务"一带一路"，职业教育的新作为——"鲁班工坊"》，载《天津职业院校联合学报》，2018(1)。

培训，二是职业资格培训与学历教育培训，三是职业师资培训。① 在培养目标上，要求培养具有国际视野、通晓国际规则的国际化技术技能人才，培养熟悉中国技术、中国标准和中国产品的海外化技术技能人才。基于此，鲁班工坊着眼于国家战略发展，依托行业企业办学的优势，通过项目实施，与在海外承揽大型工程的企业或国(境)外办厂的企业合作，并与海外优质的职业院校或机构共同培养服务于当地的技术技能人才，以促进国(境)外社会经济发展。②

跨国职业院校间的合作与交流是建设鲁班工坊的主要模式。这在对接国家对外开放战略，与"一带一路"沿线国家及相关驻扎企业紧密合作方面发挥了重要作用，自 2016 年起，我国在泰国、印度等地建成了 8 个鲁班工坊，涉及自动化、新能源等 9 类共 23 个专业，培养学生 4000 余人，培训教师600 余人，建立了"中泰国际学院""中斯丝路工匠学院"等职业教育基地，诸多职业院校也纷纷在相关国家建立境外培训基地，相关合作的国家和院校也在不断增长，中国职业教育为相关国家培养技术技能人才发挥了很好的作用。③

鲁班工坊自 2016 年正式成立以来，积极致力于对外职业教育合作办学，将中国职业教育的先进职业教育理念、教育教学模式、教学技术装备、国际化专业教学标准以及高水平师资培训与"一带一路"沿线国家互融共享，进一步推动中国职业教育走出去。2017 年 5 月，由天津市第二商业学校(2002 年与天津市经济贸易学校组成天津市经济贸易学校职业教育集团)和英国奇切斯特学院合作建立的鲁班工坊正式揭牌运行。这是天津市在海外建立的第二个鲁班工坊，也是我国在欧洲建立的首个鲁班工坊。

2017 年 12 月 8 日，由天津轻工职业技术学院和天津机电职业技术学院

---

① 参见张雯婧：《"鲁班工坊"助力天津职教走向世界》，载《天津日报》，2016-03-01。
② 参见吕景泉：《服务"一带一路"，职业教育的新作为——"鲁班工坊"》，载《天津职业院校联合学报》，2018(1)。
③ 参见王伯庆、陈永红主编：《2019 年中国本科生就业报告》，38～73 页，北京，社会科学文献出版社，2019；王伯庆、马妍主编：《2019 年中国高职高专生就业报告》，35～79 页，北京，社会科学文献出版社，2019。

共同建立的中国—印度鲁班工坊，在印度金奈理工学院揭牌。印度学院的教师安嘎拉加和他的学生成功研制出该校第一辆新能源电动车，他第一时间就把这个消息分享给了远在中国的天津轻工职业技术学院副院长李云梅，因为这辆车的研制成功主要得益于去年他在天津轻工职业技术学院的学习。

2017年12月12日，由天津市东丽区职业教育中心学校与印度尼西亚东爪哇省波诺罗戈市第二职业技术学校共建的中国—印尼鲁班工坊正式启运，围绕汽车维修、智能制造、新能源技术、工程实践创新项目（EPIP）展开交流和学习，提升教学质量和人才培养水平，服务当地经济发展。此外，巴基斯坦鲁班工坊则着力打造能源电力交流，柬埔寨、非洲等一批鲁班工坊也正在紧锣密鼓的建设中。

2018年7月，天津铁道职业技术学院依靠自身优势以及泰国铁路发展需要，在泰国大成技术学院完成"鲁班工坊铁院中心"落成仪式，这是中国在国外建立的首个高铁类技术培训中心。"鲁班工坊铁院中心"直接服务于中泰铁路建设项目，并根据当地的铁路建设情况，设置了高铁动车组检修技术、铁道信号自动控制两个专业。[1] 跨国职业院校间的国际化交流与合作是我国职业教育依托行业企业、能源设备和技术产品"走出去"的关键，它促进了校企深度合作，提高了我国职业教育国（境）外合作办学能力，扩大了中国技术、中国标准和中国品牌的影响力。

2018年，中非合作论坛开幕式上，中国提出愿以打造新时代更加紧密的中非命运共同体为指引，在推进中非"十大合作计划"基础上，同非洲国家密切配合，未来三年和今后一段时间内，在非洲设立十个鲁班工坊，向非洲青年提供职业技能培训。相信鲁班工坊将助力中非合作，真正实现"合作共赢"。鲁班工坊依托企业和产品"走出去"的办学模式，提升了职业教育院校的国际合作能力，有利于拓宽教师和学生的国际视野，提高中国品牌和中国

---

[1] 参见孙亚慧：《"丝路"化雨春满园——"一带一路"上的中国职教故事》，载《人民日报（海外版）》，2018-08-25。

职业教育的国际竞争力。

《人民日报》对鲁班工坊作为中国职业领域工匠精神的代表走出国门的情况做了专门报道。①

（三）打造"一带一路"职业教育共同体

2017 年 6 月 9 日，"一带一路"产教协同联盟在"海上丝绸之路"东方始发港——浙江省宁波市正式成立，90 多家职业院校、企业、行业组织加入"一带一路"产教协同联盟。为期两天的"一带一路"产教协同国际论坛也在此间举行，20 多个国家的教育部官员及职业教育方面的代表与会，碰撞思想，交流智慧。② 职业教育与社会经济发展高度相关，职业教育是"一带一路"倡议中经济建设的重要支撑。打造"一带一路"职业教育共同体，在宏观政策层面积极响应国家"一带一路"倡议，在经济发展和办学提升方面又可以推动中国职业教育的国际化发展，引领企业走出国门，在促进他国职业教育进步的同时丰富我们的办学经验，达到双赢的目的。

作为全国首批国家教育国际合作与交流综合改革试验区之一，宁波市大力支持发展职业教育与教育国际交流，规划将宁波市建成"职业教育走出去基地"。据了解，宁波职业技术学院不仅是联盟牵头单位之一，还是全国唯一的职业技术教育类援外培训基地。该校自 2007 年起就开始承办中国政府人力资源援外培训项目，为印度尼西亚、斯里兰卡、坦桑尼亚、赞比亚、肯尼亚、埃及等"一带一路"沿线国家和地区培训了 1618 名产业界、教育界官员和院校教师，与诸多"一带一路"沿线国家建立了联系，并已在贝宁建立中非（贝宁）职业技术教育培训学院，开创了浙江高职院校海外办学的先河。受商务部委托，该校将在暑期开启斯里兰卡、格林纳达的境外援外培训班。同时，该校在斯里兰卡的办学项目正在逐步推进。③

---

① 参见丁雅诵：《职业教育的"共享"之路》，载《人民日报》，2016-09-29。
② 参见董洪亮：《打造一带一路职业教育共同体》，载《人民日报》，2017-06-15。
③ 参见董洪亮：《打造一带一路职业教育共同体》，载《人民日报》，2017-06-15。

中国职业教育
改革与发展研究
1949—2021

参加"一带一路"产教协同项目的职业院校也在对外交流和办学的过程中取得了卓越的成绩：陕西工业职业学院和哈尔滨职业技术学院与中国有色矿业集团有限公司签署合作框架协议，该公司境外投资开展职业教育"走出去"工作；云南国土资源职业学院依托"中国面向东南亚、南亚矿产资源人才培养基地"优势，与柬埔寨工业和矿产能源部、老挝工业和手工业部地质矿山局签订联合培养矿产资源人才协议，与老挝理工学院共建联合培训中心对该校学生进行职业技能培训；海南经贸职业技术学院充分利用海南国际旅游岛和在"一带一路"中的有利地理优势，与俄罗斯、白俄罗斯、哈萨克斯坦、阿联酋、巴基斯坦的多所大学建立合作办学通道；南宁职业技术学院建设桂港现代职业教育发展中心，全面开展面向中南、西南地区以及东南亚国家的职业教育课程培训、资格认证、技能竞赛和国际交流合作。[1]

　　教育部国际教育研究与咨询中心主任朱兴德说，"一带一路"沿线国家整体教育发展水平不低，教育已经进入大众化阶段的占 43.5%、普及化阶段的为 40.6%、精英化阶段的有 15.9%。从"一带一路"沿线国家的需求来看，身处非洲教育水平普遍偏低的国家迫切需要我国职业教育的帮扶。南苏丹教育部代表说："我们所需要的是职业技能，有了技能才能发展繁荣。"尼日利亚的职业教育只占高等教育的 1%，大部分技能传授是通过师傅带徒弟的方式，该国表示，希望能借鉴中国的职业教育经验。卢旺达劳动力发展局负责人说，在卢旺达高等教育中 40% 是职业教育，"我们希望中国很多企业来投资，有更多中国的职业教育到卢旺达来发展，让我们的职业教育课程、认证体系做得更好"。

　　为满足非洲国家职业教育发展的需要，中国积极与非洲进行职业教育交流与合作，帮助其加强职业技能培训工作。在"一带一路"政策下，中国将为非洲国家职业教育发展搭建平台，提供中国智慧。[2]

　　中国职业教育"走出去"战略取得了丰硕的成果，为合作国家的职业教育

---

① 参见董洪亮：《打造一带一路职业教育共同体》，载《人民日报》，2017-06-15。
② 参见吕强：《为中非职业教育合作搭建新平台》，载《人民日报》，2019-07-12。

开展提供中国智慧和中国方案。未来，中国将更加积极推进职业教育服务"一带一路"参与国之间的合作，继续探索发展中国家更高水平的职业教育模式与经验，同时将促进职业教育发展与转变经济发展方式紧密结合，与教育改革发展紧密结合，与每个人的终身教育学习和发展紧密结合。

总之，我国职业教育从处于成长初期的"羞涩""含蓄"到历经几十年的跨越式发展，职业教育自信、开放、大胆地向世人展示了其作为一种独立教育类型独有的魅力和特有的贡献。中国职业教育国际化历程彰显我国高职教育的发展壮大。改革开放之初，为满足对技术技能型人才的巨大需求，我国职业教育广泛学习德国"双元制"等先进的职业教育办学经验。20世纪末，《中华人民共和国职业教育法》以法律的形式明确了高等职业教育在我国教育结构中的地位，标志着我国职业教育进入新的历史时期。这一时期的职业教育在坚持引进和学习国外先进职业教育经验的基础上，开始探索"请进来"与"走出去"双向发展，走向国际化发展的新征程。进入新时代，中国职业教育在国际化的道路上继续奋力前行，积极与"一带一路"沿线国家开展交流与合作，开设"鲁班工坊"，将自身办学的经验传递给职业教育水平欠发达的国家，为世界提供着越来越多的中国实践、中国经验和中国智慧。建设中国特色和世界水准的现代职业教育体系，呼唤职业教育走向世界。

第七节　走向职业教育新征程

一、第一次全国职业教育大会召开

在"十四五"开局之年、开启全面建设社会主义现代化国家新征程的重要历史时刻，经党中央同意，2021年4月12—13日，第一次全国职业教育大会在北京召开。习近平总书记对职业教育工作做出重要指示，李克强总理做出批示，孙春兰副总理出席会议并讲话。国务委员兼国务院秘书长肖捷主持会议。国家发展改革委、财政部、人力资源和社会保障部、山东省、江苏省、江西省、甘肃省、中华职业教育社、中车集团、华为技术有限公司有关负责同志做大会发言。各省区市和计划单列市、新疆生产建设兵团分管教育工作负责同志，中央和国家机关有关部门、有关人民团体、中央军委机关有关部门以及部分行业协会、企业、高校、职业院校负责同志等参加会议。

第一次全国职业教育大会是我国职业教育发展史上的重要里程碑。

习近平总书记强调，在全面建设社会主义现代化国家新征程中，职业教育前途广阔、大有可为。

李克强总理指出，职业教育是培养技术技能人才、促进就业创业创新、推动中国制造和服务上水平的重要基础。近些年来，各地区各相关部门认真贯彻党中央、国务院决策部署，推动职业教育发展取得显著成绩。要坚持以习近平新时代中国特色社会主义思想为指导，着眼服务国家现代化建设、推动高质量发展，着力推进改革创新，借鉴先进经验，努力建设高水平、高层次的技术技能人才培养体系。要瞄准技术变革和产业优化升级的方向，推进产教融合、校企合作，吸引更多青年接受职业技能教育，促进教育链、人才链与产业链、创新链有效衔接。加强职业学校师资队伍和办学条件建设，优化完善教材和教学方式，探索中国特色学徒制，注重学生工匠精神和精益求精习惯的养成，努力培养数以亿计的高素质技术技能人才，为全面建设社会主义现代化国家提供坚实的支撑。①

孙春兰副总理深入分析了职业教育面临的新形势新要求，全面部署了加快建设高质量职业教育体系的新任务新举措。她指出，要深入贯彻习近平总书记关于职业教育的重要指示，落实李克强总理批示要求，坚持立德树人，优化类型定位，加快构建现代职业教育体系。要一体化设计中职、高职、本科职业教育培养体系，深化"三教"改革，"岗课赛证"综合育人，提升教育质量。要健全多元办学格局，细化产教融合、校企合作政策，探索符合职业教育特点的评价办法。各地各部门要加大保障力度，提高技术技能人才待遇，

---

① 参见《加快构建现代职业教育体系　培养更多高素质技术技能人才能工巧匠大国工匠》，载《人民日报》，2021-04-14。

畅通职业发展通道，增强职业教育认可度和吸引力。①

2021 年 4 月 27 日，教育部印发《关于学习宣传贯彻习近平总书记重要指示和全国职业教育大会精神的通知》，部署要求教育系统深入学习宣传贯彻习近平总书记重要指示和全国职业教育大会精神，加快构建现代职业教育体系，推动职业教育高质量发展，为全面建设社会主义现代化国家提供坚实的人才和技能支撑。该通知要求，各地区各部门各学校要把职业教育摆在更加突出的战略位置，聚焦重点任务，加快构建现代职业教育体系。该通知的具体内容为以下五个方面的内容。

一是坚定不移地坚持类型教育基本定位。树立科学的职业教育理念，强化中等职业教育的基础地位，推动高等职业教育提质培优，完善"文化素质＋职业技能"考试招生办法，深化职业教育评价改革。

二是坚定不移地加快完善人才培养体系。坚持德技并修、育训结合，一体化设计职业教育培养体系，探索"岗课赛证"相互融合，动态调整专业目录，针对不同生源分类施教、因材施教，建好国家"学分银行"。

三是坚定不移地深化职业教育改革。完善产教融合办学体制、创新校企合作办学机制，注重发挥企业重要办学主体作用，推动职业学校在企业建设实习实训基地、企业在职业学校建设培养培训基地，推广中国特色现代学徒制，加强职业教育国际交流合作。

四是坚定不移地建设技能型社会。着眼需求，提升技能的适应性，深化改革，提高技能供给质量，公平普惠，提升全社会技能水平，加大涉农职业学校建设。

五是坚定不移地加强保障发展机制。进一步落实新增教育经费要向职业教育倾斜的要求，加强师资队伍建设，改革教师培养培训制度，推动现代信

---

① 参见《加快构建现代职业教育体系　培养更多高素质技术技能人才能工巧匠大国工匠》，载《人民日报》，2014-04-14。

息技术与教育教学深度融合，全面提升职业教育的信息化水平。[1]

2021年10月12日，中共中央办公厅、国务院办公厅印发了《关于推动现代职业教育高质量发展的意见》。该意见是贯彻落实全国职业教育大会精神的配套文件。这一文件有扎实的文献研究、专题研究、深度访谈、实地调研，起草时相关负责人听取了教育行政管理人员、职业院校负责人、师生和专家意见建议，并征求了有关部门意见，文件内容更在全国职业教育大会上进行了讨论，结合大会精神和会议分组讨论反馈意见建议，做了进一步修改完善。该意见主要围绕贯彻落实习近平总书记重要指示和全国职业教育大会精神，定位于破除职业教育改革发展的深层次体制机制障碍，推动职业教育高质量发展。主要有三个定位：巩固职业教育类型定位、构建现代职业教育体系、服务技能型社会建设。该意见全文共七个部分二十二条。

第一部分"总体要求"。以习近平新时代中国特色社会主义思想为指导，明确坚持立德树人、德技并修，坚持产教融合、校企合作，坚持面向市场、促进就业，坚持面向实践、强化能力，坚持面向人人、因材施教等工作要求以及主要目标。第二部分"强化职业教育类型特色"。通过推动不同层次职业教育纵向贯通，促进不同类型教育横向融通，健全职普并行、纵向贯通、横向融通的培养体系，强化职业教育的类型特色。第三部分"完善产教融合办学体制"。围绕加强职业教育供给与产业需求对接，以市场需求为导向，动态调整职业教育的层次结构和专业结构，健全多元办学格局，协同推进产教深度融合。第四部分"创新校企合作办学机制"。坚持校企合作基本办学模式，通过不断丰富职业学校办学形态、拓展校企合作形式内容、优化政策环境，创新组织形式和运行机制，形成校企命运共同体。第五部分"深化教育教学改革"。通过强化双

---

① 参见高众：《学习宣传贯彻习近平总书记重要指示和全国职业教育大会精神》，载《中国教育报》，2021-04-30。

师型教师队伍建设、创新教学模式与方法、改进教学内容与教材、完善质量保证体系，构建新型师生关系，强化德技并修、工学结合。第六部分"打造中国特色职业教育品牌"。坚持扎根中国、融通中外，通过提升中外合作办学水平、拓展中外合作交流平台、推动职业教育走出去，增强国际话语权，讲好中国故事、贡献中国智慧。第七部分"组织实施"。要求发挥各级党委总揽全局、协调各方的领导核心作用，强化制度和经费保障、营造良好氛围，确保工作实效。①

全国职业教育大会主要围绕优化职业教育类型定位，深化产教融合、校企合作，深入推进育人方式、办学模式、管理体制、保障机制改革，稳步发展职业本科教育，推进普职融通，增强职业教育适应性，建设技能型社会，加快构建现代职业教育体系，培养更多高素质技术技能人才、能工巧匠、大国工匠做出一系列重大部署，这对推进职业教育发展起到了至关重要的作用。

二、"十四五"期间的职业教育制度建设

（一）建立职教高考制度

苏华在全国政协十二届四次会议第三次全体会议上率先提出"增加职业教育高考"的建议。目前的高考主要为普通高中毕业生服务，中职学生升入本科学校，只能选择参加"普通高校职教师资和高职班对口招生考试"，这项考试仍采用"3＋X"笔试闭卷考试形式，不考核学生的操作技能，而且招录数量极少，录取比例很低，完全不能满足学生升学需求。只用"普通高考"一个标准和规则来评价所有学生，难免会产生"龟兔赛跑"现象，如果龟兔不是"赛跑"而是"赛泳"呢？结果可能大相径庭。只有让参赛者根据自身情况，自由选择"赛跑"或者"赛泳"，才能让每个人都公平享有人生出彩和梦想成真的机会。因此，两类教育应对应两类考试，增加设置面向中职生的"职教高

---

① 《深入贯彻全国职业教育大会精神　扎实推动职业教育高质量发展——教育部有关负责人就〈关于推动现代职业教育高质量发展的意见〉答记者问》，中华人民共和国教育部网站。

考"，实施"因材施考"，最后做到"择材录取"。因此，笔者提出，独立设置职业教育高考，实行"30％文化素质＋70％职业技能"考核方式，形成两类教育、两类高考"双轨制"格局，体现"因材施考"公平性，促进学术型、研究型人才与技术型、技能型人才共同发展；普通高中学生和职校学生自由选择参加普通高考和职教高考。

2019年1月，国务院印发《国家职业教育改革实施方案》，提出建立"职教高考"制度。以此为标志，高等职业教育考试招生改革进入全面构建"职教高考"制度的新时期。职教高考制度，也叫职业教育高考制度，是相对于普通教育高考制度(普通高等学校招生全国统一考试)的职业教育专门性高考制度。《国家职业教育改革实施方案》明确职业教育是一种教育类型，并提出"建立'职教高考'制度，完善'文化素质＋职业技能'的考试招生办法，提高生源质量，为学生接受高等职业教育提供多种入学方式和学习方式"。

2020年1月，教育部和山东省联合发布《教育部 山东省人民政府关于整省推进提质培优建设职业教育创新发展高地的意见》，在山东省先行先试，率先探索建立"职教高考"制度，全面构建从中职、专科、职业教育本科、应用型本科到专业学位研究生的应用型人才培养体系，形成职教、普教并行的高考双车道。文件提到了几个目标：山东省将率先探索建立"职教高考"制度，职业技能权重不低于50％；把现有半数左右省属本科高校转型为应用型本科高校，增加职业教育本科计划、专业硕士和专业博士计划。从2022年起，"山东春季高考"将升级为"山东职教高考"。值得注意的是，这是单独为中职学生开辟了一条高考路径，职教高考报考人员为中职应届毕业生和社会人员，普通高中应届毕业生不能再报考职教高考。而报考的社会人员应取得高中阶段毕业证书或具有同等学力。

新高考模式下，山东省春季高考有三种招生模式，分别是统一考试招生、单独考试招生和综合评价招生。从2022年起，春季高考统一考试招生报考人员限定为中等职业教育应届毕业生和社会人员，其中社会人员报考应取得高中阶段教育毕业证书或具有同等学力。职教高考统一招生考试采取"文化素质＋专业技能"考试模式，职业技能考试成绩在录取中所占权重原则上不低于50％。"文化素质"考试包括语文(120分)、数学(120分)、英语(80分)3个科目。"专业技能"考试包括专业知识(200分)和技能测试(230分)两部分，总分750分。① 在山东职教高考制度改革探索的带动下，各地正在纷纷研究相关改革方案。

2020年12月8日，在教育部新闻发布会上，教育部职业教育与成人教育司司长陈子季在答记者提问时提到，"十四五"期间，教育部将围绕基于"双轨"的双通制，重点抓好制度保障等三个环节，其中要做的第一件事就是建立职教高考制度。② "十四五"期间，职业教育要做好制度建设三件大事。一是建立职教高考制度。依托这一制度，把中等职业教育和高职专科教育、本科层次职业教育在内容上、培养上衔接起来。二是健全普职融通制度，促进职业教育与普通教育的资源共享和理念借鉴。三是健全国家资历框架制度，规定职业教育的学生和普通教育的学生学习成果等级互换关系，进而规定在特定领域两个教育序列的学生都享有同等权利。2021年，全国职业教育大会再次强调，提高技术技能人才待遇，畅通职业发展通道，增强职业教育认可度和吸引力。

（二）健全普职融通制度

普职融通是现代职业教育体系内涵建设的重要维度，党和国家一直重视该方面的制度设计和实践探索。2014年，《关于加快发展现代职业教育的决定》要求中等职业学校"在保障学生技术技能培养质量的基础上，加强文化基础教育，实现就业有能力、升学有基础"，"有条件的普通高中要适当增加职业技术教育内容"，为学生多样化选择、多路径成才搭建"立交桥"。2019年，《国家职业教育改革实施方案》明确提出"职业教育与普通教

① 参见《职教高考制度改革探索启动》，载《职业技术教育》，2021(3)。
② 参见《职教高考制度改革探索启动》，载《职业技术教育》，2021(3)。

育是两种不同教育类型，具有同等重要地位"，同时指出"由参照普通教育办学模式向企业社会参与、专业特色鲜明的类型教育转变"。① 普职融通是现代教育的重要特征。类型特色鲜明的现代职业教育体系是一个普职融通的开放体系。

（三）健全国家资历框架制度

"国家资历框架"这一概念最先出现在我国政策性文件中是在 2016 年颁布的《中华人民共和国国民经济和社会发展第十三个五年规划纲要》之中。2019 年 2 月 13 日，国务院印发的《国家职业教育改革实施方案》提出："推进资历框架建设，探索实现学历证书和职业技能等级证书互通衔接。"从 2019 年起，在有条件的地区和高校探索实施试点工作，制定符合国情的国家资历框架。"根据目前研究，一般认为，国家资历框架是根据知识、技能和能力（素养）的要求，将一国范围内各级各类学习成果（教育文凭、职业资格等）进行系统整理、编制、规范和认可而构建的连续性、结构化的资历体系。"②

《国家职业教育改革实施方案》中提出"推进资历框架建设，探索实现学历证书和职业技能等级证书互通衔接"的改革方向，并提出要在职业院校、应用型本科高校启动"学历证书＋若干职业技能等级证书"的制度试点，以及"加快推进职业教育国家'学分银行'建设"等制度设计，规定职业教育的学生和普通教育的学生学习成果等级互换关系，进而规定在特定领域两个教育序列的学生都享有同等权利。这表明我国的职业教育国家资历框架制度已经逐步从理念和研究层面转到研制和落实阶段。2019 年 4 月，教育部等四部门印发了《关于在院校实施"学历证书＋若干职业技能等级证书"制度试点方案》，首批启动了建筑工程技术、信息与通信技术、汽车运用与维修技术等 5 个职

---

① 曹晔、董显辉、徐宏伟等：《学习全国职业教育大会精神的几点认识》，载《职业教育研究》，2021(5)。

② 王扬南：《建立国家资历框架 加快推进现代职业教育体系建设》，中华人民共和国教育部网站。

业技能领域的试点工作。①

"十四五"期间，还要在促进体系有效运行支撑条件方面加以完善，包括搭建产业人才数据平台，及时准确发布人才需求预测，科学引导职业院校专业设置、招生规模和人才培养目标定位；完善专业教学标准，深度开发以职业能力和学业水平为核心内容的专业教学标准，为教学质量整体提升和建设提供制度保障；支持产教融合型企业，探索建立基于产权制度和利益共享机制的校企合作治理结构与运行机制；建立大学培养和在职教师教育齐头并进的双轨制职业教育教师专业化培训体系；完善教育教学质量监控体系等。②

三、高职扩招百万与职教本科试水

2019 年 3 月，李克强总理在政府工作报告中首次提出改革完善高职院校考试招生办法，实现高职院校扩招 100 万人的目标。作为 2019 年政府工作任务第一项内容中的一部分，此举被视为应对经济下行、稳定和扩大就业的重要举措，是党和国家统筹产业结构、人才结构、教育结构的重大决策部署。同年 5 月 6 日，教育部等六部门印发《高职扩招专项工作实施方案》，提出高职院校分两次面向应届高中毕业生、中职毕业生和四类社会群体实施扩招，正式拉开高职扩招序幕。2019 年，高职扩招总人数达到 116 万人，首次超过本科招生规模，在扩招工作总体完成得较好的情况下，2020 年和 2021 年，高职院校仍要面临每年扩招百万的任务。③ 正如 2020 年，李克强总理在政府工作报告中对扩招目标做进一步延续和提升时，提出"今明两年职业技能培训 3500 万人次以上，高职院校扩招 200 万人"。

① 参见王冲：《国家资历框架理念下 1＋X 证书制度建设方略》，载《职教论坛》，2020(12)。

② 参见《人人出彩，技能强国——我国职业教育改革发展成就综述》，新华社，2021-09-11。

③ 参见赵婀娜、张烁、吴月：《职教为高质量发展提供人才支撑》，载《人民日报》，2020-10-29。

（一）高职扩招百万的意义

高职百万扩招是政府在稳定和扩大就业方面的重要决策部署，与职业教育面向市场、服务发展、促进就业的办学方向一致，是对职业教育办学规律的充分遵循和把握。高职扩招百万是提升教育质量与经济效益、服务区域产业转型升级、宏观调控社会就业现状、打造国家"生态教育品牌"的重要机遇。华东师范大学石伟平教授指出，借助高职扩招政策，职业教育将加快转型，实现高质量发展。"'职教20条'对推动职业教育向'类型教育'转型发展提出了很多举措，但我认为真正能推进职教转型发展的是此次的高职扩招。"[①]因此，高职百万扩招反映了社会对高职院校所承担经济社会发展使命的期望，给高职院校带来了发展的机遇和考验，有利于促进经济社会发展。具体体现在以下方面。

第一，回应经济发展需求，有利于培养更多技术技能人才。职业教育与经济社会发展的关系密切，培养高素质技术技能人才是职业教育应承担的使命。然而技术技能人才总量不足、结构性失调制约我国产业转型升级。国家发展和改革委员会公布的调查数据显示，发达国家技术技能人才占就业者的比重普遍在40%～50%，而2018年我国的技术技能人才占就业者的占比是22%。从供需缺口看，从2019年到2035年我国技术技能人才的总量缺口区间为1246万人到1402万人，年均缺口在1300万人左右。[②] 2019年，国务院印发《国家职业教育改革实施方案》，针对技术技能人才培养总量不足、结构不合理等问题，提出要"把发展高等职业教育作为优化高等教育结构和培养大国工匠、能工巧匠的重要方式，使城乡新增劳动力更多接受高等教育"[③]。高职扩招取消了中职毕业生报考高职的比例限制，拓宽了职教人才培养的上升通道；同时，面向退役军人、下岗失业人员、农民工、新型职业农

---

① 转引自《高职扩招为职教向类型教育转型提速》，中华人民共和国教育部网站。
② 参见谭永生：《促进我国技术技能人才发展的对策建议》，载《中国经贸导刊》，2019(23)。
③ 《国务院关于印发国家职业教育改革实施方案的通知》，载《中华人民共和国教育部公报》，2019(Z1)。

民等社会群体打开学校大门，增加其提高技术技能、就业创业本领的机会，有利于为营造"人人皆可成才、人人尽展其才"的技能社会环境做出重要贡献。

第二，有利于高职院校完善教育教学理念，加强终身教育体系建设。百万扩招是推进高职教育与终身教育建立有效连接的外部动力，使高职院校承担了更多的社会职能，为满足退役军人、下岗失业人员、农民工、新型职业农民等群体接受高等教育、提升国民整体素质起到了积极作用。百万扩招要求高职院校不仅要完善教育教学理念，更多地关注不同类型学生个体的发展，还要在教学内容、教学方法、教学组织形式和教学管理方式等方面改革创新，推进终身教育体系的建设与发展，为培养具有终身学习意识的高素质技术技能人才服务。[1]

（二）职教扩招给职业教育办学带来挑战

新时代国家实施乡村振兴重大战略、加快推进农业现代化急需更多创新型、紧缺型、复合型国际化"三农"高端人才，职业教育肩负着培养多样化人才、传承技术技能、促进就业创业的重要职责。进入新发展阶段，职教高考和职教扩招制度给职业教育发展带来了新的机遇，但相比普通教育，职业教育仍是短板，特别是面临办学条件不足的问题。

第一，职业教育经费整体投入不足。2019 年，全国高中阶段学校共有在校学生 3994.90 万人，其中，中职学校在校生 1576.47 万人，占高中阶段在校学生总数的 39.46％，但中职学校的经费投入仅占高中阶段教育经费总投入的 33.85％。高等学校在校生 3031 万人(不含硕博)，其中，高职学校在校生为 1281 万人，占高等学校在校生总数的 42.26％，但高职学校经费投入仅占高等学校教育经费总投入的 17.84％。总体看，职业教育投入水平远低于普通教育。

---

① 参见李梦卿、赵国琴：《高职百万扩招的政策愿景、实施困境与保障路径》，载《现代教育管理》，2021(5)。

第二，中等职业教育办学条件短板明显。中职学校办学条件长期处于较低水平，"空、小、散、弱"问题突出。《全国中等职业学校办学能力评估报告》显示，能够同时满足"在校生数不低于1200人"等六项指标的学校只占16.1%，"在校生数""专任教师""生师比"三个指标同时达标的学校也仅占41.8%；师资队伍结构不合理，专任教师中专业教师比例偏低，"双师型"教师比例不足30%的学校占比54%。

第三，高等职业教育办学条件日趋紧张。实施高职扩招后，高职学校校均规模扩大了20%，教学设施、生活设施已达到极限压力，实训设备一直处于超负荷工作状态，大面积出现办学条件不达标的情况。全国共有高职(专科)学校1468所，其中生师比不达标535所，生均教学行政用房不达标683所，生均教学科研仪器设备值不达标148所，生均图书不达标877所。

职业教育经费投入涉及发改、财政、教育、人社等多个部门，地方政府是保障职业教育经费投入的主体，需要中央地方各部门合力推进，从经济高质量发展和"不同类型、同等重要"出发，切实加大经费投入，以保障职业教育高质量发展。为此，韩鲁佳委员建议：

第一，加大职业教育的投入力度。建议财政部门科学测算职业教育的办学成本和投入缺口，提高职业教育转移支付水平，通过专项投入加快改善中职学校办学条件、补齐高职扩招后的办学资源、增设职教本科科目。进一步完善和落实生均拨款制度，明确职教本科和中职生均拨款标准，建立与办学规模、培养成本、办学质量相适应的投入机制。

第二，压实地方主体责任。建议国务院督导部门将每年各地对"新增教育经费向职业教育倾斜"落实情况纳入对省级人民政府履行教育职责督导评价。发改部门将职业教育投入情况纳入产教融合型城市遴选评审指标，并加大赋分权重。教育部门加快推广职教高地的经验，加大政策供给。例如，山东省提出"改革教师绩效工资制度。公办职业院校绩效工资水平最高可达到所在行政区域事业单位绩效工资基准线的5倍"。

第三，扩大职业技能提升计划覆盖面。由国家发展改革委、教育部、财政部、人力资源和社会保障部联合实施职业技能提升行动，鼓励更多优质高职院校开展补贴性培训，扩大面向职工、就业重点群体和贫困劳动力的培训规模，提高失业保险基金的使用效率。

第四，积极支持社会力量兴办职业教育。积极推进股份制、混合所有制职业院校办学模式改革。落实《民办教育促进法》相关政策，清晰界定国有资产和民间资本出资责权利。继续支持国有企业举办职业教育、办好已有职业院校，落实好教育费附加和地方教育附加抵扣政策。

第五，科学把握财政资金配置方向。建议财政部加大对地方特别是刚刚脱贫地区的职业教育事业发展转移支付力度，使更多职业院校获得中央财政的支持，并通过中央财政资金倾斜配置力度的强弱来调整和引导高校合理定位，特色发展。

（三）本科层次职业教育试点

2021 年，全国两会传达了一个令全国人民振奋的消息，2020 年我国国内生产总值首次突破 100 万亿元，这意味着我们国家更加强大，同时也对人才提出了更加多样化的需求。因此，发展本科层次职业教育，是高等教育结构与产业结构相匹配的必然选择。开展本科层次职业教育试点是确立职业教育"不同类型、同等重要"战略定位的重大举措，也是健全"纵向贯通、横向融通"中国特色现代职业教育体系的重要环节。从探索发展到试点落地，再到向前推进，本科层次职业教育一步一个脚印补齐了我国现代职业教育体系的"空白"环节。作为新生事物，它既没有现成的理论和经验可以参考，还面临着诸多挑战，需要"摸着石头过河"，要想在试点期限内完成，可谓是时间紧、任务重。

本科层次职业教育的内涵特征是什么？这还没有定论，我们从 2021 年全国两会期间的讨论做一初步了解。

中国职业教育
改革与发展研究
1949——2021

中国教育科学研究院职业与继续教育研究所所长孙诚认为，如果在理论层面给普通本科教育、应用型本科教育、本科层次职业教育来界定，需要先弄清楚两个前置概念。一是科学与技术的关系。科学的发展是遵循了自然规律、在事物间存在的，但是技术不一样，它是在科学的基础上有规划、有计划、有步骤地去实施科学规律的轨迹，所以技术的发展源于科学的创新。二是技术和技能的关系。技术是有规则、有标准的，是可衡量、可计划甚至可以实施的，具有一定的独立性，可以脱离人而存在；而技能则具有共生性，是附着在人身上的，就像很多工种是有技术等级的，体现人在不同技术等级中的胜任能力。所以，只有把工匠精神、核心素养、立德树人等与科学技术相融合，才能真正培养出高素质技术技能人才。因此，无论是普通本科教育、应用型本科教育还是本科层次职业教育，其办学主体都应该齐头并进，共同探索如何提高我们的高质量教育内涵建设，这是未来社会多样化发展对人才提出更加多样化需求的呼唤，也是高等教育多样性结构能够和产业结构相匹配的必然选择。

具体来说，在办学定位上要坚持以培养适应社会经济发展和产业转型升级高层次技术技能人才为目标，在探索产教融合、校企合作这种"双元"育人、多方共赢机制上下功夫，要积极探索有利于提升学生综合素质水平的人才培养方案以及能够建设特色鲜明"双师型"师资队伍的方案，同时加强专业群建设发挥其更好服务社会的功能，并加强国际化水平，实现职业教育跨越式发展。

南京工业职业技术大学工程技术实训中心主任王红军认为，本科层次职业教育不是专科高职教育的加长版。一是教学时间上，不是简单地在原来专科教学基础上延长一年的学习时间；二是内容上，不是在专科职教基础上增加了一些本科的课程；三是方法上，不是将适用于专科学生的教学方法等直接简单延伸到本科层次。职业教育人才培养的逻辑起点是职业岗位或岗位群所需要的各项能力要求，由专科层次上升为本科层次，其面向的岗位或岗位群的能力层次要随之上移，或者其涉及的技术领域集成度、复合度进一步提升，相应的教学内容、课程设置、教材、教学计划等都要变化，同时为了适应本科层次新的学情、生源变化，教育教学方法也要改变。因此，本科层次职业教育应该培养"Π"型人才。其中，上面一横代表了本科更加深刻、宽广的理论和完整的知识体系，下面两竖代表技术与技能，即在本科职业教育中要做到技术与技能的协调发展。通俗点儿讲，职业教育培养的本科层次学生应是"既上得了厅堂又下得了厨房"，既能对实际工作中较难问题给出详细的技术解决方案，又能在解决高要求高难度工程问题中发挥技能优势，也就是达到技术与技能融合协调处理工程问题能力的高水平现场工程师。

总体来说，本科层次职业教育目前还处于发展的起步阶段，其发展目标、路径等顶层设计应该说还是不清晰的，本科层次职业教育的学校和专业准入，以及专业建设，还没有明确的指导意见。高起点、高质量建设本科层次职业教育的支持政策也比较少。除了法律的保障外，发展我国职业教育的当务之急仍是提高社会对职业教育的认可度。需要加大宣传力度，让人们看到职业教育的闪光点，并切实提高技术技能人才的待遇。

第七章
黄炎培与中华职业教育社

第一节　中华职业教育社创立与发展

中华职业教育社是我国最早成立的职业教育社团，也是一个有着光荣历史的职业教育团体，是具有统战性、教育性、民间性的社会组织。习近平总书记在中华职业教育社成立100周年庆祝大会贺信中指出："在风雨如晦的旧中国，中华职业教育社本着教育救国的宗旨，致力于改革传统教育、推动职业教育发展，参与爱国民主运动，投身民族救亡，成为接受中国共产党领导、追求民主进步的爱国社团。新中国成立后特别是改革开放以来，中华职业教育社紧紧围绕党和国家工作大局，广泛联系社会各界和海内外关心支持职业教育的人士，为发展职业教育、实施科教兴国和人才强国战略、推进祖国和平统一大业作出了积极贡献。"[①]这是对中华职业教育社的权威性评价，充分肯定了中华职业教育社在我国职业教育发展历程中的重要地位和作用。

一、中华职业教育社的创立

1917年5月6日，中国著名教育家、爱国民主人士黄炎培先生联合蔡元培、梁启超、张謇、宋汉章等48位教育界、实业界知名人士在上海发起创立中华职业教育社。中华职业教育社是中国近代教育史上第一个以研究、提倡、试验、推行职业教育为职志的全国性机构。黄炎培被推为办事部主任。

《中华职业教育社宣言书》指出，当时中国教育的最大危机在于毕业即失业，就业者所学亦不能适于用。它揭示中华职业教育社的宗旨在于：一是为

---

① 《习近平致中华职业教育社成立100周年的贺信》，新华社，2017-05-05。

改良教育做准备，二是替学生谋服务社会的准备，三是替中国和世界谋增加生产的准备。《中华职业教育社章程》亦在第一条就开宗明义说："本社之立，同人鉴于方今吾国最重要最困难问题，无过于生计。根本解决，惟有沟通教育与职业。同人认此为救国家救社会唯一方法。"①这里所说的"生计"，并不是狭隘的专指个人谋生问题，主要指社会经济。所以，《中华职业教育社宣言书》说："且教育曷贵也？语小，个人之生活系焉；语大，世界国家之文化系焉！"②因此，创立之初，中华职业教育社以倡导、研究和推行职业教育，改革脱离生产劳动和社会生活的传统教育为职志，提出职业教育的目的是"谋个性之发展，为个人谋生之准备，为个人服务社会之准备，为国家及世界增进生产力之准备"，"使无业者有业，使有业者乐业"，成为中国职业教育的先行者。

中华职业教育社创办了中华职业学校和《教育与职业》杂志，联络教育界、实业界的知名人士，力谋推广和改良职业教育。它宣告："中华职业教育社的唯一信仰，就是爱国、报国"，"一切一切靠的是中华，一切一切为的是中华"。经过 10 年的推广和实践，职业教育在中国大地上生根开花了。但是，事与愿违，在那样的社会，职业教育是救不了国的。

1922 年，黄炎培在中华职业教育社成立五年间的感想中，郑重声明职业教育的宗旨为："职业教育，将使受教育者各得一技之长，以从事于社会生产事业，借获适当之生活；同时更注意与共同之大目标，即养成青年自求知识之能力、巩固之意识、优美之感情，不惟以之应用于职业，且能进而协助社会、国家，为其健全优良之分子也。"③

二、中华人民共和国成立以来中华职业教育社发展沿革

1949 年 8 月，中华职业教育社负责人黄炎培发表《中华职业教育社三十

---

① 朱有瓛、戚名琇、钱曼倩、霍益萍主编：《教育行政机构及教育团体》，452 页，上海，上海教育出版社，2007。

② 转引自尚丁：《黄炎培》，57 页，北京，群言出版社，2012。

③ 黄炎培：《职业教育论》，171 页，北京，商务印书馆，2019。

二年发见的新生命》一文，中华职业教育社掀开了新的历史篇章。

1950 年 4 月，中华职业教育社在北京召开了中华人民共和国成立后的第一次工作讨论会。会议通过了新时期的纲领性文件《我们的方向》，决定"有步骤地将多年培养起来的私人事业贡献给人民自己的政府，成为国家教育体系中的一个组成部分"。明确了中华职业教育社在当时的任务是：以技术教育、业余教育为重点，而尤着重业余教育。

1951 年 8 月 2—11 日召开了第二次工作讨论会。会议经过学习，讨论，根据本社原有的工作性质和条件，同时为了适应当时国家的需要，通过了《中华职业教育社关于工作任务的决定》，明确了那一阶段的任务：实验，推广函授教育，充实与增设业余技术学校，联系本社主要业务，加强调查研究工作，通过本社业务进行统一战线工作。同时，为了提高干部质量，掌握文教政策，开展工作，担负起上述任务，会议又通过了另一个重要文件《关于加强干部学习的决定》。[①]

1951—1966 年，中华职业教育社的工作，主要是实验和推广函授师范教育。1951 年 5 月，中华职业教育社与中国教育工会联合成立了"业余函授师范学校"。该校以提高农村小学教师的文化、业务水平为主要任务。采取函授方式，帮助农村小学教师学习师范学校的主要课程。在当时的察哈尔省蔚县，平原省内黄、林县和北京郊区（朝阳、丰台）招生。1952 年 10 月，学校改名为"北京函授师范学校"。1962 年 5 月，教育部宣布，中等函授师范教育的试点工作已经完成，北京函授师范学校结束。中华职业教育社在上下求"业"的日子里，在党的两条腿走路方针指引下，创办了中华函授学校。中华函授学校采取函授与面授结合而以函授为主，自学与辅导结合而以自学为主，分散学习与集中学习结合而以分散学习为主的方式，帮助未能升学的初中毕业生在一年时间内集中学习高中的语文课程。开办中华函授学校，目的是帮助未能升学的初中毕业生学习语文；可是，当新华社播发招生消息以

---

① 参见吴长翼：《中华职业教育社八十年（十二）》，载《教育与职业》，1997(11)。

后，广大干部、教师、职工纷纷来信，要求参加，于是除设高中语文科、编写高中语文函授教材外，又办起了"语文学习讲座"。"语文学习讲座"自1962年9月创办，1966年6月停办，历时4年，讲课近百次，参加面授和函授的学员3万余人。当时在"讲座"讲课和为刊物写过文章的有叶圣陶、赵朴初、冰心、王力、吕叔湘、老舍、赵树理、吴组缃、楼适夷、周振甫等著名学者，成为我国语文教学史上的空前盛举。①

正当中华职业教育社的函授工作蓬勃发展的时候，1966年"文化大革命"开始，中华职业教育社机构解体，工作人员全部下放，业务从此被迫停顿13年。②

1982年11月，胡耀邦给中华职业教育社代理事长胡厥文复信，同意恢复中华职业教育社的组织和工作。1983年5月，中华职业教育社恢复组织并重建领导机构，成为具有"统战性、教育性、民间性"的群众团体。

在中共中央统战部的领导和亲切关怀下，中华职业教育社的组织得以恢复并迅速发展壮大。中华职业教育社在复社以后进入了"重放光彩"阶段，明确了"统战性、教育性、民间性"的"三性"特色，积极献计出力，参加了新中国首次全国职业技术教育工作会议，推动《职业教育法》和《社会力量办学条例(草案)》出台。中华职业教育社为发展职业教育和促进教育改革做出了新的贡献。中华职业教育社在邓小平理论和党的基本路线指引下，紧紧围绕党和国家的中心工作，充分发挥自身优势，积极探索适应中国国情的发展职业教育的途径和方法，在改革开放和经济建设中发挥了积极作用。中华职业教育社创办了128所职业学校，为社会培养了近200万急需的实用人才，积极为我国职业教育的改革发展建言献策，参与了《职业教育法》《社会力量办学条例(草案)》的起草；广泛联系海外职业教育界人士，团结他们为我国职业

---

① 参见吴长翼：《中华职业教育社八十年(十二)》，载《教育与职业》，1997(11)。
② 参见吴长翼：《中华职业教育社八十年(十二)》，载《教育与职业》，1997(11)。

中国职业教育
改革与发展研究
1949—2021

教育的发展献计出力。① 1983 年 5 月，在中华职业教育社召开的全国社员大会上，中央统战部部长杨静仁到会讲话。他说，中华职业教育社"是我国第一个倡导和实施职业教育的团体，实为难能可贵。在漫长的历史过程中，职教社为发展民族工商业，培养和造就人才，为抗日救亡和爱国民主运动，都做出了自己的宝贵贡献。新中国成立后，在换了人间的社会主义制度的条件下，在中央提倡办教育实行两条腿走路的方针指导下，职教社为社会主义建设培养人才，作出了新的贡献"②。

1985 年，《教育与职业》杂志复刊。由于《教育与职业》杂志发行范围是全国性的，所刊用的文章比较切实简明，不仅能够帮助学校、教师、家长、学生，而且也促使社会理解和认识职业教育的性质、任务、方法、手段，以及我国现阶段开展职业教育与教育改革、青年成才、经济发展的重要关系。③

1995 年 1 月，由孙起孟同志响应党中央号召，倡议开展的"温暖工程"公益项目启动实施。"温暖工程"旨在解决社会劳动力再就业问题，通过职业教育和培训、职业指导和介绍，协助党和政府做好下岗转岗职工和社会富余劳动力的培训工作，帮助他们提高劳动素质和技能，增强再就业能力。"温暖工程"的实施提高了参与项目群众的就业技能和收入水平，探索出一条慈善资金支持、党委政府组织、培训就业统筹、校企合作实施的农村富余劳动力转移就业培训的新模式，发挥了良好的社会示范作用，带动了社会各界积极地参与社会公益事业，为推进社会主义新农村建设，促进经济发展与社会的和谐稳定做出了积极的贡献。中华职业教育社原理事长张榕明指出，"温暖工程"作为中华职业教育社的一项社会公益项目，是旨在为社会上迫切需要创造和优化就业条件的城乡富余劳动力提供服务，帮助、指导他们就业转

---

① 参见王兆国：《在中华职业教育社第八次全国代表会议上的讲话》，载《教育与职业》，1999(11)。

② 转引自曲广华：《中华职业教育社延续发展探因》，载《北方论丛》，1996(1)。

③ 参见邵爱玲：《中华职业教育社职业指导工作的历史沿革》，载《教育与职业》，1990(3)。

岗，合理开发利用人力资源，促进生产力发展和社会稳定的民心工程。多年来，"温暖工程"在中共中央、国务院的亲切关怀和中央统战部的具体指导下，服务领域不断拓展，服务项目日趋丰富，服务机制逐步完善，在社会上产生了广泛而深远的影响，赢得了各级党政领导的充分肯定和社会各界的广泛赞誉。当前，党和国家作为"温暖工程"的发起者和资助者，中华职业教育社在提高劳动者素质、帮助贫困群众脱贫致富方面做出重要贡献，积累了成功的经验。① 温家宝总理于 2005 年 7 月 15 日对"温暖工程"做出了重要批示。他指出，中华职业教育社实施"温暖工程"十年来，协助党和政府为困难群众的就业做了很多工作，发挥了应有的作用。希望职教社发挥其在社会公益事业中的独特优势，把"温暖工程"继续办好，使困难群众受益，为构建社会主义和谐社会做出新的贡献。

2005 年，温家宝总理在全国职业教育工作会上发表重要讲话，在谈到坚持走中国特色的职业教育发展路子时，他多次对中华职业教育社的创始人黄炎培和他所倡导的职业教育思想，给予高度评价。100 多年前，黄炎培与中华职业教育社同道们提出的一整套理念和方法，比如，职业教育的目的是"使无业者有业，使有业者乐业"，职业教育的内涵是"谋个性之发展，为个人谋生之准备，为个人服务社会之准备，为国家及世界增进生产力之准备"，职业教育的方针是"社会化""科学化"，职业教育的原则是"须为大多数平民谋幸福"，职业教育的教学方法是"手脑并用""学做合一"，职业教育要注重"敬业乐群"的职业道德培养等，这些理念和做法像基石一般，一直在深刻影响和启发着后来的职业教育发展，是中国职业教育现代化进程中最为宝贵的思想和经验源泉。作为中国特色职业教育最富魅力的源头活水，黄炎培和中华职业教育社的精神宝藏，仍然需要我们进一步发掘和认识。

2007 年，中华职业教育社创设了"黄炎培职业教育奖"，是目前中国职业

---

① 参见《中华职业教育社温暖工程实施十五周年座谈会在京举行》，载《教育与职业》，2010(31)。

教育领域唯一的全国性奖项。

2014年10月16日，江苏省中华职业教育社成立，组织机构实现在大陆省级区域全覆盖。

三、党和国家对中华职业教育社进一步支持

2015年，中共中央政治局委员、国务院副总理刘延东代表国务院出席中华职业教育社第十一次全国代表大会，在讲话中她对中华职业教育社在新中国成立后的作用做了这样的评价："中华职教社在中国共产党的领导下，坚持统战性、教育性、民间性，充分发挥党和政府团结联系广大职业教育工作者的桥梁纽带作用，在服务科教兴国战略、推动职业教育研究、开展职业教育扶贫等方面做了大量卓有成效的工作，创造了不平凡的业绩。"[1]

2017年5月5日，中华职业教育社成立100周年庆祝大会在北京举行。习近平总书记专门发来贺信，中共中央政治局常委、全国政协主席俞正声出席庆祝大会并发表重要讲话，中共中央政治局委员、中央统战部部长孙春兰主持会议并对中华职业教育社贯彻落实习近平总书记贺信和俞正声主席讲话精神做出重要指示。全国人大常委会副委员长、中华职业教育社理事长陈昌智代表中华职业教育社做了讲话，回顾了中华职业教育社100年的发展历程，在总结经验的基础上，明确提出了中华职业教育社面向未来履行更加繁重历史任务的具体要求。

习近平总书记在贺信中强调，新形势下，中华职业教育社要立足自身特点和优势，广泛联系和团结有志于职业教育的海内外各界人士，加强交流协作，积极建言献策，更好服务社会，不断为促进我国职业教育发展，为实现"两个一百年"奋斗目标、实现中华民族伟大复兴的中国梦做出新的更大的贡献。习近平总书记的贺信充分肯定了中华职业教育社的历史贡献，为中华职业教育社的发展指明了方向，充分体现了中共中央对发展我国职业教育的高

---

[1] 刘延东：《在中华职业教育社第十一次全国代表大会上的讲话》，载《教育与职业》，2015(1)。

度重视，体现了对中华职业教育社的亲切关怀。

俞正声强调，中华职业教育社有着光荣的历史传统，是我国现代职业教育的开拓者、巩固和发展统一战线的重要组织、开展社会服务的重要力量。在长期发展进程中，中华职业教育社始终高举爱国主义旗帜，自觉接受中国共产党领导，积极倡导先进的职业教育理念，大力倡导、研究、推行职业教育；先后参与发起组建中国民主政团同盟和中国民主建国会，积极参加新政协；深入实施"温暖工程"，做了大量服务社会工作，谱写了与国家共命运、与时代同步伐的光辉篇章。

这些对中华职业教育社的贡献的评价，既是对中华职业教育社的历史发展的梳理，也是对中华职业教育社的重要贡献的肯定。

自 2017 年以来，中华职业教育社各分社先后主办中华职业教育创新创业大赛、黄炎培职业教育创新创业大赛、"黄炎培杯"中华职业教育非遗创新大赛，旨在弘扬"工匠精神"，把学生培养成适应社会需求的创新性人才，以此形成"以赛促教""以赛促学"的良好风气。

2017 年，首届中华职业教育创新创业大赛组委会正式成立，标志着中华职业教育社在职业教育方面主动出击，立足自身特色、发挥自身优势、汇聚自身资源，激发职业院校学生的创新意识、创新思维、创新激情，推动职业教育的高质量发展。在历届中华职业教育创新创业大赛中，中华职业教育社积极召开专家座谈，研讨优秀项目成果转化、创新创业基地建设、产教融合与校企合作等，促使大赛成果落地。在第四届中华职业教育创新创业大赛开赛仪式中，郝明金理事长指出，各类技术技能大赛已经成为助推职业教育改革发展的重要抓手和有效载体。今后各职业院校要通过组织各类比赛，大力营造创新创业的浓厚氛围、牢牢把握创新创业的产业大趋势、认真抓好创新创业的成果转化、努力提高创新创业的实际成效。这为职业教育各类大赛的举办指引了道路、指明了方向、指挥了旋律。

黄炎培职业教育创新创业大赛还处于地方分社探索时期，未在总社层面形成统一指导和规划。天津社、山东社、甘肃社等先后启动黄炎培职业教育创新创业大赛，以进一步弘扬黄炎培职业教育思想，推动技术技能型创新创业人才的培养。其中，天津社于2017年4月最早启动该项赛事，聚焦节能环保、文化创意、现代农业、电子信息等多个行业领域，通过比赛最终遴选出一批具有实效的创新创业项目。该赛事引导职业院校学生以及应用型本科学生崇尚劳动精神、劳模精神、工匠精神，为学生搭建展示创新创业成果的舞台，引导学生学习技术技能，激发其创新活力，提高其创新能力。

2019年11月，首届"黄炎培杯"中华职业教育非遗创新大赛在安徽歙县成功举办。该赛事之初，就吸引了来自全国22个省、市、自治区的50余支代表队参赛，参赛及参展项目达2000余个。经大赛专家评审委员会评委认真评审，最终5所院校荣获非遗教育特殊贡献奖，一等奖17个，二等奖34个，三等奖50个。大赛还另设非遗职业教育贡献奖、非遗技艺传承推动奖、最佳指导教师奖、最佳组织奖及优秀奖。2020年，郝明金理事长在第二届"黄炎培杯"中华职业教育非遗创新大赛颁奖活动中，再次强调了中华职业教育社在大赛中的作用，希望中华职业教育社继续发挥"统战性、教育性、民间性"的优势，集聚非遗文化的优质要素与资源，支持职业院校开展非遗文化推广、创新非遗文化教育。

为进一步助力温暖工程发展，中华同心温暖工程基金会广泛动员社会各界力量进行爱心捐款。2020年7月，中华同心温暖工程基金会捐赠仪式在北京成功举行。郝明金理事长充分肯定了中华同心温暖工程基金会在促进贫困地区民生改善和群众脱贫致富方面做出了积极贡献。第十二届全国政协副主席、中华职业教育社第十一届理事会副理事长、中华同心温暖工程基金会理事长马培华也表示将推动温暖工程规范运行，继续助力职教扶贫。

2020年11月，中华职业教育社温暖工程实施二十五周年总结表彰大会在北京举行。郝明金理事长出席会议，回顾了温暖工程实施二十五年来的主要工作成绩，总结了温暖工程的宝贵经验，要求温暖工程继续保持职业教育扶危救困的工作属性和公益属性。辜胜阻副理事长宣读表彰决定，共15个单位荣获温暖工程优秀组织管理奖，20人荣获温暖工程优秀项目责任人奖，20人荣获温暖工程奋斗之星奖，2个单位荣获温暖工程项目创新奖。

总体来说，中华职业教育社在改革开放以来，对于中国职业教育发展具有优秀传统、民间智库、桥梁纽带、济世之渠等价值，将在中国职业教育发展的新征程中继续发挥着它的重要作用。

《中华职业教育社宣言书》中描绘的"学校无不用之成才，社会无不学之执业，国无不教之民，民无不乐之业"的美好愿景，不断激励着后人投身职业教育事业。

第二节　黄炎培职业教育思想

黄炎培，字任之，别号抱一，江苏省松江府川沙厅(今上海市)人，生于1878年10月1日(清光绪四年九月六日)，是我国爱国主义和民主主义的杰出教育家、政治家。20世纪90年代初，胡厥文(1895—1989)在《黄炎培教育文选·序言》中指出："我国职业教育发展的历史，同黄炎培先生是分不开的。"黄炎培先生为探索中国职业教育的发展道路筚路蓝缕，备历艰辛，为我国职业教育事业奋斗了一生。[①]

一、黄炎培职业教育思想的形成

（一）黄炎培职业教育思想产生的背景

黄炎培6岁从母识字，后入外祖家东野草堂学习。甲午战争给17岁的黄炎培以巨大的刺激，使他爱国之心勃然而起。国家民族的荣辱兴亡，促使他从古今中外的学说中去探求强国兴邦之道。1898年，黄炎培中秀才，但黄炎培没有在科举仕官之路上走下去，而是考入了南洋公学。在南洋公学特科，

---

① 参见彭干梓、卢璐、夏金星：《晚年黄炎培对职业教育的期盼与辨析》，载《职教论坛》，2009(13)。

黄炎培受到中文总教习、杰出的爱国主义教育家蔡元培的很大影响。

1902年冬，南洋公学发生一场大风波，总办汪凤藻解散了南洋公学。黄炎培离开南洋公学后，即投身于办学活动，1903年他改川沙观澜书院为新式川沙小学堂，并任总理(校长)，自是开始从事新式教育。是年夏，黄炎培在浦东的一些小城镇举办公开的演讲会，宣讲国家的前途何等危险，清政府多么腐败和屈膝媚外，大声疾呼以唤起民众。黄炎培的这些爱国活动，招致了清政府的迫害，拘捕了他，几乎被"就地正法"。他不得不逃亡日本。那时候日本的明治维新正大见成效，使黄炎培开了眼界。1904年，狱情稍缓，黄炎培返回上海，任教于城东女学和丽泽小学堂，于是年秋冬间创办广明小学堂。1905年，加入同盟会。1906年，增设广明师范讲习所，并应杨斯盛之请，创办并主持浦东中学堂，专心事教，全力兴学，成为江苏教育界的知名人物。1907年，为川沙厅视学员兼劝学所学务总董，1908年因事辞职。1909年，被选为江苏谘议局常驻议员。辛亥革命后，出任江苏都督府民政司总务科科长兼教育科科长。1912年，改任南京临时政府江苏省教育司司长。他主持拟订《江苏今后五年间教育计划书》，认定教育为立国之基，计划尽快在江苏全省普及教育。陆续发表《学校教育采用实用主义之商榷》《小学实用主义表解》《实用主义小学教育法》等文，对当时学校教育脱离生活实际、偏重知识传授、轻视技能训练等进行抨击，力主学以致用、解决人生之切要问题。1914年2月，辞教育司司长职后，作为申报记者，赴皖、浙、赣、鲁、冀等地考察教育，及时发表通讯和观感，积极宣传自己提出的"学校教育采用实用主义"教育主张。

1915年4月，黄炎培作为农商部组织的"游美实业团"成员赴美考察，对美国职业教育的发达，印象深刻并深加赞许。归国后，他积极提倡职业教育，被选为江苏省教育会副会长。1916年9月，在江苏省教育会提出《提倡实施职业教育方案》，并增设"职业教育研究会"。黄炎培经过对西方各派教育学说的研究，并在国内外进行了深入的调查考察，认为"今吾中国至重要、至困难问题，厥惟生计；曰求根本上的解决生计问题，厥惟教育"①。他主张："智育，授以生活上所必需之普通知识技能，强调一切教育须具有实用价值；德育，宣归于实践；体育，求便于运用。"由此，他萌发和孕育了中国职业教育的理论体系。于是，他大声疾呼："提倡爱国主义根本在职业教育。"②

（二）黄炎培初期的职业教育思想

黄炎培的职业教育思想，是从实用主义教育脱胎而来的。他也并不讳言是接受了杜威的实用主义教育思想，接受了杜威的"教育即传递、即生活、即发展"的论点。但黄炎培的职业教育立足于中国本土，以爱国主义的思想基础，针对中国社会实际，目的在于解决中国的国计民生，救中华民族于危亡，求中国之国富民强。所以，黄炎培的职业教育思想，绝不是简单地模仿外国模式，而是本着中国国情，自尊自立，勇于吸收，择善而用，经过改造和消化，熔"实业救国"和"教育救国"于一炉，具有中国特色。③

综观这个时期黄炎培的职业教育思想：讲求实用，为发展生产、发展民族经济服务，反映了教育在人的培养上和服务于社会生产、社会生活方面的一些客观规律。这个基本观点，构成了他研讨职业教育和从事职业教育活动的主要理论依据，也是他构想如何办各类职业教育的基本指导思想。这是适应了时代的要求，是对中国封建教育的有力批判，无疑是一个重大的进步。至于他的"教育救国"论，认为可以用职业教育来解决中国的社会问题，那是夸大了教育的作用；想通过职业教育来"消弭工潮，调和劳资"，也正反映了处于中国半封建半殖民地社会这个特定历史条件下黄炎培立场和观点的局限性。

中华职业教育社成立的那年 11 月，俄国十月革命的伟大胜利震撼了世

① 黄炎培：《职业教育论》，166 页。
② 转引自李松：《浅析黄炎培对职业教育过程的思辨》，载《南京工业职业技术学院学报》，2014(3)。
③ 参见尚丁：《黄炎培的爱国主义道路》，载《学习与探索》，1993(5)。

界。40 年后，黄炎培写道："但是，应该指出，那时我们并未认识到马克思列宁主义的真理。虽然，在教室工场中悬有'劳工神圣'大字匾；校徽和工场产品商标上，都以双手为标志，提倡'双手万能'，每逢五一国际劳动节，工人学生放假集会，纪念这个节日，但哪能说我们已经了解无产阶级社会主义革命的伟大学说呢！"[1]

衡量一种教育思想的进步或落后，评判一位教育家，不能离开具体的历史环境，不能离开其社会实践效果。1917—1927 年是中国近代教育史上职业教育得到较快发展的时期。真挚的爱国主义激励着黄炎培为民族解放、祖国昌盛而历经艰辛，摸索奋斗。但是，"教育救国"的路是不通不达的，他在这条路上历尽艰辛，却仍不免处处碰壁。黄炎培倡导的职业教育，以爱国主义为依归，不是一成不变的僵化模式，而是适应国家民族的要求，与时俱进的。按照"大职业教育主义"，黄炎培和中华职业教育社着手组织了"农村教育研究会"，在昆山、镇江、上海漕河泾等地开办了农村改进实验区，并创办了评时论政的杂志《生活》周刊，还与各地实力人物往来联络，宣传救亡图存。但这些活动，遭到反动统治者的嫉恨和迫害，黄炎培一再被迫流亡海外。在朝鲜和日本，黄炎培耳闻目睹日本帝国主义者明目张胆地进行侵华备战，日寇亡我之心昭然若揭。黄炎培到处奔走呼号。但他的警告根本不被耽于"剿共"的国民党当局所重视。1931 年 9 月 18 日，日本侵略者在我国东北发动了侵华战争，这使赤诚的爱国者黄炎培痛不欲生。

由黄炎培团结起来的一批有志于"教育救国"的文教界和工商界人士，在爱国主义的大道上，从单纯的职业教育救国，走到"大职业教育主义"，而步入政治舞台，奔走国事，参与政治斗争，形成一股政治力量，世称"职业教育派"。黄炎培在国民参政会中则是公认的"职业教育派"领袖。

抗日战争胜利后，在党的支持和帮助下，黄炎培团结了我国民族工商界和文化教育界人士，筹组了我国又一个重要政党——中国民主建国会。在中

---

① 黄炎培：《八十年来》，85 页，北京，中国文史出版社，1982。

华人民共和国成立后，黄炎培以党派领袖的身份，拥护和支持中国共产党的多党合作制度，担任中央人民政府委员，国务院副总理兼轻工业部部长，政协全国委员会副主席，全国人民代表大会常务委员会副委员长，积极投身于中华人民共和国成立以来的社会主义改造和社会主义革命斗争。他在《八十年来》中说："终于能在中国共产党的直接领导下，走向新生，今后将一心一意地为无产阶级政治服务，为人民群众的根本利益服务。"①

纵观黄炎培的一生，他既是一位职业教育家，又是一位社会活动家，还是一位重要的政治人物，平生于政治、经济、文化等方面著述和言论甚多，然则作为近现代中国的思想人物而言，自以职业教育思想理论的提出和构建名"家"为是。②

二、新中国成立后黄炎培的职业教育思想与实践

（一）《中华职业教育社奋斗三十二年发见的新生命》

1949 年，黄炎培到了北平以后，并没有忘怀他毕生所经营的中华职业教育社和中国职业教育。他深信，在新中国，有了新的社会主义制度，职业教育将获得新的生命。

是年 6 月，黄炎培与几位多年从事职业教育的同事、老友进行了交流，客观地研讨从清末到中华人民共和国成立这 45 年来的思想演变和从中华职业教育社创立到中华人民共和国成立这 32 年来的所作所为，以《中华职业教育社奋斗三十二年发见的新生命》为题，总结中国职业教育的贡献与不足、长处与短处，并满怀着对新中国职业教育的期盼，对新中国职业教育提出了一个他所设想的美好蓝图。

文章有前言和六个部分："一、中华职业教育社怎样产生的呢？""二、它壮大起来了""三、它遭遇打击了""四、它怎么不会被消灭呢""五、它现状怎

---

① 黄炎培：《八十年来》，113 页。

② 参见余子侠编：《中国近代思想家文库　黄炎培卷》，1～3 页，北京，中国人民大学出版社，2015。

样呢?""六、它今后怎样呢?"文章列举了他们一群从事教育工作的人,出于对国家民族的热爱,献身于中国的职业教育事业,历尽了无数的暴风雨,在漫长的岁月里,延续了生命,直到世界"大放晴光",呈现出一个新的世界。[1]文章相当客观且严正地批判他们的长处与短处说:"(一)他们是有理想的,但他们实现理想的方法,却只有言论和文字,而从来缺乏行动。即有行动,只限于教育性,而缺乏政治性,缺乏革命的政治性。(二)他们也认识群众,也能联系群众,但缺乏经常性的组织。(三)他们每一个人都有特立独行的风格,每一时期都能不受恶势力的威胁利诱。但他们虽反对恶势力,却从来没有领导推翻恶势力的计划和魄力。(四)说到教育,他们能吸收最新的理论和方法,领导一般教育界加以咀嚼而咽下去,但他们的缺点,不免偏重方法,而没有能本着空间时间的基本认识,而构成理论体系,拿来做他们的教育根据——职业教育,它有一套理论体系,但把今天我们认识的来对照,只能说是一隙之明,还没有完整"[2]。这样的总结,当然不是从立场、观点上进行的深刻检讨,但的确是客观而诚恳的话语。

文章在回顾了中华职业教育社的历史后,满怀信心地展望未来,提出:"职业教育,是今后增加生产繁荣经济的国策实施时所必须采取的措施。联合政府成立,确定了增加生产大方针。第一件事必须集合专家经过极慎重的研究,提出一份连续若干年的全国性的生产总计划,中间必定包括各种农业、工业以及水、陆、空交通运输业等等密切地相互配合着,而任何一项,必然需要大量人才。除部分毕业于大学以外,绝大部分所需要的,必然是受过职业训练的中等技术人员。现有的万万不够,必然需要迅速、切实地重新训练,依技术的性质和需要急迫的程度,定训练期间的长短。这不是职业教育,是什么?职业教育,在今后建国大计的需要上必然地很广大而且很急

① 黄炎培:《中华职业教育社奋斗三十二年发见的新生命》,载《教育与职业》,第 208 期,1949。

② 转引自尚丁:《黄炎培》,219 页。

迫，我所敢坚决认定的。还有一点，新社会职业教育，不仅在量的发展上将是空前的，就在质的进化上，亦将史无前例。"①

文章最后说："既然认清了新民主主义下人民政府的性质，认清了建国大计上需求职业教育的重要而且急迫性，又认清了新社会职业教育的特殊意义，那么，对于职业教育积有若干年经验，像它一群人，只有把所有懂得的一些、会得的一些，都贡献给人民的政府，所有已经造成的一些，本不以这一些为满足的，也都拿来贡献给人民政府，使一部分私人的事业，化为全体人民公共的事业，而永远为全体人民所支持，即永远认全体人民为它的主体。让我具体说来：1. 它所创办的学校，依其必要和可能，归之于公家。……同时根据它的经验和研究所得，由它协助政府制定一份全国或全市的职业教育计划。2. 它所附设的其他事业，同样地依必要和可能归之于公家。3. 它的社本部，改为全国职业教育工作人员和职业教育研究者研究总机构，隶属于人民政府全国教育行政系统之下。"②

黄炎培把文章送请毛泽东、周恩来、董必武等人审阅。毛泽东亲自批阅黄炎培论述职业教育的长文，评价为："此文很好"，"末两页更好"，"应该送报馆发表"。文章随即在《人民日报》和《光明日报》上于 10 月 15 日全文发表。这是中国当代职业教育史上的一件大事。但是，尽管黄炎培解释得如此清楚，计划是如此美满，毛泽东也做出了如此好的批示，却并未能改变职业教育在以后一段时期的命运。③

我们考察近代教育制度，它由两个部分所组成。一个部分是智育——普通教育；另一个部分是技术教育——职业教育。两者相辅相成，如鸟之双翼，车之两轮。职业教育随社会生产发展而发展，同时又受一定的政治经济制度所制约。在社会主义中国，具有中国特色的中国职业教育，是有巨大的发展前途

① 转引自尚丁：《黄炎培》，220 页。
② 转引自尚丁：《黄炎培》，220～221 页，
③ 参见彭干梓、卢璐、夏金星：《晚年黄炎培对职业教育的期盼与辨析》，载《职教论坛》，2009(13)。

和光明灿烂的前景的。黄炎培向人们展示的蓝图，已为历史所证实。

但是，就在黄炎培写出这篇文章，在讨论《共同纲领》草案的历次会议上，对于其中是否加入"职业教育"一点，教育界进行了一场激烈的辩论。"职业教育"遭到了严重的反对。反对的理由是：第一，职业教育是资本主义国家的产物；第二，苏联没有职业教育；第三，普通教育中的中等教育和高等教育已经包括了职业教育。

1949 年 9 月 16 日上午，在华北人民政府主席办公室，黄炎培、江问渔、杨卫玉和董必武、陆定一、钱俊瑞、戴白桃会谈了中华职业教育社的前途问题。董必武首先说："黄先生的文章，我们大家都已经看过，并且和一部分同志略略研究过。觉得黄先生提出的所谓《新生命》亦即新方向，是正确的。中华职业教育社过去所做的工作，在那个时期，那种环境里有这么大的成就，也是对的，进步的。我们愿意尽力之所及来合作，共同为新的方向努力。"陆定一也说："将来应是公私互助，私人办的事业是助政府之不足，政府协助私人事业是应有的责任，本此原则共同努力。"对于如何实现新方向，会谈明确了四点：第一，中华职业教育社在上海的学校机构，仍有继续保留的必要，或归公，或仍旧，或合作，将来决定。第二，研究部分和职业指导部分，可以在中枢设置，并可以作指导全部工作的总机构。第三，具体详细的计划和办法，可以随时商量，候将来新政府成立后，做最后决定。第四，房屋、经费等问题，亦俟将来再商。①

当天晚上，新政协筹委会举行第六次常委会议，对《共同纲领》教育章是否列入"职业教育"又发生激烈的争论，黄炎培的意见，得到了马寅初、李立三和朱德等人的坚决支持。最后调停结果，在第四十七条加上了"注重技术教育"六个字。

当年 9 月，中华职业教育社举行了第三届理监事选举。黄炎培当选为理

---

① 参见黄炎培著，中国社会科学院近现代史研究所整理：《黄炎培日记 第 10 卷（1947～1949）》，203 页，北京，华文出版社，2008。

事长，江问渔、杨卫玉、孙起孟、李正文当选为副理事长，孙起孟任总干事。总社于 12 月初由上海迁到北京。①

（二）召开中华职业教育社全国工作谈论会

1950 年 4 月 5—11 日，中华职业教育社在北京举行中华人民共和国成立后第一次工作讨论会。出席会议的有黄炎培、杨卫玉、顾树森、庞翔勋、杨善继、温仲六等理监事和该社总社以及所属各地各单位负责干部多人。会议对中华职业教育社过去的工作、立场、方针、任务和制度等做了报告和检讨，确定了今后的努力方向。会议指出，中华职业教育社应该由改良主义的路线转变为人民革命的路线；中华职业教育社的立场则应由资产阶级的变为劳动人民的立场。中华职业教育社今后的工作方针是在人民政府领导下，首先掌握政府的政策，将中华职业教育社的业务密切配合政府整个计划，加强现有工作，稳步前进，以便有步骤地将多年培育起来的私人事业贡献给人民自己的政府，成为国家教育事业体系中的一个组成部分。中华职业教育社的当前任务，则以技术教育、业余教育为重点，而尤重业余教育。会议邀请周恩来总理给予指示，周恩来总理除详细剖析国际局势国内情况外，还勉励该社联系工商界，为劳动者服务。最后，会议通过了《我们的方向》一文，将会议讨论结果公告社员及社会人士。②

首先，《我们的方向》就路线问题指明，中华职业教育社代表了改良主义路线进步的一面，是一个由改良主义、超政治态度转变成一面倒向人民革命阵营的旅程。其次，从立场问题上判明以前中国的职业教育，从它的本质上看，是属于资本主义范畴内的教育，因而它的基本立场也就不能不是资产阶级的立场。所谓改良主义，所谓超政治态度，恰好是民族资产阶级和小资产阶级意识的反映。再从方针问题进行分析，认为本社的工作大致还符合人民

---

① 参见尚丁：《建国箴言认自真——传记〈黄炎培〉之一章》，载《教育与职业》，1989 (10)。

② 参见《中华职业教育社召开全国工作讨论会决转变改良主义路线尽力为劳动人民服务》，载《人民日报》，1950-04-25。

的利益，过去的方针是正确的。"现在环境和以前不同，政府是人民的政府"，"我们的方针便应该是'化私为公、公私合一'"。之后是从任务问题上明确："在原有的基础上加倍工作，技术教育与业余教育之中，我们更应以后者为重点"，"把多年来办理技术教育和业余教育的经验，研究改进，协助政府完成当前这十分迫切的培育技术人才和提高劳动者文化、业务水平的任务"。最后，明确"本社是一个教育工作机关，也是一个群众团体"，"我们要采用'从群众中来、到群众中去'的办法，使本社对广大的劳动者开门，成为一个主要为劳动者服务，同时也是由劳动者当家的社"。①

这次会议着重于对中华职业教育社三十三年的检讨与批判，批判中已显露了"左"的思想，而没有对中国的职业教育进行理论上的深入探讨，没有能确立职业教育在新中国教育事业中的地位和作用。而这次会议很重要，它实质上支配了后来中华职业教育社的命运。

黄炎培没有参加这次会议的全过程，他只在会议的最后阶段到会致闭幕词。他说："这一次会是我们三十三年来破天荒的一次会，它的收获，可以说和新的时代能够配合的，但我们对于旧的，并不是完全不要，只是中间一部分要扬弃的，决不留恋；新的中间，我们认为对的，要接受的，就要好好接受，诚心诚意地，全心全意地身体力行。"②

1951年2月，中华职业教育社举行了第二次工作讨论会。这是第一次工作会议的继续和贯彻。会议历时九天，它进一步明确了："新中国的技术教育与旧中国的职业教育是有区别的，从国家性质和领导教育不同而来的本质上的区别。旧中国的职业教育，是资产阶级改良主义的教育；新中国的技术教育，是无产阶级革命主义的教育。今后我们的基本态度，是为彻底实施无产阶级革命主义的技术教育而奋斗，同时发扬旧职业教育中科学与技术好的

---

① 黄炎培著，中国社会科学院近代史研究所整理：《黄炎培日记 第10卷(1947～1949)》，233页。

② 转引自尚丁：《黄炎培》，224页。

部分，坚决克服其改良主义思想的坏影响。"①

这次会议做出了关于工作任务的决定和关于加强干部学习的决定。会议对中国职业教育的评价，并没有真正揭示出教育和职业教育的本质，而且过分地把教育等同于政治，将技术教育与职业教育相对立，在实质上进一步否定了中国的职业教育。

黄炎培因正在东北视察工作，没有参加这次会议。他只给大会写了一封公开信，信上提出："我用冷静的头脑，思考过去和今后我社种种问题，想提三点：一、这次讨论必须接续上次公定的工作方向，提出种种具体方案，这些方案必须和各方面实际工作结合。二、我社历史上存在着弱点和缺点，很多很多，这是曾经检讨，且应不断检讨的。但以一群私人，不靠历来政府力量，且时时不和当时政府合作，而能生存到三十多年之久，且不是苟全生命，每一阶段总在这一群人可能限度内表现出若干贡献，就是对人民的贡献。这中间也许值得深切地研讨一下，中间一部分，在当时是好的，现在不需要了，作为了解我社的资料也好，一部份也许现时还需要，那不但该保存，还要发展。……而必不愿以粗糙的态度，予以'一笔抹煞'的。三、我社根据这些基础，今后可能而且应该为人民服务的事情，以我随便想想，已觉得很多很多！……我敢肯定说一句，过去三十多年生命，就是建筑在不依靠任何不正当努力，只替人民服务上边，难道在人民政府下，倒不积极为人民服务了吗？人民需要服务的事情多得很哩！"②

这封公开信，与会议的精神似乎不很协调。从信的字里行间可以感觉到，黄炎培已感觉到中国的职业教育，将被以"粗糙的态度，予以'一笔抹煞'"。他在《新生命》中所描绘的蓝图，如"社本部改为全国职业教育工作人员和职业教育研究者总机构"的愿望，已不可能实现，这在黄炎培的思想上无疑是痛苦的。

---

① 转引自尚丁：《黄炎培》，225 页。
② 转引自尚丁：《黄炎培》，225～226 页。

经过这两次会议，中华职业教育社及其附属机构，一方面投入一个接一个的政治运动，一方面按"化私为公"的方针，首先把《教育与职业》杂志停刊，改出《技术教育》杂志。重庆的中华职业学校首先交公，改为公立；上海的中华职业学校，改归中央轻工业部领导；中华工商专科学校办理结束，上海的中华业余学校，改为启文初中文化补习学校，以后又改为启文初级中学。中华职业教育社的重庆办事处先行结束，昆明的中华业余学校设立了工农干部文化组、识字教育组和职业补习班。上海的比乐中学也改为公立。总社则新创办了北京函授师范学校。北京函授师范学校是一个实验，办得也很有成绩，但从职业教育而言，似乎正逐渐趋于消亡。这是中国教育事业受到"左"的干扰的结果。①

1951 年 8 月 19 日，黄炎培在阅读中华职业教育社文件时，提出意见：我反对"旧职业教育是资本主义阶段的改良主义，今技术教育是无产阶级的革命主义"，然而职业教育被视为"资本主义阶段的改良主义"，已成为当时一种潮流。对此，黄炎培在 1952 年中华职业教育社立社三十五周年时，给中华职业教育社的同志们写了一封公开信，信中对职业教育和中华职校做了富有深情的回忆。但面对现实情况，黄炎培在信中也无奈地说："个人生活问题，过去只有各个解决，人民政府在整个的谋解决。在这种情况下，'职业教育'一名词，到今天只成为历史性纪念品。"②职业教育所遭遇的这种境遇，确实是黄炎培所没想到的。1952 年，高等教育部成立后，设中等技术教育局，职业教育完全被排斥。此时的中华职校，于当年 1 月 23 日由轻工业部接管后，改名为"中央人民政府轻工业部上海中华职校"。③

职业教育果真"只成为历史性纪念品"了吗？不！历史证明并非如此。这无非是黄炎培独白中的一点感叹！他的公开信似乎在做一种声辩，又似乎言

---

① 参见尚丁：《建国箴言认自真——传记〈黄炎培〉之一章》，载《教育与职业》，1989(10)。

② 中华职业教育社编：《黄炎培教育文集 第四卷》，240 页，北京，中国文史出版社，1995。

③ 参见马长林：《黄炎培与中华职业学校的兴衰》，载《世纪》，2014(6)。

犹未尽。

但是直到 1955 年，他才在一篇中华职业教育社成立三十八周年纪念文章中，谆谆教导勉励中华职业教育社的社员和工作人员说："首先要尽一切力量，根据国家过渡时期的总任务和国家第一个五年计划，严肃地认真地接受党和政府的领导来分担一部分工作，具体地适应人民的需求，尽我们对国家对人民的神圣义务。其次，一面工作，一面学习马克思列宁主义，提高政治觉悟，努力进行思想改造，并发挥集体力量，提高工作的量与质，特别应该注重质。最后，为了能够随着时代和国家的前进而前进，就必须进一步加强自我改造，做到能够完全适合时代和国家的要求。这些是整个社的任务。"①

（三）黄炎培论中等教育

1951 年 3 月，教育部召开了全国中等教育会议。黄炎培做了《中等教育上必须改革的几点——献给全国中等教育会议》的报告。他说：

中等教育在教育全部过程中间，站立在最紧要的一个关头。为的是中等教育标准年龄是十三岁至十八岁，青年生理和心理的发展，到这一时期，他的吸收量强烈起来了；而他的可塑性又值初步展开，故同是一种教育，对其他时期的青年，施行起来，总不及对这些年龄，所获得的反应，特别灵敏，而且特别深入，中等教育值得重视在此，但在今天说来，这次会议的重要性，是在这上边，而还不止在这上边。

我以为过去的中等教育，有一种重大的错误存在着。

劳动创造世界，我们今后看社会，应该基本上这样认定的了。儿童的天性是好劳动的、好创造的。在小学教育时期还没有抑制，也不可能抑制，而大部分青年终于遭受抑制，则是中等教育应该完全负责的。

从中学起，课程的繁重，教材的艰深，考试的严酷，把天真活泼的青年们逼得发呆了。虚荣的奖励在前边引诱着，退学降班种种罚则在后

---

① 黄炎培：《我们应有的认识和努力》，载《社讯》，1955(86)。

边驱逐着，曾有许多人写过"救救中学生"这一类文章。

政治上解放了，希望教育上也来一个解放，希望中等学校学生很快获得解放。在这里需要用革命精神再重订课程，改编教科书时候彻底改革一下。

··············

次一点我要讲中等学校技术教育。仍先从青年心里说起。我们一群人三十四年前在上海创办一个职业学校，教学生机械工，木工，大受当时所谓"教育家"者的哗斥。同时却受到学校学生的极度欢迎。打铁，翻砂，车木杆，课外只想搞这套工场工作。这证明小学生年龄欢喜劳动创造，进到初中，还是欢喜，也许更喜欢，就给初中的书本教育把这些活跃的精神扼杀了。当时我们的学校招收高级小学毕业生，教三年，初级毕业。如继续下去，再二年，高级毕业。初中毕业生考入高级职业的话，须三年毕业。这些课程，是请同济大学德国教授参加编订的。特别的地方，在先习后学，头二年三分之二时间工场实习，其余时间教室上课，其后一半实习一半上课。三十多年来这些毕业生散在各界，服务是没有问题的。

我何以乐于叙述这些经过？我认为技术教育，如果跳过了中等教育这个阶段，到大学时期才逼他接受。换一句话，中学时期已经把书本教育重重地灌够了。和劳动生活完全脱离了，进了大学已经是十九岁以上了，（大学入学标准年龄十九岁）重新强迫他接受技术教育，这是在青年生理心理上极度矛盾的事。我认为最理想的，倒是高等技术教育先把中等技术教育做它的基础。

到现在呢，事实上在需求这种技术人才，需求的数量，大得可惊。今年二月中央财经委员会召开工业会议。各单位根据基本建设计划，提出需要大学和中学毕业技术人才，十六个单位，共需三十一万一千八百四十四人（东北还不在内），中间少数是可以分二年三年四年养成的。计算一下，全国大学中学在校学生总数有多少呢？上开[述]需求数，还只限于工矿部门，连其他部门并计起来，更将怎样供应呢？

…………

现在想从中等技术教育方面，提供一些意见：

一、技术教育必须与学生年龄配合适当。技术教育种类复杂，有些年龄宜较大，有些不妨较小，还有一点程度低、年龄大，可以施行短期技术训练，年龄小则不行，都须有适当的配合。

二、必须注意天才生。中华民族确是优秀的，以我国人实际经验，随便招来的一班学生，假如二三十人，其中必有一二卓越的某种天才，或者还不止一二个，尤其是技术教育范围内，最易发现天才。对天才生必须施以特殊教育，万不可以寻常绳墨去限制他发展。

三、必须配合政治教育，技术教育，尤须同时施行政治教育，使思想不致束缚于技术范围。

四、必须尽量和当地同类工厂密切联系，凡教师、课程、设备、实习种种问题，都宜在厂校合作之下解决。未设时且宜以当地有无同种工厂为该科设置与否的前提。同时还须尽量和各地企业机构联系，（不限于当地）如经常地建立了联系，不但将来出路上获得可靠的机会，且在教科上训育上因平时与该机构合作，使毕业生更能切合需要。

技术教育问题是相当复杂的，各方要求是相当迫切的，似宜在教育部内特设一技术教育研究机构，（必要时各大行政区亦可设置）罗致专家及业务机关代表共同协助解决各种问题。①

1956 年 2 月，与黄炎培一起为中国职业教育事业奋斗一生的老战友，中华职业教育社副理事长杨卫玉患脑出血逝世，黄炎培非常哀伤，说："卫老永别我们了，在我说不尽的哀感，为的是他和我手携手在黑暗中间走着一条艰险

① 中华职业教育社编：《黄炎培教育文集　第四卷》，234～237 页。

的曲折的漫长的道路，不断地在敌人包围中，一面探路，一面还在筑路，就是职业教育。当时他们认为于国家于人民特别于青年是有利的，这样走了三十年。我有义务在卫老身后说明他所走的路是怎样艰险，是怎样走的。"①

显然，这不只是对杨卫玉个人的哀感！就在三个月后的中华职业教育社成立三十九周年的纪念会上，黄炎培提出了"中华职业教育社的前途问题"，建议"考虑在 1957 年 5 月 6 日中华职业教育社成立四十周年纪念大会上正式宣告解散"。他在文章中回顾了自 1917 年创立以来中华职业教育社的历史之后说："《中华职业教育社奋斗三十二年发见的新生命》主张：一是将社所创办的学校和其他事业归之于公家；二是社本部改为全国职业教育工作人员和职业教育研究者研究的总机构，隶属于人民政府全国教育行政系统之下。1950 年第一次工作讨论会中，曾经起草修改社章，经理监事会议将草案分发社员征求意见，未有结果，亦未呈请政府批示。现在除昆明中华中学、中华小学外，上海各校已经先后改为公立。新创的北京函授师范学校正在高速发展——函授教育本社曾在重庆时开始试办，都已经分别隶属于中央和地方行政教育机构了；社本部亦已由人民政府教育部领导了……难道作为人民的教育团体，不应该对它自己的前途予以明达的考虑，考虑实践它四十年前'同人相与始'、'相与终'的诺言呢？是不是可以考虑在 1957 年 5 月 6 日中华职业教育社成立四十周年纪念大会上正式宣布解散呢？"他还提出："过去，中华职业教育社群人的工作，究竟对国家、对人民有没有贡献？有没有错误？到了四十年，应该有个总结。"②

理监事扩大会议对这个问题做了反复认真的讨论。黄炎培与中央统战部李维汉部长进行了会谈。理监事会议的决定是："本社在当前情况下应继续进行工作。工作重点可放在两个方面：一、进一步把函授师范学校办好；二、根据国家政策在党政机关领导下，对有关人士继续进行并加强联系工

① 黄炎培：《杨卫玉同志哀辞》，载《社讯》，1956(88)。
② 《中华职业教育社前途问题》，载《社讯》，1956(90)。

作，以联系在国内者为主，对国外的有关人士也可作必要的联系。关于社的四十年总结，《中华职业教育社奋斗三十二年发见的新生命》一文已经作了总结，无再作之必要。"① 与中央统战部会谈决定："一、社今后工作还需要做，也是能做的。二、社应尽量与各方联系，包括老社员、闲散社员，其他有关人士……三、对于社员的学习，政府设法予以方便。"②

根据上述决定，中华职业教育社于 1957 年 5 月分别在上海和北京举行了盛大的建社 40 周年纪念活动。周恩来总理出席了北京的纪念大会，并在大会上做了热情洋溢的长篇讲话，鼓励中华职业教育社的同志"活到老、学到老、改造到老"。③ 这次会议认真总结了中华职业教育社四十年的历程和经验教训。为了反思中华职业教育社所走过的四十年的路程，黄炎培写了八首诗，并写成条幅送给毛泽东，毛泽东看完条幅，称赞："你是诗好、字好、思想好！"黄炎培趁机给毛泽东写信、送诗、送条幅，告诉毛泽东"中华职业教育社原想结束"，其用心良苦。④

黄炎培在八十岁生日时写了《八十初度漫谈》，谈了他一生的为人，谈了他的生死观，文章最后说："我年八十了，我活下去，我还要好好工作，在中国共产党领导下，就我现时体力所及，——我现时体力衰退了些。——参加社会主义建设的工作；同时我还要好好学习，向工人阶级学习，通过思想改造，努力掌握马克思主义的世界观，把从几十年资产阶级社会里生长出来，养大起来的我，彻底改造成为一个工人阶级的脑力劳动者。"⑤八十岁的黄炎培，仍然壮心不已。他对中国的职业教育是充满希望和信心的，他对职业教育所做的"建国箴言"是经过冷静思索的献计献策。

---

① 转引自尚丁：《建国箴言认自真——传记〈黄炎培〉之一章》，载《教育与职业》，1989(10)。
② 尚丁：《黄炎培》，230 页。
③ 参见许汉三：《黄炎培年谱》，272~273 页，北京，北京文史资料出版社，1985。
④ 参见彭干梓、卢璐、夏金星：《晚年黄炎培对职业教育的期盼与辨析》，载《职教论坛》，2009(13)。
⑤ 转引自尚丁：《黄炎培》，231 页。

第八章
中国职业教育改革与发展的经验和启示

新中国成立 70 多年来，职业教育所走过的 70 多年，是不平凡的 70 多年，也是不平坦的 70 多年。职业教育从蹒跚起步到飞速发展，走过了令人瞩目的发展历程，既支撑着区域经济社会发展，也成就了各类技能人才的人生价值，并成为推动中国经济与社会发展的巨大人力引擎，为社会各界做出了重要贡献。新中国发展的是人民的职业教育，没有既定的模子和系统完整的经验，只有边探索边总结。本章通过总结 1949—2021 年中国职业教育改革与发展的成就、经验与特点，并展望未来，对于丰富和发展中国特色社会主义职业教育理论体系，坚定中国特色社会主义职业教育道路自信，具有一定的理论意义与时代意义。

第一节　中国职业教育改革与发展取得的成就

建设中国特色社会主义教育是史无前例的创举，是独特制度下的独特发展道路。70 多年来，中华人民共和国职业教育经历了规模由小到大、层次由低到高、参与由少到多、能力由弱变强的发展历程，回顾总结我国 70 多年职业教育发展过程中所取得的成就，有利于增强中国特色职业教育发展道路自信。

一、职业教育规模由小到大

新中国成立后，为开始社会主义建设，各行各业急需建设人才，为培养技能人才和劳动者为主的职业教育开辟了广阔的天地。1951 年，毛泽东主席在全国第一次中等技术教育会议上提出："培养技术人员是我们国家的根本之图。"①1958 年，专科学校达到 360 多所，在校生 187108 人。② 国家大力发展职业教育，职业教育规模逐渐壮大。

职业学校数量和学生人数持续增长。1949 年，我国技工学校仅有 3 所，在校学生 2700 人。随着几年的发展，1956 年技工学校有 212 所，在校学生 110867 人，中等专业学校 755 所，在校生 538500 人。③ 1978 年以后，我国积极探索社会主义市场经济体制，围绕建设开放型经济体系的需求，各级各类职业教育得到恢复和发展，职业教育体系的雏形开始显现，职业教育为各行各业发展做出重要贡献。1978—1988 年，中等专业学校数量由 2760 所增长至 4022 所；在校生数由 88.9 万人增长至 205.2 万人④；截至 2018 年，中等职业学校达到 10340 所、在校生 1552 万人。⑤ 1985 年，高职院校正式产生；1987 年，高职院校有 122 所，在校生人数 7.6 万人。进入 21 世纪，我国高等职业教育迅猛发展。2000 年，高职学校有 442 所，在校生人数 100.9 万人；2005 年，高职学校有 1091 所，在校生人数 713 万人；2010 年，高职院校有 1246 所，在校生人数 966.2 万人；2015 年，高职院校有 1341 所，在校生人数 1048.6 万人。⑥ 2018 年，高等职业院校达到 1418 所，在校生 1134 万人，中职毕业生就业率连续 10 年保持在 95% 以上。⑦ 教师队伍总量不断发展和扩大。单从高职教师队伍发展的数据就可管窥其发展情况。1987 年高职院校教师队伍总量有 0.9 万人，1995 年有 2.1 万人，2000 年高职院校专任

① 何东昌主编：《中华人民共和国重要教育文献(1949 年～1997 年)》，95 页。
② 参见王志伟：《高等职业教育理念创新与发展》，92 页，长春，东北师范大学出版社，2017。
③ 参见万卫：《混合所有制职业院校的兴起》，载《职业技术教育》，2017(12)。
④ 参见郭文富、马树超：《新中国成立 70 年来职业教育发展的历史阶段特征与经验》，载《教育与职业》，2019(19)。
⑤ 参见教育部职业教育与成人教育司：《数说新时代职业教育》，中华人民共和国教育部网站，2019-02-19。
⑥ 参见宋乃庆、郑智勇：《新中国成立 70 年来我国高等职业教育发展探析》，载《职业技术教育》，2019(36)。
⑦ 参见教育部职业教育与成人教育司：《数说新时代职业教育》，中华人民共和国教育部网站，2019-02-19。

教师总数 8.7 万人，2005 年 26.8 万人，2010 年 40.4 万人，2015 年 45.5 万人，截至 2018 年，激增到 49.8 万人。[①] 截至 2018 年，我国职业院校达 1.17 万所，在校生 2685.54 万人，为现代制造业与新兴产业提供了 70% 的新增从业人员。[②] 随着职业教育规模的快速增长，我国已经建成了世界上规模最大的职业教育体系。

二、职业教育层次由低到高

我国的职业教育，办学层次从低到高，从初期的中等专业教育、技工教育、职业中学相结合的中等职业教育，到改革开放以后普通高中转型的职业高中，再发展到 20 世纪 90 年代的高职、新时代的职业教育本科，职业教育的重心逐步上移，形成了中高职衔接的梯形教育结构。

新中国成立之初，社会技能人才严重缺乏，为适应国民经济建设发展需要，国家大力发展中等职业教育，出现了各种类型的农业学校、中专学校、技工学校等。随着产业结构变化对人才需求层次、结构与规格的提升，提升职业教育办学层次成为必然选择。《中共中央关于教育体制改革的决定》明确指出，"发展职业教育要以中等职业教育为重点，同时积极发展高等职业技术学院，逐步建立起一个从初级到高级、行业配套、结构合理又能与普通教育相互沟通的职业技术教育体系"。随后，有部分中专学校试办五年制技术专科学校。国家也开始试办各种短期职业大学。截至 1990 年，全国有短期职业大学 114 所，毕业生 2.65 万人，招生 2.41 万人，在校生 7.26 万人，教职工 2.11 万人。[③] 与此同时，在正规学校教育之外还积极开展成人中等职业教育，职业教育从学历教育为主转向学历与非学历教育并重，包括初、中、高等职业教育在内以及学历与非学历并存的职业教育体系正在逐渐形成。

---

① 参见宋乃庆、郑智勇：《新中国成立 70 年来我国高等职业教育发展探析》，载《职业技术教育》，2019(36)。

② 参见《教育部：2018 年全国职业院校已达 1.17 万所》，中国新闻网站，2019-02-19。

③ 参见《中国教育年鉴》编辑部编：《中国教育年鉴(1991)》，247 页，北京，人民教育出版社，1992。

1994 年，第二次教育工作会议提出实施"三改一补"政策，即对高等专科学校、短期职业大学和独立设置的成人高校进行改革、改组和改制，并选择部分符合条件的中专改办为专科层次职业院校。为推动职业教育发展，国家推动高等职业教育持续、特色发展。首先，国家进一步颁布相关法律法规明确了职业教育的属性和地位。1996 年颁布的《职业教育法》明确了高等职业教育是职业教育的一个重要层次。1998 年 8 月颁布的《高等教育法》规定高等职业教育属于高等教育，兼具高教性、职业教育性的双重属性。截至 1998 年，独立设置的高职院校已有 101 所，招生 6.28 万人，在校生 14.86 万。[①] 1999年，中共中央、国务院《关于深化教育改革全面推进素质教育的决定》明确提出："调整现有教育体系结构，扩大高中阶段教育和高等教育的规模，拓宽人才成长的道路，减缓升学压力……高等职业教育是高等教育的重要组成部分，要大力发展高等职业教育。"在相关政策的推动下，高等职业教育不断扩招，招生规模连年增长。

进入 21 世纪，国家重视以专项引导为抓手，加快职业教育改革与发展。2002 年，全国职业教育工作会议提出"扩大高职教育的规模"，教育部将原有高职、高专和成人高校合称为"高职高专教育"，高等职业教育获得跨越式发展。据统计，2003 年，高等职业教育逐渐占据高等教育领域的"半壁江山"，高等教育毛入学率为 17%，进入教育大众化阶段。2006 年，实施国家示范性高等职业院校建设计划，标志着国家高职教育政策在强化特色、加快改革、提高质量方面的重点引导。此后，国家推进地方普通高等院校转型发展职业教育，确立中国特色职业教育体系。

《高等职业教育创新发展行动计划(2015—2018 年)》指出，截至 2018 年，接受本科层次职业教育学生达到一定规模，以职业需求为导向的专业学位研究生模式取得阶段性成果，本科层次职业教育推进步入实质性阶段。2015 年

---

① 参见胡永：《论我国高等职业教育政策的得与失》，载《黑龙江教育(高教研究与评估)》，2006(5)。

中国职业教育
改革与发展研究
1949—2021

出台《关于引导部分地方普通本科高校向应用型转变的指导意见》，指出地方高校转型发展的主要思路、任务及具体配套的政策措施。《国家职业教育改革发展方案》明确"开展本科层次职业教育试点"，将职业本科教育纳入高层次应用型人才培养体系，完善职业教育体系的制度架构。部分"职业学院"更名为"职业大学"，发展本科层次的职业教育，培养动手能力强、学术理论高的高层次应用型人才。由此，中国特色职业教育体系正式建立起来，中国职业教育逐步成长为世界上规模最大的职业教育体系，实现了由"小"到"大"的转变。

三、职业教育参与由少到多

职业教育发展 70 多年，社会参与职业教育办学的体制不断改革，参与类型由少到多，从政府办学到企业办学、社会办学，形成学校、企业和社会三元职业教育体系。

中华人民共和国成立初期，职业教育中专、技校等都由政府办学。20 世纪 50 年代初，我国开始向苏联学习有关人的全面发展学说，重视教育与生产实际相结合。1958 年 9 月，中共中央、国务院《关于教育工作的指示》颁布，明确了"教育必须为无产阶级服务"的性质，规定了"教育必须与生产劳动相结合"的指导思想。中等技术学校和技工学校，开始试办工厂或农场，进行生产劳动。学生实行半工半读。

改革开放以后，办学体制改革不断深化，多元办学格局初步形成。20 世纪 90 年代，"产教结合""校企合作"成为产教关系的新模式。1991 年 10 月，《关于大力发展职业技术教育的决定》发布，强调职业学校及培训中心要根据各自条件，积极发展校办产业和生产实习基地；大力呼吁"产教结合，工学结合"。《关于大力发展职业技术教育的决定》提出，"探索以公有制为主导、产权明晰、多种所有制并存的办学体制。……推动公办职业学校资源整合和重组，走规模化、集团化、连锁化办学的路子"。《现代职业教育体系建设规划(2014—2020 年)》明确了重点鼓励建设的职业教育集团类型、组建方式、治理模式等，提出 300 所骨干职业教育集团的建设目标。从鼓励开展职业教育集团向大力建设骨干集团的政策转变，说明我国对职业教育集团化办学较为重视。截至 2014 年年底，据不完全统计，我国职业教育集团数量达 1048 个，与 2006 年相比，呈现大幅度增长趋势，涨幅高达 803%。[①] 各地积极展开混合所有制院校试点工作，并取得一定成果，多元办学格局初步形成。

大力发展现代学徒制人才培养模式，促进产教深度融合。《关于开展现代学徒制试点工作的通知》正式启动国家级现代学徒制试点工作。截至 2018 年，共有 558 个现代学徒制试点，覆盖 1480 多个专业点、9 万余名学生学徒、2200 多家紧密型合作企业参与。《职业学校校企合作促进办法》指出，教育行政部门应将校企合作作为衡量职业学校办学水平的基本指标。

建立多元化助学手段。"十一五"期间中央财政投入 100 亿元资金资助基本设施建设，重点建立完善助学金和学费减免等贫困资助制度。《中等职业学校国家助学金管理办法》指出，国家助学金由中央和地方政府共同出资设立，逐渐形成以中央政府为主导，以财政为主体，社会各方参与，多元化助学手段并举的助学制度体系。此外，还制定了高职院校生均拨款标准，发布了《关于建立完善以改革和绩效为导向的生均拨款制度加快发展现代高等职业教育的意见》。[②]

四、职业教育能力由弱变强

我国职业教育的办学能力逐渐增强，从 1876 年开办福建船政学堂算起，现代职业教育在中国已经经历了将近一个半世纪，它是国人开办的近代教育中最早出现的教育类别，自 1904 年正式进入国民教育体系至今已过百年。一方面，职业教育对于发展生产、维护民生具有重要的促进作用，另一方面，职业教育又在教育体系中处于"旁枝"地位，受到传统观念的鄙薄。这种矛盾

---

① 参见贾旻、王迎春：《新中国成立 70 年职业教育发展历程、经验与展望》，载《河北大学成人教育学院学报》，2020(2)。

② 参见贾旻、王迎春：《新中国成立 70 年职业教育发展历程、经验与展望》，载《河北大学成人教育学院学报》，2020(2)。

的属性导致职业教育在发展历程中历经曲折。中华人民共和国成立后，职业教育从百人弱校发展到万人大校，其作用和价值日益被社会高度重视，再通过加强示范骨干学校建设，以及中国特色高水平高职学校和专业建设计划（简称"双高"计划），涌现出一批国家级职业教育名校，推动鲁班工坊走出国门，赢得了国际声誉。但是职业教育的发展仍面临挑战，存在的诸多矛盾和问题有待解决。

受中国传统观念影响，社会对于职业教育存在误解，认为职业教育是为"差等生"准备的，使得职业教育发展受阻，处于边缘化地位。中华人民共和国成立以来，政府不断加大职业院校教育经费投入，促进基础设施建设和信息化发展，职业院校办学条件大大改善。1979—1981 年，教育经费在国家事业经费中的比重由 9.95% 提高到 13.5%；教育基本建设投资占国家基本建设投资总额的比重从 1% 提高到 3%。1985 年，我国从世界银行争取到 3500 万美元的贷款，集中支持建立 17 所职业大学，职业大学的功能和特征开始逐步引导其走上了高职教育的发展道路。[①] 从高职方面的投入来看，2014 年，财政部、教育部下发文件规定，各地高职院校年生均拨款水平不低于 1.2 万元，这为稳定我国高职院校办学经费提供了制度保障。据统计，2012—2015 年高等职业院校的财政性教育经费年均增长达 10%。[②] 随着政府对高等职业教育投入力度加大，高等职业学校办学条件不断改善。

数据显示，2015 年，全国高职(专科)院校生均教学辅助及行政用房面积 15.3 平方米，生均教学仪器设备值明显增加，生均教学科研仪器设备经费为 0.8 万元；教育信息化建设成效突出，每百名学生拥有教学用计算机 25 台，校均上网课程 63 门；高等职业院校的校内实践教学基地超过 5.6 万个，校均 45 个，促进了学生实践能力的培养。办学条件不断改善，有力支撑了高水平

---

① 参见罗军强、方林佑、方建超等编：《高等职业教育历史研究》，163～229 页，北京，光明日报出版社，2011。

② 陈工孟：《中国职业教育统计年鉴(2016)》，33、34～39 页，北京，经济管理出版社，2016。

学科专业建设和人才培育质量的提升。2017 年，职业教育经费总投入 4342 亿元，24 个省份高职院校生均拨款呈现增长态势，北京、西藏连续两年生均拨款达标率 100%。2019 年，中央财政安排现代职业教育质量提升计划专项资金 237 亿元，专门引导地方政府落实生均拨款制度，将高职学生国家励志奖学金覆盖面提高 10%，即由 3% 提高到 3.3%，奖励标准为每生每年 5000 元。①

《关于深化职业教育教学改革　全面提高人才培养质量的若干意见》指出，要深化职业教育教学改革，全面提高人才培养质量。2016 年，中央大力推进供给侧结构性改革，职业教育领域要求职业院校优化专业结构、提高人才培养质量。2017 年，31 个省份启动骨干专业建设项目，2019 年实施"双高"计划，集中力量建设 50 所左右高水平高职学校和 150 个高水平专业群，旨在发挥专业群的集聚效应和服务功能，实现人才培养供给侧和产业需求侧结构要素全方位融合。

职业教育经历了从规模发展到提质增效后，进入积极参与全球治理、讲好中国故事、传播好中国声音的新时代。对接国家发展战略，拓宽职业教育发展路径。各地高职院校配合"一带一路"企业面向当地员工开展技术技能培训和学历职业教育，形成了"鲁班工坊""丝路学院"等国际交流合作新品牌。2017 年，329 所高职院校与"一带一路"沿线国家开展了 351 项国际合作；在国内面向"一带一路"沿线国家开展学历教育，培养学生近 6000 人，培训超 10 万人次，成为服务"一带一路"倡议的生力军。不断打造优势专业，加大教学改革，全面提升人才培养质量。

综上所述，我国职业教育在新中国成立的 70 多年里，不断探索与发展，中等专业教育的有序发展支撑了新中国成立初期的工业体系，职业教育在恢复和发展中助力改革开放，新世纪初期职业教育实现跨越式发展，新时代职业教育深化改革支撑国家经济高质量发展。职业教育的社会贡献由小到大，

---

①　参见上海市教育科学研究院、麦可思研究院：《2019 中国高等职业教育质量年度报告》，38~42 页，北京，高等教育出版社，2019。

中国职业教育
改革与发展研究
1949—2021

职业教育为人的成长筑基，职业教育培养培训了亿万劳动者，为服务地方经济发展和脱贫攻坚助力，社会认可度显著提升。

第二节　中国职业教育改革与发展的经验和特点

新中国成立 70 多年来，职业教育积极适应经济社会发展需求，逐步确立了国家职业教育制度。回顾职业教育的发展历程，集曲折发展与独特贡献于一身，从中积累了丰富的发展经验，为新时代建设中国特色的现代职业教育体系提供了珍贵的启示。对中国职业教育改革发展的经验与特点加以总结，有利于进一步铸就中国特色职业教育品牌，创办人民满意的职业教育，拓宽职业教育改革与发展的新格局，为世界职业教育改革与发展贡献中国智慧。

一、坚持党对职业教育的领导

中国的国情决定了教育事业需要党的领导，党逐步实施教育领域的综合改革，"以更高远的历史站位、更宽广的国际视野、更深邃的战略眼光，对加快推进教育现代化、建设教育强国作出总体部署和战略设计"[①]，使教育能同党和国家发展的要求相适应。

党的十六大提出"加强职业教育与培训"，党的十七大提出"大力发展职业教育"，党的十八大要求"加快发展现代职业教育"，党的十九大提出的"完善职业教育和培训体系，深化产教融合、校企合作"，这些都充分体现了党中央始终把职业教育摆在重要的战略位置。

党的十八大开启了社会主义现代化新征程，随着我国经济发展的转型，职业教育发展受到重视。2014 年，习近平总书记在对全国职业教育工作会议所做的批示中指出，"职业教育是国民教育体系和人力资源开发的重要组成部分"，2018 年中央全面深化改革委员会第五次会议审议通过的《国家职业教育改革实施方案》强调"职业教育要对接科技发展趋势和市场需求"。2019 年，

---

① 人民日报评论员：《坚持党对教育事业的全面领导》，载《人民日报》，2018-09-18。

"加快发展现代职业教育"与财政政策、货币政策并列"置顶"于政府工作任务中的宏观政策层面，充分体现了对职业教育的重视程度。党的十八大以来习近平总书记关于职业教育的一系列重要指示，对于明确中国特色职业教育的本质特征、完善职业教育和培训体系、深化产教融合与校企合作、提高职业教育服务国家经济社会的能力具有重大意义。① 我国职业教育的发展正是在认真落实党中央对发展职业教育的总要求，牢牢把握社会主义办学方向的前提下取得的。

二、坚持公益性与普惠性的职业教育价值取向

政府坚持公益性与普惠性价值取向，努力构建职业教育公共服务体系。《国家中长期教育改革和发展规划纲要(2010—2020 年)》重申教育的公益性与普惠性原则，要求"形成惠及全民的公平教育"，"努力办好每一所学校，教好每一个学生，不让一个学生因家庭经济困难而失学"。职业教育公益性是指职业教育及其收益无排他性的为国家大多数甚至全体公民无偿享有，由公共资源予以补偿。② 70 多年来，我国职业教育主要由政府资助，中央与地方政府投入为主。以中等职业教育为例，逐步建立了完善的资助体系及其制度，从"设置助学金、奖学金"到"助学金为主，工学结合、顶岗实习为辅"再到"免学费"，逐步确立"以国家免学费及助学金为主，奖学金、顶岗实习、减免学费等为辅"的资助政策③，保证来自农村和城镇低收入家庭孩子的继续求学机会。中等职业教育免费体现了职业教育公益性，成为满足人们受教育需求，普及高中阶段教育以及提升国民素质的重要举措。在职业培训方面，政府加大投入，通过开展公共就业培训、购买职业教育服务等形式为推进农民工市民化、转岗人员再就业等提供免费或质优价廉的职业教育与技能培训。

---

① 参见郭文富、马树超：《新中国成立 70 年来职业教育发展的历史阶段特征与经验》，载《教育与职业》，2019(19)。

② 中央党校第 47 期省部班(民生与社会建设专题)第三课题组(执笔：鲁昕等)：《职业教育的公益性质及其实现形式》，2010，66 页。

③ 参见杨东梅：《中职学生资助政策演变》，载《职教通讯》，2014(7)。

中国职业教育
改革与发展研究
1949—2021

职业教育的普惠性体现在职业教育招生对象的普及性以及所获收益的惠及性，体现面向人人并终其一生的教育理念。70多年来，职业教育招生对象具有广阔包容性，面向普通初、高中毕业生以及往应届毕业生、退役军人、农村青年、下岗失业人员等社会群体，实现教育机会均等。职业教育使社会成员"学有所教"，提高个体人力资本存量，带来个体生产效率和收益的提高。个体劳动者之间通过合作与竞争性互动，带来人力资本社会平均水平的提高，实现社会经济组织的生产效率提升，促进国民整体素质及经济实力的增强，进而提升国家综合竞争力。

习近平总书记指出，职业教育"肩负着培养多样化人才、传承技术技能、促进就业创业的重要职责，必须高度重视、加快发展"[①]。总书记的这一重要指示，突破了以层次论人才的传统人才观，使人才的类型与层次有机地融合，指明了具有中国特色的现代人才观，使职业教育的重要使命更加明确、任务更加坚定。

三、坚持渐进式的职业教育改革与发展路线

渐进式职业教育改革遵循"由易到难、由点到面、先试点后推广"的发展理念，循序渐进，提升职业教育办学效益。职业教育工作的系统性强，涉及产业、教育等诸多方面。在职业教育发展进程中，国家重视职业院校和地方融入，鼓励职业院校因地制宜，有效利用当地的政策环境、产业环境、资源条件等，探索特色发展模式，体现了渐进式改革实施的特点，逐步形成了"制度创新试点—实践验证反馈—大范围推广普及"的模式。例如，2006年，为在全国高等职业院校中树立改革示范，推动职业教育改革发展，教育部、财政部联合启动国家示范性高等职业院校建设计划，一批高职院校坚持与产业互通互融，努力将代表产业发展趋势的优秀元素融入教育教学过程，将产教融合的内涵提升到新高度，加快了高等职业教育改革步伐，引领高等职业

---

① 《习近平就加快发展职业教育作出重要指示》，载《人民日报》，2014-06-24。

教育走出一条不同于普通大学的类型之路。①

此外，在办学体制角度上，渐进式职业教育改革主要采用增量模式。采用"体制外改革"形式，在计划经济体制以外或计划经济体制薄弱边缘给予市场经济试验的空间。体现为：职业教育办学体制的改革，多元办学格局的形成。办学过程中，政府始终坚持以公有制为主的办学原则，同时充分发挥市场机制，调动社会活力，引导不同办学主体通过独资、合资、合作等形式举办职业教育，并允许不同办学主体以资本、技术、知识等要素参与职业教育办学，大力举办职业教育集团，积极探索混合所有制及股份制职业教育办学模式，最终形成公办和民办职业院校共同发展的办学格局。②

四、坚持从产教结合向产教融合发展

职业教育价值取向上，从注重短期发展到追求长效发展。产教结合政策在改革开放伊始注重的是短期效益。职业教育在改革开放之初被界定为经济社会发展助推器，产教结合政策在实施过程中比较偏重其经济价值的展示，将政策定位为促进社会主义生产建设，提升社会生产力水平，适应国家对外开放的大局需求。但随着改革开放的不断深入，产教结合政策开始向产教融合政策转变，其从追求短期内的效益提升到注重职业教育的长远发展。当前我国产教融合政策集中于"五位一体"的总体布局以及"四个全面"的职业教育战略，在注重校企合作、工学结合过程中实现协同育人。在追求产教合作长效发展过程中，要不断提升企业、行业、产业等部门的主体地位与积极性，明确产教融合过程中双方的供需对接，拓展产教融合的服务范围及功能，实现产教融合政策的稳定发展。③

----

① 参见马树超、郭文富：《高职教育深化产教融合的经验、问题与对策》，载《中国高教研究》，2018(4)。

② 参见贾旻、王迎春：《新中国成立70年职业教育发展历程、经验与展望》，载《河北大学成人教育学院学报》，2020(2)。

③ 参见肖靖：《从产教结合到产教融合——40年职业教育的政策变迁》，载《中国高校科技》，2019(8)。

产教融合的参与主体日渐多元化。在产教结合时期，参与的主体相对是比较少的，基本上是职业院校和企业，注重的是校企合作和工学结合的过程，政府较少干预。随着改革开放的不断深入，经济高速的发展，客观上要求职业教育与产业需求之间实施精准对接。在产教融合政策的激励下，逐渐形成了政府、行业、学校、社会等多个主体共同参与兴办职业教育的格局体系，充分发挥了各个主体的合力与优势。职业院校在产教融合政策的鼓励下开始注重办学过程与经济社会发展、产业结构调整之间的联系；产业部门也意识到自身参与职业教育的职责与价值。职业教育的参与各方利用政策的激励性，发挥各自的优势参与到职业教育中，对产教融合的组织、协同等起到了较好的推动作用。事实上，产教融合政策本身就是倡导多元主体合作参与的，在多元主体共同参与之下，形成校企合作、工学结合的"订单式"人才培养模式。产教融合政策在多元主体的参与下，实现了职业教育办学过程的链条化、集团化及多主体化，进而实现了多个主体参与下的职业教育模式新发展。通过产教融合，实现了职业教育教学链、产业链、人才链等方面的衔接，使得职业教育过程与人才培养、产业发展、技术创新等结合起来，延伸了职业教育发展过程。按照产业发展需求来调整职业院校的培养目标、专业设置、教学过程，进而保证产业需求侧与职业教育供给侧之间的对接与平衡。最终使得职业教育在产业支持与配合下，更好地服务于社会的人力资源改革及区域经济社会发展。[1]

教师队伍建设从单一型到"双师型"转变。在产教结合时期，国家政策对于职业院校教师队伍建设没有特别明确的规定，对教师的综合素养也没有特别明确的规定，只是强调要推进产学研结合。但在产教融合政策时期，国家政策对职业教育师资队伍建设提出了综合性、融合性的要求。一方面，通过产教融合政策来激励职业院校教师参与到企业、产业体系中，在企业生产、实训过程中

---

[1] 参见肖靖：《从产教结合到产教融合——40年职业教育的政策变迁》，载《中国高校科技》，2019(8)。

来提升教师的实践经验及操作能力；另一方面，通过产教融合来丰富职业院校的教师队伍，鼓励建立一支专、兼职相结合的师资队伍。显然，"双师型"队伍建设本身就是产教融合的重要内容，并明确了"双师型"队伍建设是产教融合的成果与手段之一。在不同的政策中，对"双师型"教师队伍建设的思路、平台、制度、体系、机制等做出了系列的规定，充分体现了"双师型"教师队伍在产教融合中的重要地位，也是新时期高技能人才培养的制度基础之一。①

五、坚持政府主导下的外生型发展模式

新中国成立的 70 多年以来，在政府宏观政策的主导下，职业教育的"中国模式"逐步建立起来。《职业教育法》明确规定，"发展职业教育、推进职业教育改革、提高职业教育质量、建立健全职业教育制度"是国家责任，坚持政府主导的职业教育改革与发展原则。我国职业教育的这种由上而下、由外而内的"科层管理"发展轨迹具有明显的"外生"倾向。

我国采取权威型政府治理模式，走中央政府领导、地方政府积极实施的自上而下的改革与发展路径。国家的统筹规划是职业教育发展的根本保障，无论是在新中国成立初期中等专业教育的发展，还是改革开放后职业学校的恢复，以及 20、21 世纪之交高等职业教育的跨越式发展，再到新时代职业教育与培训体系的完善，都是在国家政府的推动和行政干预下才得以完成和顺利进行。虽然这期间经历了从中央集中领导，到责任下放，再到逐级上升管理的过程②，这种由政府主导而逐步建立起的现代职业教育体系，实质上是以政府为主的外部利益群体需求为导向，以统一领导、分级管理为方式的一种自上而下、由外而内的改革模式。

政策指导是我国职业教育大发展的决定性因素。在职业教育改革和发展

① 参见肖靖：《从产教结合到产教融合——40 年职业教育的政策变迁》，载《中国高校科技》，2019(8)。

② 参见祁占勇、王佳昕、安莹莹：《我国职业教育政策的变迁逻辑与未来走向》，载《华东师范大学学报(教育科学版)》，2018(1)。

中国职业教育
改革与发展研究
1949—2021

过程中，国务院印发《关于大力发展职业技术教育的决定》《关于大力推进职业教育改革与发展的决定》《关于大力发展职业教育的决定》《关于加快发展现代职业教育的决定》等文件做宏观指导。近年来，国家高度重视职业教育，习近平总书记关于职业教育工作的重要指示和李克强总理关于加快发展现代职业教育的重要批示相关文件先后印发，教育部等部门出台的《现代职业教育体系建设规划(2014—2020 年)》《高等职业教育创新发展行动计划(2015—2018 年)》等文件，推动着我国高等职业教育不断前进。①

政府统筹规划能力、资源配置能力、制度供给能力和政策配套能力，主导职业教育办学方向、层次结构、体制机制、办学模式及经费投入，促使职业教育获得快速发展。例如，20 世纪 80 年代，政府为解决地方经济飞速发展与人力资源奇缺的矛盾，试办走读、收费、短学制的职业大学。20 世纪末，国家实施高等教育大扩招，做出了大力发展高职教育的战略决策。政府通过试办五年制高职、四五套办，通过高等专科学校改革办学模式、独立设置成人高校转制举办高等职业教育，部分本科院校举办高职教育，同时升格国家级重点中专院校，采用新的办学模式和运行机制，多种形式探索高等职业教育发展道路。自 2006 年以来，国家示范、骨干高职院校计划的实施，是全面提高高职教育人才培养质量的重要战略举措。2019 年，教育部启动"双高计划"，首轮遴选了 56 所高水平学校建设单位和 141 个高水平专业群建设单位。②

政府的大量财政投入是职业教育大发展的保障。2014 年，教育部、财政部制定了高职院校生均财政拨款标准。2017 年，全国各地高职院校生均公共财政预算教育经费支出平均水平为 15455.13 元，生均财政经费保障达到不低

---

① 参见平和光、程宇、李孝更：《40 年来我国高等职业教育发展回顾与展望》，载《职业技术教育》，2018(15)。
② 参见赵惠莉、薛茂云：《新中国成立 70 年高等职业教育的崛起、创新与变革》，载《中国职业技术教育》，2020(9)。

于 12000 元的政策目标。①

国家以重大项目建设提升高职教育质量。2006 年以来，中央财政资金投入 45.5 亿元，建设了 200 所国家示范(骨干)高职院校；2010 年，国家启动了职业教育专业教学资源库，现已建成了 112 个国家级资源库；2011 年，启动实施高职国家精品开放课程建设项目；2011—2013 年，中央财政投入资金 40 亿元，用来提升高职院校服务能力；2010—2013 年，国家投入 16.67 亿元，支持高职院校建设了 910 个实训基地。

由此可见，我国职业教育发展所取得的成就，很大程度上得益于国家高瞻远瞩，发挥宏观调控作用，促进职业教育的可持续发展。这种政府主导的外生发展模式是我国职业教育发展的驱动力。

六、坚持以倾斜扶持、特色发展助推民族地区职业教育

各民族共同繁荣发展是我国民族政策的根本目标，我国各级政府遵循民族平等、民族团结的根本原则，导向鲜明地推进少数民族和民族地区职业教育走向现代化。新中国成立 70 多年，少数民族和民族地区职业教育导向鲜明、倾斜扶持、特色发展的特征明显。

一方面，国家通过统筹领导、倾斜扶持，着力解决民族地区职业教育的发展差距问题。少数民族和民族地区职业教育发展呈现的鲜明导向是坚持中国共产党的领导，坚持社会主义办学方向。这一导向性是所有公共政策的共性特征，我国少数民族和民族地区职业教育贯彻中国共产党的教育方针和民族政策，维护民族团结和社会稳定，在政策引领下培养适应民族地区需求的技术技能人才。倾斜扶持政策的目的是解决发展差距的问题。在相当长一段时期，国家针对少数民族和民族地区职业教育发展采取倾斜扶持措施，着力缩小差距、促进公平，解决民族地区由于历史、自然等原因形成的职业教育

---

① 参见上海市教育科学研究院、麦克思研究院：《2019 中国高等职业教育质量年度报告》，43～53 页。

体系不完善、技能人才匮乏等特殊困难和问题。面对民族地区经济社会发展的相对滞后问题，倾斜扶持政策的实施具有客观必要性。国家民委、教育部于1992、2000、2006年三次颁布了"加强""加快"和"大力"发展少数民族和民族地区职业教育的专项意见，国家教育事业发展"十二五"及"十三五"规划，都使得国家扶持少数民族和民族地区职业教育的政策得到具体落实。这些政策在经费投入、办学条件改善、专项规划项目、师资培训、对口支援、学生资助等方面的倾斜扶持举措，具有连贯性和一致性。国家层面的宏观统筹，将少数民族和民族地区职业教育的发展纳入国家职业教育现代化的整体结构框架，从根本上改变了民族地区职业教育的落后面貌。[1]

另一方面，通过加强民族优秀传统文化传承创新，着力聚焦少数民族职业教育的特色差异发展，促进民族和谐。特色发展聚焦的是差异化，体现国家对于促进各民族优秀传统文化和谐共生与传承发展的政策期待。在改革开放初期，由于少数民族和民族地区职业教育的基础较差，"开发具有当地特色的职业教育课程"等就是肯定差异性需求的政策举措始终贯穿于少数民族和民族地区职业教育的各项政策中。21世纪初，我国职业教育发展进入内涵建设的关键期，少数民族和民族地区职业教育特色发展的需求和路径得到明晰。2013年，教育部、文化部、国家民委印发《关于推进职业院校民族文化传承与创新工作的意见》，从专业布局、人才培养、师资团队、课程教学等多个层面整合特色发展的若干要素。广西壮族自治区颁布实施方案并建立了自治区级的"职业院校民族文化传承与创新基地"，在2018年的第二届国家级职业教育教学成果奖评审中，地处民族地区的中高职院校凝练了具有影响力、辐射力的特色发展模式和路径，成为少数民族和民族地区职业教育内涵发展的典型案例。少数民族和民族地区职业教育的特色发展、中华民族优秀文化交融创新的行动，在国家、地方政府、院校三个层面得到彰显。

综上所述，政府对少数民族地区职业教育所采取的这些以倾斜和特色发

---

① 参见蓝洁：《双重语境下民族高等职业教育的行动逻辑》，载《中国民族教育》，2017(4)。

展为主的举措，贯彻体现了国家把民族团结、民族平等和民族共同繁荣发展作为职业教育发展的出发点和归宿。

第三节　新时代职业教育发展的展望

经过 70 多年的发展，中国职业教育站在历史新起点。面对新形势，国家把"职业教育服务能力显著提升"作为《中国教育现代化 2035》八大发展目标之一，这是对职业教育发展的更多期待和更高要求。为此，新时代的职业教育发展应该从以下几方面着力。

一、更新教育观念，提高职业教育地位

为了加快发展现代职业教育，2014 年国家出台了《现代职业教育体系建设规划(2014—2020 年)》，提出要牢固确立职业教育在国家人才培养体系中的重要位置；2019 年国家又出台了《国家职业教育改革实施方案》，提出了 7 个方面 20 项政策举措和具体指标，要求"到 2022 年，建立适应发展需求、产教深度融合、中职高职衔接、职业教育与普通教育相互沟通，体现终身教育理念，具有中国特色、世界水平的现代职业教育体系"。而要实现这些目标和更长远的目标，需要创新职业教育思想，勇于探索。

职业教育和普通教育是我国现代教育发展的两翼，但两翼的发展却是不平衡的。虽然国家非常强调职业教育的重要性，出台多项鼓励性政策，但对于普通民众来说职业教育的吸引力仍然不强。其实，职业教育吸引力不足是个国际问题，影响因素有观念、质量以及待遇等多个方面。经济和社会待遇低是职业教育缺乏吸引力的直接原因。学校教育质量不高、办学特色缺乏是职业教育缺乏吸引力的根本原因。普通教育和职业教育的融合已成为现代教育发展的重要趋势，需要努力实现为一种平等的教育类型，否则融合发展的机制会受阻。

职业教育要成为现代教育体系中一种重要的教育类型，需从以下方面采取措施，不断优化办学环境：一是强化法律政策保障。建议在《教育法》《高

等教育法》《职业教育法》中，适当增加体现职业教育特点的条款，切实提高法律政策保障。二是切实提高技术技能型人才待遇。深化收入分配改革，完善符合高技术技能人才特点的工资分配制度和长效激励机制。三是提升社会文化对职业教育的认同度。通过利用媒体技术，加强职业教育及大国工匠的宣传力度，提高人们对职业教育的认可度，营造"劳动光荣、技能宝贵、创造伟大"的社会氛围，逐渐形成全国重视职业教育的社会氛围。四是优化资源配置，提升职业教育办学层次，提高办学质量和水平。《国家职业教育改革实施方案》中提出，在全面构建职业教育与普通教育互动立交桥的同时，要系统构建从中职、专科、本科到专业学位研究生的培养体系，满足各层次技术技能人才的教育需求。这一改革举措须强化"以实践教学的主导地位及职业岗位的针对性来确定职业教育的目标、任务与形式"，不能偏离"符合职业教育的人才成长特征"这一要求。更为重要的是，要提高我国职业教育的地位，不完全是提高办学层次，重要的是要形成职业院校的办学特色和办学优势。也就是说，职业院校要通过提供职业资格证书的形式，为学生提供职业岗位适应性教育，为社会培养复合型的应用技术人才。[①] 教育主管部门应逐步建立职业教育专业标准、教学标准、评价标准，促进职业教育标准化办学，提高办学质量，提升社会影响力。

二、深化体制机制改革，构建具有中国特色的现代职业教育体系

2010 年，国务院《关于开展国家教育体制改革试点的通知》已明确指出，要建立健全由政府主导、行业指导、企业参与多方联动的办学体制。建立具有中国特色的现代职业教育体系，必须不断探索新的发展模式。

（一）政府引领职业教育转型发展

出台政策鼓励现代服务业、人工智能等新兴产业与职业教育的对接。首先，人口红利的降低需要增加职业技术人才供给，提高劳动生产率。2010 年

---

① 参见楼世洲：《新中国成立 70 年来职业教育思想的回顾与思考》，载《教育与职业》，2019(19)。

以来，我国老龄化不断加深，总抚养比不断升高，劳动力人口比重下降。面对未来劳动力的结构变化，经济发展和职业教育需要提高生产数字化、智能化水平。其次，国际贸易新秩序要求增加现代服务业职业技术人才供给。相较于美国，我国在世界贸易中第三产业的影响力仍有较大上升空间。增加商业服务出口额，推动我国在国际贸易中现代服务业的影响力，需要政府出台系列政策鼓励职业教育体系增加对现代服务业的倾斜。

（二）加快职业教育高考改革，推进职业教育提质培优

我国处于快速工业化、现代化进程中，为促进职业教育发展，有必要规划和建设职业教育高考制度。2019 年 2 月，国务院印发了《国家职业教育改革实施方案》，指出"职业教育与普通教育是两种不同教育类型，具有同等重要地位"，要建立"职业教育高考"制度，完善"文化素质＋职业技能"的考试招生办法，为学生接受高等职业教育提供多种入学方式。而当前的高职高专自 1999 年被纳入普通高考统招以来，职业教育高考长期依附于普通高校的统一考试招生制度。普通高考招生不能满足职业教育对生源的特色需求，有必要建立为高等职业教育公开选拔人才的制度。近年来，湖北"技能型高考"以及山东提出"知识＋技能"的春季招生考试制度试点等，为职业教育高考的推进积累了一定的经验。

在此基础上，设置独立建制的职业教育高考可以从以下方面推进。

1. 完善职业教育高考改革的政策框架体系

政府要充分发挥改革实施的领导作用，统筹兼顾职业教育发展的现实诉求，深化落实《关于深化考试招生制度改革的实施意见》和《国家职业教育改革实施方案》的改革精神，规划设计改革实施核心框架与进程"路线图"，安排部署改革实施的具体办法，完善职业教育高考改革的政策框架体系。

改革招录办法，做到择材录取。在全国招生计划中调整面向中职生的比例，逐步实现两类考试在录取人数上大体相当，体现择材录取的公平性。高等职业院校以招录中职毕业生为主，不少于 1/2；转型高校或应用技术性较强的本科院校应不少于 1/3；一本院校中的应用技术型专业也应确定一定比例面向中职招生。

确定"文化素质＋职业技能"的考试内容。独立设置职业教育高考，实行"30％文化素质＋70％职业技能"考核方式，形成两类教育、两类高考"双轨制"格局，体现因材施考公平性，促进学术型、研究型人才与技术型、技能型人才共同发展；普通高中学生和职校学生自由选择参加职业教育高考和普通高考。考试形式以操作考试为主，须适当体现岗位技能、通用技术等内容，思想政治素质、心理健康、身体发展等单项测评成绩。

深化职普融通，做到因材施教。大力支持普通高中和职业高中多样化发展，形成学分互认、学籍互转机制；学生可根据自身兴趣，在两类学校间自由转学，为学生成才提供多样化教育平台；在实施"立德树人"素质教育前提下，根据学生自愿选择进行分类考试辅导，达到因材施教目的。

完善职业教育高考改革的监督问责机制。在落实职业教育高考改革政策的同时建构与政策实施同步的问责机制，确保"事有人管、事有人做"，科学、有效地推动和督促政策实行过程。同时，配套改革实施方案，出台有关职业教育高考管理办法的政策，强化考试考核工作的管理，对考试的组织领导、试卷命题与印刷、考试形式与时间（管理、规则）、监考守则、阅卷评分、违纪处理、成绩登记、成绩分析等过程做出明确详细的规定；加强命题、面试、招生录取环节的监察督导，杜绝并惩治考试中的不法行为。

2. 促进中等职业教育、高等职业教育与本科教育无缝衔接

国家已开始着手编制"十四五"科技发展规划，教育如何为培养未来创新型科技人才做好准备，是这一规划应考虑的重要方面。关于如何才能培养出具有强大创新能力的科技人才这一问题，构建职业教育高考制度即把职业教育内容渗透普通教育，促进职业教育与普通教育融通，改革普通教育内容结构，培养未来更能满足创新需求的科技人才。培养有强大创新能力的人才，一方面，需要进一步提升学生的综合文化基础知识，只有有了厚实的文化基

础知识底蕴，才能产生具有更大革命性意义的科技创新成果。另一方面，尽可能早地让学生学习实务知识在其创新能力发展中具有重要意义，只有把文化基础知识与实务知识融合进行教学，才能培养出具有强大创新能力的科技人才。只有在科学教育与职业教育协同并进的教育体系中，才能培养出具有强大创新动力与能力的科技人才。

3. 建立考试指导机制

加强高中生涯规划教育，高中要通过多种方式为学生提供有效的选科指导。增强学生选择性是新高考改革的核心目标，其初衷是希望学生依据自身的兴趣爱好与个性特长做出理性选择。但是赋予学生"选择权"并不代表着学生自然具备"选择能力"。因此，迫切需要高中加强生涯规划教育，为学生提供科学的选科指导，提升学生的选择能力。在保证教学质量和效果基础上让学生思考自己真正喜欢、爱好、适合的学科，减少选考的盲目性和功利因素。提高高中生的学科意识，帮助他们做出理性选择。

总之，人才没有地域和领域限制，普通教育和职业教育只是类型不同，不是层次差异。行行能出状元，人人皆可成才。我们需要仰望星空的科学巨擘，也离不开脚踏实地的能工巧匠。人才培养对接用人需求，两类高考选拔各类人才。科学育才选材用才，让每个人的天赋及时发现、让每个人的才能充分施展、让每个人都有创新创业的舞台，形成人才辈出、人尽其才、才尽其用的生动局面，为实施创新驱动发展战略，为实现"两个一百年"奋斗目标和中华民族伟大复兴的中国梦注入不竭动力！

（三）搭建职业教育"立交桥"体系，健全职前职后培养制度

一方面，实现职业教育与继续教育、高等教育的沟通和贯通。针对当前高职院校学生学历提升和发展中面临的困境，在保证职业教育质量一定标准的基础上，放开渠道，建立质量认证体系＋学分转换体系，探索实现学历证书和职业技能等级证书互通衔接。完善学历教育与培训并重的现代职业教育体系，畅通技术技能人才成长渠道。

另一方面，健全高职教育接续培养制度。探索职前职后一体化教育模式，充分发挥职业院校的资源优势，引导行业企业深度参与技能人才培养培训。统筹规划高职人才职前职后一体化培养制度，职前充分结合技能人才成长和培养规律，专业设置和人才培养要充分考虑社会需求，全面提升学生专业知识和专业技能；职后要加大对技能型人才的系统培训，加强行业基地建设，形成定期培训制度，为高技能人才提供发展平台。

（四）建立适应职业发展和新学徒制的社会化培训体系

职业教育发展与社会经济发展紧密相关，职业教育发展要从国家经济社会发展的实际需要出发。我国是发展中国家，经济和产业结构具有多样性，也就是说劳动密集型和资本密集型产业仍然是我国的基础性产业，中小型民营企业仍然是劳动力就业的主体。因此，如果实施过度的高学历职业教育会造成就业市场供求关系的扭曲，形成新的结构性失业。高素质应用型人才的培养不能仅靠学历教育体系，还需通过个人在职业生涯过程中的不断积累来提高其职业能力和素养，这就需要加强在职培训体系建设。因此，积极引导职业院校建立面向社会的职业资格培训体系，培育产教融合型企业，建立现代学徒制和在职研修制度。①

三、深化产教融合，铸就校企合作命运共同体

职业教育与社会经济发展、产业结构调整息息相关，在经济社会转型的大背景下，产教融合成为推进人力资源供给侧结构性改革的迫切要求。2017年12月，国务院办公厅颁发《关于深化产教融合的若干意见》，成为我国首个产教融合的法规性文件，产教融合作为促进经济社会发展的支撑点，在新时代被赋予了新内涵。2019年，国务院印发《国家职业教育改革实施方案》，强调为"大幅提升新时代职业教育现代化水平"，要"促进产教融合校企'双元'育人、推动校企全面加强深度合作"；党的十九大报告也强调要完善职业教

---

①　参见楼世洲：《新中国成立 70 年来职业教育思想的回顾与思考》，载《教育与职业》，2019(19)。

育的现代化教育和培训体系，应深化产教融合、校企合作。

校企合作、产教融合的目的是将企业及其产业先进技术、发展需求融入职业教育教学资源和教育教学过程，最终推进专业建设，使专业教学对接产业发展。可以从以下方面采取措施：一是发挥政府引导职能，深化产教融合。发挥政府的政策引导职能，使产教融合与制定实施经济社会产业发展布局协调发展。统筹多种资源，建设一批资源共享，集实践教学、社会培训、企业真实生产和社会技术服务于一体的高水平职业教育实训基地。推动院校专业建设与区域产业转型升级相适应。职业院校特别是高职院校要提升深度参与产教融合的能力①，主动与相关企业在人才培养、创新创业、文化传承等方面开展合作，积极为企业提供所需的课程、师资等资源，努力建立产教融合型企业认证制度。二是积极铸就校企合作命运共同体。国家要以产业转型升级为契机，鼓励、支持企业以职业教育集团等实体运行模式参与高职，进入专业教学改革和推广领域。推进协同育人，使企业的资源、权益、责任通过资源共享、合作研究、共建机构等形式与高职教育协作，构建"双主体办学、双主体育人"的"企业课堂"模式②，形成校企合作命运共同体。三是提升行业评价权威。建立以行业为主导的职业教育质量第三方评价机制，构建职业教育质量评价体系。成立由政府部门牵头，学校、企业、行业等多方参与的产教融合评价组织部门，支持第三方机构开展产教融合评价。制定全面的考核内容，细化考核指标，强化考核结果。

四、加强职业教育师资队伍建设，培养高水平"双师型"教师队伍

培养技能型人才的过程，离不开职业教育师资队伍建设这一根本保障。2018 年 1 月，中共中央、国务院印发了关于加强教师队伍建设的文件《关于全面深化新时代教师队伍建设改革的意见》，体现了党中央对新时代教师队伍建设提出了新的更高要求，职业教育师资队伍的建设和发展也不例外。

---

① 参见姜大源：《高校要提升深度参与产教融合的能力》，载《中国高等教育》，2018(2)。
② 参见陈裕先、宋乃庆：《校企合作构建"企业课堂"》，载《中国高等教育》，2016(11)。

该文件提出了新时代建设职业教育师资队伍的途径。

第一，全面加强职业教育系统师德师风建设。习近平总书记强调教育工作的立德树人，因而指出"评价教师队伍素质的第一标准应该是师德师风"。职业教育师资应具备高尚职业道德、职业情感、职业知识和技能，符合"四有"好教师标准。

第二，探索多元化培养方式，完善职业教育师资培养体系。要进一步规范和明确职业教育师资的专业标准；在职业教育师资培养过程中，优化招生生源质量，使优质人才资源进入职业院校教师培养体系。在职业院校教师入职标准和教师职称评聘标准制定上，突出职业院校教师的专业性、技术性、职业性和实践性的特点。探索职前职后衔接的教师培养制度和专业发展体制。

第三，推动产学研协同化培养，提升职业教育师资信息素养。人工智能时代的到来，要培养适应信息社会的职业技能人才，教师学会使用信息化手段开展教育教学工作。

第四，实施职业教育师资相关证书制度，建设"双师型"教师队伍。实施职业教育师资专业证书制度，有助于健全职业教育师资教育制度，实现职业技术教育的良性发展与循环。

第五，提高职业教育教师地位待遇。职业教育教师队伍承担着培养大国工匠的责任，应当不断加强其价值和重要性宣传，让职业教育教师成为让人羡慕和尊重的职业。同时，提高他们的经济和社会地位，深化职业教育教师职称评审、职级晋升、绩效考核、薪酬分配制度改革，使他们安心从教、全心从教。

五、服务社会需求，使应用型人才助推社会产业结构转型

发展目标的实现、创新动力的形成，必须依靠人才。应用型人才作为我国人才队伍中的重要力量，对推动经济社会发展和科技创新起着重要的支撑作用，是我国实现社会主义现代化的人力资源支持。

以智能化为主要特征的第四次工业革命给社会就业带来很大冲击，低技能任务自动化引发失业率上升，同时催生新职业。因此，职业教育需要增强适应力，尽可能满足学生、社会的多样化需求。目前，高技能人才匮乏阻碍了我国产业结构转型升级步伐。职业教育思想变革和创新需要社会对应用型人才的作用与地位形成共识。

随着企业对劳动者知识技能结构的要求不断升级，职业教育尤其是高等职业教育具有广阔发展前景。职业教育应从以下方面进行改革：一是积极探索并逐步推行"1＋X"证书制度，培养个人职业生涯发展所需综合能力，增强学生的企业适应力；二是把握产业变革特征，及时调整专业设置，同社会、企业需求接轨，帮助学生获得相应技术技能资格证书；三是深化以实训为导向的课程体系改革、以技能为导向的教学体制改革、以就业为导向的实习模式改革，实现应用型高技能人才的培养目标；四是拓展学生就业创业本领，缓解企业需求与市场供给脱节的压力；五是发挥职业教育对处境不利群体的教育补偿功能，比如为缓解当前产业转型升级过程中出现的结构性失业问题，我国政府提出主要面向退役军人、下岗职工、农民工群体的高职百万扩招计划。① 总之，职业教育体制的变革，不仅要实现教育体制内职业教育体系的改革和创新，还要依赖于劳动用工和就业制度的改革和创新。

六、促进民族文化交融创新，形成民族地区职业教育特色化发展路径

新中国成立 70 多年来，少数民族和民族地区职业教育经历起步、中断的曲折，在改革开放后的恢复和调整下，取得显著成绩，培养了大批少数民族人才，为加快民族地区经济社会发展做出了重要贡献，但由于历史、自然等原因，民族地区技术技能人才短缺，少数民族个体受教育程度相对较低等客观问题在短期内难以得到根本性的解决。少数民族和民族地区职业教育需要进一步提升办学水平，提高人才培养质量，助推少数民族和民族地区融入国

---

① 参见贾旻、王迎春：《新中国成立 70 年职业教育发展历程、经验与展望》，载《河北大学成人教育学院学报》，2020(2)。

内、国际经济发展大格局。

从现代性、开放性的视角展望发展趋势，少数民族和民族地区职业教育将承担起促进各民族文化交融创新、推动跨区域经济合作开发等特殊使命，形成特色化发展路径。在促进民族文化交融创新维度方面，少数民族和民族地区职业教育将在挖掘民族优秀文化资源，抢救保护和传承非物质文化遗产等方面发挥更重要的作用。在传播绿色工业文化方面，少数民族和民族地区职业教育要助推民族地区工业化进程，承担起孕育和传播绿色工业文化的社会责任，使新一代技能型人才具备绿色工业文化理念，促进少数民族和民族地区构建尊崇自然的绿色发展方式和生活方式。[①] 在助推跨区域经济合作开发方面，少数民族和民族地区职业教育需要为边境跨区域经济合作开发设置急需的专业，培养技术技能型人才。我国86%以上的陆地边界线在民族地区，79%的边境县(市、区)在民族地区。因此，随着"一带一路"国际合作倡议的推进，边境民族地区将发展为以经济为主要功能的多重经济复合型区域。为此，职业教育将担负起这一责任和使命。[②] 总之，在国家实施区域协调发展战略的历史机遇下，少数民族和民族地区职业教育将逐步探索出特色鲜明的发展道路，凸显其在国民教育体系中的独特价值。

七、注重高职教育内涵发展，打造中国特色质量品牌

职业教育从规模发展向高质量内涵式发展成为必由之路。《国家职业教育改革实施方案》提出具体指标，截至2022年，职业院校教学条件基本达标，一大批普通本科高等学校向应用型转变，建设50所高水平高等职业学校和150个骨干专业(群)；建成覆盖大部分行业领域、具有国际先进水平的中国职业教育标准体系等。

---

① 参见文静、薛栋：《技术哲学"经验转向"与中国职业教育发展》，载《教育研究》，2013(8)。

② 参见蓝洁：《新中国成立70年来少数民族和民族地区职业教育发展的变迁与展望——基于政策的视角》，载《当代职业教育》，2019(5)。

随着新经济、新技术、新业态的蓬勃兴起，党和国家赋予了高职教育高地位、高要求、新使命，要更加全面、深度对接市场需求、培养更多"大国工匠"，助推全社会高质量发展，推进中国制造向中国创造、中国速度向中国质量转变。"双高"计划是高等职业教育高质量发展的重要标志。2019 年 3 月，教育部、财政部发布了《关于实施中国特色高水平高职学校和专业建设计划的意见》，明确指出："建设一批引领改革、支撑发展、中国特色、世界水平的高等职业学校和专业群。"应对高质量的大规模发展，迫切需要各地政府提高认识、深化改革，基于区域和企业发展特点探索特色化的高职教育发展路径，建设技术技能人才培养高地和创新服务平台，培育一批专业带头人，打造"行业领军＋大国工匠＋骨干教师"高水平双师队伍，集中力量建设重点专业群和特色专业群，支持一批优质高职院校和专业群率先发展，形成高职品牌，充分发挥示范引领作用，实现高质量发展。[1]

"科研强校""科研立校"的理念成为当前高职院校内涵发展的共识，为经济社会发展提供强有力的智力支持和人才保障，助力经济社会高质量发展，已成为高职院校的应然之态。党的十九大以后，对高等职业教育的服务发展站位更高、指向更明、要求更实，服务供给由"标准化"向"个性化""精细化""智慧化"转变。一方面，要加快高职院校改革步伐，深化人才培养模式改革，提升应用技术创新服务能力，拓展社区教育和终身学习服务能力，加强创新创业教育，充分利用各种资源建设大学科技园、大学生创业园，通过创业教育实践平台，将学生的创新意识培养和创新思维养成融入教育教学过程，促进专业教育与创新创业教育有机融合；另一方面，紧密结合服务区域、产业发展和国家外交政策需要，加强教师队伍建设，着力打造"工匠之师"。此外，推动一批优质高职院校和专业群率先发展，引领高等职业教育服务国家战略、融入区域发展、促进产业优化升级，重点培养具有国际视野

---

① 参见宋乃庆、郑智勇：《新中国成立 70 年来我国高等职业教育发展探析》，载《职业技术教育》，2019(36)。

中国职业教育
改革与发展研究
1949—2021

的技能型人才，积极参与国际合作交流，打造中国特色高职品牌。我们既要学好国外先进经验，又要发出"中国声音"。继续加强与发达国家高职教育的对话，积极参与高等职业教育国际标准与规则的研究制定，扩大国际话语权、增强国家软实力。要继续围绕"一带一路"倡议和"中国制造2025"等国家战略，将以鲁班工坊为代表的中国传统工匠精神和高职教育结合起来，培养周边国家熟悉中华传统文化、当地经济发展急需的技术技能人才，推动我国高职院校对外开放办学，积极探索具有新时代中国特色的高职教育，打造走向世界的"中国模式"新品牌。①

综上所述，在新时代的新起点上，我们应更新职业教育观念，加快建设适应现代化社会发展需求的现代职业教育体系，坚持产教融合、校企合作，深化办学体制改革和育人机制改革；加强职业教育师资队伍建设，培养高水平"双师型"师资队伍；促进民族地区职业教育特色化发展，促进民族地区经济及文化发展；注重高职教育内涵发展，打造走向世界的"中国模式"质量品牌，为世界职业教育发展贡献中国智慧和中国力量。

---

① 参见宋乃庆、罗士琰、王晓杰：《义务教育改革与发展40年的中国模式》，载《南京社会科学》，2018(9)。

中国职业教育大事记（1949—2021）

1949 年

10 月 1 日，中华人民共和国成立。中央人民政府委员会一致决议，接受《中国人民政治协商会议共同纲领》（简称《共同纲领》）为本政府的施政方针。《共同纲领》第五章文化教育政策规定："有计划有步骤地实行普及教育，加强中等教育和高等教育，注重技术教育。"

12 月 23—31 日，教育部召开第一次全国教育工作会议，提出教育必须为国家建设服务，学校必须为工农开门。

1950 年

4 月 3 日，北京实验工农速成中学开学。这是全国第一所工农速成中学。此后全国各地相继举办工农速成中学。

4 月 5 日，中华职业教育社举行新中国成立后第一次全国工作讨论会。

9 月 20—29 日，教育部、全国总工会联合召开第一次全国工农教育工作会议，讨论工农教育的实施方针、领导关系等问题。

12 月 14 日，政务院发出《关于举办工农速成中学和工农干部文化补习学校的指示》。

1951 年

3 月 19 日，教育部召开第一次全国中等教育会议。

6 月 12—22 日，教育部召开第一次全国中等技术教育会议。会议提出中等技术教育的基本方针、任务。

10 月 1 日，政务院公布实施《关于改革学制的决定》。这是新中国建立以来唯一正式颁布的学制。它以法令形式确立和充分保障工农干部受教育的机会；明确规定职业技术教育和业余教育在学制中的适当地位。

10月7日，教育部颁发《关于工业、农业、财经性质中等技术学校教学计划的指示》，对全国中等技术学校学生人民助学金标准及实施办法做出规定。

1952 年

3月31日，政务院发出《关于整顿和发展中等技术教育的指示》。

7月5日，教育部发出指示，全国高级中学、技术学校、师范学校实行以省、市为单位统一招生。

7月8日，政务院发出通知，自9月份起将全国高等学校及中等学校学生的公费制一律改为人民助学金制。此前该制度已在一些地区公立学校实行。

8月29日，教育部颁发《中等技术学校暂行实施办法》《各级中等技术教育委员会暂行组织条例》和《关于加强领导私立技术补习学校的指示》。

10月11日，教育部颁发中等专业学校组织编制试行标准。

1953 年

1月13—24日，政务院文化教育委员会召开大区文教委员会主任会议，提出1953年文教工作"中心是要培养人才，特别是培养高、中级技术人才"。

3月，卫生部发布全国中级卫生学校调整原则。

4月2日，政务院财政经济委员会、高等教育部批准华东、西南、西北、中南四大区工业性质中等技术学校调整方案，高等教育部分别发布全国中等农业技术学校、中等财经学校调整整顿原则，全国开始进行中等专业学校调整整顿工作。

4月3日，中央生产实习指导委员会成立，并举行第一次会议。

5月，中央政治局召开会议讨论教育工作，毛泽东主持会议。会议做出抽调干部充实学校领导队伍，编写教材，允许小学民办，注意青年健康，中小学毕业生参加生产劳动等决定。

5月，中央劳动就业委员会、内务部、劳动部召开劳动就业座谈会，提出劳动部门应根据生产发展需要培养技术工人。

7月4日，高等教育部下发《关于中等技术学校(中等专业学校)设置专业的原则的通知》。

7月21日，政务院发出《关于中等专业学校毕业生分配工作的指示》，规定这类学校的毕业生原则上由所属领导部门负责分配工作。

7月31日，政务院公布《关于加强高等学校与中等技术学校学生生产实习工作的决定》。

1954 年

3月12—23日，全国文教工作会议召开，对中等专业教育工作提出要进行"整顿和发展"的任务。

6月7日，高等教育部召开全国中等专业教育行政会议，确定各类中等专业学校由中央各业务部门实行集中统一的领导。

9月26日，政务院发布《关于改进中等专业教育的决定》。

11月24日，高等教育部颁发经国务院第221次国务会议批准的《中等专业学校章程》。

1955 年

3月1日，高等教育部颁布《中等专业学校学科委员会工作规程》。

4月7日，劳动部和工业、交通、运输各部联合召开第一次全国工人技术学校校长会议。

1956 年

2月1日，劳动部颁发试行《技工学校标准章程(草案)》和《技工学校编制标准定额暂行规定(草案)》。

3月26日，国务院批准高等教育部《关于中国高等学校、中等专业学校和苏联高等学校、中等专业学校直接联系的暂行规定》。

4月9日，高等教育部颁发经国务院批准的《关于各部门互相接受委托培养中等专业干部的规定》。

5 月 28 日，教育部、高等教育部联合发出通知，决定自本年起中等专业学校普通课教师可到高等师范学校进修。

9 月，中共中央转发劳动部党组《关于加强省、市党委对技工学校领导的建议》。

1957 年

2 月 27 日，毛泽东在扩大的最高国务会议上做《关于正确处理人民内部矛盾的问题》的讲话，提出"我们的教育方针，应该使受教育者在德育、智育、体育几方面都得到发展，成为有社会主义觉悟的有文化的劳动者"。

5 月 26 日，中华职业教育社在北京举行建社四十周年纪念会。

10 月 25 日，国务院通过《关于高等学校和中等专业学校毕业生在见习期间的临时工资待遇的规定》。

1958 年

1 月 31 日，毛主席在《工作方法（草案）》中提出："一切中等技术学校和技工学校，凡是可能的，一律试办工厂或者农场，进行生产，做到自给或者半自给。学生实行半工半读。"

3 月 6 日，国务院第二办公室召开中等专业教育与生产劳动相结合座谈会。

3 月 20—26 日，劳动部在天津召开全国技工学校工作会议。

4 月 4 日，中共中央发出《关于高等学校和中等技术学校下放问题的意见》。

5 月 30 日，刘少奇在中共中央政治局扩大会议上提出，我国应实行"两种劳动制度、两种教育制度"。

6 月 8 日、20 日，刘少奇做出关于教育工作指示，提出全日制、半工半读两种教育制度，都是正规制度。

7 月 8 日，中共中央批转劳动部党组的请示报告，将现有 144 所技工学校下放 75 所给各省、市、自治区管理。

1959 年

4 月 6—15 日，劳动部在上海召开全国技工学校工作会议。

5 月 24 日，中共中央、国务院发出《关于试验改革学制的规定》，要求各地各部门有组织、有领导地进行学制改革试验。

11 月 2 日，中共中央批转《江苏省教育厅、共青团江苏省委关于赣榆县夹山农业中学的调查报告》。

1960 年

2 月 6 日，中共中央转发《江苏省委关于农业中学先进单位和先进工作者代表会议的情况报告》。

3 月 8 日，北京电视大学创建。它是中国第一所全国性的广播电视大学。

1961 年

2—8 月，根据中共中央书记处 2 月 10 日的指示，教育部会同国务院各有关部门抓紧解决高等学校、中等专业学校教材问题。

5 月 15 日，劳动部颁发施行《技工学校通则》《关于技工学校学生的学习、劳动、休息时间的暂行规定》，试行《技工学校人员编制标准(草案)》。

7 月 3—15 日，教育部在北京召开全国高等学校和中等学校调整工作会议。

7 月 30 日，毛泽东给江西共产主义劳动大学写信，赞成和支持该校实行半工半读和勤工俭学，希望各省也应该有这样的学校。江西共产主义劳动大学成为全国探索半工半读办学道路的样板之一。

12 月 17—28 日，教育部在北京召开第二次全国高等学校和中等学校调整工作会议。

1962 年

4 月下旬至 5 月中旬，教育部召开全国教育会议，讨论调整教育事业和精简学校教职工问题。

1963 年

3 月 14 日，教育部发出《关于改进中等专业学校招生工作和毕业生分配工作的意见》。

5 月 13—18 日，教育部、劳动部在北京联合召开城市职业教育座谈会。

6 月 5 日，教育部发出《关于制定全日制中等专业学校教学计划的规定(草案)》。

6 月 15 日，教育部颁发《中等专业学校专业目录》。《中等专业学校专业目录》共分 8 科，包括 347 个专业。

7 月 5 日，教育部发出《关于在中等专业学校中试办招收高中毕业生班的通知》。

7 月 10 日，中共中央宣传部发出《关于调整初级中学和加强农业、工业技术教育的初步意见(草稿)》。

8 月 2 日，国务院批转教育部《关于调整中等专业学校学生人民助学金问题的报告》。

9 月 20 日，教育部、劳动部、财政部联合发出《关于职业学校经费、编制的暂行规定》。

10 月 18 日，周恩来同教育部及有关部委、团中央、全国妇联负责人讨论中小学教育和职业教育问题。

10 月 28 日，国务院批转教育部《关于中等专业学校专业设置和调整问题的规定》。

11 月 6—9 日，教育部召开编制中小学教育和职业教育七年规划问题座谈会。

1964 年

4 月 2 日，国务院发出通知，将技工学校的综合管理工作由劳动部划归教育部主管。

7 月、8 月，刘少奇在向中央各部和北京市党员干部做报告时，以及在天津、安徽、山东、湖北、广西等地视察时，多次讲到两种劳动制度和两种教育制度，指出半工半读既是劳动制度又是教育制度。

10月12日，国务院批转高等教育部《关于中等专业学校招生和毕业生分配统筹规划问题的报告》。

11月17日，中共中央转发江苏省委《关于发展半工(耕)半读教育制度的规划(草案)》并做出批示。

12月21、22日，在三届全国人大一次会议上，周恩来在政府工作报告中谈到发展教育事业时指出，半工半读、半农半读的学校，是一种教育同劳动相结合的新型学校，是社会主义、共产主义教育的长远发展方向。

1965 年

3月26日—4月23日，教育部在北京召开全国农村半农半读教育会议。

7月15—30日，农业部召开全国高等和中等农业教育会议，研究农业教育改革的方向、方针、任务和措施。

10月25日—11月23日，教育部在北京召开全国城市半工半读教育会议。

11月中旬，中共中央政治局召开扩大会议，讨论城市半工半读教育问题。刘少奇在讲话时指出："半工半读试验的重点是中等专业学校和高等学校。"

1966 年

2月24日，教育部发出《关于巩固提高耕读小学和农业中学的指示》。

1967 年

5月14日，中共中央、国务院、中央军委、"中央文革"小组发出《关于半工半读学校复课闹革命和毕业生分配问题的通知》。

1968 年

11月15日，中共中央、国务院、中央军委、"中央文革"小组发出通知，1968年大专院校、中等专业学校、技工学校、半工(农)半读学校毕业生，从本年 11 月起开始分配。至此，除部分四年制中等专业学校 1969 届毕业生外，全国中等专业学校、技工学校在"文化大革命"开始时的在校学生全部离校。

1969 年

10 月 26 日，中共中央发出《关于高等院校下放问题的通知》。《关于高等院校下放问题的通知》指出大批高等学校和中等专业技术学校下放地方管理。

10—12 月，林彪"第一号令"下达后，大批中等专业学校被裁并，大批师生员工及部分家属下放农村。

1971 年

4 月 15 日—7 月 31 日，全国教育工作会议在北京召开。

1973 年

7 月 3 日，国务院批转国家计委、国务院科教组《关于中等专业学校、技工学校办学几个问题的意见》，要求各地抓紧中等专业学校和技工学校的调整、规划、布局等工作。

1974 年

12 月 21—28 日，国务院科教组、农林部和中共辽宁省委联合召开学习朝阳农学院教育革命经验现场会。

1977 年

8 月 4—8 日，邓小平召开科学和教育工作座谈会，并在会上做了《关于科学和教育工作的几点意见》的讲话。

9 月 19 日，邓小平与教育部部长刘西尧谈教育战线的拨乱反正问题。邓小平指出，1971 年的《全国教育工作会议纪要》"要进行批判，划清是非界限"，"'两个估计'是不符合实际的"。

12 月 17 日，教育部、财政部联合发出《关于普通高等学校、中等专业学校和技工学校实行人民助学金制度的办法》。

12 月 28 日，邓小平提出在军队创办军民两用技术培训。

1978 年

4 月 22 日—5 月 16 日，全国教育工作会议在北京举行。邓小平出席并讲话，提出调整中等教育结构。

1979 年

2 月 16 日，经国务院批准，决定在天津、山东、河南、吉林设立 4 所技工师范学院。

6 月 18 日，教育部发出《全日制中等专业学校工作条例(征求意见稿)》。

6 月 28 日，教育部颁发试行《中等专业学校学生学籍管理的暂行规定》。

1980 年

4 月 10—25 日，教育部在北京召开全国中等专业教育工作会议。

10 月 7 日，国务院批转教育部、国家劳动总局《关于中等教育结构改革的报告》。

10 月 22—28 日，教育部在济南召开全国农民教育座谈会，强调要广泛开展农业技术教育。

11 月 5 日，教育部发出《关于确定和办好全国重点中等专业学校的意见》。

1981 年

2 月 20 日，中共中央、国务院发布《关于加强职工教育工作的决定》。

10 月 17 日，中共中央、国务院《关于广开门路，搞活经济，解决城镇就业问题的若干决定》的第八条提出加强职工培训的措施。

12 月 22—28 日，全国职工教育工作座谈会在太原召开。

1982 年

4 月 15 日，教育部发出《关于 1982 年中等专业学校招生工作的意见》，提出今后应按专业不同的特点确定招生对象，逐步增加初中毕业生的比重。

8 月，教育部将中等专业教育司改为职业技术教育司，综合管理中专、职业学校和农业学校。

9月9日，国务院批转教育部《关于举办职工中等专业学校的试行办法》。

1983 年

4月11日，万里批示同意教育部、财政部、国家计委、对外经济贸易部《关于利用世界银行贷款促进广播电视大学及短期职业大学发展的请示》。

4月26日，劳动人事部发出《关于改革技工学校毕业生分配制度等问题的意见》。

5月9日，教育部、劳动人事部、财政部、国家计委联合发出《关于改革城市中等教育结构发展职业技术教育的意见》。

5月12日，中共中央、国务院下发《关于加强和改革农村学校教育若干问题的通知》，强调要改革农村中等教育结构，发展职业技术教育。

1984 年

4月2日，劳动人事部下发《关于不得随意改变技工学校性质的通知》。

5月15日，教育部、国家计委、财政部联合发出《关于高等学校举办干部专修科，中等专业学校举办干部、职工中专班的试行办法》。

1985 年

5月15—20日，中共中央、国务院在北京召开改革开放后第一次全国教育工作会议。会议讨论了《中共中央关于教育体制改革的决定(草案)》，研究了实行教育体制改革的步骤和措施。

5月27日，《中共中央关于教育体制改革的决定》颁布。

7月4日，国家教委同意上海电机制造学校等3所中专试办五年制技术专科。

8月5日，劳动人事部发出《关于技工学校改革的意见》。

1986 年

5月30日，国家教委发出通知，建立职业技术教育委员会。

6月26日，国家教委颁发《关于加强职业技术学校师资队伍建设的几点意见》。

7月2—6日，国家教委、国家计委、国家经委、劳动人事部联合召开第一次全国职业技术教育工作会议。

8月27—31日，国家教委在辽宁省沈阳市召开全国成人中等专业教育工作会议。

11月11日，劳动人事部、国家教委联合颁发《技工学校工作条例》，下发《关于技工学校毕业生学历问题的通知》。

1987年

2月27—28日，国家教委与河北省政府在涿州市召开河北农村教改实验区第一次会议。

4月17日，国家教委发布《成人中等专业学校暂行条例》。

6月23日，国务院批转国家教委《关于改革和发展成人教育的决定》。

8月10—15日，国家教委在北戴河召开全国中专教改座谈会。

12月30日，国家教委、农牧渔业部、财政部联合颁发《乡(镇)农民文化技术学校暂行规定》。

1988年

2月21日，国务院办公厅转发《关于从工人农民及其他劳动者中选拔和培养各种技术人才的意见》。

4月5日，国家教委、农牧渔业部等部门联合发出《关于农业中等专业学校招收农村青年不包分配班的若干规定》。

9月1日，劳动部发出《关于试行〈职业技术培训教师专业证书〉制度的实施意见》。

9月30日，国务院原则批准国家教委"燎原计划"的总体设想，并每年拨6000万元贷款。

1989年

1月5日，劳动部印发《关于加强职业技术培训师资队伍建设的意见》。

7月1日，劳动部、人事部颁布《关于培养生产实习指导教师的实施办法》。

8 月 17 日，国家教委职业教育司下发《关于试行〈职业技术教育专业教师任职资格与培训〉的通知》。

10 月，天津大学职业技术教育学院、浙江大学职业技术教育学院分别成立。

12 月 27 日，国家教育委员会、劳动部等 5 部门联合印发《关于开展岗位培训若干问题的意见》。

1990 年

3 月 9 日，国家教委下发《关于中等专业学校(含中师)领导体制问题的通知》。

4 月 20 日，北京市技工教育 10 年成果展开幕。李鹏为展览题词："发展技工教育，提高职工素质。"

4 月 21 日，国家教委印发《关于制订成人中等专业学校教学计划的原则意见(试行)》。

7 月 10 日，国家教委职业技术教育中心研究所在北京成立。

8 月 18 日，国家教委职业技术教育司在山东省烟台市召开职业技术教育师资队伍建设研讨会。

9 月 18 日，国家教委印发《关于落实世界银行贷款职业技术教育项目效益指标的意见》。

11 月 8 日，全国农民技术教育工作座谈会在北京举行。

11 月 16—19 日，中国职业技术教育学会成立大会暨首届理事会在北京召开。

11 月 26 日，中国农业银行、国家教委下发《关于支持农林中专和农村职业中学开展生产经营活动的联合通知》。

12 月 30 日，中共中央《关于制定国民经济和社会发展十年规划和"八五"计划的建议》再次强调大力发展职业教育。

1991 年

1 月 18 日，国家教委、国家计委、劳动部、人事部、财政部在京召开第二次全国职业技术教育工作会议。

3 月 13 日，国家教委办公厅印发《普通中等专业学校办学水平评估指标体系(试行)》。

4 月 24 日，劳动部下发《关于开展技工学校评估工作的通知》。

6 月 27 日，全国中专改革招生分配制度、为科教兴农服务座谈会在浙江嘉兴举行。

10 月 17 日，国务院颁布《关于大力发展职业技术教育的决定》。

1992 年

2 月 26 日，劳动部颁布《关于加强工人培训工作的决定》。

4 月 8 日，国家教委印发《〈关于加强少数民族与民族地区职业技术教育工作的意见〉的通知》。

5 月 10 日，中国职业技术教育学会学术委员会成立。

5 月 22 日，由国家教委和德国赛德尔基金会合作建立的平度双元制职业培训中心举行落成典礼。

12 月 10 日，劳动部正式颁布第一部《中华人民共和国工种分类目录》。

1993 年

2 月 13 日，中共中央、国务院印发《中国教育改革和发展纲要》。

3 月 1 日，中国全民教育国家级大会在北京和河南召开，会议通过《中国全民教育行动纲领》。

3 月 23 日，国家教委印发《关于普通中等专业学校专业设置管理的原则意见》。

6 月 26 日，全国职业技术教育"产教结合"经验交流会在广东省珠海市召开。

9 月 13 日，由国家教委主办的国际职业技术教育研讨会在北京开幕。

9 月 29 日，劳动部颁布《关于深化技工学校教育改革的决定》。

10 月 18 日，江泽民在中央农村工作会议上发表讲话，提出大力发展农

中国职业教育
改革与发展研究
1949—2021

村职业技术教育和农村成人教育。

11月11日,《中共中央关于建立社会主义市场经济体制若干问题的决定》提出"要制定各种职业的资格标准和录用标准,实行学历文凭和职业资格两种证书制度"。

1994 年

3月9日,国家教委印发《关于普通中等专业学校招生与就业制度改革的意见》。

4月6日,由农业部牵头、国家教委等九部委参加的全国农科教结合协调领导小组正式成立。

4月10日,职业培训政策与立法国际研讨会在北京召开。

4月21日,劳动部制定《国家职业技能鉴定规范》。

6月14日,中共中央、国务院在北京召开全国教育工作会议,李鹏在会上指出:"今后一个时期,适当扩大规模的重点是高等专科教育和高等职业教育。"

7月3日,国务院印发《关于〈中国教育改革和发展纲要〉的实施意见》。

7月4日,中德两国政府在德国波恩发表《关于加强职业教育领域合作的联合声明》,这是我国第一个国家级职业教育对外交流与合作协定。

10月18日,教育部决定在成都航空工业学校等10所中等专业学校试办五年制高职班。

10月27日,劳动部发布《职业指导办法》。

1995 年

3月18日,八届全国人大三次会议通过《中华人民共和国教育法》,开始改称"职业技术教育"为"职业教育"。

4月,由国家教委起草的《职业教育法》上报国务院后,经国务院第39次常务会议讨论通过,正式提交全国人大常委会审议。

6月1—3日,职业技术教育师资培训基地工作会议在北京举行。

10 月 5—7 日，全国农科教结合工作经验交流会议在北京举行。

1996 年

1 月 26 日，国家教委在厦门召开全国职业教育工作座谈会。

2 月 14 日，国家教委公布首批 296 所国家级重点职业高级中学(中心)名单。

4 月 29 日，国家教委、农业部联合印发《关于进一步办好农村中等职业学校农业类专业的意见》。

5 月 15 日，《中华人民共和国职业教育法》公布。9 月 1 日正式实施。

6 月 17 日，国家教委、国家经贸委和劳动部联合召开第三次全国职业教育工作会议。

7 月 2 日，世界银行贷款第二个职业教育项目启动。9 月 13 日，双方正式签署信贷协定。

7 月 8 日，劳动部印发《职业技能开发事业发展"九五"计划和 2010 年长远规划》。

1997 年

3 月 1 日，八届全国人大五次全体会议召开。李鹏在政府工作报告中指出，要大力发展中等职业教育，通过改革、改组、改制积极发展高等职业教育。

11 月 6—8 日，国家教委职业教育司和职业技术教育中心研究所在北京联合召开职业教育教学改革座谈会。

11 月 14 日，国家教委职业教育司在山东省青岛市召开全国职业教育师资队伍建设工作座谈会。

1998 年

2 月 4 日，劳动和社会保障部下发《关于印发〈"三年千万"再就业培训计划〉的通知》。

2 月 11 日，国家教委印发《关于加快中西部地区职业教育改革与发展意见》。

2月16日，国家教委印发《面向二十一世纪深化职业教育教学改革的原则意见》。

3月16日，教育部、国家经贸委、劳动和社会保障部共同制定印发《关于实施〈职业教育法〉加快发展职业教育的若干意见》。

6月12—15日，全国职业教育改革与发展现场经验交流会在青岛市召开。

10月12—14日，《中共中央关于农业和农村工作若干重大问题的决定》提出积极发展多层次、多形式的职业教育。

1999 年

1月11日，教育部召开1999年度教育工作会议，强调大力发展职业教育，尤其要发展农村的初、中等职业教育，积极发展高等职业教育。

1月12日，国务院批转教育部《面向21世纪教育振兴行动计划》。

3月5日，教育部在江苏省无锡市召开1999年全国职业教育协作会议。

5月5—7日，全国高职高专教育人才培养工作委员会成立大会在北京举行。会议讨论修改了《关于加强高职高专教育人才培养工作的若干意见》等文。

5月25日，《中华人民共和国职业分类大典》正式颁布并出版发行。

6月15—18日，中共中央、国务院在北京召开改革开放以来第三次全国教育工作会议。

6月27日，国务院办公厅转发劳动保障部、教育部、人事部等部门《关于积极推进劳动预备制度加快提高劳动者素质的意见》。

7月27日，全国中等职业教育教学指导委员会正式成立。

9月9日，教育部印发《关于调整中等职业学校布局结构的意见》。

9月23—25日，教育部在山东省烟台市召开全国中等职业学校布局结构调整工作会议。

2000 年

1 月 14 日，国务院办公厅下发《关于国务院授权省、自治区、直辖市人民政府审批设立高等职业技术学校有关问题的通知》。

3 月 21 日，教育部印发《关于全面推进素质教育深化中等职业教育教学改革的意见》和《关于制定中等职业学校教学计划的原则意见》。

4 月 27 日，劳动和社会保障部与中国职工教育和职业培训协会在广州举行全国技工学校改革经验交流会。

5 月 6 日，江泽民为上海第二工业大学建校 40 周年题词。

5 月 12 日，劳动和社会保障部下发《关于加快技工学校改革工作的通知》，启动技工学校等职业培训机构调整与改革工作。

5 月 31 日，首批国家级重点中等职业学校名单发布。

8 月 18 日，教育部印发《关于进一步加强中等职业教育师资培养培训基地建设的意见》。

9 月 18 日，改革开放以来第一次全国中等职业教育师资工作会议在云南召开。

2001 年

3 月 15 日，《中华人民共和国国民经济和社会发展第十个五年计划》提出："大力发展职业教育和职业培训，发展成人教育和其他继续教育，逐步形成大众化、社会化的终身教育体系。"

5 月 14 日，教育部下发《关于中等职业学校面向农村进城务工人员开展职业教育与培训的通知》。

5 月 22 日，教育部在江苏省南京市召开全国中等职业学校试行学分制研讨会。

7 月 2 日，教育部组织制定《中等职业学校设置标准(试行)》。

8 月 17 日，教育部印发《关于在职业学校进行学分制试点工作的意见》。

9 月 28—29 日，教育部、劳动和社会保障部在上海联合召开高职院校推进"双证书"教育试点工作座谈会。

11 月 21 日，教育部印发《关于"十五"期间加强中等职业学校教师队伍建设的意见》。

2002 年

3 月 27 日，教育部印发《关于进一步办好五年制高等职业技术教育的几点意见》。

7 月 25—28 日，教育部在长春举办首次全国职业教育展。

7 月 28 日，国务院在北京召开第四次全国职业教育工作会议。会后《关于大力推进职业教育改革与发展的决定》《关于进一步发挥行业、企业在职业教育和培训中作用的意见》《关于进一步推动职业学校实施职业资格证书制度的意见》颁发。

11 月 8 日，中国共产党第十六次全国代表大会在北京开幕。江泽民在报告中强调，要加强职业教育和培训，发展继续教育，构建终身教育体系。

11 月 28 日，经教育部和财政部共同协商，中央财政为职业教育安排 1.84 亿元专项经费用于支持示范性职业学校建设和对家庭经济困难学生接受职业教育进行资助。

2003 年

9 月 1 日，《中华人民共和国民办教育促进法》正式实施，中国民办教育事业从此走上法制化轨道。

9 月 17 日，国务院做出《关于进一步加强农村教育工作的决定》。

9 月 19 日，全国农村教育工作会议召开。温家宝指出，扩大城市各类职业学校面向农村招生。

11 月 4 日，全国职业技术学校职业指导工作经验交流会议在河南省郑州市召开。

12 月 19 日，中共中央、国务院在北京召开全国人才工作会议。

12 月 26 日，中共中央、国务院颁布《关于进一步加强人才工作的决定》。

2004 年

2 月 13 日，教育部在江苏省无锡市召开全国中等职业学校产教结合经验交流会。

2 月 24 日，教育部在四川省成都市召开全国农村劳动力转移培训经验交流会。

3 月 3 日，国务院批转教育部《2003—2007 年教育振兴行动计划》，提出实施职业教育与培训创新工程。

3 月 24 日，教育部下发《关于农村劳动力转移培训计划的通知》。

4 月 2 日，教育部印发《关于以就业为导向深化高等职业教育改革的若干意见》。

4 月 7 日，农业部、财政部、劳动和社会保障部、教育部、科技部、建设部共同组织实施的农村劳动力转移培训阳光工程正式启动。

4 月 30 日，教育部、财政部联合印发《关于推进职业教育若干工作的意见》。

6 月 4 日，国务院正式批准建立职业教育工作部际联席会议制度。

6 月 17 日，教育部、国家发展和改革委员会等 7 部门联合在江苏召开全国职业教育工作会议。

7 月 5 日，教育部制定并出台《中等职业学校学生心理健康教育指导纲要》。

7 月 6 日，劳动和社会保障部下发《关于在百所职业院校推进实施职业资格证书制度国家级试点工作的通知》，确定北京联合大学师范学院等 137 所职业院校为试点院校。

7 月 15 日，教育部印发《关于贯彻落实全国职业教育工作会议精神进一步扩大中等职业学校招生规模的意见》。

8 月 5 日，教育部印发《关于在职业学校逐步推行学分制的若干意见》。

9 月 14 日，教育部等七部门印发《关于进一步加强职业教育工作的若干意见》。

10 月 25 日，教育部制定并颁发《中等职业学校德育大纲》。

2005 年

2 月 28 日，教育部印发《关于加快发展中等职业教育的意见》。

3 月 2 日，贯彻落实全国职业教育会精神经验交流会暨 2005 年度全国职业教育与成人教育工作会议在四川省泸州市召开。

4 月 26 日，教育部在江西省新余市召开全国民办中等职业教育工作经验交流会。

5 月 12 日，劳动和社会保障部印发《国家高技能人才东部地区培训工程方案》。

6 月 14 日，教育部与国家发展和改革委员会在陕西省宝鸡市召开全国县级职业教育中心改革与发展座谈会。

7 月 21 日，教育部、财政部在北京联合召开职业教育实训基地建设工作会议。

8 月 19 日，教育部在天津召开职业教育工学结合座谈会。

8 月 21 日，中国职业教育首届杰出校长表彰会在北京召开。

10 月 28 日，国务院印发《关于大力发展职业教育的决定》。

11 月 7 日，全国职业教育工作会议在北京召开，温家宝、黄菊出席会议并讲话。

11 月 8 日，国务院下发《关于进一步加强就业再就业工作的通知》。

2006 年

3 月 19 日，《国务院 2006 年工作要点》印发，强调要大力发展职业教育。

3 月 28 日，教育部与天津市合作共建国家职业教育改革试验区工作正式启动。

3 月 30 日，教育部印发《关于职业院校试行工学结合、半工半读的意见》。

4 月 25 日，教育部印发《关于大力发展民办中等职业教育的意见》。

4 月 28 日，劳动和社会保障部印发《新技师培养带动计划》。

6月11日，中共中央办公厅、国务院办公厅印发《关于进一步加强高技能人才工作的意见》。

7月24日，财政部、教育部联合印发《关于完善中等职业教育贫困家庭学生资助体系的若干意见》和《中等职业教育国家助学金管理暂行办法》。

9月26日，国务院召开全国高技能人才工作会议暨第八届中华技能大奖和全国技术能手表彰大会。

9月28日，教育部印发《关于建立中等职业学校教师到企业实践制度的意见》。

10月19日，教育部下发《关于在部分职业院校开展半工半读试点工作的通知》。

10月24日，全国职业教育半工半读试点工作会议在青岛召开。

11月3日，教育部与财政部联合印发《关于实施国家示范性高等职业院校建设计划加快高等职业教育改革与发展的意见》。

11月15日，温家宝在中南海邀请有关专家围绕职业教育进行座谈。

11月16日，教育部印发《关于全面提高高等职业教育教学质量的若干意见》。

12月26日，教育部、财政部印发《关于实施中等职业学校教师素质提高计划的意见》。

2007 年

5月9日，温家宝主持召开国务院第176次常务会议，讨论并通过《国务院关于建立健全普通本科高校、高等职业学校和中等职业学校家庭经济困难学生资助政策体系的意见》。

5月18日，国务院批转教育部《国家教育事业发展"十一五"规划纲要》。《国家教育事业发展"十一五"规划纲要》提出，"十一五"期间，要加快发展职业教育，提高劳动者素质，努力使城乡劳动力人人有知识、个个有技能。

5月23日，教育部办公厅、财政部办公厅印发《关于组织实施中等职业学校专业骨干教师培训工作的指导意见》。

6月26日，教育部、财政部制定《中等职业学校学生实习管理办法》。

8月29日，教育部办公厅、财政部办公厅印发《中等职业学校重点专业师资培养培训方案、课程和教材开发项目实施办法》以及《中等职业学校紧缺专业特聘兼职教师资助项目实施办法》。

8月30日，第十届全国人大常务委员会第二十九次会议通过《中华人民共和国就业促进法》。

10月26日，教育部、财政部公布42所高等职业院校为2007年度"国家示范性高等职业院校建设计划"立项建设单位。

11月8日，中共中央办公厅、国务院办公厅联合印发《关于加强农村实用人才队伍建设和农村人力资源开发的意见》。

2008 年

3月10日，中共中央组织部、中共中央宣传部等五部门联合发出《关于高技能人才享受国务院颁发政府特殊津贴的意见》。

5月28日，教育部办公厅发出《关于做好地震灾区中等职业学校复学复课、就业援助和招生工作的通知》。

10月9日，中国共产党第十七届中央委员会第三次全体会议审议通过《中共中央关于推进农村改革发展若干重大问题的决定》，提出重点加快发展农村中等职业教育并逐步实行免费，健全县域职业教育培训网络，加强农民技能培训，广泛培养农村实用人才。

12月31日，《中共中央 国务院关于2009年促进农业稳定发展农民持续增收的若干意见》发布。该意见提出，加快发展农村中等职业教育，自2009年起中等职业学校对农村家庭经济困难学生和涉农专业学生实行免费。

2009 年

4月22日，第十一届全国人大常务委员会第八次会议听取《国务院关于职业教育改革与发展情况的报告》。

4月27日，人力资源和社会保障部组建以来的首次全国职业能力建设工作座谈会召开。

6月24日，教育部、中共中央宣传部等六部门联合发出《关于加强和改进中等职业学校学生思想道德教育的意见》。

12月2日，温家宝主持召开国务院常务会议，决定从2009年秋季学期起，对公办中等职业学校全日制在校学生中农村家庭经济困难学生和涉农专业学生逐步免除学费。

12月14日，财政部等四部门联合颁布《关于中等职业学校农村家庭经济困难学生和涉农专业学生免学费工作的意见》。

2010 年

1月15日，温家宝在中南海主持召开职业教育座谈会。

2月20日，人力资源和社会保障部等三部门联合下发《关于进一步实施特别职业培训计划的通知》。

3月20日，中国职业教育与石油和化工行业发展对接高峰论坛在江苏常州举行，教育部正式启动职业教育与产业对接活动。

6月6日，《国家中长期人才发展规划纲要(2010—2020年)》经党中央、国务院批准，由新华社授权全文播发。

6月17日，教育部等三部门联合下发《关于实施国家中等职业教育改革发展示范学校建设计划的意见》。

6月21日，中共中央政治局召开会议，审议并通过《国家中长期教育改革和发展规划纲要(2010—2020年)》。

10月7日，2010年世界技能组织大会表决通过中国正式加入世界技能组织。

10月20日，国务院出台《关于加强职业培训促进就业的意见》。

10月24日，国务院办公厅下发《关于开展国家教育体制改革试点的通知》。

11月27日，教育部发布《关于印发〈中等职业教育改革创新行动计划

中国职业教育
改革与发展研究
1949—2021

（2010—2012 年)〉的通知》。

2011 年

2 月 11 日，教育部人事司印发《关于职业教育与成人教育司处室调整的通知》，将高等教育司的高职与高专教育处、远程与继续教育处划转到职业教育与成人教育司。

6 月 3 日，教育部在天津召开全国职业教育改革创新国家试点推进会。

6 月 23 日，教育部发布《关于充分发挥行业指导作用　推进职业教育改革发展的意见》。

6 月 27—28 日，教育部、人力资源和社会保障部在天津联合召开全国职业教育科研工作会议。

7 月 6 日，中共中央组织部、人力资源和社会保障部联合发布《高技能人才队伍建设中长期规划(2010—2020 年)》。

8 月 30 日，教育部发布《关于推进中等和高等职业教育协调发展的指导意见》。

9 月 29 日，教育部印发《关于推进高等职业教育改革创新引领职业教育科学发展的若干意见》。

10 月 4—9 日，第 41 届世界技能大赛在英国伦敦开赛，我国首次派代表团参加。

10 月 25 日，教育部等九部门联合下发《关于加快发展面向农村的职业教育的意见》。

11 月 6 日，教育部等九部门在陕西西安联合召开加快发展面向农村的职业教育工作会议。

11 月 8 日，教育部、财政部印发《关于实施职业院校教师素质提高计划的意见》。

12 月 28 日，教育部在广西南宁召开全国职业教育师资工作会议。

2012 年

4 月 13 日，由吉林省教育厅、吉林省文化厅、吉林省新闻出版局主办，吉林工程技术师范学院与吉林省博物院联合承办的全国首次中国职业教育史展览开幕。

4 月 24 日，教育部在天津召开 2012 年全国职业教育教师培养工作座谈会。

5 月 14—16 日，由联合国教科文组织主办的第三届国际职业技术教育大会在上海成功举办。全国政协副主席、中华职业教育社第十届理事会理事长张榕明应邀出席，并在中国专题圆桌会议上作了题为《中国民间组织参与职业技术教育的实践探索》的发言，指出中华职业教育社作为中国第一个专业从事职业教育的民间组织，成为中国民间组织参与职业教育的成功范例。

6 月 21 日，教育部正式下发文件，批准在中央广播电视大学的基础上建立国家开放大学，同时在北京广播电视大学、上海电视大学基础上建立北京开放大学、上海开放大学。

9 月 13—15 日，中国职业教育展在德国柏林举行，这是教育部在海外举办的首次中国职业教育展。

9 月 24 日，全国技工院校一体化课程教学改革扩大试点工作启动会在杭州召开。

10 月 10 日，温家宝主持召开国务院常务会议，决定扩大中等职业教育免学费范围。

10 月 22 日，财政部等四部门联合印发《关于扩大中等职业教育免学费政策范围进一步完善国家助学金制度的意见》。

11 月 8 日，中国共产党第十八次全国代表大会召开。胡锦涛做了题为《坚定不移沿着中国特色社会主义道路前进 为全面建成小康社会而奋斗》的报告，提出加快发展现代职业教育。

12 月 10 日，全国职业教育信息化建设工作会议在江苏南京召开。

12 月 18—19 日，国家职业教育体制改革试点工作暨职业教育集团化办学现场交流会在河南郑州召开。

2013 年

1 月 23 日，教育部在天津召开中等职业教育部分专业教学标准开发试点工作汇报会暨论证会。

5 月 24 日，农业部办公厅印发《关于新型职业农民培育试点工作的指导意见》。

6 月 28 日，应用技术大学(学院)联盟在天津职业技术师范大学成立。

7 月 7 日，第 42 届世界技能大赛在德国莱比锡落下帷幕。我国选手收获了 1 银 3 铜以及 13 个项目的优胜奖。

10 月 21—23 日，首届国际学习型城市大会在北京召开。

11 月 9—12 日，中国共产党第十八届委员会第三次全体会议通过《中共中央关于全面深化改革若干重大问题的决定》，提出加快现代职业教育体系建设，深化产教融合、校企合作，培养高素质劳动者和技能型人才。

12 月 23 日，国家中等职业教育改革发展示范学校建设现场交流会在上海召开。

2014 年

1 月 25 日，教育部在黄淮学院召开地方本科高校转型发展座谈会。

2 月 26 日，李克强主持召开国务院常务会议，专题研究加快发展现代职业教育工作。

4 月 24—26 日，产教融合发展战略国际论坛在河南省驻马店市举行。

5 月 2 日，国务院颁布《关于加快发展现代职业教育的决定》。

6 月 3 日，全国政协在北京召开"深化产教融合、校企合作，加快现代职业教育体系建设"专题协商会。

6 月 16 日，教育部、国家发改委等 6 部门联合发布《关于印发〈现代职业教育体系建设规划(2014—2020 年)〉的通知》。

6月23—24日，全国职业教育工作会议召开。习近平专门为会议做出重要批示，李克强会前接见与会代表并发表重要讲话。

6月27日，教育部在天津召开贯彻落实全国职业教育工作会议精神工作部署会。

8月25日，教育部下发《关于开展现代学徒制试点工作的意见》。

9月3日，国务院印发《关于深化考试招生制度改革的实施意见》。

9月4日，2014年国家级教学成果奖获奖项目正式公布，共有基础教育、职业教育和高等教育领域的1320个项目获奖，这是首次在基础教育和职业教育领域开展评选工作。

10月24—26日，由世界职业教育院校联盟与中国教育国际交流协会组织的世界职业教育院校联盟2014年世界大会在北京召开。

11月4日，教育部在重庆召开国家职业教育改革试验区工作交流会。

11月，中国职业技术教育学会在海南省海口市召开职业教育发展与学位制度座谈会。

12月14日，教育部在河北唐山召开全国职业教育现代学徒制试点工作推进会。

2015 年

3月3日，国务院教育督导委员会办公室下发《关于开展职业教育专项督导检查工作的通知》。

3月13日，中共中央、国务院印发《关于深化体制机制改革加快实施创新驱动发展战略的若干意见》。

5月10日，首届"职业教育活动周"全国启动仪式在北京举行。

5月19日，国务院正式印发《中国制造2025》。

6月1日，刘延东在中南海主持召开深化职业教育改革创新座谈会。

6月17日，习近平在贵阳市清镇职业教育城考察时指出，职业教育是我国教育体系中的重要组成部分，是培养高素质技能型人才的基础工程，要上下共同努力进一步办好。

6月29日，第十二届全国人民代表大会常务委员会第十五次会议举行第三次全体会议，张德江做全国人大常委会执法检查组关于检查《中华人民共和国职业教育法》实施情况的报告。

8月11—16日，第43届世界技能大赛在巴西圣保罗举行，中国选手共获13枚奖牌，实现了金牌零的突破。

10月21日，教育部、国家发改委、财政部联合下发《关于引导部分地方普通本科高校向应用型转变的指导意见》。

2016 年

4月7日，教育部职成司发出《关于做好中等职业学校教学诊断与改进工作的通知》。

4月22日，有色金属行业职业教育"走出去"试点工作启动会议在中国有色集团举行。

12月2日，教育部与中华职业教育社在北京联合召开推进职业教育现代化座谈会。

12月12日，教育部与福建省人民政府在福州联合召开现代职业教育发展推进会。

12月27日，教育部等3部门联合发布《制造业人才发展规划指南》。

2017 年

1月10日，国务院印发《国家教育事业发展"十三五"规划》。

1月26日，国务院印发《"十三五"促进就业规划》。

2月6日，中共中央、国务院印发《新时期产业工人队伍建设改革方案》。

3月10日，有色金属行业职业教育"走出去"试点工作阶段总结会在中国有色集团总部召开。

5月5日，中华职业教育社成立100周年庆祝大会在京举行，习近平专门给大会发来贺信。

5月24日，李克强主持召开国务院常务会议，决定设立国家职业资格目录，降低就业创业门槛，提升职业水平。

6月6日，2017技能与发展国际研讨会在上海举行。

6月6—9日，2017年中国国际技能大赛在上海举办。

7月4—6日，国际职业技术教育大会在河北唐山举行。

7月10日，李克强对全国医学教育改革发展工作会议做出重要批示，强调进一步健全医教协同机制，加快培养大批合格医学人才。

7月11日，国务院办公厅印发《关于深化医教协同进一步推进医学教育改革与发展的意见》。

8月31日，教育部印发《关于进一步推进职业教育信息化发展的指导意见》。

9月8日，李克强到天津职业技术师范大学考察现代职业教育。

9月24日，中共中央办公厅、国务院办公厅印发《关于深化教育体制机制改革的意见》。

10月18日，中国共产党第十九次全国代表大会在北京召开，习近平在十九大报告中指出：完善职业教育和培训体系，深化产教融合、校企合作。

12月5日，国务院办公厅发布《关于深化产教融合的若干意见》。

2018 年

1月20日，中共中央、国务院《关于全面深化新时代教师队伍建设改革的意见》提出，全面提高职业院校教师质量。

2月5日，教育部会同国家发展改革委、工业和信息化部、财政部、人力资源社会保障部、国家税务总局印发《职业学校校企合作促进办法》。

4月18日，李克强主持召开国务院常务会议。会议指出，按照党的十九大精神，建立并推行终身职业技能培训制度，以促进就业创业为目标，面向城乡全体劳动者提供普惠性、均等化、贯穿学习和职业生涯全过程的终身职业技能培训，并将工匠精神、质量意识融入其中，有利于缓解技能人才短缺的结构性矛盾、提高全要素生产率、推动经济迈上中高端。

5月3日，国务院制定《关于推行终身职业技能培训制度的意见》。

9月10日，全国教育大会在北京召开。

9月15—21日，第一届全国技工院校教师职业能力大赛决赛在广州市举行。

10月12日，人力资源和社会保障部、财政部制定《关于全面推行企业新型学徒制的意见》。

11月14日，习近平总书记主持召开中央全面深化改革委员会第五次会议。会议审议通过了《国家职业教育改革实施方案》。

11月20日，国务院印发《关于同意建立国务院职业教育工作部际联席会议制度的批复》，同意建立由国务院领导同志牵头负责的国务院职业教育工作部际联席会议制度。

2019年

1月24日，国务院印发《国家职业教育改革实施方案》。

4月1日，教育部、财政部印发《关于实施中国特色高水平高职学校和专业建设计划的意见》。

4月4日，教育部、国家发展改革委、财政部、市场监管总局联合印发《关于在院校实施"学历证书＋若干职业技能等级证书"制度试点方案》。

5月6日，教育部、国家发展改革委、财政部、人力资源和社会保障部、农业农村部、退役军人部等六部门联合印发《高职扩招专项工作实施方案》。

5月18日，国务院办公厅印发《职业技能提升行动方案(2019—2021年)》。

6月5日，教育部发布《关于职业院校专业人才培养方案制订与实施工作的指导意见》。

7月22日，人力资源和社会保障部发布《关于做好技工院校招生工作的指导意见》。

8月23日，人力资源和社会保障部、教育部印发《关于深化中等职业学校教师职称制度改革的指导意见》。

8月30日，教育部、国家发展改革委、财政部、人力资源和社会保障部四部门联合印发《深化新时代职业教育"双师型"教师队伍建设改革实施方案》。

9月9日，人力资源和社会保障部、教育部印发《关于深化中等职业学校教师职称制度改革的指导意见》。

9月22日，习近平做出重要指示："大力发展技工教育。"李克强总理批示："办好技工院校。"

10月16日，教育部办公厅等十四部门印发《职业院校全面开展职业培训促进就业创业行动计划》。

11月18—19日，首届"黄炎培杯"中华职业教育非遗创新大赛暨非遗职业教育成果展示会在安徽歙县成功举办。全国人大常委会副委员长、民建中央主席、中华职业教育社理事长郝明金出席闭幕式并为非遗教育特殊贡献奖颁发奖牌。

12月16日，教育部印发《职业院校教材管理办法》。

2020年

1月10日，教育部和山东省联合发布《教育部山东省人民政府关于整省推进提质培优建设职业教育创新发展高地的意见》，首个部省共建国家职业教育创新发展高地在山东启动。

1月20日，教育部发布《中等职业学校数学课程标准》等五门课程标准。

3月13日，70个"1＋X"试点第三批职业技能等级证书标准(试行版)发布。

3月20日，中共中央、国务院印发《关于全面加强新时代大中小学劳动教育的意见》。

4月，《职业教育国家学分银行建设工作规程(试行)》公告发布。

4月10日，人社部印发《职业技能等级认定工作规程(试行)》。

5 月，李克强在政府工作报告中提出，高职院校今明两年扩招 200 万人。

6 月，教育部批准 7 所高职院校升格为本科"职业大学"。我国已有 22 所职业院校(21 所民办＋1 所公办)开展本科层次职业教育试点。

6 月 16 日，教育部发布《职业院校数字校园规范》。

7 月 3 日，《教育部办公厅等六部门关于做好 2020 年高职扩招专项工作的通知》发布。

8 月 24 日，教育部、江西省人民政府联合召开部省共建职业教育创新发展高地新闻发布会。

9 月 16 日，教育部等九个国务院职业教育工作部际联席会议成员单位联合印发《职业教育提质培优行动计划(2020—2023 年)》。

9 月 27 日，第八届职业教育与城市发展高层对话会在山东菏泽举行。

10 月 13 日，中共中央、国务院印发《深化新时代教育评价改革总体方案》。

10 月 15 日，中共中央办公厅、国务院办公厅印发《关于全面加强和改进新时代学校体育工作的意见》和《关于全面加强和改进新时代学校美育工作的意见》。

10 月 16 日—17 日，第七届产教融合发展战略国际论坛在河南驻马店成功举办。全国人大常委会副委员长、民建中央主席、中华职业教育社理事长郝明金发表主旨讲话，指出要认真构建面向未来三十年教育事业发展的大战略，加快构建现代教育体系，重新认识职业教育是类型教育，加强面向全民和终身的职业培训。

11 月 8 日，2020 年职业教育活动周全国启动仪式暨全国职业院校技能大赛改革试点赛开幕式在山东省潍坊市举行。

11 月 17 日，第四届中华职业教育创新创业大赛、第二届"黄炎培杯"中华职业教育非遗创新大赛在重庆成功举办。全国人大常委会副委员长、民建中央主席、中华职业教育社理事长郝明金指出大赛已经成为助推职业教育改革发展的重要抓手和有效载体。

11 月 30 日，中华职业教育社温暖工程实施二十五周年总结表彰大会在北京举行。全国人大常委会副委员长、民建中央主席、中华职业教育社理事长郝明金回顾了温暖工程实施二十五年来的主要工作成绩，总结了温暖工程的宝贵经验，要求温暖工程继续保持职业教育扶危救困的工作属性和公益属性。

12 月，3973 种教材入选"十三五"职业教育国家规划教材，并进行公示。

12 月 10—13 日，中国第一届职业技能大赛在广东省广州市开幕。习近平总书记发来贺信。大赛以"新时代　新技能　新梦想"为主题，设 86 个比赛项目，共有 2500 多名选手、2300 多名裁判人员参赛，是新中国成立以来规格最高、项目最多、规模最大、水平最高的综合性国家职业技能赛事。

2021 年

3 月，教育部印发《职业教育专业目录(2021 年)》。

4 月 9 日，《教育部等十部门关于做好 2021 年职业教育活动周相关工作的通知》发布。

4 月 12—13 日，全国职业教育大会在京召开。习近平总书记对职业教育工作做出重要指示，李克强做出批示，孙春兰出席会议并讲话。

4 月 27 日，教育部印发《关于学习宣传贯彻习近平总书记重要指示和全国职业教育大会精神的通知》，部署要求教育系统深入学习宣传贯彻习近平总书记重要指示和全国职业教育大会精神，加快构建现代职业教育体系，推动职业教育高质量发展。

5 月 28 日，第九届职业教育与城市发展高层对话会在湖北黄石成功举办。全国人大常委会副委员长、民建中央主席、中华职业教育社理事长郝明金论证了职业教育与城市发展二者的辩证关系，强调要结合经济社会发展规划、区域发展、产业发展、城市建设和重大生产力布局规划，合理布局职业教育资源。

9 月 8 日，教育部、财政部联合印发《关于实施职业院校教师素质提高计划(2021—2025 年)的通知》，全面安排和部署"十四五"时期职业院校教师培训工作。

10 月 12 日，中共中央办公厅、国务院办公厅印发了《关于推动现代职业教育高质量发展的意见》。

主要参考文献

一、专著

曹晔等：《当代中国中等职业教育》，天津，南开大学出版社，2016。

陈工孟主编：《中国职业教育统计年鉴(2016)》，北京，经济管理出版社，2016。

《邓小平文选(一九七五——一九八二年)》，北京，人民出版社，1983。

杜成宪主编，蒋纯焦著：《共和国教育60年·第2卷 山重水复1966—1976》，广州，广东教育出版社，2009。

杜成宪主编，章小谦著：《共和国教育60年·第4卷 乘风破浪1992—2009》，广州，广东教育出版社，2009。

方晓东、李玉非、毕诚等：《中华人民共和国教育史纲》，海口，海南出版社，2002。

方展画、刘辉、傅雪凌编著：《知识与技能——中国职业教育60年》，杭州，浙江大学出版社，2009。

顾明远主编：《教育大辞典》，上海，上海教育出版社，1998。

顾明远主编：《世界教育大事典》，南京，江苏教育出版社，2000。

国家教育委员会成人教育司编：《扫除文盲文献汇编(1949—1996)》，重庆，西南师范大学出版社，1997。

国家统计局国民经济综合统计司编：《新中国五十五年统计材料汇编》，北京，中国统计出版社，2005。

何东昌主编：《当代中国教育》，北京，当代中国出版社，1996。

何东昌主编：《中华人民共和国重要教育文献(1949年～1997年)》，海口，海南出版社，1998。

胡卫主编：《民办教育的发展与规范》，北京，教育科学出版社，2000。

黄仁贤编著：《中国教育史》，福州，福建人民出版社，2003。

黄炎培：《黄炎培教育文选》，上海，上海教育出版社，1985。

黄炎培：《职业教育论》，北京，商务印书馆，2019。

教育部、财政部组编，俞启定、和震主编，俞启定、楼世洲执行主编：《中国职业教育发展史》，北京，高等教育出版社，2012。

金铁宽主编：《中华人民共和国教育大事记》，济南，山东教育出版社，1995。

劳动出版社编辑部编：《开展职工业余教育》，北京，劳动出版社，1950。

李国钧、王炳照总主编，苏渭昌、雷克啸、章炳良主编：《中国教育制度通史　第八卷　中华人民共和国(公元1949—1999年)》，济南，山东教育出版社，2000。

李继延等：《中外职业教育体系建设与制度改革比较研究》，上海，复旦大学出版社，2014。

刘英杰主编：《中国教育大事典》，杭州，浙江教育出版社，1993。

罗军强、方林佑、方建超等：《高等职业教育历史研究》，北京，光明日报出版社，2011。

毛礼锐、沈灌群主编：《中国教育通史　第六卷》，济南，山东教育出版社，1995。

《毛泽东同志论教育工作》，北京，人民教育出版社，1992。

欧阳璋主编，胡绍祥副主编：《成人教育大事记(1949—1986年)》，北京，北京出版社，1987。

上海教育委员会编：《2015上海教育年鉴》，上海，上海人民出版社，2015。

上海市教育科学研究院、麦克思研究院：《2019 中国高等职业教育质量年度报告》，北京，高等教育出版社，2019。

尚丁：《黄炎培》，北京，群言出版社，2012。

申家龙编著：《新中国职业教育发展历程》，西安，西安地图出版社，2006。

宋乃庆、李森、朱德全主编：《中国基础教育改革与发展》，北京，高等教育出版社，2018。

涂文涛主编：《四川藏区"9＋3"教育模式探索》，北京，人民教育出版社，2012。

王杰恩、王友强主编：《现代职业技术教育：理论与实践》，济南，山东大学出版社，2007。

王振川主编：《中国改革开放新时期年鉴》(共 40 册)，北京，中国民主法制出版社，2014—2015。

闻友信、杨金梅：《职业教育史》，海口，海南出版社，2000。

吴玉琦：《中国职业教育史》，长春，吉林教育出版社，1991。

许汉三编：《黄炎培年谱》，北京，文史资料出版社，1985。

杨金土主编：《30 年重大变革——中国 1979—2008 年职业教育要事概录》，北京，教育科学出版社，2011。

杨天平、黄宝春：《中国共产党教育方针 90 年发展研究》，重庆，重庆大学出版社，2015。

尹中卿：《全国人民代表大会年鉴(2007 年卷)》，北京，中国民主法制出版社，2008。

余子侠编：《中国近代思想家文库　黄炎培卷》，北京，中国人民大学出版社，2015。

臧永昌编著：《中国职工教育简史(1840—1985)》，沈阳，辽宁大学出版社，1988。

张乐天等：《新中国成立以来农村教育政策的回顾与反思》，北京，北京师范大学出版社，2016。

中共中央文献研究室刘少奇研究组、中央教育科学研究所编：《刘少奇论教育》，北京，教育科学出版社，1998。

《中国教育年鉴》编辑部编：《中国教育年鉴(1949～1981)》，北京，中国大百科全书出版社，1984。

《中国教育年鉴》编辑部编：《中国教育年鉴(1991)》，北京，人民教育出版社，1992。

中央教育科学研究所编：《中华人民共和国教育大事记(1949—1982)》，北京，教育科学出版社，1984。

中央教育科学研究所编：《周恩来教育文选》，北京，教育科学出版社，1984。

二、文章

曹晔：《新中国初期半工半读教育的形成及其实现形式》，载《职业技术教育》，2013(16)。

陈洪连：《成人高等教育信息化教学手段的创新策略》，载《职教论坛》，2013(3)。

陈天荣：《对我国发达地区职业教育功能的新认识》，载《职业时空》，2005(22)。

陈相芬：《"一带一路"背景下高职院校协同创新人才培养模式研究》，载《中国职业技术教育》，2016(4)。

陈裕先、宋乃庆：《校企合作构建"企业课堂"》，载《中国高等教育》，2016(11)。

陈智祥：《联合办学是走出职业教育困境的好路子——弋阳县联合兴办职业教育的实验》，载《江西教育科研》，1991(3)。

邓聿文：《从传统农民到职业农民》，载《中国经济快讯》，2003(37)。

丁红玲、韩瑜茜：《新中国成立 70 年来我国农村职业教育发展的历史演进及未来展望》，载《中国成人教育》，2019(23)。

董绿英：《中、高等职业教育衔接的制约因素及发展对策》，硕士学位论文，广西师范大学，2004。

董衍美：《1978 年以来全国教育工作会议回顾》，载《职业技术教育》，2018(39)。

董毅、顾莹：《德国"双元制"职业教育模式的经验与借鉴》，载《科技经济市场》，2019(8)。

樊明成：《高职院校教学质量影响因素概观》，载《职业技术教育》，2012(13)。

范惠莹：《新中国成立后我国高等教育管理体制演变综述》，载《高等农业教育》，2002(1)。

冯宝晶：《"一带一路"视角下我国职业教育国际化发展的理念与路径》，载《中国职业技术教育》，2016(23)。

冯俊丽：《澳、英现代学徒制比较研究》，硕士学位论文，广东技术师范大学，2019。

高靓：《职业教育：锻造大国工匠　奠基中国制造》，载《云南教育(视界综合版)》，2019(10)。

谷晓洁、祁占勇：《新中国成立 70 年来我国职工教育政策的历史演进》，载《中国职业技术教育》，2019(19)。

郭文富、马树超：《新中国成立 70 年来职业教育发展的历史阶段特征与经验》，载《教育与职业》，2019(19)。

贺贤土：《高等职业教育"高"在哪里》，载《职业技术教育》，2003(21)。

胡永：《论我国高等职业教育政策的得与失》，载《黑龙江教育(高教研究与评估)》，2006(5)。

黄浩怡：《产教融合在广州市中职学校人才培养模式中的应用研究》，硕士学位论文，广东技术师范大学，2019。

中国职业教育
改革与发展研究
1949—2021

黄乐辉、张香晴：《浅议职业教育师资信息素养的培养》，载《职教论坛》，2014(33)。

黄伟、李三中：《刘少奇两种教育制度思想述评》，载《安徽教育学院学报(哲学社会科学版)》，1996(4)。

贾旻、王迎春：《新中国成立70年职业教育发展历程、经验与展望》，载《河北大学成人教育学院学报》，2020(2)。

姜大源：《高校要提升深度参与产教融合的能力》，载《中国高等教育》，2018(2)。

阚春：《发展农村职业技术教育的一条新路——农安县"部门为主、联合办学"的调查》，载《职业教育研究》，1984(2)。

柯婧秋、石伟平：《改革开放40年我国职业教育师资队伍建设的历史演进与未来展望》，载《中国职业技术教育》，2018(21)。

匡瑛：《智能化背景下"工匠精神"的时代意涵与培育路径》，载《教育发展研究》，2018(38)。

匡瑛、石伟平：《高职人才培养目标的转换》，载《职业技术教育》，2006(22)。

蓝洁：《双重语境下民族高等职业教育的行动逻辑》，载《中国民族教育》，2017(4)。

蓝洁：《新中国成立70年来少数民族和民族地区职业教育发展的变迁与展望——基于政策的视角》，载《当代职业教育》，2019(5)。

李惠华：《英国职业教育现代学徒制的发展、特点与启示》，载《中国成人教育》，2019(13)。

李庆刚：《"大跃进"时期"教育革命"研究》，博士学位论文，中共中央党校，2002。

李铁林：《试论职业技术教育与社会经济发展的关系》，载《湖南师范大学教育科学学报》，2004(3)。

凌琪帆、曹晔：《新中国成立70年我国农村职业教育的发展历程与成就》，载《职教论坛》，2019(10)。

刘春生：《21 世纪中国真的不需要中等职业教育了吗？——兼评世界银行〈21 世纪中国教育战略目标〉报告》，载《职业技术教育(教科版)》，2002(4)。

刘立新：《德国职业教育产教融合的经验及对我国的启示》，载《中国职业技术教育》，2015(30)。

刘淑云、祁占勇：《改革开放 40 年来我国职业教育管理体制改革探析》，载《职业技术教育》，2018(13)。

刘晓、沈希：《我国职业教育师资培养：历史、现状与体系构建》，载《河北师范大学学报(哲学社会科学版)》，2013(15)。

刘云生：《论"互联网＋"下的教育大变革》，载《教育发展研究》，2015(20)。

楼世洲：《新中国成立 70 年来职业教育思想的回顾与思考》，载《教育与职业》，2019(19)。

陆宇正、刘晓：《建国七十年我国职教师资培养的历史演进与现实思考》，载《职教发展研究》，2019(3)。

马长林：《黄炎培与中华职业学校的兴衰》，载《世纪》，2014(6)。

马树超、郭文富：《高职教育深化产教融合的经验、问题与对策》，载《中国高教研究》，2018(4)。

毛伟霞：《农村职业教育功能定位的历史回顾与反思》，载《职教论坛》，2015(25)。

《2014 年全国职业教育工作会议在北京召开》，载《当代职业教育》，2014(7)。

潘懋元：《建立高等职业教育独立体系刍议》，载《教育研究》，2005(5)。

彭干梓、卢璐、夏金星：《晚年黄炎培对职业教育的期盼与辨析》，载《职教论坛》，2009(13)。

平和光、程宇、李孝更：《40 年来我国高等职业教育发展回顾与展望》，载《职业技术教育》，2018(15)。

祁占勇、王佳昕、安莹莹：《我国职业教育政策的变迁逻辑与未来走向》，载《华东师范大学学报（教育科学版）》，2018（1）。

祁占勇、王羽菲：《改革开放 40 年来我国职业教育产教融合政策的变迁与展望》，载《中国高教研究》，2018（5）。

祁占勇、杨文杰：《改革开放 40 年来农村职业教育政策的演进逻辑与展望》，载《中国职业技术教育》，2018（27）。

乔云霞、李峻：《我国高等职业教育发展七十年的回顾与政策建议》，载《职教发展研究》，2019（3）。

尚丁：《黄炎培的爱国主义道路》，载《学习与探索》，1993（5）。

尚丁：《建国箴言认自真——传记〈黄炎培〉之一章》，载《教育与职业》，1989（10）。

盛子强、曹晔、周琪：《新中国中等职业教育教材开发的政策与路径研究》，载《广东技术师范学院学报（社会科学）》，2015（3）。

宋凌云、王嘉毅：《教育改革发展的新理念新思想新要求》，载《教育研究》，2017（2）。

宋乃庆、罗士琰、王晓杰：《义务教育改革与发展 40 年的中国模式》，载《南京社会科学》，2018（9）。

宋乃庆、郑智勇：《新中国成立 70 年来我国高等职业教育发展探析》，载《职业技术教育》，2019（36）。

孙琳：《新中国职业教育的发展与变革》，载《中国职业技术教育》，2008（33）。

汤婷婷、谢德新：《改革开放 40 年我国职业教育扶贫政策的回顾与前瞻》，载《中国职业技术教育》，2018（33）。

唐智彬、石伟平、匡瑛：《改革开放 40 年我国农村职业教育发展回顾与展望》，载《职业技术教育》，2018（19）。

万卫：《混合所有制职业院校的兴起》，载《职业技术教育》，2017（12）。

汪三贵、殷浩栋、王瑜：《中国扶贫开发的实践、挑战与政策展望》，载《华南师范大学学报（社会科学版）》，2017（4）。

王富丽：《建国后十七年职业学校的发展与启示》，载《职教通讯》，2013(4)。

王佳昕、祁占勇：《改革开放 40 年职业教育投资体制的历史沿革与展望》，载《教育与职业》，2018(10)。

王建、冯建军：《对我国农村教育城市化的审视》，载《教育发展研究》，2005(8)。

王昆欣：《中国百年职业教育发展回眸》，载《教育与职业》，2004(29)。

王晓利、陈鹏：《新中国成立 70 年来技工教育的变迁理路及历史回响》，载《中国职业技术教育》，2020(3)。

王忠昌：《改革开放 40 年我国职业教育国际化政策的变迁及展望——基于 42 份国家层面政策文本的分析》，载《职业技术教育》，2018(21)。

魏明：《新中国职业教育专业建设实践与研究 70 年：回顾与展望》，载《职教论坛》，2019(10)。

魏雪：《新中国初期工农教育研究》，硕士学位论文，湖南师范大学，2019。

文静、薛栋：《技术哲学"经验转向"与中国职业教育发展》，载《教育研究》，2013(8)。

吴敏先、方海兴：《论建国初期的工农教育》，载《当代中国史研究》，1998(3)。

习岑：《教育部颁发关于在职业学校逐步推行学分制的若干意见》，载《中国职业技术教育》，2004(25)。

肖靖：《从产教结合到产教融合——40 年职业教育的政策变迁》，载《中国高校科技》，2019(8)。

谢德新、陶红：《职业教育扶贫与反贫困研究：实然之境与应然之策》，载《职教论坛》，2017(16)。

徐国庆：《高职教育高等性的内涵及其文化分析》，载《中国高教研究》，2011(10)。

徐国庆：《智能化时代职业教育人才培养模式的根本转型》，载《教育研究》，2016(3)。

徐健：《建国初期农村教育的几种形式》，载《教育与职业》，1999(6)。

徐元：《职业教育在建设创新型国家中的作用》，载《中国职业技术教育》，2012(9)。

闫广芬、李文文：《新中国成立70年来职业教育人才培养目标的"中国特色"》，载《中国职业技术教育》，2019(36)。

严雪怡：《技术工人和技术员是不可相互替代的两类人才》，载《职教论坛》，2009(34)。

杨金梅：《我国技工教育50年》，载《职业教育研究》，2005(3)。

杨九诠：《"公平而有质量的教育"的双重结构及政策重心转移》，载《教育研究》，2018(11)。

杨钋、孙冰玉：《创新的制度化与中国高水平职业院校建设》，载《高等工程教育研究》，2019(6)。

杨文杰、祁占勇：《改革开放40年中国职业教育招生制度的变迁与展望》，载《职业技术教育》，2018(18)。

杨雪梅、衡代清：《中高职衔接的理论分析与实践探索》，载《教育与职业》，2013(24)。

姚海琴：《中德职业教育企业参与现状对比及成因分析》，载《湖北函授大学学报》，2018(11)。

俞启定：《新中国成立以来职业教育定位及规模发展演进的回顾》，载《浙江师范大学学报(社会科学版)》，2019(5)。

袁平凡、谌雷元：《新中国70年职业教育产教融合的历史经验与演变逻辑——对25份职业教育政策法律法规文本的分析》，载《职业技术教育》，2019(33)。

袁潇、高松：《改革开放40年来高等职业教育考试招生制度改革探析》，载《复旦教育论坛》，2019(1)。

张碧娴：《德国双元制教育对我国职业教育的启示》，载《职业教育通讯》，2018(17)。

张德元：《农村劳动力转移与农村职业教育》，载《中国职业技术教育》，2003(7)。

张雪丽：《教育云平台下的职业教育教师信息素养及培养模式研究》，载《教育研究与实验》，2013(5)。

张兆诚、曹晔：《新中国成立 70 年来我国中等职业教育发展历程与成就》，载《职教通讯》，2019(23)。

赵惠莉、薛茂云：《新中国成立 70 年高等职业教育的崛起、创新与变革》，载《中国职业技术教育》，2020(9)。

郑昊、尹德挺：《新中国 70 年职业教育变迁》，载《人口与健康》，2019(12)。

《中华人民共和国成人教育大事记略》，载《中国成人教育》，1999(2、6、7、8)。

周晶：《中国职业教育发展的根本方向——40 年来职业教育产教融合发展的历程、规律与创新》，载《职业技术教育》，2018(18)。

周应中：《新中国 70 年职业教育产教融合政策变迁逻辑——历史制度主义的视角》，载《职业技术教育》，2019(33)。

附　录

创新模式潜心内涵走出职教新路子

——四川省中江职业中专学校混合所有制改革纪实

四川省中江职业中专学校地处"中国人民志愿军特级战斗英雄"黄继光的故乡——中江县，是四川现代教育集团与中江县人民政府于2006年合作创办的混合所有制新体制的中等职业学校。

学校最早的办学历史可以追溯到1983年。2004年7月，县域内三所职中重组正式更名为"四川省中江县职业中专学校"。2006年2月，四川现代教育集团与中江县人民政府合作办学，在教育的公益性质、国有资产性质、公办教师身份"三不变"的基础上，创建成为一所新体制中等职业学校（民办公助、混合所有）。学校占地约213333平方米，建筑面积10多万平方米。有教职工近500人，开办数控技术应用、汽车运用与维修等6个大类12个专业，在校生长期稳定在8000人左右。

学校全面贯彻党和国家教育方针，努力践行黄炎培职业教育思想，以"服务社会、服务民生"为办学宗旨，坚持"崇德尚能、敬业乐群"的校训，以"建设职教特色名校，培养创新技能人才"为办学目标，积极为区域内经济社会发展服务，教学质量高，毕业生升学率、就业率高，为区域经济和社会发展做出了重要贡献，成为区域内具有引领、示范作用的中职龙头学校。它是国家级重点中等职业学校、国家首批示范学校、全国教育系统先进集体、全国第四届黄炎培优秀学校、四川省首批示范性中等职业学校、四川省重点中等职业学校，被誉为德阳市职业教育发展的一面旗帜，中江县经济社会发展和对外开放的一张名片。

一、创新模式，打造职教新特色

"政府—集团—学校—企业"互动共赢的"中江模式"特色。学校在探索中形成政府引导，集团主导，学校主体，企业参与的"政府—集团—学校—企业"互动共赢的"中江模式"，实行集团化办学，一所学校两块牌子。实行资产及增值公、私两条线管理。目前资产 1.6 亿余元，其中国有资产近 8000 万元。学校致力于将百万人口大县的劳动力资源向人才资本转化，创新体制，成为全国集团化办学模式雏形之一，在改革中寻求突破，形成了混合所有制"中江模式"。

"同心共体"基层党建模式特色。学校党委构建"党建 & 师生同心圆"，打造"党建 & 专业共同体"，深化党支部建在专业部的基层组织形式，让党的建设工作理念与学校发展战略高度融合，让党的建设工作与教育教学工作协同、融合发展，党的基层堡垒同时也是学校教育教学的堡垒。实现党建与师生同心、同德、同向，党建与专业共建共育共享。充分发挥党建文化广场的教育作用，定期组织党员、团员参观学习。加强党风廉政建设，巩固基层组织建设成果，加强学校党员队伍建设，提高整体素质，为建设国家级改革创新示范性中等职业学校提供了思想保证和组织保证。

"校中厂""厂中校"的专业建设模式特色。学校与企业合作，实施产教融合、校企协同育人，基本形成"一专业一模式""一专业一基地"的人才培养格局。并不断完善现代"学徒制"和"1+X"证书制度试点的人才培养新模式，提升校企合作的水平和层次。

电子商务专业与区域内本土电商企业深度合作，"引企驻校"，成立"电商联合体"。立足本土化电商项目，实施产教融合，将企业项目融入课程、植入课堂，将生产项目与教学项目融合，实训操作与生产服务同步。创新"一班一店"导师制电商人才培养模式特色，形成以"电商联合体"为依托，"本土化"电商项目为载体，校企协同育人的集政府、企业、学校、专业"四位一体"本土化"一班一店"导师制的电子商务人才培养模式特色。

机械、数控专业主动对接德阳制造业基地的中小型企业需求，以数字化教学车间为载体，构建校企互动型"教学、生产、培训、技术服务"四位一体的"教学工厂"和"车间化"教学模式。

其他如汽修专业以"1＋X"证书制度试点为载体，创新"前店后校、校厂融合、课证融通"的育人模式；计算机专业以企业项目为载体，对外承接企业真实项目，培养学生综合职业能力，形成"企业＋专业＋项目"的产教融合育人模式。

"五学三规"立德树人的德育工作模式特色。用准军事化管理约束，降低德育重心，从细微处立意，该校每期开展"五个学会、三个规范"德育专题活动，要求学生"学会微笑、学会让道、学会打招呼、学会讲卫生、学会爱护公物；规范语言、规范行为、规范形象"。以"立德立人"为办学理念，将中华优秀传统文化与地方文化相融合，以培育社会主义核心价值观和"五学三规"德育专题活动为载体，形成独有的校园文化品牌。从学生日常言行举止着手抓学生品德教育，通过升旗仪式、国旗下的讲话等活动提升学生爱国意识。定期对学生开展心理健康教育、禁毒知识教育、交通安全教育、"9＋3"学生道德法治与党性教育等活动，让学生形成正确的人生观、世界观。

二、潜心内涵，彰显大校新风范

文化建设是学校内涵发展的灯塔。校园文化是学校发展的灵魂，是凝聚人心、展示学校形象、提高学校文明程度的重要体现。

注重学校精神文化建设，增强学校凝聚力。学校有体现办学传统和办学理念的校训：崇德尚能、敬业乐群。校风：知行合一、行胜于言。教风：博学善导、敬业厚生。学风：勤学善思、德高技精。制定"培养德高技精、敬业诚信、社会需要的现代技能人才"的学生培养目标，着力打造"真诚、谦恭、睿智"的"现代绅士"和"独立、优雅、知性"的"现代淑女"。"五学三规"德育专题教育活动中全校师生很好地践行，校园校风正、教风清、学风浓。

2019年年末，学校完成梳理整理并编印"立德立人"校园文化汇编，将校徽、校歌、"一训三风"及办学理念等资料收录释义，导向、凝聚、规范、陶冶、激励着全校师生，丰富着学校精神文化内涵。

注重环境文化建设，增强学校的影响力。学校利用橱窗、校园路道、教室、实训室、宿舍、办公室、楼道走廊等建设校园环境文化，每年举行全校性的文明示范班级、文明办公室的评比活动，让班级教室、教师办公室、学生寝室等布置整洁美观、文化气息浓厚。用校园核心文化统领学校文化建设，增强文化育人氛围，实现"让每面墙壁说话，让每个角落育人"。

注重制度文化建设，增强学校的约束力。学校注重制度建设，在这十多年的建设过程中，特别是学校在创建"国家级示范学校"后，"教学诊改"和电商省示范专业建设过程中，积极探索现代学校制度建设，不断完善学校管理体制，深化内部机制改革，提升学校管理的科学化、规范化、标准化、精细化水平。先后对学校的现有制度进行科学、民主的立、改、废，汇编成管理制度。

根据混合所有体制特点，整合资源，强化管理，合并、增加业务处室，调整中层管理布局，实现管理重心下移，充分调动专业部的积极性；创新用人机制：完善"按需设岗、择优聘用"的全员聘任制，推行"绩效优先、按绩分配""以岗定薪"的分配激励机制，形成竞争型的人力资源管理机制。突出讲规范，明目标，抓细节，重活动，严考核，管理迈向精细化。进一步提升了"依法治校示范校"在区域的影响力。

教师队伍建设是学校内涵发展的基石。一是该校十分重视师德建设工作，把师德师风建设作为一项重要工作来抓，完善建设机构和制度，开展一系列师德建设活动，提高教师师德水平。二是建立学习机制积极引导教师加强学习，把集体学习与个人自修结合起来。学校于2016年就制定了《五年一周期(2016—2020年)教师全员培训规划》。县、市两级继续教育培训参与率达100%，积极参与国家级、省级等培训；每年组织教师到企业考察调研、学习及实践；定期邀请专家和学者为教师们做专题讲座；定期组织教师学习有关教育改革政策法规。通过各种学习活动的开展，增强教师的使命感、责任感，激发教师工作的主动性和积极性。三是加强教学研究。学校教学科研部门和教研组活动按计划实施，学校科研室每月组织1次职业教育教学理论学习专题研讨活动。各学科、专业教研组做到了每周开展1次集体教学研究活动，每月教研活动时间达到2次以上。四是分学科、专业重点培养教学研究团队，进行课题立项、成果撰写等培训，做到了"教学过程科研化，科研工作日常化"。学校制定了教师培养培训总体方案，各专业部分学期制订了专业课教师校本培训计划，明确了骨干教师、专业带头人等培养对象，制订了3年个人成长规划。学校分别从业务培训、企业实践、教学示范等8个方面构建了教学团队个人成长档案袋，严格进行考核评价。2020年，学校教师参加德阳市中职教师教学能力比赛获得8个一等奖、5个二等奖、3个三等奖；四川省中职学校教师教学能力比赛获得1个一等奖、4个二等奖、3个三等奖。

教育教学质量是学校内涵发展的生命线。专业建设成效显著。学校主动适应当地经济社会发展和企业用人需求，科学设置专业，结合自身优势开设了电子、机械、数控、计算机、汽修、电子商务、建筑、服装等6大类12个专业，专业布局科学合理。建立了对接产业、企业、岗位的专业建设机制和专业设置的动态调整机制，保证专业设置与社会需求一致。形成了以精品特色专业为核心，相关专业为主体，延伸专业为补充的专业群。专业门类齐全、结构合理，符合地方经济及产业发展要求。建有国家示范校重点专业4个，省级骨干重点专业2个，市级骨干专业2个，建成省级电子商务示范专业1个。各专业教育资源与学生规模基本匹配，形成了专业综合实力较强、专业特色较鲜明的专业设置体系，初步形成了以示范专业引领专业群不断扩张的专业发展格局。

教学诊改提质量。学校以问题为导向，以教学诊改为手段，全面加强教学质量监控。在探索中不断完善健全质量内控体系，构筑了一套职权统一、运行高效的教学管理制度和教育教学质量监控与保障体系，确保质量监控落到实处。根据课程内容和学生特点，积极推进课堂教学、实训教学、教学手段、考核方法等方面的改革，突出了"做中学、做中教"的职业教育教学特色。通过教师讲授研究课、优质课、示范课、汇报课等来探讨教学方法与教学手段的改革，在教学中推广互动教学、分层教学、情景教学、项目教学、案例教学、多媒体辅助教学等教法，引导教师开展群体性教学研究活动。通过电子商务专业构建省级示范专业，促进了专业建设向纵深发展、网络课程向智能学习型升级。

2020年，学校实训开出率达100%，应届毕业生技能等级中级工获证率99.8%，汽修专业"1＋X"证书试点获证率达100%。德阳市中职学生年度技能抽考，合格率达100%，优秀率达50%。参加德阳市技能文化节，连年获得团体总分一等奖；参加四川省中职学校技能大赛14个项目的比赛，2人获得一等奖，4人获得二等奖，18人获得三等奖。学校680人参加高考(其中"3＋2"转录30人)，较上年增加80人。高职单招提前录取565人(包括"9＋3"学生19人)，其余人参加7月份高考全部上线，其中本科上线25人。

三、引领示范，勇担新时代职业教育新使命

集团化办学发挥引领作用。四川现代教育集团以该校为龙头，建立了以成德绵产业带、成渝地区双城经济圈和凉山彝族自治州支柱产业为纽带，以产教融合、校企协同育人为核心，有德阳市黄许职业中专学校、会理县现代职业技术学校等7所职业院校，有中国航空工业集团有限公司等45家企业参与的职教集团。职教集团的"教科研合作中心"，负责统筹校企合作项目孵化，将各成员单位教学、科研、生产、服务一体化，有效地实施产教融合、校企协同育人，参加职教集团的专业数达28个。通过龙头学校的引领、示范作用，带动了集团内中职学校共同发展，各成员学校的专业人才培养模式各具特色，人才培养质量和办学水平都有显著提升。

积极带动同类中职学校发展。与会理县现代职业技术学校等 10 所中职学校结成对口交流学校。在专业建设、师资队伍建设、校企合作等方面开展交流并形成长效机制。产教融合、"车间化"教学模式已辐射到凉山彝族自治州的会理县及区域内的中职学校。

培训农民工、企业员工贡献大。学校是德阳市就业培训基地。各重点专业积极面向社会开展多层次、多形式的职业技术培训，不断提高农民工及在职职工素质，提升就业技能。开展农民工转移培训等年均超 5000 人次，提高外出务工劳务收入；培训企业员工年均 2700 人次。

承担企业技术服务项目多。立足中江县经济开发区，面向成德绵经济发展圈，学校成立了 4 个技术应用与服务团队。对外开展生产、咨询、技术服务项目达 40 多个，开展对外技术服务和送科技下乡，服务项目对接精准扶贫。师生参与当地技术服务 985 人次，开展各种对外技术服务 68520 件次，对外技术服务到款额达 380 万元，与德阳嘉龙机械制造有限公司共同研发了割捆机等，增强了职业教育服务企业、服务地方经济的能力。

教育扶贫成效显著。一是学校长期定向招收、培养民族地区学生近千余名，帮助民族地区职业教育发展。二是对口帮扶中江县回龙镇的两河、双寨子、五堰、上皇寺、李枣、桔园 6 个村的 188 户精准扶贫家庭。向对口帮扶村民宣传国家扶贫政策，树立脱贫信心，查找帮扶措施，协调相关部门解决帮扶对象在教育、就医等方面的具体问题。三是落实资助政策，不让学生因贫失学。

体制创新产教融合　为装备制造业培养现代工匠

——四川工程职业技术学院创新发展之路

1959 年，按照中央布局，学校与中国"母机工业基地"共同在德阳诞生。1960 年，刘少奇视察德阳工区时提出"先建校后建厂，先培养人才后生产产品，实行厂校一体"。几十年来，我们牢记党的嘱托，扎根西部大地，与重装企业唇齿相依、风雨同舟，积淀了深厚办学底蕴和鲜明重装特色，培养了以"改革先锋"刘永好、国家科技进步一等奖获得者魏力行等为代表的 10 万余名毕业生。代代师生不忘初心、报效祖国，从火电、水电、核电、风电成套设备，到以 C919、四代军机为代表的航空锻件的制造，续写着中国制造到中国创造的传奇。

2006 年，学院被教育部、财政部确定为首批(28 所)国家示范建设院校，2019 年被确定为"中国特色高水平高职学校"建设单位(四川唯一)。目前，学院在校生 1.3 万人，占地 1200 亩，教学行政用房 26.4 万平方米，专任教师 750 人，副高及以上职称 325 人，国家万人计划领军人才、国家级教学名师 1 人，四川省教学名师 5 人，四川工匠 3 人，技师和高级技师 96 人。学校获得了全国"五一劳动奖状"、国家高技能人才培育突出贡献奖、全国高校毕业生就业 50 强、全国高职院校服务社会 50 强等荣誉，并先后在全国高校党建工作会、全面提高高等教育质量工作会、全国高校毕业生就业工作视频会、推进职业教育现代化暨职教法颁布 20 周年座谈会上做经验交流发言。

一、体制创新，整合资源，突破高职学院改革发展的瓶颈

2005 年以前，学院隶属于四川省经济委员会，又地处德阳市，一直是省属行业办学。和其他的职业院校一样，长期以来，四川工程职业技术学院也曾经历过"条块分割""两张皮"等体制上的障碍对发展带来的制约。地方和行业之间、学校与企业之间都存在着不同的管理和经费投入体制，各自相对独立运行，资源难以整合。

随着四川实施工业强省战略，四川和德阳装备制造业的快速发展，对高素质高技能人才提出了迫切需求，德阳市委、市政府决定打造以四川工程职业技术学院为龙头的中国西部职教基地，为重装基地建设提供人才支撑。地方、行业、学校和企业都充分认识到打破体制障碍迫在眉睫。在这种情况下，学院紧紧抓住这一难得的历史机遇，充分依托行业和专业优势，主动融入行业和地方经济建设，赢得了地方、政府的高度信任和行业、企业的大力支持。在省教育工委、省教育厅、省经委和德阳市委、市政府的领导下，在省级各有关部门的大力支持下，成功打破原有体制，突破"两张皮"体制障碍，创造性地建立了省市共建的办学体制，学院在班子建设、办学指导、土地征用、人才引进、资金筹措等方面得到了省市超常规的支持，很好地解决了这个在其他地方很难解决的问题。

一是抓住打造"中国西部职教基地"的契机，2005年，经省政府批准成功将德阳教育学院整体并入四川工程职业技术学院，使学院设备值增加700万元，图书增加14万册，经费每年增加700万元，专业服务面向进一步拓展，师资数量明显增加，这使得学院的办学条件大为改善，办学实力显著增强。同时，德阳市政府主动提出，市人大会一致通过，为四川工程职业技术学院提供政府担保贷款1亿元，并将原教育学院的土地拍卖后的全部资金(约8000万元)用于学院今后的建设和发展。

二是结合德阳市、学校文化基础设施建设，学院向德阳市委、市政府提出了合作共建"德阳市图书馆暨四川工程职业技术学院图书馆"方案。该方案受到省经委、德阳市委、市人大、市政府和市政协的高度评价。图书馆建在学院内，面对市民和全校师生开放。这种共建、共享的创新机制，得到了社会各界的好评，也为学校服务社会提供了一个很好的窗口。

三是抓住德阳打造"重大技术装备制造业基地"和"中国西部职教基地"的有利时机，共同成功申报了以四川工程职业技术学院为龙头的"德阳机电职教实训基地(区域综合性)"项目。该实训基地，形成了由政府组建，行业支持，企业参与，院校承办，社会共享的一种新的管理和运行机制。项目已通过教育部和财政部批准并开始实施。

四是省委省政府为实施工业强省战略，实施以德阳重大技术装备制造业基地为核心的"1＋8"工程，将学院纳入8个产业链中"数控产业链"成员单位；德阳市委、市政府将学院纳入"德阳市重大技术装备领导小组"成员单位；行业主管部门和德阳市委、市政府为进一步加强校企融合，成立了以学院和中央直属企业中国二重集团、东方电机股份有限公司等企业为副会长单位的德阳重装联合会；为了更好发挥学院龙头作用，更好服务企业，德阳市成立了以学院为会长单位，中国二重集团、东方电机股份有限公司、东方汽轮机厂为副会长单位的"德阳机电职业教育联合会"。这种以企业为主、学院参与，让学院把握装备制造业发展脉搏，和以学院为主、企业参与，共同培养高技能人才的新机制就建立起来了，省委书记张学忠充分肯定了这种做法。他在全省职教工作现场会上指出，德阳打造"中国西部职教基地"，为装备制造业基地培养人才的路子是正确的。

正是由于学院贯彻科教兴国和工业强省战略，办学思路和定位适应了行业和地方的需要，所以行业主管部门、教育行政部门和地方政府为学院的建设发展提供了强有力的支持。仅德阳市为学院的直接和间接资金支持就达2亿元人民币。这种行业主管部门和地方政府打破条块分割和体制障碍，为省属高校的发展给予如此优惠的政策和资金支持，为学院营造良好的改革发展环境的举措，在全国都是罕见的。在这个过程中，充分体现了省委省政府、省级有关部门、行业主管部门和地方党委政府"发展职业教育，就是发展经济"的政治眼光和打造"中国西部职业教育基地"的坚定决心。正如德阳市市长方小方在德阳教育学院并入四川工程职业技术学院的签字仪式上所讲："我们为什么要花这么大的力气支持这个学院的发展。虽然这个学院不是我们德阳的，但是这个学院的诞生，就是为德阳装备制造业配套的。40多年来，一直为德阳的制造业和社会经济建设培养人才。可以这样说，没有工程学院，我们德阳的重装基地就缺乏人才支撑，尤其是技能人才。下一步，我们要尽全力支持这个学院，将其打造成名校。"这标志着地方政府持续支持学院的省市共建的长效机制已基本确立。

二、机制创新，产教融合，搭建高水平产学研平台

随着"制造强国"战略深入推进，中国正从"制造大国"向"制造强国"转变，学院所处的德阳市是"国家重装基地"，形成了以中国二重集团、东方电

机股份有限公司和东方汽轮机厂等为龙头，1470 余家配套企业的装备制造业产业集群，重点发展航空航天和燃机、高档数控机床和机器人等高端装备制造业。由于高端装备制造具有技术密集、工艺复杂、质量要求高的特点，急需一大批懂技术、精技能、能创新、德技兼修的现代工匠。学院联合北京航材院、二重万航模锻等，共建产学研平台，汇聚科研生产设备、工程技术人员、技术创新与服务项目等资源，协同实施产品试制与生产、技术应用研究、创新创业、师生工程实践能力提升，增强服务社会能力，实现校企合作可持续发展。

一是建设德阳中科先进制造创新育成中心。德阳市政府牵头，提供政策支持和 1200 万元/年运行经费，学校提供 22 名教师、1210 平方米办公场地和设备设施，引入中科院科技资源和研究成果，联合周边企业共同组建项目团队，开展科技攻关、共性技术研究、成果孵化转化和人才培养，带动区域协同创新，形成政产学研用一体化格局。2016 年，联合中国二重集团、东方汽轮机、东方锅炉集团股份有限公司、四川宏华石油设备有限公司等重装企业开展"770MN 液压成型机、45MN 快锻机""50MW 重型燃机高温叶片用等轴晶镍基高温合金纯净化重熔与缺陷控制关键技术研究""重型燃气轮机高温叶片用镍基高温合金重熔与纯净化处理关键技术研究""700 度超超临界汽轮机用铸件"等重大技术攻关，获专项资金 7240 万元，带动企业产值近 100 亿元。

二是建设航空材料检验检测中心(四川省航空材料检测与模锻工艺技术工程实验室)。由学院与北京航材院、中国二重万航模锻共建，北京航材院提供检验检测技术标准和规范，中国二重万航模锻组织新产品试制与生产，学校提供 3700 万元设备设施、3260 平方米场地，组建 42 人的产学研团队，每年承担学生实训 13.6 万人。近两年，为 420、624、132、中国二重、核九院等企业，开展大飞机 C919、歼-20、歼-11、波音 747 等航空飞机上的相关零件提供材料性能、组织检测服务、检测技术研究 100 余项，为中航工业、中国铸造协会、四川省特协等开展人员培训 20 余批，近 3000 人次，年服务收入 1820 万元。

三是建设四川工业机器人应用创新中心(四川省装备制造业机器人应用技术工程实验室)。由省政府推动，省经信委和德阳市政府共同支持，学校与德国 KUKA、成都环龙合作共建。建成 2500 平方米车间，购置 2100 万元机器人设备，校企组建 29 人产学研团队，8 名教师轮岗专职进入创新中心，开展工业机器人应用技术研发和人才培养培训，每年承担学生和企业员工实训 5.8 万人，年均招募学生助手 60 余人。近两年，为中国二重、东汽、思远重工等企业开展"大型铸锻件自动磨抛""大型铸锻件自动焊补""某型运输机发动机尾喷管磨抛"等工业机器人应用开发 35 项，突破了大型铸锻件现场快速三维重建、机器人轨迹自动规划、自动编程、工具恒力控制等关键技术 10 余项，带动企业产值上亿元。同时，在"四川工匠"胡明华老师的带领下，10 年来，为中科院成都光电所、东电、东汽等企业和科研院所解决 8 万吨模锻机高压大型驱动装置、DIXI 1200JIG 高精密数控机床主轴驱动系统等维修技术难题 500 余项，克服了国外禁运和技术封锁。年服务收入 210 万元。

四是建设智能制造创新中心(四川省高温合金切削工艺技术工程实验室)。学校于 2007 年建成数控技术生产性实践基地，成立德阳重型机械备件厂，面向航空航天、燃气轮机、核电、风电、大型轧钢设备、发电设备、石油钻机设备等行业和领域的高温合金关键零部件核心工艺技术研究、产品试验试制、技术服务。以此为基础，2016 年，建立四川省高温合金切削工艺技术工程实验室，开展高温合金切削规律、刀具磨损机理、数字化模拟切削、切削工艺参数优化等研究和成果转化。2018 年，与德阳市政府、西门子共建"西门子德阳高端装备智能制造创新中心"，该中心是西门子在全国布点建设的四个行业性"智能制造创新中心"之一，是国内首个面向装备制造业的智能制造创新中心，德阳市政府提供 2000 万元资金，西门子提供价值 1.2 亿元的智能制造工业软件，学校提供场地 4770 平方米，设备 4110 万元，为装备制造企业提供大规模个性化定制、智能化产品研发、增材制造和机器人等制造技术应用服务。轮岗教师23名，兼职教师12名，固定生产人员51人，年承担学生实训18.2万人，完成5719厂、中国涡轮研究所发动机部件试制，完成四川航天新型号叶轮和调压器试制等436项，年服务收入1510万元。

五年来，学校产学研平台，汇集8万吨航空模锻压机总设计师陈晓慈等工程技术人员217人，联合开展试验试制项目687项，为中科院光电所开展精密机床改造维修等科技服务306项，重型燃气轮机高温叶片用镍基高温合金重熔与纯净化处理关键技术研究等成果孵化转化14项，市级及以上纵向课题52项，获得国家专利268项，省科技进步奖二等奖1项、三等奖3项。

三、模式创新，校企合作，为高端装备制造业培养现代工匠

1. 抓住校企合作关键环节，实施"三个对接"

以产学研平台建设为载体，通过政府主导、行业引领、企业参与，建立"快速反应、同步跟进、动态调整"的产教融合机制，在专业设置、人才培养方案和教学内容等方面，实现与产业转型升级和企业技术进步对接。

一是政府主导，专业设置与产业发展对接。2011年，省经信委下文并组织学校与四川大企业和特色产业园区对接，在学校搭建"四川省产教融合信息平台"，研究产业发展规划、人力资源供求状况，学校跟进产业前沿，适应高端装备制造对人才的需求，优化调整专业结构，服务国家产业发展战略和重大专项。

二是行业引领，人才培养方案与岗位职业要求对接。在全国机械工业联合会、中国航空学会等行业组织的支持下，学校成立由行业企业参与的产教融合理事会、专业(群)建设指导委员会，依据岗位职业要求，结合终身学习和发展，制定人才培养质量标准，系统设计课程体系。

三是企业参与，教学内容更新与企业技术进步对接。组建专兼结合的产学研团队，开展工艺技术研发、检验检测服务、新产品开发，将生产、科研与技术服务中形成的工程案例纳入教学内容，实现教学内容更新与企业技术

进步对接。

五年来，学校与省内 100 家大企业、10 个特色产业园建立对接；组建 4 个装备制造类专业(群)建设指导委员会；校企合作开发人才培养方案 22 个、课程标准 52 个，建成国家、省级精品资源共享课 32 门，网络课程 332 门；与行业联办四川机械装备网、《装备制造与教育》杂志，完成《四川省"十三五"智能制造发展规划》《建设四川现代职教体系的对策研究》《德阳市"十二五"战略性新兴产业发展规划》的编制、研究。

2. 突出实战能力培养，推行"三个进入"

通过教师进入平台、学生进入项目、教学进入现场，将工学结合、知行合一落到实处。

一是教师进入平台。建立专任教师轮岗制度，保证专业课教师每五年至少一年进入产学研平台，从事生产与管理、技术应用研究与技术服务等，形成教师工程实践能力持续提升的长效机制。

二是学生进入项目。将新产品试制、技术应用研究、技术服务等项目作为工程素质提升课程，纳入选修课。学生作为项目助手，参与项目实施，提升学生实战能力。

三是教学进入现场。推行主干专业课"双教师授课"，理论性强的内容由专任教师讲授，实践性强的内容由平台内的工程技术人员现场讲授；技能课程、工程素质提升课程按照生产、工艺技术和管理规范进行现场教学。

五年来，教师轮岗进平台 186 人，培养教授和正高工 56 人、高级技师和技师 92 人；建设工程素质提升课程 47 门；"双教师授课"课程 29 门；874 个项目进入教学；学生参加省级及以上技能大赛、创新创业大赛获奖 218 项。

3. 立德树人，培育"大国工匠"精神

在"三个进入"的基础上，创新"辅导员(班主任)＋班级导师"制度、建立学生党员校企"双汇报、双考察"制度、建立技能大师工作室，坚持立德树人，弘扬"大国工匠"精神，培养现代工匠。

一是建立班级导师制。自 2011 年起，在保证辅导员、班主任配备基础上，每班配备一名班级导师，由学校干部、教授、企业专家担任，帮助学生树立报国理想、规划人生目标、改进学习方法、指导就业创业，做学生健康成长的引路人。

二是定岗实习学生党建"双汇报、双考察"制。自 2012 年起，针对学生顶岗实习期间政治思想工作"真空"，学校与企业基层党组织签订联合培养协议，学生党建实行"双汇报、双考察"制度，建立"顶岗实习党员管理卡"，与企业共同培养和发展新党员 329 名，入党积极分子 205 名。

三是塑造大国工匠精神。2008 年组建"高凤林焊接技能大师工作室"，2016 年组建"胡应华装配钳工技能大师工作室"，汇集行业企业专家，创编融技术技能与立德树人于一体的高水平实训教材，开展绝技绝活示范与点拨，技能大师团队参与教书育人，着力塑造学生报国情怀、精益求精的大国工匠精神。

1996 年机械制造专业毕业的刘尚明，现就职于解放军 5719 厂，先后荣获全国技术能手、成都市技能大师、空军装备部优秀共产党员称号。东方电机在研制三峡电站 500 吨"巨无霸"转轮时，组建的 40 人"焊接技术攻关队"中，包括队长在内的 29 人都是学校的毕业生，攻关队队长鄢志勇已成为东方电机副总经理。2017 年，学校教师胡明华、任彦仰被评为四川省首批"四川工匠"(四川全省仅 30 名，其余全来自企业)。近三年，学校航空模锻工艺省级工程实验室与二重万航组建了约 30 人的联合科研团队，围绕大型飞机承力结构部件模锻工艺开展攻关，先后为某新型航空发动机、某新型燃气轮机、多型号军机开发了关键承力部件模锻工艺，良品率大幅提升，产品种类达 22 个系列 200 余种。其中，仅 C919 首次试飞机就提供了 980 余件，形成的制造业"1221"、产学研一体化"1331"人才培养模式，获得国家级教学成果一等奖 2 项、二等奖 1 项。

学校的创新发展受到党和国家的高度重视，2016 年 2 月，四川省委书记王东明到校调研，对学校走产学研一体化培养人才的模式予以充分肯定，要求总结经验全省推广；2016 年 7 月，教育部副部长朱之文来校视察，对学校培养技术技能人才的做法给予充分肯定；2017 年 9 月，"创新装备制造业现代工匠培养模式"被教育部以专报的形式分送中央办公厅和国务院办公厅，各省市政府、教育主管部门和高校。2017 年，学校与中国二重联合为八万吨模锻压机成建制培养人才的案例，代表全国高职进入中宣部、国家发改委举办的国家"砥砺奋进的五年"大型成就展；2019 年，该案例又进入"伟大历程，辉煌成就——庆祝中华人民共和国成立 70 周年"大型成就展，反映了职业教育为中国制造做出的突出贡献。

后 记

　　中国特色社会主义进入了新时代，中国社会正发生着深刻变革。2019年经中央全面深化改革委员会第五次会议审议、国务院颁布实施的《国家职业教育改革实施方案》成为面向新时代国家职业教育改革发展的行动纲领。从此我国职业教育体系建设进入了一个崭新的历史时期。经历新中国70多年几代职教人的辛勤建设与不懈耕耘，我国职业教育取得了重大成就：一是建立起世界上规模最大的职业教育体系；二是形成了中国特色的现代职业教育体系基本框架。探讨我国70多年职业教育改革与发展历程，总结和提炼中国特色的职业教育发展规律与改革经验，有利于我们以史为镜，鉴往思来，面向世界，行稳致远。

　　本书编者运用职业教育与国家发展（包括社会经济发展）的辩证关系理论，以新中国70多年职业教育改革与发展历程中的政策文本、改革举措、办学教学、实践案例等为史料，着眼于当前国内外职业教育发展面临的问题和挑战，回顾新中国70多年职业教育改革与发展的历程、特征及其与当前职业教育新发展的关系，反思我国职业教育改革与发展的经验、得失，展望新时代中国职业教育改革与发展的中国路径和模式，从而坚定我国新时期职业教育的改革方向，落实习近平总书记关于加快发展职业教育的系列重要指示，丰富和发展中国特色社会主义教育理论，增强新时代职业教育改革与发展的自觉性与有效性。

　　《中国职业教育改革与发展研究（1949—2021）》由苏华主编，参编人员有：司徒渝、赵永红、冉仕伟、张惠、江晨、饶玉梅、郑晓璐、郑富兴、胡长城等。本书从职业教育著作、论文、报刊、年鉴、方针政策、改革文件、重要事件、重要人物以及重要观点中探寻中国职业教育改革、发展的历史轨迹，将其汇编成书。

期望本书能为各级政府、职业教育研究者、学校管理者、中高职院校广大师生等提供关于我国职业教育改革发展的经验，给予一定的帮助。

由于我们水平有限，时间仓促，编写人员多，统稿难度大，书中错误在所难免，敬请读者批评指正。

2021 年 10 月 31 日